同济大学政治学丛书

# 现当代西方主要社会思潮
XIANDANGDAI XIFANG ZHUYAO SHEHUI SICHAO

周敏凯 著

中国社会科学出版社

## 图书在版编目（CIP）数据

现当代西方主要社会思潮/周敏凯著. —北京：中国社会科学出版社，2012.12
ISBN 978-7-5161-1562-6

Ⅰ.①现… Ⅱ.①周… Ⅲ.①社会思潮—西方国家—现代—高等学校—教材 Ⅳ.①D091.5

中国版本图书馆 CIP 数据核字（2012）第 235781 号

| | |
|---|---|
| 出 版 人 | 赵剑英 |
| 责任编辑 | 罗　莉 |
| 责任校对 | 吕　宏 |
| 责任印制 | 李　建 |

| | |
|---|---|
| 出　　版 | 中国社会科学出版社 |
| 社　　址 | 北京鼓楼西大街甲 158 号（邮编 100720） |
| 网　　址 | http：//www.csspw.cn |
| | 中文域名：中国社科网　010-64070619 |
| 发 行 部 | 010-84083685 |
| 门 市 部 | 010-84029450 |
| 经　　销 | 新华书店及其他书店 |
| 印　　刷 | 北京市大兴区新魏印刷厂 |
| 装　　订 | 廊坊市广阳区广增装订厂 |
| 版　　次 | 2012 年 12 月第 1 版 |
| 印　　次 | 2012 年 12 月第 1 次印刷 |
| 开　　本 | 710×1000　1/16 |
| 印　　张 | 22.25 |
| 插　　页 | 2 |
| 字　　数 | 374 千字 |
| 定　　价 | 59.00 元 |

凡购买中国社会科学出版社图书，如有质量问题请与本社联系调换
电话：010-64009791
版权所有　侵权必究

# 目 录

绪论 ……………………………………………………………………（1）
  一　现当代西方社会思潮比较研究的意义 …………………………（1）
  二　现当代西方社会思潮比较研究的主要方法 ……………………（3）
  三　现当代西方社会思潮的分期与基本分类 ………………………（3）

## 上编　现代西方主要社会思潮

**第一章　现代西方主要社会思潮的历史演进** ……………………………（9）
  第一节　19世纪前资本主义社会主要思潮的历史演进 ……………（9）
  第二节　19世纪资本主义社会主要思潮的一般状况 ………………（11）

**第二章　现代主要社会思潮** ………………………………………………（16）
  第一节　文艺复兴时期的人文主义思潮 ……………………………（16）
  第二节　自然法学说与法国资产阶级启蒙思想 ……………………（22）
  第三节　19世纪自由主义思潮 ………………………………………（39）

**第三章　现代保守主义思潮** ………………………………………………（71）
  第一节　保守主义的界定与基本原则 ………………………………（71）
  第二节　19—20世纪前期保守主义代表与主要思想观点 …………（74）

## 第四章　现代社会主义思潮 …………………………………… (93)
- 第一节　社会主义的内涵与主要研究对象 ………………………… (93)
- 第二节　19世纪欧洲空想社会主义思潮 …………………………… (95)
- 第三节　科学社会主义思潮 ………………………………………… (99)

## 第五章　现代科学主义思潮——现代实证主义思潮 ………… (109)
- 第一节　时代背景 …………………………………………………… (109)
- 第二节　孔德的生平与代表著作 …………………………………… (110)
- 第三节　孔德的实证主义政治社会思想 …………………………… (111)

# 下编　当代西方主要社会思潮

## 第六章　当代自由主义思潮 ……………………………………… (117)
- 第一节　当代西方主要社会思潮产生的背景 ……………………… (117)
- 第二节　当代自由主义分类与一般特征 …………………………… (120)
- 第三节　当代自由主义代表人物及其基本思想内容 ……………… (123)

## 第七章　当代保守主义思潮 ……………………………………… (167)
- 第一节　当代保守主义的产生背景与发展阶段 …………………… (167)
- 第二节　当代保守主义的思想特征与基本分类 …………………… (169)
- 第三节　当代政治保守主义的代表人物及其主要思想 …………… (173)
- 第四节　当代经济保守主义的主要代表及其基本思想 …………… (186)
- 第五节　新保守主义与美国的单边主义外交 ……………………… (193)

## 第八章　当代社会主义思潮 ……………………………………… (205)
- 第一节　当代社会主义思潮与社会主义运动 ……………………… (205)
- 第二节　当代科学社会主义思潮 …………………………………… (208)
- 第三节　科学社会主义运动实践形态 ……………………………… (215)
- 第四节　民主社会主义思潮 ………………………………………… (226)
- 第五节　民主社会主义的"第三条道路"主张 …………………… (235)
- 第六节　市场社会主义 ……………………………………………… (251)

## 第九章　西方马克思主义 （262）
### 第一节　西方马克思主义产生背景与发展阶段 （262）
### 第二节　西方马克思主义产生的标志、代表人物与思想渊源 （268）
### 第三节　西方马克思主义基本政治观点 （273）
### 第四节　西方马克思主义思潮的全面评价 （282）

## 第十章　当代科学主义思潮 （290）
### 第一节　生态主义 （290）
### 第二节　行为主义 （309）
### 第三节　后现代主义思潮 （319）

## 结语　当代资本主义主要社会思潮综论 （337）

## 参考书目 （342）

# 绪　　论

## 一　现当代西方社会思潮比较研究的意义

改革开放三十余年，中国积极融入经济全球化大潮，在世界舞台上纵横驰骋，创造了一个又一个奇迹。中国的改革开放也为中外思想文化交流创造了千载难逢的机遇。信息时代，国外各种思想与社会思潮通过互联网与各种媒体传入国内，对国人产生越来越大的影响。全球化时代的思想文化交流也是不可抗拒的潮流，面对思想文化交流的大潮，消极回避与简单封杀，已不可取，也难以奏效，唯有采取积极进取姿态，在大交流中推进中国特色社会主义文化建设，才是可取的态度。

中国实现现代化目标的前提条件就是坚持中国特色社会主义道路，包括中国特色社会主义理论体系。在全球化进程中，坚持中国特色社会主义道路，必须回应一个重大问题：如何依据马克思主义的基本原理与方法，全面正确分析当代资本主义的新变化与某些发展规律，其中包括如何正确认识西方社会的主要社会思潮，如何正确解读它们的基本性质与内容，批判其中的糟粕、汲取其中的精华，借以推进社会主义核心价值体系建设，这是一个重大的现实理论问题，对其进行深入研究并给予客观正确的回应，既是中国现代化发展的需要，也是社会主义精神文明建设的需要。

改革开放前，由于受教条主义的束缚，人们往往简单地搬用马克思主义的某些现存结论，对国外社会思潮，尤其是当代资本主义社会的思想与主要社会思潮采取简单主义的做法，缺乏具体分析、去粗取精、去伪存真的科学研究态度，加以全盘否定与绝对排斥。

改革开放以后，这种简单做法也时有泛起，不但不利于必要的国际文化交往，也不利于社会主义思想文化发展与社会主义核心价值体系建构。

建构社会主义核心价值体系的基础主要包含两部分，中国优秀的传统文化与人类优秀的思想文化。离开中国优秀传统文化的基础，就不可能发展中国特色的思想文化；离开全人类的优秀文化成果，就不可能建构当代社会主义的思想文化。社会主义思想文化从它诞生之日起，就是人类文明的结晶。当代中国社会主义思想文化建设，在弘扬中国优秀传统文化的同时，如果对现当代资本主义社会的思想与主要社会思潮采取全盘否定与简单排斥的态度，就从根本上违背了社会主义文化发展的规律，违背了民族文化发展的一般规律。任何一种民族文化的发展都需要与其他民族文化交融并蓄，互相借鉴，否则就可能失去文化发展的持续动力。对现当代资本主义社会的思想与主要社会思潮采取全盘否定与简单排斥的态度，也就背离了中国特色社会主义核心价值体系建设需要具备民族性与时代性结合的要求。

然而，毋庸讳言，近些年来在思想文化研究中，也出现了某种漠视中国国情与民族特点，甚至蔑视中国传统文化，而对西方社会思想文化与理论学说不做深入分析，照抄照搬，囫囵吞枣，食洋不化的现象。显然，这是又一种简单幼稚的态度，必须克服。对于外来文化的正确态度应该是，坚持唯物史观与洋为中用原则，从继承和发扬人类文明的高度出发，对西方社会的各种思想与社会思潮，包括一些重大理论学说，在全面深入研究的基础上，积极汲取其中的文化精华，摒弃文化糟粕，以繁荣社会主义思想文化事业，推进社会主义核心价值体系建构。

当代资本主义社会思潮纷繁复杂，其中不乏各种批判当代资本主义社会的激进思潮，以及全面反思、积极发展马克思主义的思想与理论学说，它们在一定意义上有助于人们加深对当代资本主义社会本质与发展规律的认识，有助于加深我们在全球化时代对发展马克思主义思想和理论、对中国特色社会主义道路的认识。

简言之，现当代西方社会思潮比较研究既是中国改革开放的实际需要，又是构建中国特色社会主义道路与社会主义核心价值体系的需要，也是全球化时代马克思主义理论发展的客观需要。

## 二 现当代西方社会思潮比较研究的主要方法

任何一种研究，其结论正确与否，在相当程度上取决于研究的方法与手段。综合比较研究，是人类认识客观事物的重要方法之一。对任何事物的全面认识与研究，既需要从历史发展的纵向上系统比较研究，又应从现实存在的横向上加以多方位的比较研究。具体事物的综合研究包括对其过去与现在，自身与他物之间的辩证联系的研究。马克思对资本主义社会本质与一般规律的研究就是采取了综合比较研究方法。他不但将资本主义生产方式与前资本主义生产方式进行历史比较研究，而且对同时代不同类型的英、法、德等国的资本主义市场经济类型加以现时比较研究，然后从这种纵向与横向的综合比较研究中发现了资本主义的一般发展规律，创立了剩余价值学说和历史唯物主义原理。

对西方现当代社会思潮与文化现象的研究，也可运用这种综合比较研究方法。西方每一类主要社会思潮研究，可以从其昨日与今天的不同表现形式与内容的比较研究中，厘清其发展理路；从同一发展时期的不同民族的社会政治与思想文化的不同表现形式与内容的比较研究中，加深对一定时期西方社会思潮的全面认识，更清醒地把握它们的发展动向。只有对社会思潮进行全面综合分析研究，其结论才能有更大的说服力，更有利于我们的借鉴与利用。但是，在对各种社会思潮的昨日与今天的综合比较研究中，研究重点显然应该放在后者。

## 三 现当代西方社会思潮的分期与基本分类

### （一）主要思潮的分期

资本主义发展已有400—500年的历史，14—16世纪是资本主义发展史上的工场手工业阶段，资产阶级为了摆脱中世纪神学在思想观念上的束缚，打出了人本主义的大旗，以对抗神本主义，形成资产阶级的第一次思想解放运动，史称"文艺复兴"运动。在此阶段，人们开始用人的欲望与利益来重新解释人生与人的行为，将人世间的万事万物都看作俗人的意志与性格的产物。追求理性、个人自由与现世的物质享受被看作人类普遍永恒的本性。当时的人本主义者尽管尚未能彻底抛弃宗教与传统道德观念，但是他们已经开始有勇气向传统挑战，在追求现实生活目标时，力图排除传统的束缚。

17 世纪荷兰与英国等国先后爆发了资产阶级革命，荷兰、英国两国的启蒙思想家在西方近代思想史上留下了深深的烙印。其中荷兰思想家格劳秀斯，将古代西方的自然法理论改造成为近代资产阶级的自然法学说，使它成了传统资本主义时期最重要的学说理论。格劳秀斯的自然法学说，后经英国的霍布斯、洛克等思想家的补充和发展，成了欧洲资产阶级革命时期各国资产阶级的有力思想武器。

18 世纪欧洲资产阶级革命的中心由英国转向法国。法国启蒙思想家以格劳秀斯、霍布斯与洛克的自然法学说为基础，提出了以自由、平等与天赋人权学说为核心内容的法国大革命思想原则，这一原则不但成为法国资产阶级革命中的纲领与口号的指导原则，而且也被许多国家在资产阶级革命胜利后写入宪法。

19 世纪英国率先发生工业革命，工业资产阶级通过三次议会改革，逐步取代官僚贵族与土地绅士阶级，掌控国家权力。英国自由主义思潮以代表工业资产阶级的功利主义思潮为代表，并且成为英国议会制定法律与议案的指导思想。值得关注的是，19 世纪欧洲国家的自由主义与保守主义对 18 世纪法国大革命思想原则都采取批判与否定的态度。与此同时，马克思主义作为无产阶级的思想武器在欧洲普遍传播，成为一股清新的社会思潮逐步壮大，影响日益扩大。

20 世纪前半期，西方主要社会思潮的内容随着资本主义从自由竞争向垄断过渡而发生明显变化。

第二次世界大战以后，垄断资本主义的垄断形式从一般垄断向国家垄断转型，西方主要社会思潮的类型有所增加，基本思想内容也发生了新的变化。尤其是 70 年代以后，经济全球化进入高潮，第三次科技革命使当代资本主义发生一系列新的变化，西方主要社会思潮关注的领域也从政治、经济、社会、文化拓展到生态、科学方法等新的领域，当代西方社会思潮有了新的较大发展。

就西方近现代主要社会思潮研究的时间划分而言，主要研究 16 世纪到 20 世纪前半期的西方主要社会思潮，其实，近代与现代在西方的话语中没有区别；当代西方主要社会思潮，主要以 20 世纪后半期，即第二次世界大战以后的西方主要社会思潮为基本研究对象。

**（二）主要社会思潮的基本分类**

近代以来西方主要社会思潮的代表形态一般可归纳为三种：自由主义、保守主义和激进主义（或社会主义）。

在这三种主要社会思潮中，自由主义影响最大，最具普遍主义性质，是西方普遍主义文化传统的主要代表；其他两种思潮更多带有历史主义的特点。

二战以后当代资本主义的主要社会思潮，根据其思想内容，一般可分成四大类：自由主义、保守主义、社会主义、科学主义（包括生态主义、行为科学主义等）。当代西方社会思潮与传统西方社会思潮在思想内容上既有继承，又发生了重要变化，因此，人们习惯用"新"来冠名，例如，新自由主义、新保守主义等。

当代西方社会思潮中的新自由主义、新保守主义往往具有两重含义。

就新自由主义思潮而言，其一，广义的含义与传统自由主义有较大区别，当代自由主义涉及政治、经济、社会、文化各个方面；其二，狭义的含义主要指 20 世纪 70—80 年代经济领域的自由主义理论与经济政策，"华盛顿共识"是新自由主义经济理论与政策的代表。

就新保守主义思潮而言，其广义的含义与传统保守主义存在较明显区别，当代保守主义涉及政治、经济、社会、文化各个方面；其狭义的含义主要指美国在冷战后的政治、外交领域的指导思想、基本理论与外交政策，小布什政府时期的美国外交思想与理论是新保守主义的代名词。

当代西方主要社会思潮从其思想内容来分类，又可以分成以下三类：

第一类，有关批判、调整与发展传统资本主义社会的社会价值与伦理观的思潮。例如，新自由主义、新保守主义、新黑格尔主义等。

第二类，有关对经典马克思主义理论再认识与再解读的思潮。例如，西方马克思主义、欧洲共产主义、民主社会主义等。

第三类，有关科学主义与方法论的思潮。例如，生态主义、行为主义、功能结构主义、后现代主义等。

为了更全面地揭示当代资本主义社会主要社会思潮的基本特征，同时也为了与传统资本主义社会主要社会思潮进行比较研究，本书选择当代自由主义、当代保守主义、当代社会主义、生态主义、行为主义及后现代主义等较有代表性的社会思潮加以较详细的介绍、分析与综合比较研究，以加深读者对当代西方主要社会思潮的全面客观认识。

# 上　编

## 现代西方主要社会思潮

　　现代西方主要社会思潮是指传统资本主义时期欧洲主要工业国有代表性的社会思潮；因为近代与现代两个词，在中文中有所区别，但是在英文中是同一个词，因此，现代西方主要社会思潮也包括了欧洲近代社会思潮，其中文艺复兴时期的人本主义思潮是其中的代表性思潮。

# 第一章　现代西方主要社会
# 思潮的历史演进

## 第一节　19世纪前资本主义社会
## 主要思潮的历史演进

### 一　14—16世纪意大利文艺复兴与人本主义思潮

14—16世纪是资本主义发展史上的初创时期，资产阶级为了摆脱中世纪神学在思想观念上的束缚，打出了人本主义的大旗，以对抗神本主义。这便是资产阶级的第一次思想解放运动，史称"文艺复兴"运动。在此阶段，人们开始用人的欲望与利益来重新解释人生与人的行为，将人世间的万事万物都看作人的意志与性格的产物。追求理性、个人自由与现世的物质享受被看作人类普遍永恒的本性。当时的人本主义者尽管尚未彻底抛弃宗教与传统道德观念，但是他们已经开始有勇气向传统挑战，并在追求现实目标的时候，力图摆脱传统的束缚。

为什么文艺复兴发生在意大利？除了资本主义生产方式的萌芽最早在意大利产生之外，作为上层建筑的文化艺术本身的再创造，与意大利的文化环境与意大利民族的文化创造力分不开。14世纪以来，继承希腊文化的罗马文化就以意大利为发源地，在意大利生活中占据强有力的地位。它被人们"当作文化的源泉和基础，生存的目的和理想"，以及反对宗教神学的"一种反冲力"。[1]

---

[1]　雅各布·布克哈特：《意大利文艺复兴时期的文化》，商务印书馆1979年版，第167页。

此外，意大利民族的思想文化创造力是欧洲文艺复兴在意大利发生的重要土壤条件。"征服西方世界的不单纯是古典文化的复兴，而是这种复兴与意大利人民的天才的结合"。[①] 在文化艺术方面的杰出代表是达·芬奇、米开朗琪罗、拉菲尔的绘画；但丁的《神曲》、卜伽丘的《十日谈》等。但是在政治思想领域，16 世纪意大利的政治思想家马基雅弗里是杰出代表，他第一次大胆地撕去了政治的宗教外衣，将它看作纯粹的统治阶级内部的个人权力之争，马基雅弗里的政治学说奠定了现代资产阶级政治学理论的基础。

文艺复兴的历史影响是巨大深远的，它不但动摇了漫长中世纪宗教神学的思想政治统治基础，为以后的资产阶级启蒙思想运动提供了精神思想养料，而且对欧洲社会的阶级变化产生了直接影响。由于文艺复兴运动仅仅局限在社会精英阶层，缺少文化教育的社会大众依然停留在陈旧的生活方式中，因此，有教养的精英阶级和没有教养的平民阶级出现了明显的分化。如果说在此前连接西方国家的是罗马的教会，是宗教力量，那么文艺复兴以后"产生了一种新的精神影响的力量，这种精神影响力量从意大利传播到国外，成为欧洲一切受过良好教育的人们所必需的东西。这个运动的最大坏处可以说是排斥人民大众的，可以说通过它，欧洲第一次被鲜明的分成为有教养的阶级和没有教养的阶级"。[②]

## 二 17—18 世纪欧洲自然法学说与法国启蒙思想

### （一）17 世纪欧洲自然法学说

17 世纪荷兰与英国等国资产阶级先后爆发了资产阶级革命，荷兰、英国两国的资产阶级思想家在西方近代思想史上留下了他们的深深烙印。其中荷兰思想家格劳秀斯，将古代西方的自然法理论改造成为近代资产阶级的自然法学说，使它成了传统资本主义时期最重要的学说理论。格劳秀斯的自然法学说，后经英国的霍布斯、洛克等思想家的补充和发展，成了早期资产阶级革命时期的各国资产阶级的有力思想武器。

### （二）18 世纪法国启蒙思想

18 世纪资产阶级革命的中心由英国转向法国。法国启蒙思想家以格

---

① 雅各布·布克哈特：《意大利文艺复兴时期的文化》，商务印书馆 1979 年版，第 166 页。
② 同上书，第 167 页。

劳秀斯、霍布斯与洛克的自然法学说为基础，提出了以自由、平等与天赋人权说为核心内容的法国大革命思想原则，这一原则不但成了法国资产阶级革命中的纲领与口号，而且也被许多国家资产阶级在资产阶级革命以后写入了他们的宪法。

## 第二节　19世纪资本主义社会主要思潮的一般状况

### 一　19世纪古典自由主义

18世纪后期，英国率先开始工业革命。19世纪欧美其他国家也相继发生工业革命。资产阶级的注意力逐渐从推翻封建政权转向发展资本主义生产力与巩固资产阶级政权。自由竞争的经济原则在政治思想领域里也产生了深刻影响。古典自由主义思潮开始盛行。由此开始，格劳秀斯创立的近代自然法学说与法国大革命思想原则遭到了自由主义思想家的怀疑、批评与攻击。英国的怀疑主义哲学家休谟首先发难，对以理性为基础的自然法学说进行尖锐的批评。他指出，"理性"一词本身存在着无法克服的矛盾与混乱，而以理性为基础的自然法学说，注重人们道德承诺产生的道德约束力的作用，并由此来解释国家的起源，这种以道德约束力为前提的社会契约说显然是荒谬可笑的。他认为，人们之所以要摆脱自然状态，建立国家，其根源只能从人们的功利动机与对物质利益的渴求去找寻。法国自由主义思想家本杰明·康斯坦（Benjamin Constant，1767—1830）强调法律允许范围内的个人自由与权利，并将它们看作资本主义社会存在与发展的基石，他也借此抨击自然权利说。康斯坦对卢梭的资产阶级民主主义思想的攻击尤为激烈，他将卢梭的社会契约说斥为"暴政工具"，卢梭的人民主权说被贬为与君主专制类似的多数人的暴政，同样威胁到个人的自由权利。

### 二　19世纪英国功利主义

近现代自然法学说与法国大革命思想原则所遭受的最致命一击，要数19世纪的英国自由主义的批判，其主要代表就是边沁的功利主义学说。边沁作为19世纪英国工业资产阶级的代言人，从稳定与发展资本主义制度出发，用功利原则来解释人们的一切言行，包括人们摆脱自然状态建立国家的动因。他特别强调法律范围内的权利，主张取消自由的原则，而用维护个人财产与人身安全的"安全原则"作为凌驾于自由、平等、人权等法国大革命原则之上的第一政治原则，并且用以取代自由原则，而作为国家立法的首要目标。他甚至主张，一旦平等原则与安全原则发生冲突时，抛弃平等原则，以维护安全原则。正是从这些功利主义的政治原则出发，他将法国大革命的思想原则斥之为无政府主义的胡说八道。

近代自然法学说与法国大革命原则正是在传统自由主义学说，尤其是以边沁为首的英国功利主义学说的批判下，一蹶不振陷入了困顿境地，这一批判延续了较长时间。20世纪前期，新托马斯主义代表人物马里旦，甚至还在挪揄卢梭的自然法理论为天方夜谭式的"神话"。传统资本主义时期，西方思想史上最引人注目的事件之一，就是近代自然法学说与法国大革命思想原则由盛转衰，陷入困境；自由主义由弱变强，逐渐成为西方主要社会思潮。

为什么指导英国、法国资产阶级革命的自然法学说与大革命原则会陷入困境，而自由主义思潮却由弱变强，成为西方主要社会思潮？这一现象是西方现代思想史中的一个重要问题，其产生的主要社会原因大致有以下几点：

第一，思想意识作为上层建筑，是统治基础的反映，资本主义生产关系发展到不同阶段，需要有不同的思想学说作为其理论武器。不同的时代需求，必然会产生不同的社会思潮，不同的思想学说与社会思潮，也各负有不同的历史使命。在封建生产关系已经崩溃，但封建政权一息尚存的18世纪，结束封建政权的统治是资产阶级肩负的首要的历史使命，为此，势单力薄的资产阶级便发动启蒙思想运动，以启发与教育民众，争取社会的广泛支持，自然权利说与社会契约说为核心的自然法学说，便成了资产阶级革命的思想武器。进入19世纪，已经推翻封建政权的资产阶级面临着新的历史使命，即大力发展资本主义生产力，进一步巩固资本主义制度，而资产阶级所面对的最大的威胁，不再是已经式微的封建势力，而是日益壮大的无产阶级，后者开始觉悟到资本主义私有制是其贫困的根源。因此，作为统治阶级的资产阶级便祭起了以维护本阶级财产权为核心的自由主义的大纛。

第二，资本主义工业化的过程，是自然科学技术和资本主义社会生产力相结合的过程。工业革命不仅创造了巨大的物质财富，同时也开阔了人们的视野，深化了人们的认识。自然科学的发展与广泛应用，产生了一个重要的后果，那就是社会普遍重视科学实证而轻视先验理性。因此，人们一般更多地赞同实证可信的理论，而公开怀疑一切先验的理性学说。

在西方近代思想史上，19世纪前期曾掀起过一次"理性重建"的热潮，其实它正是近代西方社会第一次科技革命的直接产物。17世纪由格劳秀斯等人创立的近代自然法学说，完全是以先验理性为依据，其中充斥着假设与主观杜撰，难与由科学实验产生的结论相一致，结果遭到怀疑与攻击，也势所难免。而19世纪的英国自由主义，以个人的物质利益为根本出发点，而最有代表性的英国功利主义，以人们最基本的感觉——苦与乐为它的道德标准的基础，将追求个人现世的物质利益与幸福视为符合功利标准的正当行为，将是否有利于最大多数的最大幸福看作个人与国家一切行为的最高标准，这一浅显易见的实证学说，自然容易成为人们的共识。

第三，近代自然法学说，尽管是一种主观杜撰，但是它所宣扬的个人自然权利，抨击现存社会，公开号召返回自然的浪漫主义思想，不啻是对苟延残喘的封建专制政权的一种威压与摇撼。这一思想还有普遍意义，它代表广大民众的利益，对一切欺压民众的国家权威，都构成某种威压，它对于包括一些刚刚诞生不久的资产阶级专政的国家权威都具有某种程度的革命性的威胁，这一学说显示出某种普遍的革命性。它曾经在早期资产阶级革命时期发挥过激励第三等级反抗与推翻封建专制的革命作用，它同样也能激励无产阶级奋起反抗资产阶级专政的革命热情。资产阶级曾经借用这一思想推翻封建王权的统治，建立了资产阶级政权；然而，获得政权的资产阶级为了维护自身的阶级统治，防止民主革命的发生，也可以毫不犹豫地摒弃这一思想，或者对其进行修正，使之能够重新为己所用。资产阶级对自然法学说与法国大革命思想原则的鼓吹或批判都是从其根本的阶级利益及政治需要出发的。

马克思曾经对18世纪的法国资产阶级思想原则和19世纪的英国资产阶级的思想原则，进行过深入的比较研究，并揭示了两者存在的一系列差异。在分析产生这些差异的原因时，他指出，18世纪法国资产阶级的思想原则与"正在进行斗争而尚不发达的资产阶级相适应"；19世纪英国资产阶级思想原则则与"占有统治地位的发达的资产阶级相适应"。① 马克思的这一思想同样可以帮助我们认识传统资本主义时期西欧主要社会思潮转型的历史根源与阶级根源。

### 三 19 世纪欧洲保守主义

应该指出,法国大革命失败以后,参加围剿自然法学说与法国大革命思想原则的,除了英、法等国的自由主义思想家之外,还有欧洲国家的保守主义思想家。他们分别从不同的阶级利益与政治目的出发批判法国大革命及其思想原则。前者作为新兴工业资产阶级的代表,为巩固资本主义制度而摇旗呐喊。后者则代表了没落的封建贵族阶级与教会的利益,为王权复辟鸣锣开道。当自由主义已经形成一种完整的理论体系与主要社会思潮时(功利主义是它在 19 世纪的典型代表),保守主义尚属一种思想倾向。19 世纪欧洲保守主义最终形成两个主要派别:法国保守主义和英国保守主义。

1. 法国保守主义

法国大革命以后,欧洲王权复辟势力的中心在法国。这一派的代表人物主要有路易·德·波纳德(Louis de Bonald,1754—1840)与约瑟夫·德·梅斯特尔(Joseph de Maistre,1753—1821)。在法国大革命以后,一般认为夏多勃里昂创办《保守者》杂志,是法国保守主义兴起的标志。

2. 英国保守主义

英国资产阶级革命以后,封建残余势力的影响长期严重存在。埃德蒙·柏克(Edmund Burke,1729—1797)一般被当作近代欧洲保守主义的鼻祖。他于 1790 年 5 月在英国议会中发表了反对法国大革命的演说②,成为近代英国保守主义产生的标志。

欧洲保守主义对法国大革命及其思想原则的仇视达到了咬牙切齿的程度。他们认为法国大革命破坏了一切旧的封建制度——政治的、宗教的、经济的——一顶顶高贵的皇冠落地,一尊尊神圣的神像倒塌,一切封建特权遭到无情嘲弄。革命中,一无所有者为权力与财产的重新分配欢呼,昔日的王侯贵族与富商则为权力与财产被剥夺而痛心疾首。保守主义者的言

---

① 《马克思恩格斯全集》第 3 卷,人民出版社 1965 年版,第 482 页。

② 即其著名的《法国革命随想录》。

论正是被剥夺者阶级的阴暗心理的写照。如果说欧洲自由主义在近代历史上曾有一定的合理性与进步作用，那么保守主义则自其产生之日起就是一种背离历史发展方向的反动思潮。

英国当代保守主义政治家休·塞西尔（Hugh Cecil，1864—1958）对保守主义的发展历史与性质特征作过系统分析。他在《保守主义》（1912）一书中对欧洲保守主义基本特征进行过概括：（1）天生的守旧思想，即对未知事物的厌恶与怀疑，对熟悉事物的眷恋和爱好；（2）王党主义，即维护教会、崇拜宗教和权威的原则；（3）帝国主义，即颂扬国家在国际事务中的"伟大"，维护其对海外殖民地的统治。塞西尔的保守主义定义主要是对传统资本主义时期保守主义历史的概括，它尚难涵盖现代保守主义，尤其是当代保守主义的新特点。

传统资本主义时期，欧洲主要社会思潮一般都具有资产阶级或封建残余阶级的性质，即使是激进的空想社会主义或空想共产主义思潮（作为科学社会主义产生之前的无产阶级思想）也是如此。严格地说，在它们产生之日起并不可能代表无产阶级利益。当科学社会主义诞生以后，它们往往成为科学社会主义的对立物。马克思和恩格斯创立的科学社会主义学说，打破了思想界的资产阶级一统天下，但是马克思主义在19世纪的传播，往往遭到资产阶级的百般阻拦，一般局限于发达资本主义国家的工人阶级与小资产阶级知识分子之中。19世纪末，资本主义进入垄断阶段之后，马克思主义逐渐被实践证明其强大的生命力，恩格斯逝世以后，马克思主义已经形成一种世界性的强大的社会思潮，二战以后这一思潮在欧洲知识界又派生出各种新的思想流派。

# 第二章 现代主要社会思潮

## 第一节 文艺复兴时期的人文主义思潮

### 一 文艺复兴时期的人文主义

14—16 世纪是欧洲封建社会解体、资本主义生产关系形成时期。在漫长的中世纪，天主教始终是封建制度的精神支柱，罗马教廷则成了各国封建保守势力的国际中心，封建教会与神学成了新兴资产阶级与广大人民群众奋起反抗的众矢之的。由于当时资本主义生产关系刚刚出现，新兴资产阶级力量弱小，尚无夺取政权的条件，为了扫清发展资本主义的障碍，新兴资产阶级在政治上曾支持过王权，以便实现与巩固国家统一，有利资本主义的发展。在思想上他们则攻击天主教义与教会的统治地位，以及封建特权与等级制度，以摆脱封建神学的束缚，实现人性复归。为了反抗封建神学的统治，他们采取借古讽今手法，大力复兴古代希腊、罗马人本主义的传统文化，掀起了欧洲历史上的文艺复兴运动。这场早期资产阶级的思想解放运动，开始于 14 世纪意大利北方地区，15 世纪在欧洲各国广泛展开，16 世纪达到鼎盛。

早期资产阶级文艺复兴运动不但复兴了欧洲历史上的古典学说，而且创造性地改造了古典文化，从中发掘了符合资产阶级需要的人本主义的思想内核，欧洲古典文化中的人本主义思想内核被早期资产阶级思想家发挥改造成近代资产阶级的人本主义思想。

近代资产阶级人本主义思想的核心是个人主义，个人主义的理论基础是资产阶级人性论。近代资产阶级的人本主义思想提倡理性，反对神性；

主张个性自由与对现世幸福的追求，抨击封建等级桎梏与教会的禁欲主义。它将理性、追求个性自由与现世幸福看作永恒的人类本性。随着文艺复兴运动的发展，资产阶级人本主义思想在欧洲成了一种影响最广泛的社会思潮。在这一思潮的冲击下，近代欧洲的政治观念第一次开始具有了世俗的特征。在近代早期欧洲政治思想家中，意大利的马基雅弗利较为突出，他的人本主义政治权力理论，奠定了近代资产阶级政治思想的基础。

文艺复兴运动与人本主义思潮的直接后果之一，就是在欧洲掀起了大规模的宗教改革运动。象征封建神权的罗马天主教廷的统治地位，遭到了强有力的挑战，并发生了严重动摇。宗教改革运动其实正是资产阶级革命的前奏曲或预演。

### 二 马基雅弗利的政治权力说

马基雅弗利（1469—1527）的世俗主义政治理论，是文艺复兴时期人本主义思潮在政治学说方面的主要代表思想。

**（一）生平**

马基雅弗利1469年5月3日生于佛罗伦萨一个没落的贵族家庭。马基雅弗利家族从13世纪起，就是佛罗伦萨公国的富有世家大族，家族中许多人曾担任政府重要职务。他的父亲曾在城市政府机构中工作，因无力偿还债务，被解除了公职，后来以律师谋生。他的家庭属于这个世家大族中最贫寒的一支，家产仅有城郊一小块田产。

当佛罗伦萨富家子弟纷纷就学于第一流的希腊语和拉丁语的学者时，由于家境清贫，马基雅弗利只能向不出名的教师学习，更多靠刻苦自学才掌握了拉丁语和意大利语，并且可以阅读相关的典籍，培养了较强的独立思考与研究问题的能力。

13世纪末的佛罗伦萨已经建立了共和国，14世纪出现了资本主义萌芽，1378年曾发生了世界上第一次手工工人起义——佛罗伦萨梳毛工人起义。1434年大银行家美第奇家族推翻了共和国，建立起佛罗伦萨贵族政权。1494年僧侣萨伏那罗拉领导了一场反对美第奇家族贵族统治的武装起义，恢复了佛罗伦萨共和国。马基雅弗利参加了这次起义，并在起义后成为共和国第二大法官马塞洛·维吉里奥·阿德利安尼的书记官，此人正是他以前就学时的老师。1498年上半年，阿德利安尼升任共和国第一大法官，马基雅弗利被委任为第二大法官兼秘书，主要从事文秘、国防与外交等事务性工作。1500 年出使法国，他代表共和国同法国国王路易十二谈判，寻求法国支持佛罗伦萨共和国的统一，阻止比萨脱离佛罗伦萨的分裂行为。在法期间，他亲眼看到了法国统一强盛的君主集权的国家，深感佛罗伦萨和意大利所处的分裂困境的无奈，更加关注祖国的统一和独立。

1502 年，马基雅弗利升任为佛罗伦萨政府首领——正义旗手的秘书，提出了一个军事改革方案，他建议设立一支国民军来取代战斗力不强、容易叛变的雇佣军，18 岁到 30 岁的公民都要服兵役，他的方案被政府首领采用。

1502 年 10 月，他奉命到罗马教皇亚历山大六世的儿子恺撒·博尔吉亚公爵在罗曼雅的军营办理公务。恺撒·博尔吉亚是一个政治野心家，运用武力和暴政夺取了整个罗曼雅地区，并在中部意大利建立霸权，但是 1 年后亚历山大六世去世，博尔吉亚也丢失了权力。马基雅弗利在罗曼雅军营有过办理公务的经历，他从博尔吉亚取得权力的种种阴谋勾当中悟出，意大利需要一个狡诈残暴的君主，才可能消除割据局面，实现统一，这一思想以后成为他的《君主论》的主题内容。

1503 年 1 月回国后，他花 4 年时间探究意大利的兵役制度，坚信道德以实力为后盾、实力是事业的基础；枪杆子里出政权，一个国家其军事实力不强就不能维持统一局面和长治久安。

1506 年底，他向十人委员会提交的一份关于建立一个新的军事组织的建议书获得了批准，并很快建立起一支以步兵为骨干的国民军。政府新设置了一个专门负责兵役事务的机构，马基雅弗利任秘书。1509 年在镇压比萨分裂行为时，国民军发挥关键作用。但好景不长，1512 年，美第奇家族借助西班牙军队协助，在佛罗伦萨恢复了贵族统治，马基雅弗利被解职并被逐出佛罗伦萨城。次年他又被诬谋反遭到逮捕，1514 年获释，但是政治生命基本结束，他开始隐居在自己的小庄园里从事著述。尽管他政治失意，但是却换得了学术丰收，他写出了一系列重要著作，并流传后世。1527 年 6 月 22 日病死。

（二）著作

马基雅弗利从 1512 年政治失意后，开始撰写《论提图斯·李维的〈罗马史〉前十卷》，1513 年完成代表作《君主论》。1519 年至 1520 年完成《战争的艺术》一书，书中分析了历史上的著名战役，并结合自己的军事生活经验，对诸如国民军的优点、步兵的运用等许多战略战术问题作了简明扼要的论述。1520 年他还撰写了《卡斯特鲁乔传》，刻画了一个典型暴君的形象。

1520—1525 年，他被聘请为史官以编纂《佛罗伦萨史》，共八卷，不单写佛罗伦萨历史，实际上叙述了意大利从西罗马帝国末年一直到 1492 年罗伦索·美第奇去世为止的千余年历史，系统阐明他的政治主张，这本著作被马克思称作"一部杰作"。

### （三）基本思想及观点

1. 意大利王国中共和制是最理想的政治形式

尽管马基雅弗利认识到，在 16 世纪的意大利要建立共和政体还不大可能，但是最理想的政体仍然是共和体制，只有在共和政体下，才没有个人独裁，每个公民都有个性自由，并献身于社会。他对封建教会加以抨击，指出："教会使我们国家四分五裂，现在仍让它四分五裂"，"教廷使意大利充满动乱，它在意大利只是一个中等诸侯，既无力统一意大利，又不允许意大利出现一个强大的世俗君主"。①

2. 统一意大利需要强悍精明的君主与强大的君权

意大利处在分裂割据中，而且遭受法国、西班牙等强邻的蹂躏，要实现意大利的统一，并"从野蛮人手中解救出来"，必须建立一个强有力的、具有无限君权的、拥有一支按普遍兵役制组成的国民军的君主政权。马基雅弗利把统一意大利的希望寄托于一个强悍精明的君主和强大的君主政权。

3. 以权力政治为核心的政治道德

在政治思想方面，尽管马基雅弗利的政治学割断了与神学和伦理学的联系，但他并非是一个纯粹的反道德主义者。他并不否认现存的道德戒律在个人私生活方面的作用，但他把个人道德与公共道德截然分开，强调在公共政治领域内决不可能采取个人道德规范。

在意大利统一问题上，他认为要想完成统一大业不能依靠传统道德手段来实现，而必须采取各种必要的手段，包括暴力手段。政治家要取得政治上的成功，不能受传统道德的干扰，而应采取一切必要手段，包括欺骗、背信弃义与其他残忍手段。欺诈等不义手段在平时不可取，但

---

① 马基雅弗利：《君主论》，商务印书馆 1985 年版，第 77 页。

在战争中是必要的，"因为当国家处于生死存亡关头，那就不存在正义或不义、仁慈或残忍、体面或丢脸的问题。其他一切考虑都应搁置一边。必须奉行能够拯救她的生存和自由的方针"[1]。他主张君主应该把国家利益放在首位，为了达到政治目的，可以背信弃义，不择手段。他说："我们时代的经验证明，正是那忽视诺言，善于诡计惑人，而最后战胜了那些专讲信义的人的君主，才创下丰功伟绩……君主必须会那样随机应变，以便遵循时代潮流和变幻无常的命运所指示的方向，正如我以上所述，如有可能，不要离弃善良的道路；但是如果必要，要善于走恶毒的道路。"[2]

他直言不讳地否定一般公认的道德，主张为了权力，在守信有好处时，邦主应当守信，否则不要守信，邦主有时候必须不讲信义。如果"君主为了使自己的臣民团结一致和同心同德，对于残酷这个恶名就不应有所介意"。为了能够维持统治，"君主必须懂得怎样善于使用野兽和人类所特有的斗争方法……君主必须是一头狐狸以便认识陷阱，同时又必须是一头狮子，以便使豺狼惊骇"。[3] 必要时英明的君主可以出尔反尔，而"绝不能够，也不应当遵守信义"，要获得最大成功，君主还"必须做一个伟大的伪装者和假好人"。[4] 但是统治者必须善于把这种伪善多变的品格掩饰好，必须惯于混充善者、口是心非的伪君子。"人们全那么头脑简单、那么容易顺从眼前需要，因此欺骗人的人总会找到愿意受欺骗的人。我只举一个近代的实例。亚历山大六世除骗人外一事不干，他旁的什么事也不想，却还找得到骗人的机会。再没有谁比他更会下保证，或者比他发更大的誓来断言事情，可是再也没有谁比他更不遵守保证和誓言了。然而因为他深懂得事理的这一面，他的欺骗百发百中。所以说，为邦主的并不必要条条具备上述的品质［各种传统美德］，但是非常有必要显得好像有这些品质。"[5]

他还指出，政治是一门实践的艺术与一个独立的研究领域，如果受神学的超自然的支配，就会失去特性，宗教神学充其量只能是政治上的有用

---

[1] 马基雅弗利：《君主论》，商务印书馆 1985 年版，第 79 页。

[2] 同上书，第 83 页。

[3] 同上书，第 84 页。

[4] 同上。

[5] 同上。

工具，政治家无须对宗教感兴趣，也无须顾忌教会。

马基雅弗利的政治学说较彻底地摆脱了宗教和道德的束缚，世俗政治学完全面向现实世界，瞄准权力目标，从而奠定了资产阶级政治学的理论基础。马基雅弗利的政治学说反映了意大利新兴资产阶级要求建立统一的中央集权国家的愿望，这在资本主义萌芽时期具有一定的历史进步意义。他的权力理论对后世影响较大，在20世纪的政治学说中形成了"马基雅弗利主义"。

**（四）评价**

马基雅弗利在历史上是一个有争议的人物，褒贬不一。有人说他是一个玩世不恭者，也有的人说他是一个有强烈民族主义情绪的爱国者；有人说他是一个玩弄权术的政治阴谋家，也有人认为他是一个民主主义者。尽管评价不一，但是马克思曾把马基雅弗里称作文艺复兴时代一位巨人[1]。

马基雅弗利率先将政治学研究与神学分离，并使政治学与道德伦理学彻底分家，在国家问题研究中，他开始"用人的眼光来观察国家……从理性与经验中，而不是从神学中引出国家的自然规律"。[2] 他的代表作《君主论》，使他身后获得了较大的名声，影响十分深远，甚至在20世纪80年代还被西方一些国家列为当代最有影响的世界十大名著之一。

马基雅弗利的政治学说以政治权力为核心，将权力当作一切政治活动的目的，并讨论了在各种条件下获取或保存权力的方式。这一权力政治说与传统的政治说具有明显区别。从古希腊时期的亚里士多德到中世纪的欧洲政治思想家，在讨论政治权力时，一般总要以道德规范去衡量，更加关注取得权力的手段是否合法正当，保持政权的手段是否合乎正义。马基雅弗利对权力的道德性几乎不作任何论证。他认为权力产生于基本的政治需要，无须从哲学上去论证其合理性。要建立一个统一有序的国家，就必须要有一个强有力的权力，而无须顾忌权力的道德性。总之，权力在他的心目中，体现着最高的善，掌握权力的人，不必是品德优良的人；反之，道德卑劣者，只要能掌握权力也无可非议。从马基雅弗利开始，政治学从道

---

① 《马克思恩格斯全集》第20卷，人民出版社1965年版，第360页。

② 《马克思恩格斯全集》第3卷，人民出版社1965年版，第368页。

德与宗教的紧箍咒下解放出来了，并成了一门世俗的学问。尽管他的政治学说尚缺乏完整的理论体系，但是他的许多观点"完全适合后来欧洲日益发展的资产阶级的社会政治制度的需要。现代西方政治思想家正是从他那里开始前进的"。[①]

《罗马史论》是马基雅弗利的另一部有影响的著作。他在论述罗马帝国时期的君主、贵族与平民的宪法地位时，第一次明确主张由他们代表三种权力，这三种权力应在国家政权中各占一份，"彼此交互约制住"，显然，在西方近代思想史中，马基雅弗利较早明确阐述了权力的"分立与制衡"的观点，他的许多政治评论对18世纪欧洲各国的政治思想的发展影响重大，其中对法国启蒙思想家孟德斯鸠的政治学说影响尤为深刻。英国现代学者罗素曾经指出：马基雅弗利在《罗马史论》中的许多论述，"看起来几乎像出自孟德斯鸠的手笔，这部书的大部分让十八世纪的自由主义者来读也会赞许的"。[②]

## 第二节　自然法学说与法国资产阶级启蒙思想

### 一　17世纪的自然法学说

自然法学说是一门古老的学说，它可追溯到公元前6世纪的古希腊学说思想。自然哲学家赫拉克利特首先对自然法与人为法加以区别。以后，智者学派的苏格拉底、柏拉图与亚里士多德也都论及过自然法。但是自然法成为一种法学与伦理学理论，一般认为是在公元前3世纪斯多噶学派创始人芝诺（公元前336—前264）时才基本形成。芝诺将代表人类理性的自然法看作一种普遍存在，至高无上的法则，其约束力远远超过国家所颁布的法律，同时他又使自然法概念普遍化。之后的罗马法学家利用芝诺的自然法理论，创立了罗马法。罗马法学理论对近代大陆法系产生了直接的影响。古罗马的思想家西塞罗对芝诺自然法理论的发展有过较突出贡献。他在理性基础上将正义引进了自然法范畴。在漫长的中世纪，自然法披上了神学的外衣，在神学、自然法与人为法三者关系中，神法是至高无上

---

① 阿·库·穆霍帕德希亚：《西方政治思想概述》，求实出版社1984年版，第96页。
② 罗素：《西方哲学史》下册，商务印书馆1982年版，第23页。

的，自然法与人为法则从属于神法。

近代资产阶级文艺复兴时期，资产阶级的人本主义思潮激扬澎湃，中世纪的自然法理论又被拣出并重新改造。荷兰思想家格劳秀斯借鉴了古典自然法的观点，大胆摒弃了中世纪自然法学说的神学内核，在人本主义基础上重建了近代资产阶级自然法学说。以后，英国、法国等国的人文主义思想家，其中以霍布斯、洛克与卢梭等为代表，相继丰富与发展了格劳秀斯的自然法学说，使之成为传统资本主义时期一种影响特别重大的社会思潮。

**（一）格劳秀斯**

格劳秀斯的自然法思想集中体现在他的代表作《战争与和平法》（1625）之中，他在法律分类时较详细地阐发了自然法思想。首先，他将法律分为自然法与制定法。他认为前者的本质是理性，后者的本质是意志。"自然法是真正理性的命令，是一切行为的善恶标准。""它是极为固定不变的，甚至神本身也不能加以更改。"它是一切时代、一切民族、一切法律的基本思想原则。如果说其他的法律的约束力要靠权威与强制，那么自然法只依靠人的自觉，而无须其他权威与强制。因为自然法寓于理性之中，凡有理性的人类都会服从理性的感召，自觉地遵循自然法法则。格劳秀斯还用自然法解释国家的起源。他认为有理性的个人都有与同类交往及追求"和平合理的共同生活"的愿望，这是人区别于动物的基本特征之一。为了全力抵抗强暴，人们才一致同意结合成契约社会，"并由此产生政府的权力"。因此，政府权力与契约效力都来自理性为基础的自然法。而契约社会中每个成员的"自然权力乃是正当的理性的命令"。[①] 其实，格劳秀斯的自然法，与其说是法律，不如说是人皆有之的"天理良心"和社会伦理原则。

格劳秀斯以自然法为基础建构政治准则，主要有三条：（1）个人财产权是神圣不可侵犯的，侵犯他人财产权的行为不仅不道德，而且是一种罪行，并"为自然法所禁止"。（2）遵守信约、履行契约是合乎理性的，因此也是合乎道德的行为。国家是有理性的个人订立契约以后建立的，因此履行契约不仅是一个政治问题，而且也是一个重要的道德问题。（3）个人应享有运用自己权利的自由，以理性为基础的契约国家，必须

---

① 周辅成编：《西方伦理学名著选辑》上册，商务印书馆 1964 年版，第 582—583 页。

保障个人自由，这是合乎理性的，也是合乎道德的。格劳秀斯的自然法的道德准则对后人的天赋人权学说影响重大。

## （二）洛克

继格劳秀斯之后，霍布斯发展了他的社会契约说，形成了近代完整的社会契约论；洛克则更多地继承和发展了他的自然权利说，形成了"天赋人权说"。对18世纪法国启蒙思想家产生深刻影响。

洛克的《政府论》和《论宗教宽容》两部著作，以近代自然法学说为基础，第一次比较系统地阐述了近代自由主义思想，并且成为古典自由主义的代表作。洛克所阐述的自由主义，主要包括两大部分：（1）个人的天赋自由权利；（2）实行分权的有限政府理论。洛克认为，所谓"自由"，主要指个人为追求自己的主观愿望而去思想与行动的权利。这些权利是人生而应该享受的，由人的理性所天赋的。所谓"行动自由"，主要指个人有权利追求自己的利益和快乐。

洛克倡导的天赋的自由权利主要有三种形式：（1）生命权，即人身安全不受伤害的自由权利；（2）自由权，即思想、信仰与行动不受他人支配与奴役的权利；（3）财产权，即自由支配私人财产不受他人侵犯的权利。洛克认为，在这三种自由权利中，财产权是最重要的。

在洛克的国家学说中，政府权力的来源是人民的授予。他主张政府一旦违背人民意愿，人民可收回权力，另立政府；政府不能干涉宗教活动与社会精神事务，政教实行分离。

洛克认为政府维护"自由"的具体表现就是实行国家权力的分权制衡，但是他的分权主要是立法权、执行权与对外权之间的三权分置。洛克的政治学说奠定了古典自由主义的理论基础，也成为英国近代君主立宪制的思想基础。

近代自然法学说一般都是以人性为基础，主要涉及三个问题：（1）自然法的宗旨，即人从本性出发的基本要求是什么？（2）实现这些目的的基本条件是什么？（3）不同人之间的本性需要如何协调？在回答这些问题时，洛克的思想较有代表性。

关于人性基本要求问题，一般思想家都认为是自我保存、幸福与基本自然权利。霍布斯尽管主张主权者应该享有绝对权力，但也认为国家不能侵犯剥夺个人的自然权利，"自然权利，就是每个人按照自己所愿意的方式运用自己的力量保全自己的天性——也就是保全自己的生命——的自由"。① 霍尔巴赫认为，人生的基本目的是"保存自己并且使自己生活幸福"。② 洛克强调自然法的宗旨就是保护人们的生存权利（right to their preservation）而不提追求幸福。这与功利主义的自由主义存在区别。③

关于实现自然法宗旨的问题，洛克的回答是自由权（自由行动权）与私有财产权。洛克认为自由权利是"不受绝对的任意的权利约束的自由，对于一个人的自我保卫是如此必要和有密切联系，以至于他不能丧失它，除非和他的自卫手段与生命一起丧失"。④ 当然，自由行动权不是没有任何约束的自由行动，而是"在规则未加规定的一切事情上能按照我自己的意志去做的自由，而不受另一个人的反复无常的、事前不知道的和武断的意志的支配……"⑤ 因此，自由是做法律不允许做的事情之外的任何事情的权利，不能妨碍或侵犯别人，只要法律没有禁止，自己就可为所欲为，这是传统自由主义的基本观点。

值得一提的是，所谓法律范围内的为所欲为，并不能将自由权与生命权混为一谈。如果认为自由权可以允许自己损毁或剥夺自己的生命，只要不损害别人，因此酗酒、吸毒、自杀都可以成为合理的行为，但是生命权，是自然法的出发点，自然法维护任何人的生存权利，不允许任何人危害他人或自己的生命。约翰·密尔曾经为购买烈酒、鸦片和毒药的自由权利辩护。⑥

洛克认为，私有财产权是符合理性的需求，因为这是人的生存需要，并且是人的劳动的结果。任何物品没有经过劳动不会成为生存的消费品，苹果不从树上摘下来，就不能变成充饥的食品。摘下来就成为私有财产。当然，劳动还包括雇佣劳动。"我的仆人所割的草皮——都成为我的财产"。⑦ 尽管洛克将私有财产权排在自我保存权、自由行动权之后，但是却认为私有财产权是政治社会中最重要的权利。"政治社会的首要目的就

---

① 霍布斯：《利维坦》，商务印书馆 1985 年版，第 97 页。
② 霍尔巴赫：《自然的体系》（上），商务印书馆 1999 年版，第 110 页。
③ 洛克：《政府论》（下），商务印书馆 1964 年版，第 18 页。
④ 同上书，第 16—17 页。
⑤ 同上书，第 16 页。
⑥ 约翰·密尔：《论自由》，商务印书馆 1959 年版，第 104 页。
⑦ 洛克：《政府论》（下），商务印书馆 1964 年版，第 19—20 页。

是保护财产","政府除了保护财产,没有其他目的"。①

关于不同人的权利协调问题,自然法学说的思想家们主要通过提出一些禁止性的义务规范来实现。自然法包含两种不同的规范:一是允许性的权利规范;二是禁止性的义务规范。洛克从理性入手,提出了一些禁止性的义务规范,"理性,也就是自然法,教导者有意遵从理性的全人类:人类既然都是平等和独立的,任何人就不得侵害他人的生命、健康、自由或财产"。② 洛克的平等观,主要是指人的自然权利的平等,即理性面前的人人平等,而不是其他权利的普遍平等。他认为,就人性而言,人们都希望扩张自己的权利,但是只有理性才能告诉人们应当兼顾他人的利益,否则会导致两败俱伤,而所有人的理性都是一样的。

## 二 18 世纪法国资产阶级启蒙思想

近代欧洲历史上有三次重大的资产阶级革命,分别是德国的路德宗教改革运动（1517）、英国的资产阶级革命运动（1640）与法国大革命（1789）。其中每一场革命在规模与声势上,都比前一场革命更浩大。其中法国大革命的历史影响尤为突出,法国大革命爆发的原因是多方面的,除了政治、经济与社会历史原因之外,18 世纪法国启蒙思想的作用不可替代,正是这些具有革命性的启蒙思想的传播,为法国大革命的爆发做好了思想与舆论准备工作。

18 世纪,法国封建专制社会,已经陷入深刻的全面社会危机之中,社会大众已经不愿照旧生活下去,统治阶级也无法继续统治下去,社会已经处在政治大变革的前夜。

### (一) 18 世纪法国启蒙思想的根源

18 世纪法国启蒙思想内容十分丰富,但它的思想根源主要有三个方面:（1）近代自然科学的影响;（2）文艺复兴运动的人文主义思潮影响;（3）英国近代政治思想与政治实践的影响。

1. 近代自然科学的影响

"科学是一种在历史上起推动作用的、革命的力量",③ 近代科学在

---

① 洛克:《政府论》（下）,商务印书馆 1964 年版,第 52、58 页。
② 同上书,第 6 页。
③ 《马克思恩格斯选集》第 3 卷,人民出版社 1977 年版,第 575 页。

16—17 世纪已经开始出现。1543 年哥白尼的《天体运行论》以太阳中心说推翻教会维护的托勒密地球中心说；1660 年英国皇家学会成立；1666 年巴黎科学院成立，以后的法国启蒙思想家不少都是科学院的成员。近代科学真正形成在 18 世纪。18 世纪以后，欧洲自然科学发生了一次飞跃，出现了近代第一次科技革命。恩格斯对于 18 世纪欧洲自然科学的发展有过高度的总结："18 世纪综合了过去历史上一直是零碎地、偶然地出现的成果，并且揭示了它们的必然性和它们的内部联系。——有了分类，彼此间有了因果联系；知识变成了科学，各门科学都接近于完成，即一方面和哲学，另一方面和实践结合了起来。18 世纪以前根本没有科学；对自然的认识只是在 18 世纪（某些部门或者早几年）才取得了科学的形式。"[1]

在这次科技革命中，牛顿的经典力学的作用与影响尤为突出。它第一次比较科学地揭示了物质世界的统一性与运动的普遍性规律，支持与推动近代物理学的发展长达 200 年之久。这一自然科学理论滋养了法国启蒙思想，并成为 18 世纪法国机械唯物主义哲学的科学基础。法国启蒙思想家伏尔泰、狄德罗、霍尔巴赫等人都是牛顿学说虔诚的信奉者和热烈的传播者。其中伏尔泰还曾在《牛顿哲学原理》、《哲学通信》两部著作中对牛顿学说作过专门介绍。近代自然科学理论为法国启蒙思想家提供了唯物的世界观与方法论，而且也为他们锻造了批判宗教神学的有力武器。

2. 文艺复兴运动的人文主义思潮影响

18 世纪法国启蒙思想也是文艺复兴思想遗产的继承与发展。尽管 16 世纪的欧洲文艺复兴运动和 18 世纪法国启蒙思想运动的任务不尽相同，然而反封建都是共同的目标。启蒙思想家所探讨的许多问题都曾是 16 世纪人文主义者曾经讨论过的。在批判封建制度与宗教神学，追求人性解放与个人自由权利等问题上，两者之间都存在着一脉相承的联系。恩格斯曾言，文艺复兴时期的"自由思想""为 18 世纪的唯物主义作了准备"。[2]

16 世纪法国哲学家蒙田（1533—1592）在其代表作《随笔录》中就主张用怀疑的眼光审视一切，反对盲从与宗教迫害，开了近代怀疑主义的先河。17 世纪的法国哲学家笛卡儿与比埃尔·培尔，18 世纪法国百科全书派，都是以科学的怀疑论为思想武器，向封建神学与形而上学宣战，怀

---

[1] 恩格斯：《英国状况 十八世纪》，《马克思恩格斯全集》第 1 卷，第 656—657 页。
[2] 《马克思恩格斯选集》第 3 卷，人民出版社 1972 年版，第 445 页。

疑论成了启蒙思想运动中扫荡封建意识的开路先锋。

3. 英国近代政治思想与政治实践的影响

如果说文艺复兴时期的人文主义思想与 17 世纪自然科学的发展为法国启蒙思想家提供了唯物主义世界观与方法论的思想武器，那么 17 世纪英国启蒙思想家的学说和思想，以及英国资产阶级革命以后的君主立宪政治实践，则为法国启蒙思想家提供了推翻封建专制政权，进行资产阶级革命与建立资产阶级政权的理论依据与实践经验。英国资产阶级革命以后，建立了君主立宪的资产阶级国家政体、法律制度，促进了资本主义工商业繁荣与科技发展，并且为工业革命准备了必需的条件。

英国的资本主义发展对于处于封建专制统治下的法国社会产生巨大吸引力。伏尔泰流亡英国 3 年，全面考察英国经济、政治、社会、思想文化艺术、牛顿科学，回国写出《哲学通讯》，震撼法国社会，以英国为师成为法国启蒙思想家的共同信念。尽管英国的思想家霍布斯、约翰·密尔顿与洛克等人的人性观、社会契约观、分权制衡观、天赋人权观与功利观等，都对法国启蒙思想家产生过影响，但是洛克的影响最为显著。洛克的《人类理解论》和《政府论》系统阐述了唯物主义经验论哲学和资产阶级社会政治思想，深刻影响了伏尔泰、卢梭、孟德斯鸠和法国 18 世纪机械唯物主义思想家。

在一定意义上可以说，18 世纪法国启蒙思想家的社会政治与伦理学说，是他们在 16—17 世纪荷、英等欧洲国家已有的资产阶级先进思想的基础上，根据法国当时社会革命的需要，加以综合、改造与发展的结果。当然，法国启蒙思想家在借鉴英国 17 世纪政治伦理思想的时候，没有简单照搬，而是有了进一步发展。卢梭克服了洛克的君主立宪的政治妥协性，提出了激进的民主革命理论。

**（二）法国启蒙思想的代表及其主要思想**

法国启蒙思想家是一大批时代的斗士，其中杰出的代表有伏尔泰、孟德斯鸠、卢梭及百科全书派。他们的社会政治思想尽管存在不少分歧，但仍有许多共同点。

1. 伏尔泰的政治法律思想

伏尔泰的政治思想内容十分庞杂，其中影响最大的是追求平等、自由与宣传君主立宪的思想学说。而自然权利观则可看作他全部政治思想的理论基础。伏尔泰在他的许多论著中反复宣扬"自然的法律"，"这种法律既不在于使别人痛苦，也不在于以别人的痛苦使自己快乐"。① 这种法律的基础就是人类追求"正义"的不变的人性本质。他歌颂理性、文明、科技文化和社会的进步，认为历史进步是实现自然法权的必要前提。因此，伏尔泰对卢梭攻击科技文明进步、回复田园式的自然经济的浪漫主义思想进行了严厉抨击。

伏尔泰的启蒙思想中关于"平等"的观点比较突出。人人享有平等的权利，这是人类在自然状态下已经存在过的事情，人生而平等也是天经地义的，"一切享有各种天然能力的人，显然都是平等的，当他们发挥各种动物机能的时候，以及运用他们的理智的时候，他们是平等的"。他有一句名言："难道农民的儿子生来颈上带着轭，而贵族的儿子生来在腿上就带着踢马刺吗?"② 但是伏尔泰的平等观受早期资产阶级自然权利说的影响，带有明显的阶级局限性。格劳秀斯自然法的道德原则中，将个人的财产权利与保护私产权放在首要位置，实质上自然权利的基础就是私产权。承认私有财产权利，也就必然承认现存的不平等的经济状况。因此，同时承认政治权利的平等与经济权利的不平等，是早期资产阶级自然权利说的一个生而俱有的矛盾现象。伏尔泰与其他法国启蒙思想家的平等观，一般也都是这种割裂的双重平等观。

伏尔泰认为，现实社会中的人们分成两个阶级是"自然不过的事"，"一个是支配人的富人阶级、另一个是服侍人的穷人阶级"。如不这样，"社会生活便无法维持下去"。③ 在法国启蒙思想家中，伏尔泰的平等观有相当的代表性。主张政治法律上的人人生而平等，矛头是针对现存的封建专制政权，是为了结束这种不平等的政治制度；而维护经济地位的不平等，实质上是要维护在一息尚存的封建政权下已经发展得相当强大的资本主义生产方式和资产阶级的财产权利。

伏尔泰政治学说的第二个重要议题是自由。他对自由的界定为"试着去做你的意志绝对必然要求的事情的那种权力"。④ 自由也是一种天赋人权，不受任何事物侵犯，但是"除了法律以外"。也就是说，自由"只受法律支配"而不受其他一切事物侵犯。伏尔泰的自由权利的内容也具

① 北京大学哲学系编译：《十八世纪法国哲学》，商务印书馆 1963 年版，第 99 页。
② 同上书，第 88 页。
③ 同上书，第 88—92 页。
④ 同上书，第 91 页。

有代表性，它包括"人身与财产"的自由，言论自由，信仰自由。此外，还有一种劳动自由，即穷人出卖自己的劳动，遭受富人剥削也是一种自由权利。但是它并不包括穷人在政治上的自由参与权利。他认为，如果无知者们"开始争议，则一切归于失败"。[1]

自由作为法国启蒙思想运动的最强音，法国大革命思想原则的最重要内容，一开始就被伏尔泰和其他一些资产阶级启蒙思想家割裂了。伏尔泰的自由观代表了资产阶级立宪派的狭隘利益。唯有卢梭在自由权利问题上冲破了阶级局限，为无知贫民直接参政摇旗呐喊。

伏尔泰的政府说是以英国的君主立宪为蓝本，主张开明君主制。尽管他也一再申明，在原则上共和政体崇尚平等与自由是正确的，但是，他又担心共和政体无法克服无政府状态与经常性的骚乱，而且也会滋生暴政。因此，他宁可选择君主政体，但是这种君主政体应是开明的，而不是专制的君主制。他认为"当国王成为哲学家的时候，人民才会是最幸福的"。开明君主制"保存了专制政体中有用的部分和一个共和国所必需的部分"，因此是完美的政体。[2] 伏尔泰的政体观是一种妥协观，映现了法国大资产阶级对封建势力软弱妥协的心态，成了法国大革命中立宪派政治纲领的主要内容。

2. 孟德斯鸠的政治法律思想

孟德斯鸠的政治思想在平等、自由与政府学说方面与伏尔泰如出一辙，他们一起成为法国大革命中立宪派的精神领袖。但是，孟德斯鸠在法国启蒙思想运动中更为突出的贡献是他的政体学说与分权制衡理论。

孟德斯鸠的政体学说明显地受到古希腊亚里士多德思想的影响。他在代表作《论法的精神》中将历史上的政体分类归纳为三种四类。

第一种是共和政体（包括民主政治与贵族政治），第二种是君主政体，第三种是专制政体。他指出，不同的政体有不同的政治原则。民主共和政体遵守平等守法的道德原则；贵族共和政体遵守节制的原则；君主政体崇尚荣誉原则；专制政体施行恐怖原则。他认为，除了专制政体是完全不合理的，其他各种政体都是合理可行的，但是各国仍需根据国情和传统加以适当选择。其实，孟德斯鸠的心中主张的理想政体与伏尔泰相似，乃

———————————

① 梯利：《西方哲学史》下册，商务印书馆 2003 年版，第 150 页。

② 伏尔泰：《哲学通讯》，上海人民出版社 1961 年版，第 194 页。

是开明的君主立宪政体。

孟德斯鸠认为人性是自私的。因此任何掌握权力的人都会有一种以权谋私，滥用权力的倾向。要防止权力的腐化，就必须对权力进行制约，为此他在已有的分权理论上进一步提出了自己的"三权分立"理论。首先，他更明确地指出权力无制约、权力不分立就不可能有政治自由。他认为，权力三分最可取，它可避免权力集中不分的专擅；它也可避免权力两分的不可靠，权力两分容易发生互相妥协而合二为一；唯有权力三分才可互相平衡与制约。其次，他第一次将国家权力三分为立法权、行政权和司法权。他反对三权中的任何一种权力高于其他两种，以避免出现无法制约的滥用权力现象。

孟德斯鸠的三权分立说尽管在限制专制君主权力方面跨出了历史性的一步，但是他的三权分立思想依然带着明显的政治妥协性。他主张行政权归于君主、立法权归于世袭贵族集团，立法权由平民选举产生，立法权再派生行政权。但是在他的分权理论中，平民团体只有立法提案创制权，而贵族集团却有立法否决的终审权，因此，他的分权学说更多倾向于社会精英集团。

孟德斯鸠的分权理论对现代西方政治制度的建设具有决定性的影响，西方许多国家的宪法也将他的分权制衡原则作为基本指导原则。孟德斯鸠倡导的西方分权制衡原则对中国近代政治运动也产生过不小影响。康有为在戊戌变法时的变法奏章中屡陈三权分立原则；梁启超曾撰文详细介绍过孟德斯鸠的政治法律思想；孙中山在辛亥革命时提出"五权分立"思想，明显带有孟德斯鸠分权学说的烙印。

值得一提的是，孟德斯鸠的"自由权利"说比伏尔泰更进一步强调法律的权威，而且将安全作为自由权利的核心。他指出：自由仅仅是指"一个人能够做他应该做的事情，而不被强迫去做他不应该做的事情"。自由权利就是"做法律所许可做的一切事情的权利，如果一个公民能够做法律所禁止的事情，它就不再有自由了"。[①] "政治自由的关键在于人们有安全，或者人们认为自己享有安全"。[②] 安全的主要内容就是人身、财产与荣誉受法律保护，不受侵犯。这一以安全为核心的自由权利观直接影

---

① 孟德斯鸠：《论法的精神》上册，商务印书馆 1982 年版，第 154 页。
② 同上书，第 188 页。

响到 19 世纪英国分析法学派的立法原则，尤其是边沁的功利主义政治学说。

3. 卢梭的统一平等观、政治意志论与人民主权论

在 18 世纪法国启蒙思想家中，政治思想最为激进的代表人物是让·雅克·卢梭，作为法国小资产阶级的思想代表，他为法国大革命与资产阶级政权的建立，提供了资产阶级民主革命的理论。

社会政治学说是卢梭思想体系的核心内容。卢梭也是从自然法学说出发，抨击封建社会的腐败与没落，从社会不平等的现实出发，发掘其产生的社会根源，揭示社会发展的历史逻辑，从理论上阐明封建制度必然灭亡的趋势。

（1）私有制是社会不平等的起源，暴力革命合法

18 世纪，法国启蒙思想家一般都曾论证过封建制度必然走向灭亡的历史发展规律，但是卢梭并不满足于一般地抨击封建社会的腐朽与没落，而是独辟蹊径，从社会经济根源中，从贫富严重对立的社会现实出发，挖掘产生社会不平等的根源，揭示人类社会内部由生产力进步而造成的矛盾以及辩证发展的规律，发出了古老的封建社会大厦行将在革命风暴中倾覆的警世预言。

卢梭不同意霍布斯的"人性恶"导致的"人对人像狼一样"自然状态说，他指出，自私、贪婪、邪恶都是在社会交往中产生的，也只有在文明社会状态下才可能发生；因此"人对人像狼一样"自然状态其实是"文明社会"的写照。

卢梭也不同意洛克的自然权利说和私有财产神圣不可侵犯说。因为在自然状态中，没有"私有"的概念，私有财产是文明社会才可能出现的现象。

卢梭也不同意暴力基础上的"社会契约论"与国家起源说。自然状态中人们之间生理的自然不平等比较小，并没有人与人之间的奴役与服从的概念，一旦遭遇暴力强制，可以自由逃跑，脱离凶残者；进入社会状态以后，才产生人与人之间的依附与奴役关系，才出现暴力统治。

卢梭认为，自然状态向社会状态转变的根本原因在于，人类有一种理性基础上的自我完善能力。他们在生产与生活实践中不断积累经验和知识，由于共同利益需要，才同意结合成社会团体，开始产生社会性的理念和情感：义务、虚荣、私有等；文明社会产生的基础是人类理性指导下产

生的私有制。"谁第一个把一块土地圈起来并想到说：这是我的，而且找到一些头脑十分简单的人居然相信了他的话，谁就是文明社会的真正奠基者。"① 随着人类社会生产力的发展，农业首先成为国民经济的主导部门，土地私有现象开始出现，社会关系中的邪恶现象也随之出现，"自从人们觉察到一个人占有两个人的粮食的好处时起：平等就消失了、私有制就出现了——不久便看到奴役和贫困伴随着农作物在田野中萌芽和滋长"。②

在探究平等的历史发展轨迹时，卢梭不自觉地运用了辩证法。他认为，人类社会在始初的自然状态阶段，社会成员之间没有任何联系，没有文明社会中的野心、贪婪、竞争等欲望和概念，也没有文明社会的经济社会生活，人们只有善良的天然感情，人与人之间是平等的。进入文明社会以后，随着生产力的发展，社会财富增加，尤其是私有财产的出现，文明社会的自私、贪婪、纷争等恶习开始滋生，不平等便由此产生并加剧了。

卢梭认为，按照人类社会辩证发展规律，社会不平等的发展经历三个阶段：第一，贫富分化与对立；第二，政治不平等加深；第三，不平等的封建专制社会。不平等分发展到第三阶段，达到"不平等的顶点，这是封闭一个圆圈的终极点"。在封建专制社会，每一个人在暴君面前都是平等的奴隶，暴君凌驾于整个社会之上，不平等达到了极限。不平等社会随之势必要为新的平等社会所取代，从而使人类社会能够再向前进一步。

如何推翻封建专制的不平等社会？卢梭提出了激进的暴力革命理论，主张民众运用革命暴力对付专制暴力。当暴君"被驱逐的时候，他是不能抱怨暴力的。以绞杀或废除暴君为结局的奇异行动，与暴君前一日任意处理臣民生命财产的行为是同样合法。暴力支持他，暴力也推翻他"。③

卢梭设想的新的平等社会，是一种所有社会成员不但在政治上平等，而且在财产占有上也尽可能接近平等、人人直接参政议政的平均主义的小资产阶级理想王国。在这种社会中，"既没有乞丐，也没有富豪"④ 政府的最重要的任务之一，就是要防止财富分配的极端不平等。显然，卢梭的平等观是一种统一的平等观，它与其他法国启蒙思想家所鼓吹的割裂的平等观有着明显的区别，法国大革命中的雅各宾派曾是卢梭思想的实践者，

---

① 卢梭：《社会不平等的起源和基础》，商务印书馆 1962 年版，第 111 页。
② 同上书，第 121 页。
③ 同上书，第 146 页。
④ 卢梭：《社会契约论》，商务印书馆 1982 年版，第 70 页。

然而他们的失败，证明了卢梭的小资产阶级民主主义思想在资本主义时代始终是一种空想。

（2）人民主权说

卢梭社会政治思想集中反映在《论人类不平等的起源和基础》及《社会契约论》两部著作中。前者主要讨论平等问题，着眼于对私有制的文明社会与封建专制制度的批判，后者则提出了改造社会的政治理论，宣扬了人民主权的思想。前者"破"，后者"立"，两者璧合形成了较完整的政治思想的体系。

卢梭的社会契约论与格劳秀斯、霍布斯、洛克的社会契约论不尽相同。格劳秀斯与霍布斯都主张，人民缔定社会契约，建立政府与国家以后，便将自由权利完全转让给了统治者，由统治者根据契约的规定，保护个人的自由权利。霍布斯认为，如果统治者违背契约，损害人民自由权利时，人民也无权反抗，以撤换统治者。因为人民将自由权利转让给统治者之后，便永远丧失了最高主权。霍布斯的社会契约论是为英国资产阶级革命中的克伦威尔独裁政权提供理论依据的。卢梭抨击了格劳秀斯与霍布斯关于人民通过缔结契约，转让自由和主权的理论，认为这是"一件荒谬不可思议的事情"，如果真实如此，"人民都是疯子了"。他指出，这种理论是要"不遗余力地剥夺人民的一切权利，并且想尽办法把它们奉献给国王"。它所要建立的社会，只能是"一个主人与一群奴隶"的专制社会。①

卢梭强调，人民缔结社会契约的目的是要使国家将个人"全部共同的力量"组织起来，② 以保护每个成员的"人身和财富"。每个社会成员生活在契约社会中，服从国家与政府如同"在服从自己本人，并且仍然像以往一样地自由"。③ 人民并没有在建立政府与国家以后丧失了最高主权。卢梭也注意到契约社会与自然状态下的社会毕竟有所区别。尤其是个人自由与国家统一意志之间必然存在的矛盾现象。

如何统一这对矛盾？卢梭提出了政治意志理论。他将契约社会中各种意志分为四类：第一，公意或普遍意志，即全体人民的意志与共同利益的

---

① 卢梭：《社会契约论》，商务印书馆 1982 年版，第 12 页。

② 同上书，第 18 页。

③ 同上书，第 23、35 页。

集中表现。第二，众意，即个人意志与利益的一般总和。公意"只着眼于共同的利益"，而众意"则着眼于私人的利益"，只是"个别意志的总和"。第三，团体意志，即社会某一集团和阶层的意志与利益的表现。例如，政府行政官员的意志。第四，私意或个别意志，即个别人的意志与特殊利益的表现。在这四种意志中，他并不重视众意与团体意志，而强调"私意"与公意。其中又更推崇"公意"。他认为，"公意永远是正确的"，"永远是公正的，永远以公共利益为依归"，并"总是倾向于平等"。更重要的是公意构成了主权，同时也是法律与政府行为的依据。卢梭进一步指出，"公意"无法由任何人代表或转换给任何个人，因此，主权作为"公意的运用"，也"永远不能转让"，"不可分割"、"不能代表"，① 主权者只能是一个集体的生命，也只能由人民掌握。"只要一旦出现一个主人，就立刻不再有主权者了"，国家也即刻不复存在。人民主权说是卢梭激进的资产阶级民主主义思想的体现。在法国启蒙思想运动中，这种精辟的论述并不多见。

从人民主权说出发，卢梭排斥了以往政治学说中有关分权和代议制的任何理论，这是他的政治学说中的另一特点。他愤怒地谴责三权分立与一切分权学说。认为它们"只会把主权者养成一个支离破碎拼凑起来的怪物"，只能是一些"江湖幻术"，同时他也批评英国式的代议制。他指出，这种代议制违背了主权不能代表的原则，人民选举代表，就会使人民丧失对公共事务的热心，导致国家衰败。因为人民只有在选举代表期间"才是自由的"，一旦选出代表，人民重新"丧失了自由"，又会成为"奴隶，他们就等于零了"。因此，他认为，哪里存在人民代表，哪里的人民"就不再是自由的了"。②

尽管卢梭也主张国家与政府由契约所产生，但国家与政府在卢梭的政治学说中是两个根本不同的概念。他认为国家是人们在自然状态下为了自保而订立契约后产生，政府却不是契约建立的，它只能是国家建立以后，主权者（人民）为了维护公共利益，管理公共事务的需要而设立的一个"中间体"或"机构"。它的权力是主权者所委托的，因此，只能是主权者的意志的执行者。政府机构的人员只能是受人民委托并接受人民监督的

---

① 卢梭：《社会契约论》，商务印书馆 1982 年版，第 37、76、112、128 页。

② 同上书，第 37、128 页。

"办事员"或"公仆",而不可能是享有全权的"人民代表"。同时,国家主权在本质上代表公意,而政府成员只能代表个别意志。个别意志在本质上与公意相抵触,政府成员也无法避免地存在"持续不断地努力反对主权"的倾向。政府权力的滥用与蜕化现象也会不断地出现,如何保障人民主权不腐败,如何制止一切亵渎主权的行为?如何克服人民主权的"办事员"与"公仆"以权谋私的腐败现象呢?卢梭尽力从民主政治建设上去寻找答案。

首先,他设想了人民经常监督政府权力与直接民主制的方案。他主张全体人民定期集会,人人直接参加政治监督;通过定期集会与表决,由全体人民来监督政府的活动,一旦政府活动违背公意,人们就可以公决而解散它。其次,考虑到如果大国人多,定期集会投票表决会产生诸多不便,因此,他主张建立城邦小国的政府,诸如"日内瓦共和国"与"科西嘉岛国",以便全体国民能够定期集会,监督政府活动,这样全民监督公权力就成为可能。第三,考虑到小国在国家生活中势单力薄,不够安全,他又进一步主张建立以小国为基础的联邦制的复合主权国。

卢梭的人民主权说和直接民主制思想,以及从经济角度出发对私有制的批判,对以后的空想社会主义的理论与实践都产生了重要影响。同时,也影响了西方现代民主政治制度的建立。法国《人权宣言》确认"在权利方面,人们生来是而且始终是自由平等的","法律是公共意志的表现"。1791 年,法国宪法也确认"主权是统一的,不可分割的,不可剥夺的和不可动摇的,主权属于国民"。恩格斯曾高度评价过卢梭的这些思想[1],同时也指出,"理性的国家,卢梭的社会契约在实践中表现为而且也只能表现为资产阶级的民主共和国"。卢梭与其他"十八世纪的伟大思想家们"一样,也都"没有能够超出他们自己的时代所给予他们的限制"。[2] 卢梭的政治意志说对康德和黑格尔的政治哲学产生了深刻影响。他们两人都以卢梭的自由意志为自己的政治思想原则的基本出发点。康德的社会契约说与卢梭一脉相承,黑格尔的国家意志说也与卢梭的"公意"和"主权者"有明显的渊源联系。英国现代学者罗素认为,卢梭的主权

---

[1] 《马克思恩格斯选集》第 3 卷,人民出版社 1972 年版,第 180 页。

[2] 同上书,第 404 页。

不可分割思想对后世造成了始料不及的消极后果。"俄国与德国（尤其是后者）的独裁统治，一部分也是卢梭学说的结果。"①

4. 爱尔维修的功利主义伦理观

爱尔维修（1715—1771）是法国唯物主义百科全书派思想家中一位杰出人物。他从洛克唯物主义经验论出发，提出一套社会历史观，对法国大革命的思想原则，尤其是 19 世纪的英国功利主义思想产生了直接影响。

（1）利益原则基础上的功利观

在法国启蒙思想家中，爱尔维修的伦理观具有代表性。爱尔维修将机械唯物主义哲学原理，应用到社会伦理领域，他继承洛克的感觉经验论，即人的观念与知识来自经验而非神授，也不是心灵的产物。他以生物与人类的普遍的"肉体感应性"特征为出发点，建立了以利益原则为依据的功利主义伦理观。

爱尔维修认为，人们对外界事物作出善或恶的判断，其依据只能是人们自身对它们的肉体感受。我们所认识的一切，"都归结为感觉"，"产生我们的一切观念的，是肉体的感受性和记忆，或者说得更确切一点，仅仅是感受性"。② 显然，爱尔维修的认识论尽管具有唯物主义的基础，但仅仅停留在感性直观的初级阶段，缺乏质的飞跃，未能上升到理性阶段。他认为，"真正说来判断就是感觉"。③

爱尔维修认为，能使人的肉体产生快感的事物是善的，相反给其造成痛苦的事物则是恶的。人的本性"趋乐避苦"，"自爱"与"利己"，追求快乐与利益则是人类的普遍欲望。"利益是我们的唯一推动力"。④ 真正现实的物质利益和爱情、荣誉及权力的精神利益，决定着个人一切活动的取向，构成了社会法律的基础和道德准则的依据，同时也是人类社会存在与发展的永恒推动力。"无论在任何时候，任何地方，无论在道德问题上，还是认识问题上，都是个人利益支配着个人的判断，公共利益支配着国家的判断"。⑤ 如果说自然界服从运动的规律，那么精神界就只可能服从利益的规律。

_____

① 罗素：《西方哲学史》（下册），商务印书馆 1982 年版，第 243 页。
② 北京大学哲学系编译：《十八世纪法国哲学》，商务印书馆 1979 年版，第 439 页。
③ 同上书，第 456 页。
④ 同上书，第 537 页。
⑤ 同上。

爱尔维修将社会生活中的各种利益加以归纳分类，认为可分三大类：第一，个人利益。第二，小集团利益。第三，国家利益或公共利益。

首先，他肯定追求个人利益的合理性，"个人利益是人们的行为价值的唯一而且普遍的鉴定者"，① 同时他又指出，片面追求个人利益有相当大的局限性。"个人利益总是使人们利令智昏"，结果导致不顾公共利益的不合理的自利行为。因此，他认为在不损害公共利益前提下，追求个人利益的行为才是天经地义的。其次，爱尔维修认为，与个人利益相比较，维护公共利益才称得上"人类一切美德的原则，与一切法律的基础"，这种行为才达到了道德最高境界。如果为了公共利益而牺牲个人利益，那么这种行为就可称作最高尚和最正直的行为。所谓正义，正是个人"以公益为目标"的行为。② 如果将个人利益原则与公共利益原则相比较，前者"只不过是一条第二性的，从属的准则，决不足以启迪公民，使他们认识到自己对祖国承担的义务"，而维护公共利益的原则理应成为"最高法律"和"为善的正义标准"。③

爱尔维修竭力抨击代表王室、僧侣与贵族的小集团利益，"这些小集团的利益几乎永远与公共利益相对立，终究会熄灭人们灵魂中任何一种爱国心的"，④ 它们是造成社会种种弊病与灾难的根源。

爱尔维修的功利伦理观，肯定了追求个人利益的合理性，这对于宗教禁欲主义是一种有力的否定，他痛斥小集团利益，对封建特权加以激烈抨击，显然有利于激发广大群众的反封建意识，为废除封建贵族特权，做了舆论准备。他倡导公共利益，将资产阶级打扮成公共利益的代表，进而成为推翻封建政权的领导力量。

但是，爱尔维修将追求现实物质利益视为人类普遍的人性，用纯生物学的感觉观点考察人的伦理道德，忽视了人的社会性与阶级性，带有资产阶级的人性论烙印。他的伦理观对法国大革命以及革命以后的资本主义社会发展都产生了深远影响，尤其是被 19 世纪英国资产阶级所信奉，英国 19 世纪边沁创立的功利主义伦理观与之一脉相承，爱尔维修的功利伦理观成了英国资产阶级改革运动的重要的思想武器。

———————————

① 北京大学哲学系编译：《十八世纪法国哲学》，商务印书馆 1979 年版，第 460 页。

② 同上书，第 463 页。

③ 同上书，第 563 页。

④ 同上书，第 550 页。

（2）环境决定论基础上的社会改革思想

爱尔维修认为，人生而平等，人之所以存在一切差别，都是后天造成的，即社会教育的产物，是政治制度，尤其是立法制度造成的。"法律创造一切。""人们在一种自由的统治下，是坦率的，忠诚的，勤奋的，人道的；在一种专制的统治下，则是卑鄙的，欺诈的，恶劣的，没有天才也没有勇气的，他们性格上的这种区别，乃是这两种统治之下所受教育的结果。"① 因此他主张改革政治法律制度，改变法律环境，显然这一主张蕴含反封建的革命精神。但他认为要实现这种环境条件的变革，需要依靠天才人物们的改革意见，只有他们提出改革意见，并获得大众支持，才可能建立公正法律与开明社会的环境，人们的公共道德水平才可能提高。爱尔维修的环境决定论内含社会变革的思想，但是"天才人物意见决定论"又可能陷入唯心主义的历史观，因此，爱尔维修的社会改革思想暴露出自相矛盾的特点。

# 第三节　19 世纪自由主义思潮

## 一　自由主义的界定

什么是自由主义？对于自由主义的界定，是比较困难的一件事。安东尼·阿巴拉斯特认为"对自由主义下定义绝非易事"，"想要找到一个综合性的概括，能够包容各种信条所表现出来的特殊形式，同样也会产生不可思议的后果"。② 安德鲁·文森特同样认为："自由主义是诸意识形态中最为错综复杂与难以理解的"。③ 不同学者从不同视角出发对自由主义可以有多种不同的解读。主要包括：

第一，自由主义是以个人主义为核心的一种"个人自由价值的信仰"。而且"不仅仅是一组价值，——是一种更加连贯的、包罗万象的世界观"。作为价值，其基础不是形而上学的，"而是源于有关人性和社会

———————

① 北京大学哲学系编译：《十八世纪法国哲学》，商务印书馆 1979 年版，第 539 页。

② 安东尼·阿巴拉斯特：《西方自由主义的兴衰》，吉林人民出版社 2004 年版，第 12—13 页。

③ 安德鲁·文森特：《现代政治意识形态》，江苏人民出版社 2005 年版，第 35 页。

的理论"。① 而"个人主义是自由主义思想的形而上学和本体论的核心，是道德、政治、经济与文化存在的基础"。②

第二，自由主义是"西方世界的官方意识形态，它包含了关于人性和人类满足的广泛假定"。政治上"它是一种针对国家及其职能的态度（也是一种学说）"，主张宪政主义和法治。"宽容是自由主义的首要原则"，以及由此产生的平等主义。③

第三，自由主义"不应被看作是由一连串一成不变的道德和政治价值构成的固定和抽象的术语，而应被视为肇始于文艺复兴和宗教改革的现代观念所激发的特定历史运动"。④

第四，自由主义并不局限在政治与道德领域，它更多的是一种经济思想原则，在经济上的基本立场是信奉市场原则。对于国家与市场的关系，自由主义的基本立场是随着时代不同而不断变化的，从古典自由主义主张国家不干预，自由放任，到凯恩斯主义的国家干预，再到新自由主义的"国家中立"主张。


## 二　自由主义的评价

### （一）国外学者的基本评价

1. 西方文明的显学

拉斯基认为："自由主义已经成为了过去 4 个世纪以来西方文明最显著的学说。"⑤ "只要资本主义存在，自由主义就会以各种不同的形式表现出来。"自由主义不同的表现形式主要包括政治自由主义、经济自由主义、伦理价值自由主义等。⑥

2. 危机四伏的西方普遍观念

二战后，尤其是冷战后，西方发达国家坚持自由主义立场的执政党，纷纷被右翼保守政党或左翼政党所替代，标榜自由主义立场的美国民主党在 20 世纪 90 年代重新上台，但是在 20 世纪末又被小布什为首的共和党

---

① 安东尼·阿巴拉斯特：《西方自由主义的兴衰》，吉林人民出版社 2004 年版，第 13—15 页。

② 安德鲁·文森特：《现代政治意识形态》，江苏人民出版社 2005 年版，第 50 页。

③ 罗杰斯·克拉顿：《保守主义的含义》，中央编译出版社 2005 年版，第 174 页。

④ 安东尼·阿巴拉斯特：《西方自由主义的兴衰》，吉林人民出版社 2004 年版，第 13 页。

⑤ Harold J. Laski: The Rise of European Liberalism, Allen & Unwin, 1936, 1962edn, p.5.

⑥ 安东尼·阿巴拉斯特：《西方自由主义的兴衰》，吉林人民出版社 2004 年版，第 8 页。

取代；英国标榜自由主义立场的工党在 20 世纪 90 年代中取代保守党，但是 21 世纪初也被保守党取代。有人认为，自由主义价值"在今天，使得富人世界厌倦，使得穷人世界感到厌恶"，已经危机四伏。[①]

二战后自由主义思想在独立后的发展中国家也未得到更多的尊重，新兴发展中国家为了解决生存与贫困问题，往往将发展经济与消灭贫困放在首位，在政治上建立威权政权。而个人自由问题被置于次要地位。"自由主义的陈词滥调正在削弱并威胁着它的存在，面临着成为'僵死的陈词滥调'而非'活的真理'……陷入危险的境地"。[②]

尽管自由主义在二战后遭遇普遍危机，但是它依然是西方社会的主导思想之一，"那些深深地植根于西方人对社会、政治以及经济的共同态度之中的假设是自由主义的，而非基督教的，或封建的，或社会主义的，或无政府主义的"，"正是自由主义的世界观而非传统的保守主义或革命的社会主义成为了今天西方所普遍接受的观念"。[③]

**（二）国内学者的基本评价**

徐大同对自由主义的评价在国内具有一定代表性，他认为："自由主义是西方国家主要思想流派。……20 世纪前期和中期始终走着一条蓬勃兴盛的发展道路。尽管在发展的过程中也有过曲折和反复……但依然被西方各国作为社会的主流思想，并被大多数国家确立为制定国策和统治方略的理论基础。"[④] 其实，西方传统思想文化的主线就是自由主义，这是一脉相对最悠久的思想流派。

### 三 自由主义的基本分类

分类研究是社会科学的基本研究方法，自由主义思潮研究也需要对其进行基本分类研究。不同视角有不同分类，自由主义思潮一般可以分为：（1）以历史形态分类：古典自由主义和当代自由主义。（2）以研究领域分类：政治自由主义、经济自由主义、价值伦理自由主义等。

但是，英国学者罗杰斯·克拉顿根据个人行为的出发点将自由主义分成另外两类：（1）欲望自由主义（desire-based），主要以个人欲望为行为

---

[①] Conor Cruise O'Brrien: Writers and Politics, Chatto Windus, 1965, p. xv.

[②] 安东尼·阿巴拉斯特：《西方自由主义的兴衰》，吉林人民出版社 2004 年版，第 12 页。

[③] 同上书，第 7 页。

[④] 徐大同：《当代西方政治思潮》，天津人民出版社 2006 年版，第 1 页。

出发点。只要能够满足自己的欲望，"即便是最悲惨的奴隶制，——欲望性自由主义也会证明这种制度是正当的"。（2）理性自主自由主义（autonomy-based），以个人理性为行为出发点。个人自由行为"并非出自一种转瞬即逝的愿望的一时冲动"，而是出自以现实理性为基础的自我，"自我是理性行为的最初源头和最终受益者"。①

### 四　19世纪自由主义思潮的历史背景与基本内容

### （一）历史背景

17—18世纪欧洲自然科学的发展，引发近代第一次科技革命，继而导致18世纪西方国家的工业革命。工业革命造就了现代机器大工厂生产方式，一刻不停的机器生产，极大加速了资本主义商品经济的发展。资本主义商品经济的发展，遵循市场自由竞争原则。自由竞争原则作为商品经济的主导原则不但主导经济领域，而且开始成为社会生活各个领域的普遍原则。在自由竞争原则的影响下，欧洲政治思想领域内的传统古典自由主义学说，逐渐发展为19世纪的自由主义思潮。应该指出，这一转变与19世纪工业资产阶级政治地位的变化密切相关。在英国工业革命早期，政治权力一般被金融资产阶级和土地贵族共同把持；工业革命后期，工业资产阶级的经济实力已超过金融资产阶级和土地贵族，于是便提出了政治权力的要求。工业资产阶级联手工业无产阶级开展激进主义运动，共同向金融资产阶级和土地贵族要求政治权力。经过不断的改革运动，工业资产阶级首先在1832年的议会改革中取得初步胜利，并争取到了部分权利。19世纪50年代，代表工业资产阶级利益的自由党开始执政，大力推行资产阶级自由主义政策，将自由竞争的经济原则运用到政治领域，实行一些政治体制的改良，扩大了国民的政治权利。正是在工业资产阶级的推动下，自由主义思潮不但在19世纪的英国达到高潮，并且成为19世纪欧洲社会的代表性社会思潮。19世纪英国的工业在世界上最发达，工业资产阶级力量最强大，并且已经掌握了政权，列宁曾经指出："英国在19世纪60年代和70年代是采用资产阶级'自由主义'政策的典型国家。"②

与英国自由主义典型特点相比较，19世纪德国的自由主义仅仅"停

---

①　罗杰斯·克拉顿：《保守主义的含义》，中央编译出版社2005年版，第174页。
②　《列宁全集》第16卷，人民出版社1984年版，第349页。

留在学术研究上，并未深入扎根在人民大众的思想中"，"自由宪政……
被民族统一问题所掩盖"，"自由主义的价值准则只是在德国的司法制度
中得到实现……因而德国的自由主义理论是司法性的而不是政治性的"。[1]
19世纪的德国社会，费希特的民族主义哲学与黑格尔的国家主义哲学成
为主要学说思想，尤其是黑格尔的国家主义哲学上升为官方的政治学说和
国家政策的指导原则。

在19世纪的法国，尽管法国大革命解决了农民的土地问题，小农在
政治力量对比之中占据优势，但是他们习惯性地追随资产阶级，成为资产
阶级的尾巴。小农阶级对自由主义并不感兴趣。而力量日益壮大的法国无
产阶级受马克思主义的直接影响，他们的政治观点是"社会主义和激进
主义的，而不是自由主义的"。因此在19世纪的法国，自由主义仅仅是
法国资产阶级"一个阶级的社会哲学"，它主要发挥"批判职能"，而难
以成为"一项国家政策"。[2]

总之，19世纪欧洲自由主义思潮主要在英国产生重要影响，并且成
为官方的政策基础。

**（二）19世纪英国自由主义的基本特点**

19世纪的英国自由主义是以功利主义为主要表现形式，英国功利主
义是英国工业资产阶级利益的集中表现，并以盎格鲁-撒克逊民族的政治
理论面目出现，英国功利主义思想被约翰·密尔提升到国家哲学高度，成
为制定国家政策的原则基础。19世纪的英国功利主义极力为英国资产阶
级享有各种政治权利和经营上的完全自由辩护，同时也为英国无产阶级享
有某些政治权利和生活保障提供某些理论依据。19世纪的英国功利主义
是一种改良主义思想，其影响极其广泛，在英国工人阶级流传甚广的工联
主义、宪章主义无不打上它的烙印，以致在19世纪80年代以前的英国，
马克思主义在英国工人阶级中影响受到很大的打压。

在英国，自由主义思想的影响根深蒂固，并有着悠久的历史传统。以
边沁等人为代表的19世纪的功利型自由主义，与以洛克为代表的17世纪
的古典自由主义之间存在某些思想联系，但是不同历史阶段的自由主义之
间的差别仍是深刻的，主要表现为：

---

① 萨拜因：《政治学说史》（下册），商务印书馆1986年版，第743页。

② 同上书，第744页。

（1）古典自由主义以自然法学说为基础，它所奉行的天赋权利是一种反封建的革命信条，具有强烈的革命性。功利主义以个人主义为核心，尽管个人主义在反对封建禁欲主义时也具有革命性，但在资产阶级革命成功以后，尤其是工业资产阶级取得政权以后，开始丧失了革命性。法国最后一位启蒙思想家夏多勃里昂（1768—1848）曾直言不讳地说："我们必须保存作为革命果实的政治创造……但是我们必须从这项创造中抹去革命。"① 这番话道出了19世纪自由主义的普遍特征。

（2）古典自由主义本质上是理性主义的，但是它所鼓吹的自由权利并非来自人为法律的保证，而是自然法则所天赋的，显然自然法理论是一种杜撰和假设，完全缺乏科学依据，可以被社会精英信奉，却难为广大民众理解。功利主义本质上是一种经验主义，它以个人的苦乐感觉和现实利益幸福为依据，因此具有更多的现实性和可感受性，容易被广大民众理解与接受。

（3）古典自由主义是为17世纪英国资产阶级革命的合理性辩护的，为英国资产阶级革命以后，新兴资产阶级争取更多的政治权利服务的，它以争取政治权利为重点；功利主义是为19世纪在工业革命过程中崛起的、经济上日益富足的工业资产阶级服务的，随着工业资产阶级在议会中逐步取得权力，它便更多地强调经济权利即财产权的重要意义，强调安全与社会稳定的重要性，而不再支持激进的革命。

（4）古典自由主义在很长时期，还只是一种社会思想的倾向，它的影响范围还局限在少数社会知识精英中，影响十分有限。功利主义一开始便被19世纪20—30年代发起的由工业资产阶级和无产阶级共同参加的激进改革运动所信奉，并被这一运动看作它的思想旗帜和理论纲领。边沁等功利主义者的不少言论直接被资产阶级议员写入英国议会议案；英国的宪章派领袖还曾将有关内容写入宪章运动的《六点纲领》之中。因此，功利主义不仅是英国的一种主要社会思潮，还成为英国国家哲学和官方政策的一部分。

**（三）19世纪英国功利主义**

1. 19世纪英国功利主义的历史发展

19世纪英国功利主义思潮经历了一个发展变化的过程，从它的基本

---

① 萨拜因：《政治学说史》（下册），商务印书馆1986年版，第742页。

特性来区别，一般可分成两大阶段。

第一阶段，从 19 世纪 30 年代到 80 年代。这一时期的功利主义以个人主义为核心。这一阶段，资本主义在 60—70 年代开始由自由竞争向垄断过渡。第一阶段又可以 19 世纪 60—70 年代为界，分为前期与后期。

19 世纪 30 年代到 60—70 年代为前期，以边沁的功利主义为代表。政府不干预市场的自由放任的经济政策是英国国家的主导政策。一方面，即在国内政治方面，把政府的活动限制在最小限度。另一方面，即在对外事务方面，实行国际间的自由贸易和和平政策。

19 世纪 60—70 年代到 80 年代为后期，自由资本主义向垄断过渡，经济危机加剧，国家干预国民经济的早期行为出现了，这时自由主义思想原则的内容也开始发生相应变化。国家立法由注重个人利益转向社会福利。自由放任原则开始与国家干预原则结合。个人政治权利，经过三次议会制度改革，有了较大程度的扩展，普选权的范围由乡绅贵族和资本家扩大到普通工人。工人大众由于人数众多，选票数比例远远超过资产阶级和其他阶级。这一时期，约翰·斯图亚特·密尔的功利主义成为最有影响的社会思想，尽管他的功利主义继承了边沁的功利主义的基本思想，但是在一些基本原则上也作了较大的修正，它"开始减少个人主义性质，而呈现越来越多的社会主义性质"。在他的功利主义学说中，社会公益与精神快乐开始放在首位，他甚至主张牺牲个人利益去实现公益。在国家经济政策中，他既要求维护自由竞争原则，也赞成国家对社会经济生活发挥必要的作用。他的思想学说具有明显的双重特征。

第二阶段，从 19 世纪 80 年代开始，英国垄断资本主义已有相当发展，商品经济中的自由放任政策"看来已经过时"，它不但在理论上遭到批判与抵制，而且在实际上，国家在整个社会生活中所发挥的作用也越来越大。例如，英国国民教育自 1870 年以来，逐步由以私营教育为主，发展为国家主导的国民教育。资本主义经济与政治的发展，使"进一步扩大国家权力已成为不可避免"。[①]

在对外政策上，传统外交政策也发生了变化。"自由放任主义的一个方面……对外不干涉、和平以及缩减军备的政策……在 1880 年以后不久

---

① 欧内斯特·巴克：《英国政治思想》，商务印书馆 1987 年版，第 11—12 页。

便销声匿迹了"。① 大英帝国加速了对外殖民扩张，1884 年到 1903 年在非洲与亚洲攫取了超过本土面积 100 多倍的殖民地。可以说，从 19 世纪 80 年代开始，英国的自由主义的表现形式开始由自由放任的功利型向国家干预的国家意志型转变。国家至上，国家干预经济，个人意志服从国家意志的新黑格尔主义逐步成为主导思想。第二阶段英国自由主义以托马斯·希尔·格林的自由主义学说为代表。1880 年，格林在牛津大学发表《政治义务的原则》演说，强调国家对社会生活进行积极干预的必要性，认为只有这样才能清除阻止公民道德自由发展的障碍。

美国政治学者萨拜因曾指出，19 世纪英国自由主义经历过三个发展阶段，它们分别以边沁、约翰·密尔与托·格林为代表，他们的自由主义学说分别反映了 19 世纪三个不同时期的情况。② 应该指出，边沁与约翰·密尔的自由主义仍属于自由竞争资本主义时期的思想学说。格林的自由主义已属于垄断资本主义时期的思想学说。

2. 边沁的功利主义思想

（1）生平与代表著作

杰里米·边沁（1748—1832）是英国功利主义学派的创始人。青年时期曾在牛津皇后学院、林肯学院学习，并获得学士、硕士学位。在校学习期间他潜心钻研洛克、休谟与爱尔维修等英、法启蒙思想家的自由主义思想学说，其中对其影响特别深刻的一本书就是爱尔维修的《论精神》。他读后写道："爱尔维修对于道德世界，如同培根对于物理世界；道德世界已经有了它的培根，但它的牛顿尚未到来。"③ 从此他立志要建立一种科学的道德学，并成为它的"牛顿"。不久，他在普里斯特利的《政府论》一书中读到了关于社会最大多数人的最大量幸福是一切行为的道德准则的论述，便将这一准则当作他所要创立的科学道德学的指导原则。

1776 年他匿名发表处女作《政府散论》，首次运用尚不完善的功利观批判布莱克斯顿的自然法理论，赞美英国法律制度的论点，而这位英国自然法学史权威正是他在林肯学院学习时的老师。他的批判立即引起社会关注，以谢尔伯恩勋爵④为首的辉格党纷纷慕名拜访边沁，逐渐形成了以边

---

① 欧内斯特·巴克：《英国政治思想》，商务印书馆 1987 年版，第 13 页。
② 萨拜因：《政治学说史》，纽约，1937 年版，第 649 页。
③ 埃利·哈列维：《哲学激进主义的兴起》，吉林人民出版社 2006 年版，第 19 页。
④ 曾担任英国首相（1782—1783）。

沁为精神领袖，以知识分子为主体的功利主义学派。1784 年，边沁出版了他的最重要的代表作《道德与立法原理导论》，系统阐述了功利主义原理的主要内容与基本特征，奠定了边沁在功利主义伦理学与法理学领域的权威地位。1789 年，法国大革命爆发，边沁通过其助手迪蒙（Etienne Dumont），结识了法国大革命中的一些重要人物，并与大革命发生了某种联系。1792 年 6 月，法国政府因他对法国法制建设的关怀与重大贡献，授予他"法国公民"的荣誉称号。1793 年雅各宾派实行"革命恐怖"统治，边沁开始改变对法国大革命的态度。同年 10 月，他在给朋友的信中表示英国应该彻底铲除雅各宾主义。

1808 年，边沁认识了詹姆斯·密尔与卡特赖特等英国 19 世纪激进主义运动领袖，从此他将自己正在进行的对英国政治体制改革的研究看作是"为激进主义的社会改革家提供政治哲学"。在以后的日子里，他陆续发表了一系列有关议会制度改革、司法制度改革等方面的专著，成了英国激进主义运动的"公认领袖"和"主要思想家"。从 1821 年起，他应欧美许多国家的要求，着手编纂一部适合各国政府需要，"包罗万象的法典"——"宪法法典"，计划编写 3 大卷。但是，1832 年，在这部巨典刚完成一半时，便与世长辞了。边沁创立的功利主义思想学说为 19 世纪英国工业资产阶级提供了重要思想武器，也为欧洲各国民主政治体制的建设指出了方向，马克思曾称边沁是"资产阶级蠢才中的一个天才"。[①]

（2）边沁功利主义的主要思想内容

第一，功利观。

功利观本身是一种古老的伦理观，但由边沁改造并倡导的功利观与功利主义则包含了崭新的思想内容，成为一个完整的学说体系。它以伦理学为基础，包括法理学、政治学、经济学、教育学、逻辑学等多种学说。它并非一般的学术理论，还包括了一整套关于 19 世纪英国政治体制改革的思想原则与具体方案。19 世纪中期，随着资产阶级议会改革与激进主义运动的发展，边沁创导的功利主义逐渐形成为一种强大的社会思潮。

1789 年，边沁的《道德与立法原理导论》（以下简称《导论》）发表，它在书中集中阐述了功利主义的基本原理。首先，他声称发现了一条重要规律，即任何人都追求快乐、躲避痛苦。趋乐避苦是一条普遍的人性

---

[①] 《马克思恩格斯全集》第 23 卷，人民出版社 1965 年版，第 669 页。

规律，任何个人行为以及所有的社会现象，无一例外地服从这条规律。"自然将人类置于两个至上的主人——'苦'与'乐'的统治之下，只有它们才指出了我们应该做什么和决定了我们将要做什么。紧系在它宝座之上的一边是是非的标准，一边是因果的锁链。我们的一切所作、所言和所思，均受它们的支配，我们要摆脱这种屈从地位所做的一切努力，都恰恰表明与证实了它们的权威的存在而已。"① 边沁指出，所谓功利是指一种外物具有"给利益相关的当事者求福避祸的那种特性"，即给当事者（个人或社会）带来"福泽、利益、快乐、善或幸福"，同时又使其避免"祸患、痛苦、恶与不幸"。② 显然，边沁借助爱尔维修的功利观，以此为其思想体系的基石。

第二，功利原理。

所谓功利原理，是指"当我们对任何一种行为予以赞成或不赞成的时候，我们是看该行为是增多还是减少当事者的幸福"，这一行为不仅包括个人的所作所为，也包括政府的政策措施。如果当事者是个人，就以增加个人幸福为标准，如果当事者是政府，就以增加社会幸福为标准。③ 当它"增多社会幸福的趋向大于减少社会幸福的同时"，它便"符合或遵从了功利原理"。为使"功利"一词的含义更简单明了，他在《导论》再版时，专门加注，用"最大多数人的最大量幸福原理"当作功利主义学说最基本原理。④

边沁主张以功利观为功利原理的出发点，建立符合最大多数人利益的福利体系。"功利原则承认人类受苦、乐的统治，并且以这种统治为其体系的基础，这种体系的目标在于假借'理性'和'法律'之手以建树福利的体系。"⑤

在边沁的功利主义学说中，"利益"一词的意义尤为重要。他常用它来代替"幸福"，用增加还是减少当事者的利益来判断行为的是和非。在各种利益中，边沁认为只有个人的苦乐与利益是具体实在的，社会利益、

---

① 边沁：《道德与立法原理导论》，伦敦，1907 年版，第 1 页。

② 周辅成编：《从文艺复兴到十九世纪资产阶级哲学家政治思想家有关人道主义人性论言论选辑》，商务印书馆 1966 年版，第 582 页。

③ 同上。

④ 边沁：《道德与立法原理导论》，伦敦，1907 年版，第 1 页注 1、第 2 页。

⑤ 周辅成编：《从文艺复兴到十九世纪资产阶级哲学家政治思想家有关人道主义人性论言论选辑》，商务印书馆 1966 年版，第 582 页。

集团利益等仅仅是个人利益的总和，并非十分具体。社会、集体等概念都是虚幻的。"社会是一种虚构的团体，它由被认作它的成员的个人组成。""不了解个人利益是什么而侈谈社会利益将是无益的。"[1]

边沁尊重并尽力维护个人利益，反对牺牲个人利益以换取社会利益。"个人利益必须服从社会利益……这是什么意思呢？……被你们人格化了的社会利益只是一种抽象物，它只是个人利益的总和……如果承认为了增进他人幸福而牺牲一个人的幸福是一件好事，那么，为此而牺牲第二个人、第三个人，以至无数人的幸福，就更是好事了……个人利益是唯一现实的利益。"[2]

显然，边沁的最大多数人的最大量幸福原理是以无数个人幸福与利益为前提的，因此又是具体实在的，而非空泛抽象的道德原理。

边沁并不反对个人关心社会利益的利他行为。他指出，当人们追求个人幸福时，由于观念联想的作用，也会关心他人的幸福，包括个人与他人分享的幸福，因为人们追求快乐，仅仅追求快乐的数量，而它与分享快乐的人数相关，享受快乐的人数越多，个人享乐的量就越大。因此，个人快乐量的增加与社会幸福量的增加相一致。越是追求个人利益，增加个人的快乐量，也就越能最大限度地增加享乐人数，促进最大多数人的最大量幸福。边沁力图用心理学上的观念联想的方法在伦理学领域来协调个人利益与社会利益。然而他清楚地认识到伦理说教的局限性，因而又强调使用法律手段的必要性。但是他也指出，就增乐减苦的功利原理而言，法律本是"通过施加痛苦与惩罚来控制人们的行为"的一种手段，而惩罚本身给个人带来直接痛苦，本质上是一种罪恶，然而这种惩罚抑止了个人的作恶行为，给社会带来了幸福，因此又是"一种善"。

边沁的功利主义伦理观的矛头首先直指封建禁欲主义的道德原则。它着重指出禁欲主义，是以增加幸福为"非"，减少幸福为"是"，"始终与功利原则相反"，这种伦理观祸国殃民，"只要地球上有十分之一的居民坚持信奉它，不过一天之内，他们就会将世界变成地狱"。[3] 其次，它反对神学原则，指出这是传教士们信奉的虚伪欺骗的说教，它"把一切都

---

① 边沁：《道德与立法原理导论》，伦敦，1907 年版，第 3 页。
② 边沁：《惩罚与奖赏的理论》，巴黎，1826 年版，第 229 页。
③ 边沁：《道德与立法原理导论》伦敦，1907 年版，第 13 页。

扯到上帝的喜悦上去，但什么是上帝的喜悦呢？上帝又不能跟我们说话，也不给我们写信……我们怎么知道他喜悦什么呢？实际上，说这种话的人自己喜欢什么，就说上帝也喜悦什么。其实所谓上帝所喜悦的……无非是，也必然是这个人（不管他是谁）自己所喜悦的"。①

边沁用功利原则批判唯心主义的道德自觉原则，"无论什么原则，只要与功利原则有任何不合，就必然是一种错误的原则"。② 边沁将功利原则看作指导人们一切关系的基本准则，凡能增进当事者快乐的行为，在道德上称为善；在政治上称为正义；在法律上称为权利。马克思对此评论道："我们第一次在边沁的学说里看到：一切现存的关系都完全从属于功利关系。而这种功利关系被无条件地推崇为其他一切关系的唯一内容。"其实这种学说反映了这样一种社会现象："在现代资产阶级社会中，一切关系实际上仅仅服从于一种抽象的金钱盘剥关系。"③

然而，边沁的功利理论本质上是英国古典政治经济学的利益原则的翻版，在 18 世纪英国古典政治经济学家亚当·斯密、大卫·李嘉图的学说中，人际关系的基础即利益关系，是他们的理论的出发点。马克思指出，功利论是古典政治经济学的"心照不宣的前提"，"政治经济学是这种功利论的真正科学"。④

（3）边沁的国家学说与社会改革思想

第一，对近代自然法学说和法国大革命思想原则的批判。

边沁的老师布莱克斯顿推崇自然法学说，并以此解释国家起源。布莱克斯顿认为，人们被需要和虚弱的本性所驱使，在理性感召下，相会于一个大平坝上，共订"原始契约"，并选出最高大男子担任发号施令的统治者，这样就形成了政治社会与国家，国家主权也随之出现了。边沁认为，这种契约说"只是一种杜撰"与无稽之谈。只要在人们的交往中，相互之间尚无服从的习惯时，人们所处的社会，仍然只能是自然状态的社会。一旦相互之间出现服从的习惯时，人们便进入了政治社会。因此，服从的习惯是区别自然社会与政治社会的标志。⑤ 官职名称的出现是服从习惯存

---

① 边沁：《道德与立法原理导论》伦敦，1907 年版，第 22 页。
② 边沁：《惩罚与奖赏的理论》，巴黎，1826 年版，第 8 页。
③ 《马克思恩格斯全集》第 3 卷，人民出版社 1965 年版，第 479 页。
④ 同上。
⑤ 边沁：《政府散论》，1891 年版，第 154 页注②、第 136 页。

在的最明白无误的证明。国王、酋长、部落首领与市长等，都是政治社会中设立的一些官职名称。臣民对统治者的服从往往是通过契约形式实现的，臣民为什么承诺"普遍的服从"？边沁将它归于功利，而不是布莱克斯顿所诉诸的理性。他指出，当服从可能避免惩罚的痛苦时，人们受趋乐避苦的人性规律支配，就会采取服从的态度。一旦统治者违反订约时的诺言，给人们带来更多痛苦时，这时人民从功利标准出发，认识到"抵制可能造成的祸害显然比服从的祸患要小些"，那么人民"最好不再服从他"，反抗暴政的行为也就合乎功利。

1791 年，边沁在《无政府主义的谬见》一书中，集中剖析了以自然权利为基础的法国资产阶级的《人权宣言》。边沁指出，该宣言将自由、财产、安全与反抗压迫等看作人们生而具有的不可剥夺的自然权利，这是混淆了事实与逻辑之间的关系，将逻辑上人类"应该"享有的权利，当作事实上人类"是在"享有的权利。就自由而言，谁也不能生而自由，青少年时需父母照顾，并无自由可言，成人时，仍需法律约束，也无完全自由可言。因此，自然权利都是虚枉不实的。"人生而自由"的观念，其实意味着任何法律与权威都是一种恶，然而当人们一味强调"个人自由"时，人们也就将法律与权威摧毁了，社会从此可能陷入无政府状态。就权利而言，自由"是法律的产物，而且仅仅是法律的产物；没有法律也就没有权利……不存在先于法律的权利"。① 其实权利只是由主权者通过法律形式特许的，也可通过法律形式收回它。是否收回，主要取决于这种特许是否与国家利益相一致，如不一致，"就没有不该废除的权利"。自然权利说忽略权利的基本属性，否认法律对自由的限制，因此只能是一种"无政府主义的谬见"。以这种学说为基础的《人权宣言》，也只是"一种形而上学的作品——形而上学的极端表现"。其内容不是错误的，就是无法理解的。② 因此，除了由功利动机产生的法定权利，任何自然权利的理论都不可取。

第二，以安全为中心的四项立法目标。

最大多数人的最大量幸福原理是边沁学说的第一原理，但是边沁认为，这一原理作为国家与政府活动的一般指导原则还必须具体化。为此，

---

① H. L. A. 哈特：《边沁论集》，牛津，1982 年版，第 82 页。

② 罗素：《西方哲学史》下册，商务印书馆 1982 年版，第 329 页。

他提出了四项具体的立法目标：安全、生存、富足和平等，并认为国家立法与政治活动的主要职责就是"导养生存、达到富足、促进平等与维持安全"。

尽管四项目标的具体界限难以划清，每一项目标也都离不开法律保障。但是，它们各自对法律的依赖程度仍有较大差别，而安全与法律关系最密切，在政治社会中，两者同时并存。安全是立法者"最重要目标"，也是"无法估量的善与文明的显著标志"。① 安全，就国家而言是主权与领土不受外敌侵犯，社会秩序不被破坏；就个人而言，主要指人身、名誉、财产与职业等受法律保护，不受他人侵犯与威胁。其中个人财产的安全是个人安全的最基本的条件。安全的理论与义务权利一致的理论密切相关。因为法律禁止他人侵犯我的权利，在我四周筑起了一道保护墙，我便能在其中自由活动，不受干扰，而这一切又因为我已履行了相应的法定义务，从而享受法律赋予的安全权利。

边沁对"自由"一词十分反感，认为它含义不清，可由"安全"取而代之。"自由"一词含义"如此不严谨，我不得不承认，当我在研究与论述政治主题时，我并不乐意使用它，也不愿看到它被人使用。我发现，在许多场合，安全是有利的，它完全能取代自由一词"。② 总之，保障安全而非自由，才是实现最大量幸福原理的最重要的条件。

边沁对于生存与富足的目标，持乐观态度，认为法律只要保障了安全，个人就会采取最适宜的方式去谋取生存。与此同时，政府对那些处于窘境的劳动者，也应提供更多的工作机会，同时适度干涉国民经济，以防止贫困者在无法生存时铤而走险。但是自由竞争条件必须给予保障，其他概不过问。随着自由贸易的发展，社会财富就会自然地增加并分散开来，社会成员普遍富裕了，富足目标也就实现了。

边沁尽管将平等也作为立法目标，但他的平等观与大多数法国启蒙思想家的割裂的平等观相一致，即承认伦理与法律意义上的平等，抨击财产与经济意义上的平等。他认为，财产上"绝对平等是绝对不可能的"，"不平等才是人类发展的前提"。在财产上搞平均分配，就会"摧毁安全、同时也摧毁财富"。因此，当平等与安全"处于对立状态时，无须犹豫，

---

① 边沁：《立法理论》第1卷，伦敦，1914年版，第303、307页。
② F. 罗森：《边沁与代议民主制》，牛津，1983年版，第69页。

平等应立即让路"，立法者的目标不是实现财产平等，而只是减少不平等。①

边沁的政治理论，在批判自然法学说的基础上，对法国大革命的政治原则进行了全面反思，并提出了以安全为中心的四项立法目标。自由，被资产阶级普遍推崇的政治信条，被安全所取代；平等，这一崇高目标，被列在四项目标之末，完全服从于安全。边沁特别注重安全，这表明工业资产阶级在工业革命即将完成之际，最迫切的愿望是维护资本主义的现存财产关系。在此基础上，进一步提出重新分配政治权力的平等要求。由于经济意义上的平等目标是对现存政治关系安全的严重挑战，由此受到排斥。边沁的割裂的双重性质的平等观，映现了工业资产阶级既害怕破坏财产安全，又渴望取得政治权力的矛盾心理。从政治学与社会学角度分析，任何一个社会都必须将维持法制权威与现存社会秩序的安全作为它的首要目标，只有在安全与秩序的前提下，才可能进一步求得社会平等、富裕与发展。边沁将安全列为立法的首要目标，这一观点包含有一定的合理性。

第三，社会政治改革理论。

19 世纪初，边沁投身英国工业资产阶级领导的激进主义的社会改革运动，对英国腐败的议会选举制度的改革发表了一系列影响重大的意见。1809 年，他在《议会改革问答手册》中，提出了以纳税人为主体的有财产条件限制的选举方案及五项原则：（1）政府官员与议会工作人员不得参加选举；（2）废除腐败选区，平均选区；（3）秘密投票；（4）政府给议会选举提供全面帮助；（5）一年一次的议会选举。边沁试图用这些措施来防止议会选举中的舞弊行为，破除贵族阶级世袭特权。显然这一方案与他日后取消财产资格条件的普选权四项距离尚远。1817 年，他在《议会改革计划》中对 1809 年的五项原则作了全面修改，明确主张"实际的普选权"，而选举方案，也包括五项原则：（1）凡在选举日之前在投票地居住的成年男性都能参加投票；（2）秘密投票；（3）平均选区，每区一名代表；（4）一日内完成投票；（5）一年一次选举。这一方案简称为"秘密的、普遍的、平等的与每年一度的普选权"。这一方案立即成了激进主义改革运动中广泛流传的议会改革纲领。1819 年，边沁重新整理了以往的议会改革计划与方案，编纂成了一部《选举法典》。边沁的议会改

① 埃利·哈列维：《哲学激进主义的兴起》，吉林人民出版社 2006 年版，第 53 页。

革理论在相当程度上影响了英国议会制度改革的进程。

在政体问题上，边沁主张废除时存的君主立宪政体，建立代议制民主政体。他的晚期著作《宪法法典》集中反映了这一思想。边沁激烈抨击君主立宪政体，将它斥之为完全虚弱、愚蠢与毒辣的政体。对代议制民主政体，他提出了三项原则：（1）最大量幸福原则。政府应将社会所有成员的最大量幸福作为其最终目标。（2）自我选择原则。政府对个人的行为干涉越少越好，个人的每一个行为都要求给自己带来最大量幸福，但往往受到政府法令的制约，政府应尊重个人的自我选择，让人们自己决定谋求幸福的途径。（3）利益一致原则。政治社会中由于分工需要，一部分人承担政府管理工作，成为统治者，大部分人从事社会生产和服务工作，成为被统治者，两者利益往往矛盾对立，尽管政府的合法目的是社会最大多数人的最大量幸福，但实际上往往只是追求掌握政府权力的人的最大量幸福。只有将这两部分人的利益一致起来的政体才是理想政体。边沁指出，在代议制民主政体下，政府官员不是选民"代表"（representatives），而是一般"代理人"（deputes），选民可随时撤换，"公众舆论制裁"与"法律制裁"是选民手中掌握的两件有效武器，它们能保障政府的民主性质，抑制政府成员的腐败行为。

在公职任用制度上，边沁也提出了三项基本原则：（1）官员最大能力原则，即公职人员必须具备尽可能强的工作能力与道德能力，以保证政府的公正、廉洁与高效；（2）公开竞争考试原则，即公职人员所需的能力，只有经过公开竞争的资格考试，经资格审查以后择优录用；（3）职责定位原则，即政府机构实行"单一职位制"，只设一个主管长官，不设副职或委员会，政府官员只对主管长官负责，以免推诿扯皮与滋生官僚主义作风。

在司法与监狱制度改革上，边沁倾注数十年的心血，耗费了全部资财，设计了一种"模范监狱"，并着手进行试验。他明确主张废除苦役与肉体折磨，对囚犯采取感化教育与劳动改造结合的改造方针，以便"将流氓磨炼成正直的汉子，将懒汉磨炼成勤俭者"，日后回归社会能为社会造福。他强调改造罪犯的目的是剪除他们的不良习性与品格，要达此目的，不能靠酷刑与惩罚，只能依靠有益身心健康的劳动与教育。监狱不应存在强迫劳役，"尤其不应成为苦役的唯一场所"。必须放弃"对囚犯科以苦役的热忱，排除不利身心健康的工作"，对囚犯应"提供奖赏而非惩罚", 对他们的劳动也应给予一定酬劳。同时为了充实囚犯的空虚的精神世界, 以便使他们出狱后能做品质良好有益社会的新人, 还应给囚犯接受基本文化知识、宗教道德与生产技艺等方面的教育。

边沁的功利主义的社会改革理论, 对 19 世纪英国社会制度现代化产生了深远影响。英国法学家亨利·梅因认为: "自边沁时代以来, 我并不知道有哪一项法律改革能不追溯到边沁的影响。"[①] 1831 年议会改革、1850 年以后的文官制度改革和司法制度改革无不打上了边沁思想的烙印。英国工人阶级在宪章运动中提出的 "人民宪章" 的 6 条纲领, 同边沁 19 世纪 20 年代提出的改革方案基本相同。他的普选权原则不但反映了工业资产阶级重新分配政治权力的愿望, 也为无产阶级争取选举权提供了思想武器。他的代议制民主政体理论体现了人民主权思想, 与卢梭人民主权理论有着一定联系, 但后者革命性更强些, 前者则有鲜明的改良性质。他的 "模范监狱计划" 为现代监狱与劳改制度改革树立了范例, 体现了资产阶级人道主义精神。同时这一具有空想特点的改革方案对欧文的 "新和谐村" 的思想产生直接影响。马克思指出, 欧文正是 "从边沁的体系出发去论证英国的共产主义的"。[②]

3. 约翰·密尔的功利主义主要思想

(1) 生平和代表著作

约翰·斯图亚特·密尔 (1806—1873) 是边沁、詹·密尔之后的英国功利主义学派的思想领袖、19 世纪后期英国激进主义改革运动的主要领袖之一。约翰·密尔一生未进过任何正规学校, 他是在父亲精心指导下, 经过刻苦自学, 获得渊博知识, 成为同时代出类拔萃的人物。少年时期, 约翰·密尔随父母在边沁家中居住过, 青年时期去法国南部旅居过。边沁的功利主义与法国自由主义思想在他青少年时代的内心已经留下了永不磨灭的印记。16 岁时, 他潜心研究边沁的《立法论》, 并集合十几位志同道合者, 成立了 "功利主义者学社", 共同研讨边沁的功利主义伦理学说与政治学说。此外他还涉猎心理学, 对哈特莱等人的联想主义心理学原理表现出浓厚兴趣。1823 年起, 约翰·密尔开始在刊物上发表论文, 接触了 19 世纪各种新思潮, 包括浪漫主义、实证主义、空想社会主义等。

---

① L. C. 旺拉斯:《格特尔政治思想史》, 伦敦, 1956 年版, 第 311 页。

② 《马克思恩格斯全集》第 2 卷, 人民出版社 1965 年版, 第 167 页。

当他发现边沁的功利主义学说开始遭到各种学派攻击时，他对原来坚信的思想原则产生怀疑，陷入痛苦的"信仰危机"之中。以后他在英国"湖畔派"诗人华兹华斯、柯勒律治等人的浪漫主义诗作中获得启发与解脱，对排斥情感只讲利益与快乐的功利观表示不满，开始将情感放到与理智同等的地位。同时，他还接受了孔德实证主义关于理智与社会不断进步的观念，以及康德"至善意志"的观点，主张将个人精神的自我完善当作道德的"至上目标"，并承认了利他主义的道德直觉观。1829 年，当他自认为度过了信仰危机时，他心中所形成的思想原则，已经是一种内容杂乱的折中调和的混合物，包括快乐论、联想主义、浪漫主义、直觉论、至善论、利己主义、利他主义和自由意志等色彩斑斓的思想体系，但是他始终自诩为功利主义者。1834 年，他在担任《伦敦与威斯敏斯特评论》刊物的主笔时，依然积极宣传与捍卫功利主义思想原则。

约翰·密尔是位多产作家，他对逻辑学、政治经济学、伦理学、哲学和实际的社会改革都做过研究，并且都发表过有深远影响的著作。《功利主义》（1861）是他的伦理思想的代表作，他在书中坚持并修正了边沁功利主义的思想原则，形成了他的二元论的功利观。《论自由》（1859）、《议会改革意见》（1859）与《代议制政府》（1861）是他政治与社会改革方面的代表作。《政治经济学原理》①是他在政治经济学方面的代表作，其中包含了他的基本政治态度及其转变的轨迹。1865 年，约翰·密尔作为威斯敏斯特区的激进主义运动代表当选为英国议会下院议员，任期 3年，期间发表许多重要演说，并成为下院改革派议员的领袖。1873 年去世时，他著作等身，一度英国工人阶级将他的著作视为工人阶级的"圣经"，他的全集直到 20 世纪 60 年代才由加拿大多伦多大学陆续出版完成。

（2）约翰·密尔功利主义的主要思想内容

第一，二元论功利观。

约翰·密尔的伦理思想尽管内容庞杂，但边沁的功利主义仍占其主导地位。晚年他曾明确地承认："在一切道德问题上，我最后仍诉诸功利。"在《功利主义》一书中，他对"功利"、"幸福"、"功利原理"及"行为目的"等基本概念的界说与边沁相一致。在动机与效果问题上，他也坚

---

① 该书 1848 年出版，1849 年、1852 年出二、三版，1852 年出第三版时他的政治态度由民主主义向社会主义转变。

持效果决定论。对于其他道德原则，他也用功利原则去进行解释与界定。尽管如此，约翰·密尔的功利观毕竟不如边沁的单纯，已经沾上了斑斓的色彩。

约翰·密尔的功利观与边沁之间的思想分歧是显而易见的。他反对边沁功利说的太多注重现实物质利益、漠视人的精神的和情感的需求，而赞同浪漫主义的注重情感与富有理想的思想特征。他指出，只注重现实物质利益，必然会使人"丧失任何真正的欲望"，"对美德、普遍的善不再感到快乐"，而且会使人们"心中的功名心的泉源枯竭，行善的泉源也完全枯竭"。而要追求"最大多数人的最大量幸福"的崇高目标，首先应当以崇高的热情去追求"精神的欲望和快乐"。只有这种执著的追求，才是"幸福的最伟大与最确凿的源泉"。[1] 约翰·密尔从"湖畔派"浪漫主义的诗作中发现了他正在寻找的"同情与想象的内在快乐"的价值，从中得到启迪：应避免片面追求利益与外在快乐，而应注重内在精神快乐与感情修养，这一思想转变为他补充与修正边沁的功利观铺平了道路，但是也使他的整个思想具有了明显的矛盾特征。约翰·密尔与边沁的功利观之间的主要分歧有以下几点：

首先是快乐本质的修正。

边沁的功利观认为人性相同，每个人的苦乐感受能力也相同，苦乐只有量之差异而无质之区别。物质的或肉体的苦乐是基本的简单苦乐，精神的苦乐则是复杂的苦乐。但是，复杂的苦乐仅是简单的苦乐量的扩大，两者之间没有质的区别。

约翰·密尔则指出，万物都有量和质两个不同范畴，快乐亦然。"我们估计一切其他事物的价值时，都同时考虑到品质和数量，如果仅仅以为快乐只需要按数量估价，就未免荒谬了。"不同类的快乐不但有量的差别，而且也有质的差别，"这个事实是与功利主义十分符合的"。同时必须正视这一事实，"人对于快乐的来源、痛苦的感受性、和在不同的物质和道德力量对他们发生的作用方面"存在着"如此众多的不同"。为什么多数人对某类快乐有偏爱，在多种快乐中选择这种快乐而放弃那种快乐？这表明多数人选择的那种快乐"在本质上是优胜的"。约翰·密尔认为鉴别快乐的质的优劣，不能凭个人的感觉经验，而应以能获得不同快乐的大

---

[1] 密尔：《密尔自传》，纽约，1887年版，第137—139页。

多数人的意见为准。同时人们对苦乐的感受能力有别，一些人对精神快乐的感受能力较强，一些人则只能感受物质的快乐。这又与人们不同的文化教育程度有关。一般来说，文化教育程度高，自尊心就强些，对快乐的感受能力也会强些。文化教育程度高的人"对任何一种所能期望的幸福，总感到不完满"，他们无止境地追求精神快乐，"宁可做一个不满足的人，也不愿做一只满足的猪，宁可做一个不满足的苏格拉底，也不愿做一个满足的傻子"。① 约翰·密尔把物质快乐称为"低级的快乐"，而把精神快乐称为"高尚的快乐"。至于现实生活中有一定文化教育程度的人，也乐于同无知群众一样，满足于低级快乐，这种现象如何解释呢？约翰·密尔认为，这是因为这些人的品质同无知的群众一样的不完善。而品质的不完善又归咎于人们生活环境的不够理想。尽管人们原先都有感受高等快乐的能力，但如果缺乏适宜的环境条件以施展这种能力，它就会逐渐消失。这"如同一株脆弱的植物"容易"因缺乏培养而枯萎"。约翰·密尔在此似乎应用了达尔文的"用进废退"原理，他在探索产生不同快乐感受能力的根源上，显示了现存社会的不合理性和社会改革的必要性。

其次是功利标准及理论基础的修正。

边沁强调个人利益，并通过观念联想来实现最大多数人的最大量幸福。约翰·密尔主张养成一种自我道德修养的习惯，培育一种"人我合一"的感情，自觉追求自我完善。

边沁全然反对牺牲个人幸福来谋取社会幸福，约翰·密尔在较大程度上把牺牲个人幸福作为实现社会幸福的重要条件之一。并且认为最大多数人的最大量幸福原理，包含基督教教义中那种自我牺牲以拯救人类的高尚道德精神。但是约翰·密尔并不抹杀个人利益的重要性，认为将最大量幸福原理看作是一种只顾及他人利益的观点，只是一种误解。在一般情况下，"谋取个人利益"的行为都是"好行为"，个人应当"留意自己的利益，关心少数人的利益或幸福"，只有当自己行为可能涉及社会利益时，才应考虑社会幸福问题。因此，约翰·密尔的利他主义功利观，最终似乎仍然拖着一条又粗又大的利己的尾巴。

再次是对边沁道德约束力理论的修正。

边沁在论述产生苦乐的道德约束力时，列举了四种外部道德约束力：

———————————

① 密尔：《功用主义》，商务印书馆1957年版，第10页。

（1）身体的或自然的；（2）政治的；（3）道德的或公众舆论的；（4）宗教的。并指出身体的道德约束力是其他道德约束力的基础。约翰·密尔认为，除边沁所述四种外部道德约束力外，还应有内在良心情感产生的道德情感的约束力。这种约束力是从"人我合一"的情感和"人的良心"的情感中产生出来的。社会的进步，会使人们更关心和重视他人的利益，每个人的"感情愈来愈与他人的利益一致起来"，"人我合一"成了人们的"一种自然的需要"，也成了"一条强有力的人性道德原则"，并给边沁的"最大幸福的伦理观提供了最后制裁力"。约翰·密尔认为，良心情感的道德约束力"并非与生俱来的，而是习染而成的"。是在教育和社会环境的影响下，通过"每个人的内心修养和自我教育"逐渐形成的。当人们缺乏内心道德情感的约束力时，只能更多地依靠外部的道德约束力，结果就会减少实现功利原则的手段与方法。

约翰·密尔关于内心与外部双重道德约束力的理论，充实了边沁的道德约束力理论，同时也有普遍意义。任何社会为了维护正常社会秩序，都要求社会成员能够自觉地遵守公共道德准则，约翰·密尔关于内心道德修养以增强人们内在道德约束力的思想，有助于人们自觉遵守公共道德准则，然而他的双重道德约束力理论与边沁功利观存在重要区别。

第二，社会自由理论。

约翰·密尔作为19世纪后半期英国最著名的自由主义思想家，他的自由理论内容比较复杂，影响极大。他在《功用主义》一书中论述了个性自由发展的道德自由问题。在《论自由》一书中集中探讨了内涵更丰富的社会自由（或公民自由）问题，而道德自由只是其中一部分。社会自由理论是他的自由理论的主要组成部分，也是他的政治观与社会改革理论的基本出发点。

首先，社会自由的性质、范围与内容。

约翰·密尔认为，社会自由在一定意义上可看作"自由与权威的斗争"。当统治者与人民的利益对立时，社会自由意味着限制统治者的权力，即制定法律，把统治者的权力规定在某种一定的范围之内。当统治者与人民大众的利益并非对立，而统治者由人民大众推选产生时，社会自由意味着防止"多数人的暴虐"，防止社会对个人的束缚与专制。[①] 而保障

---

① 密尔：《论自由》，商务印书馆1982年版，第1—2页。

后一种自由，即防止"多数人的暴虐"，具有更大的现实意义。因为在普选制产生的代议制民主政府中，仍存在使用权力的少数人和被权力管理的多数人之间利益并不完全一致的问题，但是民主政府往往以"尊重人民意志"为由，强调公众舆论的社会监督作用，这就为社会"凌驾于构成它的每一个成员"之上，实行多数人的"社会暴虐"准备了条件。其实所谓"人民意志"只是全社会中"人数最少或最活跃的一部分人民的意志"，政府将这少数人的意志强加于全体社会成员，这就是"社会暴虐"。在民主政府中，少数掌权者盗用"人民意志"的名义，对全社会的压迫比其他"许多种类的政治压迫更可怕"，也更难逃避。① 因此消除社会暴虐是实现社会自由的当务之急。

要消除社会暴虐，首先要确定社会自由的范围，明确社会对个人干涉的正当限度。约翰·密尔主张，在不涉及他人利益的情况下，个人有绝对权利"按照自己的道路去追求我们自己的好处的自由"。个人对自己而言，"是最高主权者"，社会对个人的任何干预都应受到谴责，这是社会自由的合理范围。只有当个人行为可能对他人造成损害（这种个人行为指损害他人的行为，而个人由于不行动使他人遭受损害的行为也包括在内），社会对个人行为的干预，甚至强迫才"成为正当"。社会自由的主要形式有思想意见的自由、情操志趣的自由、个人联合的自由等，如果这些自由不能完全受到尊重，那么这个社会就不能算一个自由的社会。

其次，真理的发展与思想自由。

在约翰·密尔的社会自由中，思想言论自由占有重要地位。他认为，这种自由同真理的发现与发展，以及人类的文明进步息息相关。在社会生活中，应当允许不同思想和意见的存在与交锋，因为真理往往在少数人手中，所以特别应当注意和尊重那些跟大多数人意见相左的观点。压制少数人的不同意见，剥夺个人的思想言论权利，是一种"特殊的罪恶"，人类可能因此丧失发现真理的机会，这是"对整个人类的掠夺"。任何人的意见，无论个人的（包括杰出人物），还是多数人的，都不可能是绝对真理。即使某个意见被多数人认作真理，往往也只是一个相对真理，其中也必然包含某种片面性。在人类心灵方面，"片面性永远是规律，而多面性则是例外"。因此，只有"聆听各种不同意见"，包括赞成与反对的意见，

---

① 密尔：《论自由》，商务印书馆 1982 年版，第4—5页。

形成一种思想言论充分自由的氛围，这才是发现与发展真理的"唯一的途径"，排斥或压制不同意见，"真理就会有所损失"。更为严重的是，这种氛围只能导致迷信与盲从，并且造成"这样一类的人，不是滥调的应声虫，就是真理的应时货"，使人失去作为"思想动物的尊严"。①

再次，个人首创性与个性自由。

约翰·密尔认为，个性自由发展是"个人进步与社会进步中一个颇为主要的因素"，也是幸福的"首要要素之一"。要实现个性的自由发展，首先要摆脱传统、习俗和他人意见的束缚。因循守旧和简单模仿，人的思想器官就会退化、迟钝，最后会成为如同没有个性的机器人一般。不满是个性发展的重要条件，当人对现状不满时，就可能摆脱束缚——习俗、传统、宗教……的束缚，进行创造性的劳动，发挥自己的聪明才智去改变现状。此外，正确认识冲动和欲望，也是个性自由发展的重要条件。冲动与欲望既可能是创造性工作的动力，也可能是破坏的根源。要预防强烈冲动和欲望可能造成的祸害，就必须加强意志的自制力，用理智的力量驾驭冲动和欲望。如同一架完好的发动机，应该既能启动，又能制动才行。有冲动与欲望的人，才算具有性格的人。一个人如果泯灭了冲动和欲望，也就丧失了个性，没有了主见和情感，这个人也就不会有创造性工作。专制政权统治下的顺民往往就是这样的人。在民主政体下，也存在用社会意志代替君主意志，束缚个性的危险。它具体表现为，以一种集体意志作为社会成员的行为准则，结果，"一切个人性的东西被磨成一律"，人的创造性被摧毁了，一种平凡的同化趋势"集体平庸"现象出现了。

约翰·密尔认为，人类历史上有过重大贡献的少数杰出的人物或天才，他们的不同寻常之处，"就是比任何人有较多个性"。但是，他们的成功，还在于自由发展个性的社会条件，一旦离开自由天地，他们的个性发展就会受束缚，首创性就会被扼杀，天才也会被埋没。密尔以中国为例，中华民族本是"富有才能"与"智慧的民族"，本可"稳稳地站在世界运动的前列"，但是，几千年来却原封不动，其根本原因就在于中国的政治制度与教育制度抑制了人们的个性发展。

此外，约翰·密尔还提出了个性的双重性问题。个性既有自私性一面，也有社会性一面。前者谋求个人利益，后者关心他人利益。培养与发

---

① 密尔：《论自由》，商务印书馆 1982 年版，第 13、21、36、51 页。

展个性应促进个性的社会性，约束其自私性，当个性发展与社会最大量幸福相冲突时，社会就有必要对个性发展强加干涉。除此之外，社会就不应对个性发展横加阻止。

约翰·密尔的《论自由》一书，曾被西方资产阶级称为"捍卫自由的经典著作"，他本人也被称作"十九世纪中叶最令人心悦诚服的自由主义者"。[1] 18 世纪法国启蒙思想家往往强调公共意志，法律是公共意志的体现与个人自由的前提条件。约翰·密尔与边沁则将法律看成一种必要的"恶"。约翰·密尔非议公共意志，认为是对个人自由的侵害与对个性的压制，是社会多数人对少数人或个人的专制和暴虐。个人自由的唯一限制应是不损害他人的利益。法国启蒙思想家包括百科全书派比较重视财产权的自由，约翰·密尔却特别强调思想信仰和意志自由。18 世纪的自由理论主要反对旧制度下王权与教权的暴政，约翰·密尔的自由说锋芒所向是民主政体下的"多数人的暴政"。显然，19 世纪英国功利型的自由主义与18 世纪法国自然法学说基础上的自由主义之间已经生发出某些思想原则的差别。

19 世纪后期，英国工业全面高涨，工业资产阶级的力量日益壮大，议会改革对这个阶级来说，已经取得成功。而议会舆论与公共意见的力量，业已成为左右政治与社会动向的力量，这正是约翰·密尔担心在资产阶级民主政体下发生"集体平庸化"的主要原因。而资本主义的持续发展，客观上需要发扬人的首创精神，这又同个性自由发展密切相关。密尔对真理相对性的认识包含了辩证法的观点，他强调个性自由发展的意义，与他追求高尚的精神快乐的功利主义伦理观相吻合，并带有康德"至善意志"的唯心主义伦理原则的烙印。他将社会、政体与个人三者结合起来，综合性地探讨个性发展与自由问题，对自由理论的研究是一种贡献。然而，他的自由论更多停留在政治伦理层面，尚缺乏法理学基础，缺乏法定义务而片面强调个人自由权利，结果不免显现出空泛的说教特点。

第三，政府理论与政治体制改革理论。

约翰·密尔认为，政府并非自然的产物，而是"人的意志力作用的结果"。人根据自身的"能力和特点"设立政府，并加以调整。理想的政府形式应是人民愿意接受它，并愿为它而去做必要做的事情，愿意履行它

---

① 萨拜因：《政治学说史》下册，商务印书馆 1986 年版，第 779、795 页。

加给他们的义务和职责。① 政府的唯一目的应当是追求"被统治者的福利"，和促进"社会利益的总和"，好政府的基础是民众有良好的品质，否则即使有良好政府形式，也难以组成良好的政府，实现政府的功利目的。同时，任何政府要成为好政府就必须认真履行两项主要职能：首先，"培养社会成员的各种可想望的品质"，提高民众的道德、智力与主动性。其次，健全政府机构和管理制度，使行政人员能"克尽厥职"，使政府不再是"降低人民道德水平、压抑人民才智和能动性"的官僚机器。

在民主制政体下，理想政府形式有两个基本特征：（1）主权属于人民；（2）每个公民对"主权的行使有发言权"。当每个公民享有平等的政治权利，人人参政时，个人实现其利益的能力普遍增强，社会就会更加重视保护个人利益，政府就有可能实现最大量的社会幸福。由于全体公民直接参加政府管理在现实中难以实行，因此只能采取代议制政府形式，即由人民选举议员，由议员代替人民行使最高主权，人民通过"定期选出议员来行使最后的控制权"。由于主权属于人民，在代议制民主政府下，实行没有财产或阶级条件限制的普选制是必不可少的。约翰·密尔着重指出：将占人口大多数的工人阶级排斥在外的英国现时选举制度，不符合代议制民主政府的性质。因为这种少数人阶级选出的议员，挂着人民代表议员的牌子，却只能代表"雇主的观点"，对大多数人的利益"不仅不予尊重而且加以忽视"，甚至为少数人的利益来"牺牲"多数人的利益。因此，他主张没有财产与阶级限制的普选制。在人民代表的职能问题上，约翰·密尔反对卢梭的"代表无权说"，主张让人民选出的代表"有自由裁量权"。约翰·密尔认为，代议制民主政府的建立，需要有较高的社会道德水准与文明发展水平。当时世界上，只有英国、美国、瑞士、荷兰与比利时等国，才有条件建立这种政府。

约翰·密尔主张三权分立，但反对三权平等与权力制衡。他认为，权力制衡是不可能的事情。在现存的英国政治权力中，拥有最强大的立法权力的下院，它的社会基础最强大。它代表"在宪法之外具有优势的那个现实力量"，即"人民力量"，依据主权属于人民的原则，代表人民力量的下院拥有"最高主权"也是理所当然的。②

---

① 密尔：《代议制政府》，商务印书馆 1982 年版，第 5—7 页。
② 同上书，第 69 页。

在普选制的情况下，约翰·密尔担心，按人口比例分配议会代表名额，议会表决又实行少数服从多数原则，结果占人口绝大多数的劳工阶级代表的意见就会成为议会中压倒一切的决定性意见，雇主阶级及少数人选出的代表的意见就会被忽视或受到压制。他指出，当意见的取舍取决于人数时，公正和平等原则就被抛弃了，代议制政府就会从"一切人治理一切人的政府"与"全民政府"，变成多数人治理少数人的"特权政府"。结果就会出现政府"集体平庸"和"智力偏低的危险"，及多数人阶级"实行阶级立法的危险"。他将后种现象称作"多数人的暴虐"。

为了避免出现这些危险，约翰·密尔提出了"复数投票权"主张，即少数受过中高等教育的知识分子与雇主代表一人可同时拥有两票以上的选票。显然他是企图用少数雇主阶级的智力和财力优势来平衡劳工阶级的人数优势，其目的是保持和提高代议制民主政府中雇主阶级及其利益的优势地位。

在选举制改革方面，他反对边沁主张的秘密投票制，而鼓吹公开投票，反对选民间接选举议员，主张选民直接选举议员，以便增强选民社会责任感。他还主张取消议员薪给制，防止人们将议员职位当作牟利工具，使代议制蜕变为败坏人们道德的"腐蚀剂"。

约翰·密尔对行政管理及公职任用制度也提出了许多值得注意的意见。他主张改革公职任用方法，废除传统的长官任命制与选举制，提倡公开平等的竞争考试与择优录用。而公职人员一旦录用，就不应"随政治的变动而变动"。除了个人行为不端之外，"都不应当被免职"，而应终身"常任"。公职人员的职责应明确，所得的报酬与利益应同他们的"职务完全吻合"。他们的工作应受到长官、同僚和群众三方结合的人事监督。政府根据他们的资历和严格的政绩考核，决定他们的升迁。同时应当将资深者与资浅者、有声望者与无声望者合理配置，取长补短，各尽所能。在制定政策上，应避免"走向极端"，而需保持稳妥和平衡。① 约翰·密尔的这些主张，对英国文官制度的改革与完善有着巨大的促进和指导意义。

为了克服政府行政管理中的官僚主义，提高行政效率，除了建设一支

---

① 密尔：《代议制政府》，商务印书馆 1982 年版，第 25、28、193、200、205 页。

素质良好的常任文官队伍之外，还必须解决国家权力的合理配置问题。为此，他主张改变英国的中央集权制，实行"符合效率原则的最大限度的权力分散"，① 建立相对独立的完整的地方分权机构。中央政府的主要职能应是提供一般指导原则，监督地方执行中央政策与法规的情况。地方政府则具体处理税收、教育、市政建设等工作，并组织地方议会选举，训练和培养选民参政能力。约翰·密尔的中央与地方分权主张，为1886年英国议会颁布的第二个地方政府改革方案所采纳，打破了贵族阶级垄断地方权力的局面。但他将地方政权的职能局限于一些日常事务之中，严重限制了地方权力，因此地方分权也徒有虚名。他的分权理论实质在于调整资产阶级内部大资产阶级与中小资产阶级之间的矛盾关系（前者把持中央政权，后者掌握地方政权），带有明显的调和改良性质。

4. 托·希·格林的自由主义

（1）生平与代表著作

托马斯·希尔·格林（Thomas Hill Green，1836—1882）出生于英国约克郡的伯尔金。19岁入牛津大学巴利奥尔学院深造，毕业后留校任讲师，42岁晋升为道德哲学课的"怀特讲座"教授。在此之前，他曾任皇家教育委员会的理事学监，以后他将国民教育当作他毕生关注的重点事项。他曾为牛津大学学生建立一项高校基金。1872年，他还参加过全国性禁酒协会的工作，积极主张由国家出面厉行禁酒。国民教育与禁酒成了他关于国家干预生活的政治思想的两个主要方面。在政治上，他关于自由道德意志与国家干预国民生活的主张，使他最终成为一个自由党人。1881年，在莱斯特城自由党人举办的集会上，他发表了最后一次重要演说，题为《开明立法和契约自由》。

格林一生以讲学与学术研究为生，他开始学术活动之际，正值英国维多利亚时代，资本主义经济空前繁荣，但经济危机也随之袭来，劳资矛盾加剧，资产阶级为了维护私有制与个人自由，为了缓和危机，开始采取一些改良措施，同时随着自由资本主义向垄断资本主义过渡，国家对经济生活干预也加强了，格林的自由主义学说思想正是这一时代的产物。格林的代表作主要有《伦理学绪论》、《逻辑原理》及《格林言行录》等。

---

① 密尔：《论自由》，商务印书馆1982年版，第123页。

（2）格林自由主义的主要思想内容

第一，自由与"善良意志"。

道德哲学是格林政治学说的基础，格林的道德哲学更多地采用了康德的自由道德意志理论。他指出，理性是人生而具有的，它推崇社会幸福与共同的善，也要求个人的意志自由。追求公共福利的善良意志是理性的产物，同时也是社会美德的基础。善良意志也是人们生而有之的。

格林是较早将自由一分为二，分成积极自由与消极自由的学者。自由的本质是什么？边沁认为是法律承认的权利。格林将法律产生的自由称之为"消极的自由"。他对这类自由并不给予高度评价。他所颂扬的自由，是人们从自我意识与实现善良意志出发去做某些事情的自由，他将这类自由称作"积极的自由"。积极的自由既不是法律约束的结果，也不是随心所欲的产物。这种积极的自由是受善良意志支配，去"从事值得去做或享受的事物的一种积极的力量或能力"。包括发展自己的各种能力与发挥自己的各方面作用，为共同利益作出贡献并且分享社会幸福的权力。总之，不是为了达到个人私利的目标。显然，格林的善良意志说与积极自由观，继承了康德的"至善意志"的唯心主义的道德说，同时也发展了约翰·密尔的利他主义的功利观。但是格林的自由观缺乏法律的基础，仅诉诸先验的理性与善良意志，只能是一种空泛的说教。与边沁的法律自由说相比较，格林的自由说向后倒退了一大步。

第二，权利与"社会公认"。

格林认为，人人都有自由意志与实现共同利益的善良意志，善良意志驱使个人在处理人与人关系时以社会的善为目标，而"构成这种善的社会关系，本身意味着一种权利体制"。① 也就是说，人人具有善良意志，人人不但要求他人承认自己有追求理想目标的权利与力量，同时也要求个人承认他人也有同样的权利与力量。于是，这种以善良意志为基础的社会公认，把人们的要求转化为权利。因此，这种以社会公认为前提的权利，包含两层内容：（1）它产生于个人的自我意识的要求，目的在于取得社会对他实现自己理想目标的认可；（2）它必须获得社会对这种要求的承认。格林认为，一切实际存在的权利，首先必须符合个人的某种要求，其次还需获得社会公认。只有获得社会大众的公认要求，才能给社会公认以

———————
① 欧·巴克：《英国政治思想》，商务印书馆1987年版，第21页。

实现其理想目标的驱动力，而只有适合个人要求，才可能有真正属于个人的权利。

格林的权利说与 18 世纪法国启蒙思想家、19 世纪英国自由主义思想家的理论大相径庭。他的个人权利不是以法律为基础，而是以善良意志与社会公认为条件。个人权利的本质，只是一种善良意志驱动的个人要求，而不是人们在法律约束下，履行了法律赋予的义务以后所获得的一种回报。格林指出，善良意志与理性是人生而具有的，是一种先验的东西。就此意义而言，格林的个人权利也是一种"天赋权利"。显然，格林的这一学说与 19 世纪德国的理性哲学，尤其是康德的道德伦理学说有着明显的渊源关系。

第三，国家与主权。

格林指出，主权是政治社会中的最高权力。以善良意志为基础的个人要求在社会公认条件下转化为个人权利时，就产生了一个保障个人权利得以行使的问题，这就需要存在一种具有绝对强制性的高于一切个人权利之上的权力。这就是主权。主权的本质是什么？因为个人的要求转化为个人权利，必须以社会公认为前提，而社会公认实际上是一种实现公共利益，追求社会正义的共同信念，也可以称之为"普遍意志"。而主权的本质正是"普遍意志"的体现。它所产生的对个人权利的绝对强制力量，则是"普遍意志"对个人自由意志的约束，其使命就在于实施法律，协调社会关系，实现共同利益。

在社会大家庭里，人们之间不同的生活关系构成了各种各样的不同的人际关系以及各种类型的社会组织形式，其中有由家庭关系构成的家庭组织形式，由家族关系构成的家族组织形式，这些都可看作"小社会形式"；还有由职业关系构成的职业团体，由各种社会关系构成的国家，这些可看作是"大社会形式"，而国家之间的关系，诸如国际政治关系、世界经济关系、国际文化关系等，则构成了"四海一家"的国际社会，这是人类生活中的最大社会。格林的社会关系产生社会组织的理论，也颇具特点。在这一理论中，国家这个被人们普遍崇敬的组织形式，仅是"各种社会形式中的一种社会形式"。在探讨社会关系与组织形式问题时，格林才涉及法律，才从法律角度去讨论权利与义务的关系问题。他指出，任何社会组织形式，例如家庭或者国家，要能够维持其存在，就必须制定一整套被其成员公认与遵守的旨在维护所有成员普遍利益的权利与义务的规定。如若不然，这种社会组织形式就无法维持。家庭中间父母子女各尽其职，各取其利。尊老爱幼、哺育子女、赡养父母等规定其实就是指明了家庭成员的权利与义务。家国本是一理，家庭组织形式如此，国家也同样如此，不过国家所规定的权利义务，则是对"家庭以及一切类似的社会形式"内成员所行使的个人权利的一种调整与协调。它比一般社会组织形式的范围更大，所要调整的社会关系也更复杂多样。国家的这种权利调整，"具有双重意义"：（1）经过国家调整后的权利，为每个公民所共同享有，国家对此加以承认与保证。（2）国家对各种社会关系的调整，其本身具有最后决定权，国家最后决定权本身不能被调整，这种最后决定权在本质上与主权的绝对强制力相一致。它体现了国家主权协调各种社会关系的职责与使命。

就国家的职能而言，它不是积极的，而是消极的。因为国家并不能使国民变得更好，而只能尽可能地铲除妨碍其国民实现"共同的善"的社会障碍。换言之，国家只能通过实施最后决定权，创造外部的社会环境，疏通个人自由意志向普遍意志转化的行动渠道，引导国民去实现"共同的善"，而不能强行进入个人自由意志内部，强迫国民从善弃恶。

为了履行国家的消极的道德职能，为了拆除个人自由意志向普遍意志转化的种种障碍，国家对社会生活就"必须积极干预"。格林认为，这种干预本身是一种强制行为，但它的对象并非是大多数自觉实现共同的善的国民，而只是那些个人行动已经偏离善良意志轨道，并与实现共同的善的目标相背离的少数人。国家通过强制干预，消除个人自由意志向普遍意志转化的障碍，使他们悔过自新，"自决地走向共同的善"，重新"创立自由"。国家为个人自由意志的健康发展而拆除各种障碍，为个人实现共同的善而创造有利的外部条件，就此而言，国家的干预是"始终积极的"。

在讨论国家干预的具体内容时，格林将公共教育、禁止酗酒与维护私产权作为三项主要目标。他认为，现存社会中愚昧、酗酒与贫困三种现象是妨碍个人自由意志健康发展的主要障碍。因此，为了创造良好的外部社会环境，使国民能够获取自由道德意志，具备实现共同善的能力，国家必须对以上三种社会问题加以干预。格林主张，要消除愚昧现象，就应该由国家出面推行国民义务教育。国家应明令，任何家庭的父母没有让儿子长期处于愚昧无知状态的"既定"权利，而必须履行让子女受教育的义务。作为子女，则有求知并获取社会职责的能力的权利。从消除下一代的愚昧出发，国家有责任强迫家长让其子女接受教育。在酗酒问题上，格林主张国家应制定明确法令禁止酗酒，因为酗酒现象是影响个人自由意志健康发展的主要障碍。在财产权问题上，格林既主张维护私产权与不平等的财产占有状况，同时也反对任何维护私产而损害公产的行为。他认为，财产条件是个人自由意志健康发展的必要条件，也是实现社会普遍意志的一种手段。如同求知的权利一样，拥有财产也是人们的一种基本的生活权利。但是，他同时认为，社会财富占有的不平等现象并非坏事，反而可能会对社会有好处。社会普遍意志不可能要求所有社会成员在社会中占有相同的地位。在财产权问题上，应该谴责的是那些为了实现个人意志而不惜阻碍实现普遍意志的财产占有形式。资本主义社会的贫困，尤其是英国无产阶级的极端贫困状况的产生根源究竟是什么？格林认为在于当时存在的少数人占有大量土地的地产制度，而不是资本主义雇佣劳动制度。这种土地制度使许多人背井离乡，沦落为无产阶级。因此，国家应改变这种土地制度，而不是去消灭一切私有财产制度。维护私产，防止损害公产的行为，这就是国家干预的双重目标。

在格林的自由主义学说中，国家往往具有更多的道德意义，实际上只是个道德实体。个人从它那里取得实现先验的善良意志的种种权利。没有它，人们就可能被外部种种障碍所束缚，个人的自由道德意志无法健康地发展。因此国家的本质，又可看作为个人实现自由道德意志而拆除各种外部障碍的"力量的媒介"。

格林作为 19 世纪后期英国自由主义的代表，其自由主义学说思想带有德国古典哲学抽象思辨的色彩，康德思想的烙印尤为明显。这在历来推崇经验主义哲学的近代英国思想家中并不多见。格林从先验的道德意志出发，构筑他的自由主义理论体系，其唯心主义的特征一目了然。在格林的伦理观与政治观中，约翰·密尔的功利主义思想也时有显现，例如，崇高精神与道德的快乐，提倡公共利益和实现普遍的善，抨击沉湎于物质利益的行为等思想。但是格林与约翰·密尔的自由主义思想之间的区别也是明显的。约翰·密尔主张，社会公益的实现要靠个人道德修养的自我完善，最终使人们能将公益作为道德行为的最高目标，从而实现个人利益和社会利益的统一。约翰·密尔更多地强调思想与个性的自由，尽管他也承认法律在维护社会公益时是一种必要的"恶",但是他却断然否定卢梭、孟德斯鸠等人的"公共意志"理论。格林则认为,个人追求意志自由与实现共同的善的愿望都是先天已有的,只是受到社会各种外部的阻碍而难以实现,要拆除这些外部阻碍,顺利实现个人自由和社会公益,就必须诉诸国家的干预。同时,他也认为国家主权的本质乃是代表共同利益的"普遍意志"的体现。格林的国家干预观是对 19 世纪英国自由主义学说思想的最大修正,一定意义上又是对卢梭"公意"说的发展。

# 第三章　现代保守主义思潮

## 第一节　保守主义的界定与基本原则

### 一　保守主义的界定与产生

1. 界定

保守主义（Conservatism）是西方社会主要思潮之一，通常是指要求维护社会现状和历史传统，反对一切激进的革命和革新，主张节制政治，以妥协的手段调和各种社会力量与利益冲突的理论和思想学说。但是，由于视角不同，对保守主义也存在不同解读。有学者认为，保守主义是一种思维习惯、情感方式、生活方式，而不是一种意识形态；也有人认为保守主义主要是一种态度，或者也可当作为一种政治信条，"保守主义者就是喜爱熟悉的事物胜过未知的事物，可信赖的事物胜过未经试验的事物，事实胜于玄理，眼前之物胜过遥远之物，充足胜于完美，现时的欢乐胜于虚幻的极乐"。[①]

一般而言，现代保守主义具有较明显的性质特点：在本质上，保守是人的一种习惯、惰性、对变化可能带来的混乱的恐惧的本性；在形式上，保守主义强调维持社会现状与秩序，反对现存的社会、经济、文化、政治、宗教的秩序发生较大变化；在政治上，主张维持传统政治制度、传统规制与传统价值观，反对政治改革，例如美国共和党、法国保卫共和联盟与戴高乐派、日本自民党、德国基民盟等；在哲学理念上，奉行继承原

---

[①]　罗杰基·斯科拉登：《保守主义的含义》，中央编译出版社 2005 年版，第 3—4 页。

则、保存原则、渐进原则，反对改革与革命的原则。

如果说 19 世纪的自由主义以个人自由为核心，表达了个人反对任何束缚（包括宗教神学、封建禁欲主义等意识和国家权力等），自由发展个人能力的愿望，那么与其相左的保守主义，恰恰要求维持这些禁锢，保持原有的政治秩序，反对个人自由与自我完善等思想行为。

20 世纪前半期的保守主义，基本上继承了 19 世纪传统保守主义的思想内容，他们在思想上的主要表现是对消逝的旧传统的悲叹、对国家干预的新自由主义思潮的抵触、对民主运动和革命风潮的恐惧和对强有力的杰出人物即精英人物的强烈呼唤，但是尚没有比较明确的政治纲领。

2. 现代保守主义的产生

保守主义在西方社会渊源深远，古希腊的亚里士多德、中世纪的阿奎那、文艺复兴时期的马基雅维利、近代的霍布斯等大思想家均有程度不等的保守色彩。

16—17 世纪的欧洲保守主义是分散的，没有组织成为任何独立党派与社会思潮，他们在力量上是微不足道的。[①]

作为一种具有较大影响力的现代社会思潮与政治运动的现代保守主义，迟至 18 世纪末法国大革命爆发时才形成。雅各宾派以自由、平等、博爱为旗帜，对封建贵族与皇室成员，采取革命暴力手段，对欧洲以至整个世界产生了巨大冲击，并引起各种政治力量的不同反应，现代保守主义伴随着现代自由主义（以功利主义为代表），一起对法国大革命思想原则围剿批判，在批判自然法学说与激进的法国大革命思想原则中，逐步形成了与自由主义不同的现代保守主义思潮。

通常认为，现代保守主义诞生在法国大革命之后，并相对于现代西方自由主义思潮的一种社会思想。当 19 世纪自由主义已成为一种有系统理论的社会思潮时，保守主义还只是一种思想意见庞杂，没有系统理论，更多的是与较激进的自由主义观点相左的意见的社会思想集合体，但是在某些问题上现代保守主义内部的不同派别之间也有相同或接近的看法，例如，对自然法学说都采取否定态度，在反对革命、抵制民主改革的基本立场上接近一致。

进入 20 世纪，尤其是第一次世界大战后，各国保守主义的思想意见

———————

[①] 休·塞西尔：《保守主义》，商务印书馆 1986 年版，第 19 页。

在面对共同的论敌时差别日益缩小，它们对以苏联为代表的共产主义运动和以意、德为代表的法西斯主义运动都持批判的立场。同时对于欧美发达国家内部出现的左翼和中左翼势力的发展与参政现状感到担忧，一致认为左派有组织的劳工运动，国家垄断资本主义全面干预国民经济，普遍推行福利国家政策，已经威胁到当代资本主义社会的传统个人自由，于是欧美各国保守主义逐渐在基本立场上趋于一致。

### 二 保守主义的一般原则

无论现代保守主义在形式上存在多少差异，现代保守主义一般都恪守以下一些原则[①]：

1. 悲观主义原则

现代保守主义信奉人性本恶的人性原则，认为"缺憾"是所有人固有特性；社会贫困、痛苦、不平等的社会现象永远无法避免，人性本恶原则来源于神学世界观，这与基督教的原罪说一致。

2. 传统守旧原则

现代保守主义对传统与昔日的事物存在偏爱，凡是持续越久、流传越久的传统习俗与事物，就愈发值得珍爱；尽管反对变革，但是如果发生变革，也必须对传统有所保留。在英国传统与守旧是其典型社会特质，英美法律体系中，习惯法的权威不可动摇，原因就在于它的存在源远流长；英国司法中的惯例也是最坚实的法律基础，而惯例本质上就是守旧的判例。

3. 维护社会等级秩序原则

现代保守主义在社会发展问题上，往往信奉赫·斯宾塞的社会有机体论。社会等级是自然形成的，不论家庭还是社会，等级制度都是一个必然存在的特征。政治活动的宗旨是极力维护社会的等级秩序，维护社会有机体的健全。任何平等主义都可能使人丧失社会认同感，破坏社会肌体健康。社会秩序与个人自由比较，个人自由并非绝对价值取向，社会秩序比个人自由更重要，只有在传统与权威为基础的秩序中，才能找到个人自由的位置。

---

① 罗杰基·斯克拉登：《保守主义的含义》，中央编译出版社2005年版，第7、9、10、11、19页。

4. 坚持国家与社会分离原则

现代保守主义在政治问题上的立场是，认为社会是不同于政治权力的真正的权威源泉，各种社会关系奠定了政治秩序的真正基础。政治活动应当有限，政治家不应完全以政治组织来谋求权利，而应该寻求一种更为广泛、非政党政治的支持。现代保守主义的国家观一般是：国家没有决定人民选择生活方式的最终权力，人民支持国家力量的强大，但是强大的国家权力又需要民众监督与质疑，国家与社会应该分离。

5. 维护宗教与教会的地位

现代保守主义在宗教问题上，坚持维持宗教的不可替代的社会地位，认为没有宗教，法律与道德就会失去权威，宗教观念广泛而深入地渗入当代世俗生活的各个层面，成为人们许多自然倾向、传统习俗与成见的源头。维护以宗教观念为核心的传统美德与价值观是保守主义者基本职责。

# 第二节　19—20世纪前期保守主义代表 与主要思想观点

## 一　现代保守主义的形成与历史演变

作为一种政治传统，欧洲保守主义在英国、法国源远流长。欧洲传统保守主义者一般在哲学和政治倾向上强调守旧与维护传统；但是在政策与意识形态上往往是实用主义的，根据变化的局势不断修正自己的立场。这是欧洲现代保守主义，尤其是英国现代保守主义两个基本特征。[1]

从英国现代保守主义的历史可以发现，其政治意识形态常常与社会现实和政治环境发生矛盾，现代保守主义极力维护社会特权阶级利益，包括土地贵族利益、资产阶级利益。[2]

英国政治保守主义最早可追溯到1688年光荣革命以后的托利派，他们坚决反对议会改革。1834年托利派领导人罗伯特·皮尔为了适应议会改革的方向，发表《塔姆沃斯宣言》，提出了较明确的近代保守党的政纲，主要内容包括：自由市场、权威政府、维护法律、私有财产与社会秩

---

① 罗杰基·斯科拉登：《保守主义的含义》，中央编译出版社2005年版，第11页。
② 同上书，第16页。

序，《塔姆沃斯宣言》的发表意味着现代英国政治保守主义诞生。[1] 1867年第二次议会改革，迪斯雷利提出"一个民族"的保守主义改革方案，坚持保守主义三项原则：维护国家制度，捍卫英帝国殖民统治体制，增加社会福利、改善民众生活状况。一战以后，英国政治保守势力的主要代表是鲍德温与张伯伦，他们的保守主义政策主要包括：社会和谐、自由贸易、政府预算平衡、降低税收等自由党的主张。20世纪30年代资本主义世界大萧条时期，麦克米伦政府出台了国家干预经济，银行、煤炭业国有化等一系列政策。

20世纪初期，英国保守党在政治上明显遇挫，这一时期的英国保守主义，以保守党政治家休·塞西尔为主要代表，他对19世纪英国现代保守主义鼻祖爱德蒙·伯克的传统保守主义作了阐发与发展。

20世纪70年代，西方国家普遍遭遇"滞胀危机"，英国保守主义开始复兴，其思想代表是撒切尔主义。撒切尔夫人从1975年开始连任三届英国首相，其思想政策显示出两大特征：以大规模的私有化与经济自由主义反对凯恩斯主义的国家干预；以政治权威主义为指导，推行大规模工会改革与地方政府改革，加强中央权力，与传统的西方民主政治理念明显背离。

### 二　现代欧洲保守主义的基本特征

19世纪欧洲保守主义尽管没有自由主义思潮那种系统的理论，但从英国、法国、德国等主要欧洲国家的一些代表人物的思想学说中，尤其是与19世纪自由主义的比较中，已经可以发现19世纪欧洲保守主义的一些基本特征。

### （一）19世纪欧洲保守主义与自由主义的基本区别

1. 人性问题

19世纪英国自由主义在人性问题上更多地接受了洛克的"人性本善"的思想，尤其是约翰·密尔与托·希·格林都认为人生而具有追求善良意志与高尚的精神快乐的能力，经过培养教育能够自我完善，达到"人我合一"的境界。19世纪保守主义在人性问题上更倾向霍布斯的"人性本恶"的思想，他们更多地以基督教的"原罪"来解释人性之恶。因此主

---

[1]　罗杰基·斯科拉登：《保守主义的含义》，中央编译出版社2005年版，第12页。

张用宗教与法律约束人性，以免人的邪恶本性演化为战争与暴力。

2. 自由、平等与人民主权问题

在自由、平等与人民主权问题上，19 世纪英国自由主义一般强调个人的思想言论与个性发展的自由，否认权威，反对法律过多干涉，主张在法律范围内的个人自由权利不可侵犯，即使边沁的功利主义政府理论，主张用安全取代自由，但他从来不否认个人政治思想上的自由，维护人们在政治、法律上的平等，仅仅反对财产权上的自由平等权，一般不主张财产权上的平等。在主权问题上，承认主权在民，最高主权不能替代与分割，它只能属于人民。

19 世纪的功利主义也批判自然法学说的虚构不实，也否认天生权利并将法国大革命斥为无政府主义之举。但是，它却承认并尊重个人利益，主张法律意义上的人人平等，仇恨封建贵族特权，赞成民主政体，具有资产阶级民主主义的进步性。

19 世纪保守主义则认为自由并非无条件的，必须在保持现存社会秩序与稳定的前提下，个人自由才可存在，否则过分强调个人自由，就会导致无政府主义。保守主义认为，个人自由必须从属于宗教、出身门第与爱国主义至上的传统权威。同时，保守主义者只承认上帝面前的平等，而认为社会实际存在的不平等是自然造成的，它是一切社会发展的基础，人们应该服从上帝安排给自己的社会地位，个人只要发挥自己才能，就可改善自己的处境，而任何消灭阶级差别的平等行为都是违反稳定与秩序原则的。在上帝面前人人才会有机会平等、法律平等与政治平等权利。此外，保守主义者历来强调少数杰出人物的作用，主张主权归少数出身高贵的社会精英分子拥有，由他们统治大众。一切权力不是天赋的，而是来自上帝，法律也只是上帝意志的体现。少数精英分子秉承上帝意志，因此有能力统治多数人，少数精英统治是合乎历史传统的。

3. 宗教问题

在宗教问题上，19 世纪的自由主义并不完全排斥宗教的社会职能，但是他们更多的是无神论者或自然神论者，他们一般主张政教分离。19世纪的保守主义则代表了贵族与宗教僧侣阶级的利益，他们不但攻击无神论者，而且极力主张维护教会的特权、教义的神圣及政教合一。他们将上帝奉为万物之主，在认识论上具有明显的唯心主义特征，而且继承了中世纪神学传统。

### 4. 政体与国家主权问题

在政体及国家主权问题上，19世纪的自由主义者一般反对君主制政体与贵族特权，主张民主政体与人民主权，主张分权与制衡原则，限制政府权力以避免专制政府的出现。19世纪的保守主义者则仇视民主政治，强调国家权威与王权政治的神圣性，鼓吹君主专制政体与教会及贵族阶级的特权，维护出身门第与宗教的传统权威，保守主义者主张集权原则。

### （二）19世纪欧洲保守主义与自由主义的相似之处

19世纪欧洲的自由主义与保守主义之间的分歧与对立泾渭分明，但是两种思想学说之间仍存在一系列的相似之处，忽视这些相似之处就会对保守主义形成片面的认识。

#### 1. 批判自然法学说与法国大革命思想原则

一般而言，19世纪欧洲的自由主义与保守主义都参加了对自然法学说与法国大革命思想原则的"围剿"，都反对法国大革命，尤其是雅各宾派的民主主义过激行为。尽管各自所诉诸的理论不尽相同，但反对自然法学说与法国大革命思想原则的态度惊人一致。边沁抨击法国大革命思想原则的代表作《无政府主义的谬见》与柏克的《法国大革命感想录》，不约而同地将这场革命的自由、平等与天赋人权原则当作造成无政府主义的思想根源，并加以谴责。由此可见，法国大革命的进程不但摧毁了专制王权与教权的统治，使欧洲王权复辟主义者与教权复辟主义者痛心疾首，而且也威胁到资产阶级的统治，使工业资产阶级的代言人也感到威胁而表示出强烈的不满。

#### 2. 割裂的平等观

在平等问题上，尽管自由主义者承认上帝面前人人平等，但否认上帝面前的财产权的平等。两者都否认财产权的平等，都持有一种割裂的不统一的平等观。显然这是因为他们都属于剥削阶级，维护昔日封建阶级特权的需要与维护今日工业资产阶级特权的愿望，在本质上都是维持政治不平等。

#### 3. 强调社会秩序，反对革命

19世纪的自由主义者与保守主义者在社会秩序和革命问题上又有相似之处。尽管在推翻封建政权时，前者也曾鼓吹过革命的口号，但建立政权以后，则更多地强调安定的原则。边沁提出的四项立法目标中，明确地将安全放在首位，自由被完全取代，平等被放在末位，并随时给安定让路。柏克则竭力宣扬稳定与秩序的原则，攻击自由与平等。

在人类社会的发展问题上，19 世纪的保守主义与自由主义都主张渐进改良，反对激烈的革命行动，表现了剥削阶级害怕革命的共同心理。

4. 个人与集体的关系

在个人与集体的关系上，19 世纪中后期的自由主义者已经将重点由个人转向集团与国家，约翰·密尔的功利主义对边沁学说的最大修正之一，就是强调集体利益与公共利益。格林的自由主义更带有国家主义特点。

19 世纪的保守主义强调个人的社会性和集体的重要性。社会利益高于个人利益，个人只有成为家庭、教会、集体的一部分，才有存在意义。只有在集体中，个人利益才能得到满足。柏克的社会有机体说最具代表性。

5. 强调宗教的社会作用

在宗教问题上，自由主义者一般是自然神论者，但也不否认现存宗教的社会功能。边沁在讨论功利主义的四种道德约束力时，曾将宗教约束力列在其中，尽管他将肉体约束力放在首位，作为其他约束力的基础，而将宗教约束力放在末位。约翰·密尔也将最大量幸福原理与基督教"拿撒勒的耶稣黄金律"的利他原则等视。保守主义者一般都鼓吹教权主义，攻击无神论，将宗教的社会功能片面夸大以致绝对化，主张政教合一。无论是封建贵族阶级，还是资产阶级，作为剥削阶级他们都重视宗教维护阶级统治与社会秩序的作用。

如果说自由主义者的有关理论反映了资本主义由自由竞争向垄断过渡的客观需要，那么保守主义者的相似理论更多地源于宗教教义，反映了没落阶级不愿退出历史舞台，还想维护昔日封建血缘联系为核心的贵族王权专制统治的妄想。19 世纪的自由主义与保守主义的互相对立之处固然需要重视，但是它们的相似之处也应如实客观地揭示，国内一些学者过分强调两者的分歧与对立，而忽视它们的共同之处，难免会得出片面的结论，同时也无法解释历史发展中的政治现象，即 19 世纪英国的自由党与保守党在一些重大政治问题上往往会达成共识，或者表现出相似的立场。①

---

① 参阅岳麟章《当代西方政治思潮》，陕西人民出版社 1988 年版，第 2 章第 1 节内容。

### 三 19 世纪欧洲保守主义的代表人物及其思想

#### （一）英国保守主义与埃德蒙·柏克

埃德蒙·柏克是近代西方社会保守主义的鼻祖，也是 19 世纪英国现代保守主义主要代表。

1. 生平

埃德蒙·柏克是英国资产阶级政论家。早年编辑过《年纪》杂志。1765 年任英国首相洛京韩侯爵秘书，1766 年为国会议员。法国大革命爆发后，柏克赤裸裸地咒骂与反对这场革命，甚至在国会讲坛上对它进行恶毒攻击。1790 年，他出版《法国革命感想录》，次年又出版《谨告我党老前辈》。两部著作一个中心，就是反对法国大革命的思想原则与革命措施，代表了当时欧洲的复辟主义思潮与保守主义思想倾向。

2. 主要思想

柏克的保守主义思想集中反映在《法国革命感想录》与《谨告我党老前辈》两部著作中，主要保守主义思想观点包括：

（1）批判以自然法学说为基础的法国大革命思想原则

柏克在攻击法国大革命时，首先批判以自然法学说为基础的法国大革命思想原则。他将《人权宣言》称作荒诞不经之作，"集无政府之大成"，并将法国大革命称作人类的一场大灾难。

他认为，《人权宣言》承认人的自然权利，认为国家是人们在理性指导下，通过签订契约而建立的，国家主权属于人民，对违背公意的政权，人民就可采取一切手段加以废除，包括暴力手段。他认为，人不可能生而自由，任何人一出生便会受到社会种种约束，而这种约束并非都是由契约产生的。他认为，主张人生而享有一切权利，人民意志高于一切，其实就是主张无政府主义。柏克将法国大革命称作人类的一场大灾难，而它的发生就在于以不切实际的自然法学说为依据的法国启蒙思想。

（2）尊重权力与社会秩序是人民的义务，政府建立后不再服从人民的意愿

如果说国家权力的最初形成来源于人民意志，那么政府组织一旦建立，它的组织形式及其统治就不必再服从多数人的意愿。在任何特定的社会制度中，社会成员生来便有尊重这种社会制度的义务。如同子女生来有尊重父母的义务一样，这种义务不是父母与子女订立契约以后产生的。统

治者加于被统治者的尊重义务也无须征得同意以后才成立。这是社会生活所需。民众意志与民众尊重社会制度的义务相比，后者应该高于前者。

（3）维护旧秩序、主张少数杰出人物掌权的贵族政体

柏克主张少数杰出人物掌权的贵族政体，认为贵族政体是合乎自然的政体，他明确反对人民参政的民主政体。他认为，人的天赋能力不可能平等，天赋能力较强者自然应成为统治者，贵族政体就是合乎自然的政体。出身门第较高，天赋能力较强，受教育条件较好者理应担任公职治理国家，柏克的政治主张彻底反对资产阶级民主，显然代表了没落的封建残余势力的利益。

（4）强调宗教的社会作用与政教合一

柏克作为虔诚的基督教徒，强调宗教对国民生活的意义和重要性，尤其是政教合一的重要性。认为法国大革命除了对国王与皇后的侮辱之外，国民议会对教会和宗教的冲击与废弃最令人愤怒。他指出："我们懂得……从本性上讲，人类是一种宗教性动物。无神论不仅与我们的理性相悖，也与我们的天性相悖，这种东西的寿命不会长久。"因此维护宗教的神圣性，就能使民众养成服从的习惯。他竭力维护政教合一，"为使自由公民们有一种不无益处的敬畏之情，由国教将国家神圣化也是有必要的"，这样就可以通过"宗教与国家连接在一起，进而与公民对国家的义务连接在一起，宗教就变得比一般社会事物更加重要，更不可或缺"。民众对宗教的虔诚，对国教的敬畏，就可以产生对国家权力的敬畏，承担起维护国家秩序的义务，从而避免了造反与革命的行为，天下就能太平无事。①

同时，宗教的存在，还能使政府公职人员形成一种崇高的社会责任感，"让一切管理人间政府的人明白他们代表着上帝本身，他们对自己的责任与使命应怀有崇高的、可敬的观念"，使他们"能免于一时的蝇头小利的吸引，免于庸俗之辈转瞬即逝的谀词的吸引"，而去关注人性中永恒的美德、长久的名誉，并为世人树立良好榜样。政府公职人员若是虔诚的国教徒，他们就会时时抱有一种观念："他们是在信托关系中行动的"，必须要小心谨慎行事，所作所为，要对"伟大的主人、创造者和社会党构建者"负责，并且问心无愧。而当国君有此信念，他也会时时告诫自

---

① 埃德蒙·伯克：《自由与传统》，商务印书馆 2001 年版，第 238 页。

己不能违背上帝意愿，从而担负起神圣的职责。[①]

柏克竭力维护宗教神学的社会地位，过分夸大宗教的社会作用，攻击无神论，主张政教不分离，这些思想是对法国启蒙思想，唯物主义思想的反动，也与自由主义宗教观大相径庭。

（5）维护不平等的私有制度

柏克谴责革命中对封建特权阶级与教会的私有财产的剥夺行为，攻击革命的平等观，主张维护不平等的私有制度。他将剥夺教会财产的革命举动称为"穷凶极恶和恬不知耻的剥夺公民权利的行径"，"公开的暴行与巧取豪夺"。

他指出，现存的社会是一个"由巨大智慧的安排结成的一个伟大而神秘的人类集合"，是一个有许多奥妙之处的"有机体"，"这是顺乎自然的美妙的结果"，历经沧桑而成。社会等级差别也是历史的自然产物，无法轻易更改。国是与家务是密切相连的，人们应珍惜现存的社会结构。对社会问题不能采取自由精神原则，随意加以褒贬或采取轻率的过火行为，否则人们"便会毫无原则地把国家改变多少次，变成多少样，其结果一定会使国祚的绵延中断，人们也不会比夏日苍蝇好多少"。

他认为法国大革命的哲学在理论上是错误的，在实践中是危险的，它使追随者失去了人性，把他们变为硬心肠的"玄学家"和崇奉理论的人。法国大革命的结果就是"法律被摧毁，法庭被推翻，工业衰落，商业凋零，赋税虽然不征收但人民已日趋穷困，教会被劫而国家日困。所有人和神的东西都变成公众信仰的偶像前面的牺牲品，而结果是全国破产"。[②]

柏克无限眷恋觐见法国王后的荣耀的过去，他将她比作闪烁的"晨星"。他将封建君主制统治下的法国描绘成"充满生气、光彩和欢乐"，并将它归之于两种原则精神"相结合的结果：绅士精神和宗教精神"。而法国大革命的基础是与"欧洲的政治在根本上是对立的""三个基础"："弑君、雅各宾主义和无神论"。对于昔日两种原则精神的沦丧，近日的暴力革命与秩序再造，他感到痛心疾首，并且加以严厉抨击："法国的这种新抢劫体制，绝不能以任何方法使之存在，必须毁灭它，否则，它就会

---

① 埃德蒙·伯克：《自由与传统》，商务印书馆 2001 年版，第 239 页。
② 同上书，第 177 页。

毁灭整个欧洲！"① 反对变革正是柏克保守主义的本质特征之一。

（6）在社会发展问题上，主张渐进和点滴的改良，反对激进的变革

在社会发展上，常常存在着继承、改善与革命等多种原则的对立与矛盾。柏克十分仇视革命的原则，认为"革新的精神一般是自私心理和狭隘见识的产物"，它违背人类社会自然发展的规律，会毁灭人类文明。

柏克竭力推崇继承原则，认为这一原则能够产生出某种"稳妥的保守原则和某种稳妥的承袭原则"，"它让人们自由地获取新东西，也让人们守住业已取得的东西"，这一原则"合乎自然的本色"。这样来继承先人的事业时，当我们"有所革新"时，"永远不会是全新的"；当我们"有所保守"时，"永远不会是全然成旧的"，这是一种符合自然规律的原则，既包括"稳妥的保存原则"，又"不排斥改善原则"。②

柏克强调，按照保存原则，封建时代家庭血缘关系与家庭之爱同国家组织与根本大法相融合，这一特点应该保存下来。换言之，国家公职人员的选用必须根据出身门第与财产情况，其职位并能世袭。尽管继承原则包含保存与改善两个方面，但是保存应为主。"当我们改变方法时，我们也应该着眼于保存原有的优点。"这样就能万无一失。总之，"我们所作所为都要以先人为榜样"，而"先辈在最关键的行为中所遵循的主要原则"就是"周详的考虑"与谨慎小心。强调稳定和秩序，继承传统和习惯；主张渐进和点滴的改良，反对激进的变革，认为人类社会的发展始终是自我演进过程，这些是柏克保守主义理论中的基本特点所在。

### （二）德国保守主义

柏克的保守主义在德国的鼓吹者，是以赫尔德（1744—1803）、亚当·米勒（1779—1829）与弗里德里希·施莱格尔（1772—1829）为代表的德国浪漫主义者。德国19世纪保守主义更多停留在历史研究领域，他们阐发的保守主义思想主要包括：

1. 保守的历史观

他们在历史研究领域里阐发了保守主义的基本原则。他们认为人类社会是个历史的存在物，在历史长河中，人类的本质一点一点地得到发展，但是人类永远不可能达到无限完善的境界，人类也注定永远是不完善的

---

① 埃德蒙·伯克：《自由与传统》，商务印书馆2001年版，第193页。

② 同上书，第121—122页。

生物。

2. 抨击理性主义

德国保守主义者反对理性，而主张用人的情感和激情指导实践。在人类逐渐完善的过程中，人们只能依靠传统、历史与个人情感、激情去亲身体验，而不能诉诸任何理性的教条学说。抽象的自然法理论完全是虚幻不实的，人们无法体验，也与历史传统不符。

3. 主张渐进改良反对革命

他们将社会历史理解为一个自然的发展过程，注重传统和历史的连续性，反对社会革命；不完善的人类只有在传统、渐进改良的政治运动与保持历史的连续性中生存，而不能抛弃传统，割断历史，用革命方式去追求某种理想目标。

4. 倡导国家至上与精英政治

他们倡导绝对自由精神，强调个人对国家与社会的责任与义务，而不愿突出个人权益的不可侵犯。这一国家至上主义观点，导致无限度追求国家权力；在政治领导权问题上，主张精英政治，这一理论成为以后的德国法西斯主义的理论来源之一。

**（三）法国现代保守主义**

如果说英国柏克的保守主义的哲学基础仍是英国传统的经验主义，在批判抽象的形而上学的自然法学说与法国大革命思想原则上，英国保守主义与英国功利主义有近似之处，尽管后者明确地诉诸功利原则，前者则诉诸亲自体验与人类欲望，那么，法国现代保守主义在攻击法国大革命思想原则时则与柏克相反，恰恰使用形而上学的政治原则与宗教观念。

法国现代保守主义原则主要是从宗教思想中演绎出复辟王权与贵族政治必要性的保守主义原则，这一原则用形而上学的宗教观来攻击形而上学的自然法学说，完全否定法国大革命思想原则与革命成果，在欧洲属于现代保守主义的极右翼。法国现代保守主义代表是两位法国贵族：德·梅斯特尔（Josephde Maistre，1753—1821）和德·波纳德（Louisde Bonald，1753—1840）。他们实际上是法国封建贵族的代表。他们要求恢复革命前"黄金时代"的统一的世界性基督教会和绝对王权相结合的封建专制。这一思想原则自1848年欧洲革命后便渐趋衰落。不过它在后来的法国保守主义传统中仍有一定影响，20世纪20—30年代夏尔·莫腊和莫里斯·巴雷斯领导的"法兰西行动"就是其后继者。

1. 波纳德的保守主义

波纳德是法国贵族成员，他的保守主义政治纲领主要体现在《论社会秩序的自然法》和《基本立法》两部著作中。

（1）批判自然法学说及法国大革命原则

波纳德否定自然法学说及平等、自由与人权等大革命原则。首先，他指出稳定与秩序是人类生存与自我保存的前提，任何国家都需要有一种由权力占有者、权力执行者与服从权力者共同维系的社会秩序。三者地位不可能是平等的。他认为，《人权宣言》中的平等原则意义抽象含糊，与秩序原则相悖。而其中的自由原则也与稳定原则相左。在主权归属问题上，他完全否认人民主权说，同时认为主权也不能属于国君，而只能属于上帝。上帝的意志铸造了民族的习惯与道德，国家的基本法律也正是上帝意志的体现。因此《圣经》而非《人权宣言》才应成为立法原则的依据。

（2）基督教义为基础的政治体系

波纳德从基督教义出发来构筑他的保守主义的政治体系。他认为，16世纪以前的基督教世界是人类历史上最美好的世界。人们从基督教三位一体的事例中觉悟到三个范畴合一是人类社会的普遍规律，三位一体（Trinity）是基督教基本信条之一，即上帝只有一个，但包括圣父、圣子、圣灵（圣神）三个位格。三者同具一体，同为一个独一真神，对此信条不能够靠理性来领悟，而只能靠信仰来接受。它表现在人类认识上，即原因、方法和结果三个范畴，任何知识不能超脱这三个范畴之外，而只能是它们的合一的结果。它表现在个人行为上，即意志、意志活动机制与意志所趋对象的合一。它表现在家庭上，即父、母与子女合一。它表现在政治社会上，即统治权、统治者执行者及被统治者合一。国家、教会与家庭都是这种三位一体的组合，即都有一个最高权力、最高权力的执行者及服从者。然而16世纪的宗教革命破坏了这种三位一体的社会秩序，于是民主政治、离婚与犯罪现象便滋生蔓延开来。

（3）君主专制合乎宗教原则

合乎基督教义的理想政体，只能是君主制而不能是民主制，君主制政体由君主代表最高权力，贵族行使权力，平民服从权力，形成一种稳定的社会组合。民主制政体中的服从者同时又是最高权力的拥有者与行使者，结果就无稳定可言。从宗教思想中演绎出复辟王权与贵族政治的保守主义原则，这是法国保守主义的显著特点，用形而上学的宗教观来攻击形而上学的自然法学说则是法国保守主义的另一特点。

### 2. 梅斯特尔的保守主义

梅斯特尔作为 19 世纪法国现代保守主义的另一代表人物，其理论也以宗教神学为基础。但他更赤裸裸地鼓吹君主专制。

#### （1）批判法国大革命

梅斯特尔认为，国家组织的基础存在于成文法律之先，人类无法凭自己的意志去改变政治现状，法国大革命随意破坏现存政治制度，依据形而上学的自然法学说，随意制定法律，来创造社会平等、自由，只能是一种空想。

#### （2）鼓吹君主专制

教会与国家采取专制制度本是秉承上帝的意志。人类理性并不完善，无法理解体现上帝意志的国家的许多神秘之处。

#### （3）平等与自由只能由上帝恩赐

平等与自由只能由上帝恩赐。随历史演进而成的国家制度体现了上帝的恩赐。人民即使能制定一部自由宪法，但如无上帝恩赐，自由宪法也无法保证人民得到真正自由。

### 四　19 世纪欧洲浪漫主义运动

19 世纪欧洲浪漫主义较难将其归入自由主义或保守主义，但是就其主张返回中世纪田园诗生活，抨击现代科学与现代化的步伐，显然具有一定的保守主义色彩。

#### （一）浪漫主义界定

据现有资料证明，1654 年英国人才第一次使用"浪漫的"这一词语，其意大致是"传奇般的"、"幻想的"、"不真实的"，其中明显地包含着贬义的否定性的内涵。到了 18 世纪，这个词语才逐渐转变为肯定性的褒义词，它被用来评价作品，并获得"宜人的忧郁"这样一种附加的含义。

浪漫主义运动是由欧洲在 18 世纪晚期至 19 世纪初期出现的许多艺术家、诗人、作家、音乐家，以及政治家、哲学家等各种人物所组成的。浪漫主义的特征和定义，一直到 20 世纪都仍是思想史和文学史界争论的题材。界定浪漫主义有较大的困难，以下几种定义有一定的代表性：（1）是对于启蒙运动的反弹，对启蒙时代的反思。启蒙时代的思想家强调理性主义的绝对性；浪漫主义则强调直觉、想象力和感觉，甚至是

"非理性主义"。（2）是一直持续到现代的文化运动，是现代性文化的开端；是文艺的基本创作方法之一，与现实主义同为文学艺术上的两大主要思潮。

**（二）浪漫主义的基本特征**

19世纪欧洲浪漫主义，首先是与"理性主义"相对立，认为理性是思想和文艺创作的枷锁，强调思想与创作的绝对自由，反对古典主义的清规戒律，把情感和想象提到首要地位。注重个人感觉、直觉、想象力和感情的表达，形式较少拘束，自由奔放。偏重于表现主观理想，抒发强烈的个人感情。强调意志、想象与思想的力量。对法国大革命后的现实极为不满，往往把前资本主义的中世纪社会的庄园制生活加以田园牧歌式的理想化。

厌恶资本主义物质文明与庸俗丑恶的社会现实，对工业化的恐惧和憎恶，这些是浪漫主义共有的基本特点。卢梭的"回归自然"主张，把自然看作一种神秘力量或某种精神境界的象征，其实就是19世纪欧洲浪漫主义的代表思想。19世纪欧洲浪漫主义者一般都崇尚大自然的美丽和异国情调，如美洲的丛林和大草原，地中海沿岸各国，少数民族的生活风俗，哥特式的建筑，古代的废墟，等等。并且将它们与本国现实的工业化和现代城市生活的丑恶鄙俗进行对比，以此抨击资本主义社会的不合理。

19世纪欧洲浪漫主义作品的基本特征是通过臆想或复古等手段，脱离现实、超越现实，追求某种理想主义社会。19世纪欧洲浪漫主义者酷爱描写中世纪和以往的历史。司各特、雨果、大仲马等浪漫派小说家，多以历史题材为描写对象，不重在反映历史真实，而在表现自我的想象，撷取历史的一个小插曲，这个小插曲在史书上语焉不详，可以任凭作者自由驰骋。浪漫主义者往往美化中世纪封建宗法制度，把中世纪当作欧洲历史上的"黄金时代"，借以抨击资本主义现实。

**（三）浪漫主义思潮产生的社会背景**

浪漫主义属于唯心主义，起源于中世纪法语中的 Romance（意思是"传奇"或"小说"）一词，romantique 是其形容词，意为浪漫的。早在人类口头创作时期，一些作品就不同程度地带有浪漫主义的因素和特色，但未形成社会思潮。

浪漫主义形成社会思潮，并且兴起高潮，主要发生在法国大革命、欧洲民主运动和民族解放运动高涨时期。法国大革命倡导的"自由、平等、博爱"的思想推动了个性解放，个人独立和自由成为浪漫主义文学的核心思想。浪漫主义反映了资产阶级上升时期对个性解放的要求，对封建领主和基督教会联合统治的政治反抗，对法国新古典主义的文化反抗。启蒙运动为欧洲各国浪漫主义运动做了思想准备。

法国大革命以后，拿破仑的民族主义和共和主义，激发了其他国家的民族主义独立运动，在法兰西共和国转变为拿破仑帝国以后，拿破仑迅速被其他国家的民族主义运动所抛弃，并且成为他们反抗的目标。在普鲁士，浪漫主义的发展被康德的学生费希特视为是一种反抗拿破仑侵略与奴役的文化运动。费希特创造了德语中的 Volkstum（民族）一词，象征着德意志民族的觉醒，集体对抗拿破仑侵略的民族意识的形成。

法国大革命以后所确立的资产阶级专政和资本主义社会秩序，并不尽如人意，尤其是与启蒙思想家所预言的理想社会相差甚远，从而宣告了启蒙运动理想的破灭。欧洲的浪漫主义思潮是在人们对启蒙运动"理性王国"的失望，对资产阶级革命中的"自由、平等、博爱"口号的幻灭和对资本主义社会秩序的不满的历史条件下产生的。

恩格斯曾经指出："和启蒙学者的华美语言比起来，由'理性的胜利'建立起来的社会制度和政治制度竟是一幅令人极度失望的讽刺画。"[①]席卷欧洲的浪漫主义运动，正是当时社会各阶层对法国革命的后果以及启蒙思想家提出的"理性王国"普遍感到失望的一种反映。

**（四）浪漫主义的思想基础**

1. 主要思想来源

欧洲浪漫主义思想受让—雅克·卢梭以及德国的约翰·高特菲·赫尔德的影响深刻。他们都是对理性主义和科学主义持批判与怀疑的立场，他们都是主张价值多元论，对工业化与科学文明的进步怀有恐惧与不满，幻想恢复田园牧歌式的自然状态。

欧洲浪漫主义思想也受到德国古典哲学和空想社会主义的影响，它们为浪漫主义思想发展提供了丰富的思想养料。康德、费希特等古典主义哲学家强调天才、灵感和主观能动性，把自我提到高于一切的地位，对浪漫主义文学强调主观精神和个人主义倾向产生过深远的影响。空想社会主义对资本主义的尖锐批判、对未来理想社会的展望预测，也对浪漫主义文学

---

① 《马克思恩格斯选集》第三卷，人民出版社 1966 年版，第 457 页。

有不小的影响。

欧洲浪漫主义思想与中世纪的骑士传奇文学传统也有直接的渊源关系，"浪漫主义"一词即来源于传奇一词。18 世纪英国的感伤主义文学、18 世纪法国启蒙思想家卢梭崇尚感情的思想，为 19 世纪浪漫主义文学的兴起和繁荣铺平了道路。

2. 欧洲浪漫主义的两种流派

19 世纪欧洲浪漫主义因为对法国大革命结果与现实不满，企图寻求解决社会矛盾的途径，结果形成两种不同的态度，于是产生浪漫主义的两种不同流派，即积极浪漫主义和消极浪漫主义。

（1）积极浪漫主义者

积极浪漫主义流派，一般敢于正视现实，寄理想于未来，向往新的美好生活。他们批判社会黑暗，矛头针对封建贵族、资本主义社会残存的封建因素，同时敢于揭露资产阶级本身所造成的种种罪恶现象，因而充满反抗、战斗的激情。主要代表作家有英国的拜伦、雪莱，法国的雨果、乔治·桑，德国的海涅，俄国的普希金（早期），匈牙利的裴多菲，等等。他们都具有资产阶级民主革命思想，是民族解放运动的积极参加者。

（2）消极浪漫主义者

不能正视社会现实的尖锐矛盾，采取消极逃避的态度，他们的思想与被推翻的封建贵族阶级的思想意识相联系。他们从对抗资产阶级革命运动出发，反对现状，留恋过去，美化中世纪的宗法制，幻想从古老的封建社会中去寻找精神上的安慰与寄托，实际上是被打倒的封建贵族阶级没落思想情绪的反映。代表作家有法国的夏多布里昂，俄国的茹科夫斯基，英国的华兹华斯、柯勒律治、骚塞。他们属反动的逆流，引导人们往后看。

3. 欧洲主要国家的浪漫主义思想代表

（1）法国

法国的浪漫主义思潮，气势磅礴，斗争异常激烈。它的产生与发展是与封建贵族的复辟和资产阶级的反复辟斗争分不开的。浪漫主义首先批判古典主义，继而发生分裂，积极浪漫主义者以批判现实主义为旗帜（卢梭），打败了消极浪漫主义（夏多布里昂）。1820 年以前，反拿破仑势力嚣张，消极浪漫主义称王称霸，1830 年，由于资产阶级在政治上的胜利，积极浪漫主义取得了主导的地位。

（2）英国

英国的浪漫主义源远流长，早在 18 世纪末，从威廉·布莱克（1757—1827）和农民诗人罗伯特·朋斯（1759—1796）等人的诗篇中，就流露出浪漫主义的苗头。英国的浪漫主义明显地分为对立的两大派别。消极浪漫主义先于积极浪漫主义登上历史舞台。

被称为"湖畔派"的三位诗人：威廉·华兹华斯（1770—1850）、萨缪尔·柯勒律治（1772—1834）、骚塞是英国浪漫主义的大师。华兹华斯、柯勒律治共同出版《抒情歌谣集》，成为英国浪漫主义文学的奠基之作。其中大部分为华兹华斯所作，也收入柯勒律治的名诗《古舟子咏》和《忽必烈汗》。华兹华斯最重要的作品是长诗《序曲》。骚塞的诗歌抒思古之幽情，与世俗格格不入。

湖畔派三位诗人均蛰居于英国西北湖区，缅怀中世纪和宗法式的乡村生活，是消极浪漫主义的代表。他们的思想与作品影响了约翰·密尔追求精神快乐的二元论的功利主义思想；19 世纪 20 年代，拜伦、雪莱的诗作成为英国浪漫主义的高潮，他们成为积极浪漫主义的代表。

（3）德国

德国浪漫主义思潮发展的三个阶段：

德国浪漫主义思潮发展可以分为三个阶段，早期浪漫主义阶段（1797—1802），其代表人物主要有赫尔德、谢林（1775—1845）、A. W. 施勒格尔（1767—1845）等；中期浪漫主义阶段（1803—1815）代表人物：约瑟夫·高斯、亚当·缪勒等；后期浪漫主义阶段（1816—1830），以 E. T. A. 霍夫曼为代表。

浪漫主义在中后期演变成德国保守主义的盟友，后期浪漫主义的政治思想与早期浪漫主义思想之间已经发生较大变化，尽管仍具某种一贯的思维样式和价值取向。

德国浪漫主义思潮产生的历史背景：

德意志直到 18 世纪最后几年依然还只是一个地域概念，因为在德意志版图上，大小数百个公国林立，普鲁士与奥地利为两个最大公国。德国浪漫主义对 19 世纪德国社会思想与文化艺术产生了深刻影响，也为德国民族主义产生做好了思想准备。1789 年法国大革命爆发，德国兴起理性主义启蒙思想运动。拿破仑的征服引起德意志资产阶级的矛盾心态：一方面，他们赞同法国大革命的基本理想，敬佩拿破仑的天才；另一方面，激起民族独立的热情。既寻求摆脱封建专制王权统治，又寻求摆脱外族的统治，二者共同组成了近代德国民族国家构建的任务。1784 年，J. G. 赫尔德出版《关于人类历史哲学的思考》一书，表达文化民族主义的基本观点，此后，"民族性"的观念伴随着浪漫主义运动迅速传入其他邦国。德国浪漫主义具有强烈的民族主义色彩，与拿破仑的国际主义以及法国革命的普遍主义形成了鲜明的对照。

德国浪漫主义本质上是对法国大革命与启蒙理想的激进性的批判性回应，它与英国保守主义思想家柏克对大革命的反思以及法国保守派梅斯特尔对大革命的敌视皆有所不同，它表达了德国独特的政治哲学与政治理念。

基本政治思想理念：

德国浪漫主义的政治思想与欧洲思想传统大相径庭，如果说近代以来的欧洲启蒙思想传统坚持以理性主义的一元论为资产阶级启蒙思想的主线，那么德国 19 世纪浪漫主义的政治思想恰恰是批判理性主义一元论，而主张价值多元论，其基本的政治思想观点包括：

首先，高扬个性与主体中心主义。浪漫主义者都是主体中心主义者，他们在人与世界的基本关系上，总是从个人内心的自我体验出发来定义一切，而不是从外在的客观世界出发。

德国浪漫主义十分强调"个性"，即强调个人的唯一性、独特性。个性是赫尔德、费希特、F. 施勒格尔等人思想的中心语汇。F. 施勒格尔认为，"个性是人内在的原初的永恒之事物；人格则没这么重要。追求这种个性的培养和发展作为最高的事业，将是一种神圣的自我中心主义"。[①]世界就是人们通过行动实现其个性、表达其个性的场所，而所谓自由，在本质上也正是人的个性的张扬。

其次，崇尚天性，反对理性与科学。浪漫主义崇尚天性或自然，反对理性与科学。自然天性具有某种无法言说的神性，而理性无法领会其中的奥妙。

浪漫主义认为，近代以来的工业化进程，在丰富人类物质生活的同时，严重破坏了自然，破坏了人与自然的和谐关系，而近代以来的人也丧失了自然的纯真，所谓的文明人，不过是唯利是图、恬不知耻、毫无情趣

---

① 伍蠡甫主编：《西方文论选》下卷，上海译文出版社 1979 年版，第 341 页。

的市侩，不过是金钱的奴仆。

浪漫主义的"自然"概念与理性主义契约论中的"自然"有着根本的不同。浪漫派作家的自然是未被现代文明污染的原始野蛮的自然状态；如同浪漫主义的先驱人物卢梭对野蛮人的歌颂，以野蛮人的质朴来批判资产阶级社会的肮脏、虚伪、矫揉造作。浪漫主义崇尚自然，崇尚原始、幼稚之事物，视之为未受所谓的文明污染的纯真事物，热衷于重新探索埋没已久的中世纪素朴单纯的文艺源泉。

浪漫主义认为，人类的理性不能使人类正确行动，即使人们知道什么是正当、错误、善、恶，仍可能犯错误、做恶事。人的行动的主要源泉是直觉、想象、激情。浪漫派认为如果人们接受审美教育，情操得到陶冶，人自觉向善的动力得到激发，生存境界得到提升，自由、平等、博爱的共和国自然就会实现。理性律令对人更多的是压迫性、空洞性。

第三，以爱代法，突出族群归属与有机共同体。浪漫主义发现近代以来人与自然的远离，人与社会远离，个人失去了归属感。浪漫主义批评资本主义社会的冷酷，缺乏关爱，而希望以"爱"代替法律，使个人有族群归属感，形成个人价值共同体，成为个人的新的家园。

浪漫主义关于"有机共同体"的观念也不同于"有机国家"，对共同体的诉求，乃是一种对工业化与城市化以后产生的特有的乡愁，批判的是现代人的无家可归的漂泊状态，寻求的是温馨的理想家园。

第四，摇摆不定的政治立场。对于浪漫主义者来说，重要的不是现实，而是解构一切，把一切变成浪漫主义的创造力。浪漫主义者的政治立场具有飘忽不定、左右摇摆的特点，其忽而革命、忽而保守甚至反动的易变立场易于理解。正如卡尔·曼海姆所指出的那样，浪漫派运动非常类似于一个"钟摆运动"。浪漫主义者施米特写道："只要大革命还存在，政治浪漫派就是革命者。革命一旦结束，他就变成了保守派。而在明显反动的复辟时期，他也知道如何从这种环境中汲取浪漫主义成分。……这种政治内容的易变并非偶然。……它深深扎根于浪漫派的天性之中，它的本质是被动性。"①

第五，改良主义的中间路线。德国浪漫主义的政治思想是中间路线的代表，他们是改良主义者，企图在德国的绝对主义开明专制与法国的大革

---

① 施米特：《政治的浪漫派》，上海人民出版社 2004 年版，第 140 页。

命之间走一条独特的道路，以改良的方式实现启蒙理想。德国浪漫派不是反动派，他们赞同法国大革命，但是他们却不同意将法国的革命实践运用于德国。事实上，他们反对以自下而上的暴力革命实现理想社会的方式，认为德国需要一场由英明的精英领导完成的渐进变革。为此需要对人民进行教育和启蒙，尤其是审美教育。德国浪漫主义的理想政体，是君主制与共和制的结合。

## 五　20 世纪前半期的保守主义

20 世纪初到二战前后，人类社会遭遇两次世界大战浩劫，西方社会政治秩序发生迅速而剧烈的变化。保守派遇到明显的挫折。他们在思想上的主要表现是对消逝的旧传统的悲叹、对国家干预的新自由主义思潮的抵触、对资产阶级民主运动和无产阶级革命风潮的恐惧，而且渴望强有力的杰出人物支持权力，这一时期的保守主义者都是精英主义者和专家治国派，缺乏明确的政治纲领，主要代表人物是：

（1）以意大利的莫斯卡（1858—1941）和帕累托（1848—1923）为代表的保守主义。他们认为人类社会永远存在有文化教养的杰出人物和愚昧无知的民众。学者、政治家、艺术家和企业的管理人物是杰出人物一类，而保持精英的素质和领导权是拯救西方的唯一途径。

（2）以美国的伯纳姆（1905—　）和加尔布雷思（1908—　）为代表的保守主义。他们认为现代工业社会已经发生新变化尤其是发生了管理革命，西方各工业国都进入管理社会，出现了新的管理阶级和作为社会主体的技术专家，他们是社会的真正领导者，议会民主行将灭亡。

（3）以英国的保守党政治家休·塞西尔为首的保守主义。休·塞西尔对埃德蒙·伯克的保守主义作了新阐发，强调国家权威与专家治国。

# 第四章 现代社会主义思潮

## 第一节 社会主义的内涵与主要研究对象

### 一 "社会主义"一词的由来

"社会主义"一词的由来通常有三种说法：（1）德国神学家、天主教本尼迪克派教士安塞尔姆·德辛在 1753 年与人论战时，把遵循自然规律的人称为社会主义者。（2）意大利传教士曾经将社会主义解读为一种上帝安排的传说制度。后来与无产阶级解放运动相联系而获得了政治意义。（3）19 世纪20—30 年代，在欧文主义的刊物《合作》杂志和圣西门主义的刊物《环球》杂志上，空想社会主义者用这个词来表达他们对资本主义社会中个人主义的不满，期望实现以集体主义为主要代表的社会主义理想。

### 二 社会主义的内涵

19 世纪30—40 年代欧洲广为流传的"社会主义"，主要含义是劳动群众的福利、社会和平与社会改造，同时也容许私有财产与社会不平等存在。当时的"共产主义"则主张公有制，消灭财产不平等，主张社会平等。无产阶级开始独立的政治斗争以后，资产阶级经常利用"社会主义"来反对阶级斗争和无产阶级革命。

当时有各种各样的"社会主义"。例如，反动的社会主义、封建的社会主义、小资产阶级的社会主义、德国的"真正的"社会主义、保守的或资产阶级的社会主义、批判的空想社会主义或共产主义等。马克思、恩格斯在《共产党宣言》中，把19世纪中叶在欧洲流行的社会主义思潮归纳为反动的社会主义（包括封建社会主义、小资产阶级社会主义和"真正"社会主义、资产阶级社会主义和批判的空想的社会主义）。恩格斯曾指出："在1847年，社会主义是资产阶级的运动，而共产主义则是工人阶级的运动。"[1]

马克思、恩格斯在1842—1843年期间，分别在文章中给社会主义赋予科学的涵义，并作为共产主义同义词使用。[2] 此后，社会主义成为包含无产阶级解放条件的学说，即关于无产阶级只有消灭一切阶级，才能实现共产主义的一般规律的科学，成为科学社会主义。

19世纪70年代，"社会主义"一词在日本、中国书刊中出现。梁启超是最先把社会主义学说介绍到中国来的人，李大钊是第一位在中国传播科学社会主义学说的人。社会主义是对资本主义制度的弊病的反应，是对资本主义制度的思想与实践的批判，同时又是对资本主义文明与人类文明的继承。社会主义属于后资本主义范畴，主张用社会调节和社会控制的手段校正资本主义市场调节与生产无政府状态的制度性弊病，进而实现社会公正、进步、人类解放，社会主义是一种思想、运动与社会制度。20世纪的社会主义思潮，包含科学社会主义、民主社会主义、民族社会主义等诸多思想流派、理论、运动与社会制度。

### 三 社会主义思潮研究的主要对象

社会主义思潮研究的主要对象包括：社会主义思想、运动实践与社会制度。社会主义作为一种思想体系、一门学科、一种理论学说，通常将科学社会主义等同于科学共产主义，在这里，社会主义与共产主义是同义语；作为一种革命运动，社会主义运动、共产主义运动，都是指那种无产阶级与广大人民群众为推翻资本主义、实现共产主义的实践活动；作为一种社会制度，社会主义社会是共产主义社会的第一阶段。

20世纪的社会主义包括：（1）社会主义国家的共产党主政的科学社会主义思想与制度；（2）欧洲发达国家的民主社会党主政的民主社会主

---

[1]　《马克思恩格斯选集》第1卷，人民出版社1973年版，第236—237页。

[2]　参见马克思1842年10月15日写的《共产主义和奥格斯堡〈总汇报〉》和恩格斯1843年写的《大陆上社会改革运动的进展》。

义；（3）发展中国家的民族主义政党主政的民族社会主义；（4）其他多种社会主义思潮：市场社会主义、生态社会主义、新社会主义、西方马克思主义的社会主义等。20世纪的社会主义思潮研究，其实又可分为两大类：以中国特色社会主义道路为代表的科学社会主义和当代国外社会主义。

社会主义思潮研究的基本方法是，以唯物主义方法论为指导，采取综合比较研究的方法，包括历史的纵向比较研究与现实的横向比较研究。社会主义是一个客观历史发展过程，其取得的成就与失误，必须联系具体历史环境去分析；将当代社会主义作为一个整体加以研究，不同类型、地区、政党的社会主义加以横向比较；以开放的心胸，建设性的心态，批判与扬弃各种国外社会主义理论与实践。

## 第二节　19世纪欧洲空想社会主义思潮

19世纪早期欧洲三大空想社会主义者都是18世纪末法国大革命的见证人与19世纪自由竞争资本主义的批判者。圣西门、傅立叶是法国空想社会主义的代表；欧文则是英国空想社会主义的代表。他们的空想社会主义对巴黎公社时期的空想社会主义者产生直接影响，同时也成为科学社会主义思想的直接来源。

### 一　圣西门及其主要思想

克劳德·昂利·圣西门（1760—1825）出生于法国的一个没落的名门贵族家庭，早年受启蒙学者达兰贝尔的影响，17岁入伍参加过北美独立战争。1789年法国大革命爆发，他立即从国外返回故乡皮卡尔迪，积极投入革命，并且正式放弃贵族与伯爵头衔，将伯爵圣西门改名为"公民鲍诺姆"（鲍诺姆意为平民百姓）。由于对雅各宾派的专政与革命暴力不满，最后离开革命，但是开始思考法国大革命以后出现的资本主义社会的尖锐矛盾产生的根源问题，从1802年开始，他的财产已经耗尽，生活贫困但是更加接近劳工阶级，开始决心"为改进最贫苦阶级的精神和物质状况而工作"，逐步形成自己的空想社会主义理论，先后发表《寓言》、《新基督教》、《实业家问答》、《一个日内瓦居民给当代人的信》、《人类科学概论》、《论实业制度》等一系列空想社会主义著作。

圣西门将 19 世纪早期的资本主义社会阶级矛盾概括为："劳动者与游手好闲者之间的对立"，他将封建贵族、僧侣阶级、资本家中的食息者归入游手好闲者之列，加以严厉抨击，认为他们成为社会进步发展的障碍；而将工人、农民、资本家中的工厂主、商人、银行家、各类专业人士归入劳动者之列，视为"促进祖国达到最高的文明和最大的成就"的力量。显然，他对于此时刚刚显露的资产阶级与无产阶级之间的矛盾尚未有正确判断。圣西门认为资本主义社会的一切罪恶来自"贪婪"与"利己主义"，[①] 他尚未能将利己主义同资产阶级本质与资本主义私有制联系在一起。

圣西门的理想社会是以"实业主义"代替资本主义。所谓"实业主义"就是工人、农民、工厂主、商人、银行家、专家学者构成的"实业家"阶级，在平等与自由的原则基础上，掌握社会各种权力，按最有利于生产的方式组织起来，促进个人与公共福利，满足人们的各种需要的社会管理方式。在这一社会形态下，社会权力分为两类：精神权力与世俗权力。由著名专家和科学家组成的"最高科学委员会"掌握精神权力，主管科学、文化、宗教；由优秀实业家组成的"最高行政委员会"掌握世俗权力，主管政治、经济、预算、发展计划等工作。在实业主义制度下，政权形式可以不变，国王仍存在，内阁议会执行"最高科学委员会"与"最高行政委员会"的决定。要实现"实业主义"，"不能依靠刺刀来实现自己的想法"，只能通过宣传，唤起人们理性，"只有国王颁布一道敕令，委托最有实力的实业家编制国家预算草案就可以了"。[②] 因此，为了建立实业主义制度，他甚至上书拿破仑，但是被视为疯子的行为。圣西门的实业主义理想表明，他对封建君主制的认识不足，对暴力革命的必要性缺乏认识，上书拿破仑更是证明空想社会主义者的阶级与时代局限性。

## 二　傅立叶及其主要思想

弗朗索瓦·马里·沙里·傅立叶（1772—1837）出生于法国一个富有的商人家庭，中学毕业后当过店员，谙知资本主义社会投机、欺诈的种

---

① 《圣西门选集》下卷，商务印书馆 1979 年版，第 39 页。

② 同上书，第 142 页。

种内幕。1789 年法国大革命爆发，他来到巴黎，但是对革命毫无热情。1793 年他在里昂经商，遭遇吉伦特党的军队征用其商店棉花，并被征兵入伍，雅各宾派的军队攻占里昂，他被追杀，以后开始流落各地从事各种商业活动，并开始研究资本主义社会问题。1803 年他发表《全世界和谐》的文章，第一次提出自己的空想社会主义思想。以后又出版不少相关著作，主要著作有《四种运动论》、《宇宙统一论》、《经济的和协作的新世界》、《论商业》等。

傅立叶的历史观比较独特，他把全部人类社会历史分为四个发展阶段：蒙昧、宗法、野蛮、文明，资本主义社会就相当于最后文明阶段。傅立叶思想中最有价值的是对资本主义制度的尖锐批判。他痛斥资本主义制度，采取了复杂的，暧昧的，两面的，虚伪的形式在重蹈野蛮时代以简单方式犯下的各种罪恶。资本主义的文明是"颠倒世界，社会地狱"；资本主义雇佣劳动制度是"俘获的奴隶制"；资本主义文明实际上是"为了要有富翁就要有贫民"的"富者对贫者的战争"；资本主义社会的商人阶级是"掠夺生产者和消费者"的"吸血鬼阶级"。[①] 傅立叶把对资本主义商业的批判作为批判资本主义的基点，存在明显的片面性。他认为资本主义商业是"工业生产的真正敌人"，而把工厂主与工人看成是工业生产中有着"共同利益"的朋友，他们的共同敌人是商人。显然，傅立叶的从商经历使他对资本主义商业的本质有较深刻的认识，但是他还没能认识到参与剩余价值瓜分的资本家阶级包括工业资本家、商业资本家、银行资本家等占有生产资料的社会集团，他们都是剥削工人阶级创造的剩余价值的资本家阶级。他对工厂主与工人的关系分析，掩盖了其中的阶级对立关系。傅立叶对法国启蒙思想家鼓吹的自由、平等、博爱为核心的"自然法学说"进行尖锐批判，指出都是一些"与经验不符合"的骗人的胡说。

傅立叶的理想社会是以"集体协作制度"与"法郎吉"集体生产消费合作社代替资本主义商业制度。"法郎吉"集体生产消费合作社是一种分支的公司形式，产品分配按照资本、劳动和技能三方面进行。其成员人人是劳动者，人人又可以成为有产者。集体协作制度的实施，可以实现阶级融合与社会融合。显然，傅立叶并不主张消灭私有制，而是主张通过阶级合作与分配制度的改良，废除压迫与剥削现象。傅立叶反对暴力革命，

---

① 《傅立叶选集》第 1 卷，商务印书馆 1979 年版，第 159 页。

主张通过和平的方式，建立"法郎吉"组织，实现社会改革，建立和谐的社会制度。他对暴力革命的畏惧，与他在里昂的经历分不开。他寄希望于少数社会上层人士参加"法郎吉"的社会试验，逐步改变资本主义剥削制度，其实他尚难认识无产阶级掘墓人的伟大历史作用，也暴露了他的空想社会主义思想的局限性。

### 三 欧文及其主要思想

罗伯特·欧文（1771—1858）出生于英国的一个手工业者家庭，只读过初小，9岁开始当学徒、店员，后来与人合伙创办小工厂，20岁应聘为一家500人的纺织厂的经理，29岁成为英格兰新拉纳克工厂主，不久他就在这一工厂开始进行社会改造实验，由一个资产阶级慈善家转变为空想社会主义者，1824年他举全家以及全部家产到美国印第安纳州进行"新和谐"共产主义移民试验区的实践，5年后试验以失败告终，欧文一贫如洗地返回英国，积极参加工人运动，1932年欧文开始致力于生产合作社运动，逐步与工人运动疏远。

欧文的主要著作有《致拉纳克郡报告》、《新道德世界书》、《人类意识和人类活动中的革命》等，欧文的空想社会主义思想具有更多的实践性质。

欧文对资本主义制度的批判比圣西门、傅立叶进了一大步，矛头直指资本主义私有制。他指出，私有制、宗教、婚姻形式是资本主义社会"三位一体的祸害"，其中私有制是最主要的祸害，它是社会一切灾难的根源，也是各国之间战争的总根源。它使人变成魔鬼，使世界变成地狱。

资本主义国家的权力被一群骗子所掌握，它是为了"保护游手好闲、没有用处和包藏祸心的人压迫爱好劳动和心地善良的人"的工具。[①]

欧文的理想社会是公有制基础上的共产主义劳动公社联合体，它不但消灭特权，而且消灭阶级，社会公民都具备良好的品格。理想社会的国家政体形式是共和制政体，每个劳动公社自治，公社最高权力属于社员大会，执行机构是社员大会选举产生的总理事会。

欧文实现共产主义劳动公社联合体的方式，依然是诉诸宣传与实验手段，开导政府与当权者，希望资产阶级政府接纳他的计划，通过议会改革

---

① 《欧文选集》上卷，商务印书馆1979年版，第426页。

道路实现。显然，空想社会主义者都无法解决取代资本主义制度的道路问题。

### 四 19世纪欧洲空想社会主义思潮评析

19世纪早期欧洲三大空想社会主义者，对资本主义制度的许多弊病与社会现象进行了深刻的讽刺和鞭挞，启发了工人阶级的阶级觉悟，为科学社会主义的创立准备了思想条件。但是，由于阶级与时代的局限，他们的空想社会主义理论存在着严重缺陷。

首先，虽然都看到资本主义社会的弊病，并加以揭露和批判，但是，他们尚不能认识资本主义社会的本质及其发展规律，对资本主义社会的揭露和批判，无法从资本主义社会的基本矛盾入手，进行科学分析，依然诉诸理性和永恒正义等资产阶级启蒙思想原则。

其次，他们虽然看到资本主义社会的阶级对立，同情无产阶级的疾苦。但是，无法认识无产阶级的历史地位与掘墓人的作用，因此寄希望于社会少数精英与掌权者，他们始终没有发现实现社会主义的基本力量。

第三，尽管他们提出了各自的理想社会方案，但是无法解决实现理想社会的正确道路问题。他们害怕暴力革命，否定阶级斗争和无产阶级革命，仅仅寄希望于宣传、示范等方法来建立新的社会制度，空想特点明显。

19世纪早期欧洲空想社会主义的缺陷与不成熟的资本主义生产状况、阶级状况密切相关，历史条件束缚了他们的理论，注定他们的理想蓝图一开始就成为空想。

## 第三节　科学社会主义思潮

### 一　科学社会主义的本质

科学社会主义是社会主义思潮中影响最大的思想流派，它是关于无产阶级解放斗争的性质、条件和一般目的的思想学说。它以无产阶级解放运动发展规律为主要研究对象，又称科学共产主义。它由马克思与恩格斯于19世纪40年代创立。

科学社会主义有广义和狭义之分。广义的科学社会主义指马克思主义的整体思想理论体系，包括哲学、政治经济学、科学社会主义三个组成部分；狭义的科学社会主义指马克思主义三个组成部分之一的科学社会主义部分。人们作为运动或制度的科学社会主义，通常是从狭义上来理解的。

### 二　科学社会主义诞生的标志与背景条件

#### （一）诞生标志

1848 年《共产党宣言》发表，标志着科学社会主义的诞生。1867 年发表的《资本论》和 1875 年撰写的《哥达纲领批判》，对科学社会主义的理论原理进行了深刻的论证。马克思、恩格斯指出：科学社会主义"决不是以这个或那个世界改革家所发明或发现的思想、原则为根据的。这些原理只不过是现存的阶级斗争、我们眼前的历史运动的真实关系的一般表现"。[1] 科学社会主义的理论、运动和社会制度三者之间形成了一个完整的统一体，科学社会主义理论就是关于无产阶级解放的学说，即关于消灭一切阶级实现共产主义一般规律的科学；科学社会主义运动就是关于无产阶级解放运动规律的科学；科学社会主义的社会制度就是消灭资本主义私有制，建立社会主义公有制。

#### （二）背景条件

科学社会主义理论产生的时代背景可以从三个方面来认识：科学社会主义产生的社会经济条件、社会阶级基础和理论前提。

1. 社会经济条件

每一时代的理论思维，都是一种历史的产物。19 世纪上半叶，资本主义的发展进入了一个历史转折时期。14 世纪和 15 世纪的欧洲，随着生产技术的进步、社会分工的扩大、商品生产的增长和国内外市场的形成，资本主义开始萌芽。资本主义的手工业代替了封建的行会经营方式。随着市场扩大，社会需求增加，工场手工业已经不能再满足需要了，于是蒸汽机发明了，并引起了第一次工业革命。

18 世纪以蒸汽动力为标志的科技革命带动了产业革命，推动了资本主义大工业的发展。18 世纪后期到 19 世纪，英国处于工业革命的完成阶段，法国和德国也开始了工业革命。欧洲主要国家的产业革命不仅使社会

——————————

[1]　《马克思恩格斯选集》第 1 卷，人民出版社 1973 年版，第 264 页。

生产力得到了巨大的发展，而且导致资本主义社会的基本矛盾——生产的社会化和生产资料资本主义私人占有制之间的矛盾日益激化。周期性的经济危机爆发，集中暴露了资本主义的弊病。1825 年英国发生第一次经济危机，以后每十年都发生一次，1836 年和 1847 年的经济危机波及整个资本主义世界，许多工厂倒闭，产品滞销，工人失业，生活没有着落。经济危机给资本主义造成了巨大打击和心理恐慌。生产资料的私人占有同生产的社会化已经发生尖锐的冲突，生产力的巨大发展已经同资本主义生产关系的外壳不能相容了。资产阶级不仅锻造了置自身于死地的生产力武器，而且锻炼出一个能运用这种武器的资本主义社会的掘墓人——现代工人阶级。这是科学社会主义产生的社会经济条件。

2. 社会阶级基础

19 世纪 30—40 年代，在英、法、德等国，无产阶级反对资产阶级的斗争先后发展成声势浩大的政治运动。其中最著名的是 1831 年和 1834 年的法国里昂纺织工人起义，1836—1848 年英国工人的宪章运动，1844 年 6 月德国西里西亚纺织工人起义。三次工人运动开辟了无产阶级反对资产阶级斗争的新纪元。和早期的工人运动相比，近代无产阶级的革命运动具有鲜明的时代特征，标志着工人阶级的成熟，显示了自己的伟大实力，提出了自己的政治要求。它表明工人阶级已经成为一支独立的政治力量昂首阔步地登上了历史的舞台。

但是欧洲三大工人运动的失败又表明，无产阶级要达到争取解放的目的，必须有科学的、革命的理论指导。空想社会主义没给无产阶级指明正确的方向。由此，把社会主义从空想变为科学，已成为时代提出的迫切要求。

3. 理论前提

马克思通过参与和组织 19 世纪国际工人运动的实践，并总结和吸取 19 世纪国际工人运动成功的经验和失败的教训，例如：法国工人起义组成"巴黎公社"的成功经验和失败的教训；法国的圣西门、傅立叶等人进行空想社会主义实践失败的教训，为共产主义者同盟拟订了《共产党宣言》。《共产党宣言》是国际共产主义运动史上第一个周详的理论和实践纲领，这部著作在 1848 年发表，标志着科学社会主义的诞生。

### 三 科学社会主义的基本思想内容

#### （一）科学社会主义是作为理论、运动和社会制度三者的统一体

狭义的科学社会主义理论的基础源于马克思主义的政治经济学和哲学。马克思主义的政治经济学是关于劳动创造价值和剩余价值的理论，为科学社会主义的创立奠定了政治经济学的理论基础；马克思主义的哲学即辩证唯物主义和历史唯物主义。辩证唯物主义的三大发现是：对立统一规律，质量互变规律和否定之否定规律；历史唯物主义的三大发现是：人民群众创造历史的规律，生产力决定生产关系的规律和社会存在决定社会意识的规律。这些理论成果为科学社会主义奠定了哲学的理论基础。

广义的科学社会主义理论是在批判地继承空想社会主义思想的基础上创立的。空想社会主义无情地抨击了资本主义社会的全部基础，提供了启发工人觉悟的极为宝贵的材料，但是不具备科学的实践的品格。尽管看到了资本主义灭亡的命运，却未能揭示资本主义灭亡的经济根源；尽管要求埋葬资本主义，却看不到埋葬资本主义的社会力量；尽管憧憬取代资本主义的理想社会，却找不到通往理想社会的现实道路。而马克思、恩格斯的科学社会主义理论在继承人类优秀思想文化成果的基础上，科学地揭示了资本主义必然灭亡，共产主义必然胜利的人类历史发展规律。因此，广义科学社会主义理论是关于资本主义灭亡，共产主义胜利的理论学说。

#### （二）科学社会主义的基本思想内容

（1）它阐明资本主义的生产社会性和生产资料资本主义私人占有形式之间的基本矛盾的发展，最终必然导致生产资料的公有制取代生产资料私有制，社会主义取代资本主义，它揭示了资本主义必然灭亡、社会主义必然胜利的客观规律。

资产阶级生存和统治的根本条件，是私人占有社会财富，是资本的形成和增殖；资本增值的条件是资本主义雇佣劳动制度。资产阶级造就了工业进步，机器大生产又使工人联合成组织，并且建立自己的政党，从而克服了由于竞争而造成的分散状态。随着大工业的发展，资产阶级造就了自身的掘墓人——无产阶级。随着资产阶级的财富积累与无产阶级的贫困积累的"两个积累"的发展，"两个必然"也就不可避免，即"资产阶级的

灭亡和无产阶级的胜利是同样不可避免的"。[1]

（2）无产阶级和资产阶级的斗争是现代社会变革的巨大杠杆，无产阶级的历史地位是资产阶级的掘墓人。

（3）无产阶级必须推翻资产阶级的统治，夺取政权，并在夺取政权后，彻底打碎旧的国家机器，代之以新的国家机构，建立并巩固无产阶级专政。无产阶级在革命斗争过程中，要同其他劳动者结成联盟，建立革命统一战线。

（4）从资本主义向无阶级社会过渡存在一个过渡时期的历史阶段；过渡时期是无产阶级专政的历史时期；过渡时期的历史任务是消灭阶级。无产阶级专政是达到消灭一切阶级和进入无阶级社会的过渡形态。在无产阶级专政条件下，要对整个社会进行改造，发展生产力，进行社会主义建设，逐步实现由社会主义社会向共产主义社会过渡的伟大目标。马克思讲的共产主义社会的第一阶段，是消灭了阶级和阶级差别，实行社会所有并且商品生产已经消亡，因而国家也消亡了的社会。

（5）无产阶级必须创立自己的政党，无产阶级政党在无产阶级革命和建设中发挥先锋与引路人的作用。

（6）无产阶级只有解放全人类才能解放自己，必须坚持无产阶级国际主义，实现全世界无产者大联合，包括同被压迫民族和被压迫人民团结斗争、相互支持，无产阶级的世界革命才可能最终埋葬资本主义制度。

（7）资本主义的灭亡需要必要的社会条件，"无论哪一个社会形态，在它所能容纳的全部生产力发挥出来以前，是决不会灭亡的；而新的更高的生产关系，在它的物质存在条件在旧社会的胎胞里成熟以前，是决不会出现的"。[2]

科学社会主义具有鲜明的实践性，它与无产阶级革命运动联系最直接、最密切，是马克思主义理论体系的核心。

## 四　19世纪欧洲主要社会主义实践
### （一）欧洲三大工人运动
19世纪三四十年代，英、法、德等国无产阶级开展了独立的政治运

---

[1]　《共产党宣言》，《马克思恩格斯选集》第1卷，人民出版社1995年版，第284页。

[2]　《〈政治经济学批判〉序言》（1859年1月），《马克思恩格斯选集》第2卷，人民出版社1995年版，第33页。

动，主要表现就是发生了著名的三大工人运动，即法国里昂丝织工人两次起义、英国宪章运动、德国西里西亚纺织工人起义。

三大工人运动的新特点，表明无产阶级作为独立的政治力量登上了历史舞台。工人斗争的丰富经验，为马克思、恩格斯进行理论研究提供了宝贵的材料，也使马克思主义的产生成为可能；三大工人运动的失败，则从反面提出了创立科学的革命理论的迫切要求。

1. 里昂工人起义

里昂工人起义指的是 1831 年和 1834 年，法国里昂工人反对资本主义剥削压迫的两次武装起义。

（1）1831 年工人起义

里昂是法国丝织业中心，丝织工人和手工业者生活极为困苦。1831年初里昂工人掀起一场以要求提高工价为主要内容的工人运动。10 月与包买商谈判达成最低工价协议。但在七月王朝商业大臣的支持下，包买商撕毁协议。1831 年 11 月 21 日工人举行抗议示威，与军警发生冲突，转为自发的武装起义。起义者提出"做工不能生活，毋宁战斗而死"的口号。经过三天战斗，工人一度占领里昂城。起义很快被七月王朝政府调来的军队所镇压。

（2）1834 年第二次丝织工人起义

1834 年 4 月 9 日里昂再度爆发丝织工人起义。起义的直接原因是政府逮捕和审判罢工领袖，发布禁止工人结社集会的法令。

这次起义具有更鲜明的政治性质，不仅提出经济要求，还提出废除君主制度，建立共和政体的口号。起义者在旗帜上写着："我们为之斗争的事业是全人类的事业。"工人组织互助社和小资产阶级民主主义者组织人权社、进步社的成员组成总委员会领导这次斗争。起义群众同政府军在里昂郊区和市内进行 6 天激战，终因力量悬殊被政府军镇压。起义在巴黎和法国许多地区引起强烈反响，推动了法国工人运动的发展。

里昂工人的两次起义是法国无产阶级作为独立的政治力量登上历史舞台的重要标志之一。

2. 英国的宪章运动

英国欧洲是第一个发生资产阶级革命和进行工业革命的国家，19 世纪的"世界工厂"。英国是实行"议会民主"最早的西方国家，但是长期以来广大工人没有选举权。宪章运动是英国工人阶级争取政治权利的运动。

（1）1837 年第一份请愿书

1837 年伦敦工人协会向国会提出一份请愿书，它提出年满 21 岁的男子都有普选权，选举投票应秘密进行，废除议会候选人的财产资格限制，国会每年举行一次改选，平均分配选区（基本上是边沁的思想）。1838 年 5 月，这份请愿书公布后，被称为《人民宪章》，1839 年在请愿书上签名的有 125 万人。1840 年 7 月，各地宪章派的代表在曼彻斯特召开大会，宣告成立全国宪章派协会。它的宗旨，第一，实现下院的彻底改革，使下院能全面地忠实代表联合王国的全体人员；第二，为了达到这一目的，宜采取和平和合法的手段；第三，各地设有几百个分会，入会者须缴纳会费。它是近代第一个工人政党的萌芽。

（2）1842 年第二份请愿书

1842 年 5 月 2 日，伦敦工人队伍来到下院，宪章派全国协会的负责人向下院递交了全国宪章派第二份请愿书。此份请愿书由 300 万人（约占英国成年男子的一半）签名。再次要求把《人民宪章》定为法律。请愿人员认为，工人没有选举权，就无法改变阶级压迫与贫困加剧状况。

（3）1848 年第三份请愿书

1848 年，在欧洲大陆革命风暴的推动下，宪章运动再度高涨。4 月 10 日，全国宪章派第三次代表大会代表用四套华丽的马车把请愿书递送国会，途中遭宪兵镇压，国会拒绝接受请愿书，政府下令解散全国宪章派协会。

第三份全国请愿书进一步提出，劳动是一切财富的唯一来源，劳动者对于自己的劳动果实享有优先权。人民是权力的唯一来源。在请愿书上签名的有 197 万人。伦敦等许多大城市工人举行了声势浩大的示威游行。

列宁评价英国的宪章运动是"世界上第一次广泛的、真正群众性的、政治性的无产阶级革命运动"。① 宪章运动标志着英国无产阶级开始作为一支独立的政治力量登上了历史舞台。

3. 西里西亚纺织工人起义

指 1844 年 6 月 4—6 日普鲁士王国所属西里西亚纺织工人的起义。

西里西亚有发达的纺织业。19 世纪 40 年代，由于资本家把英国机器

————————

① 列宁：《第三国际及其在历史上的地位》，《列宁全集》第 2 版，第 36 卷，第 292 页。

纺织品冲击带来的损失转嫁给工人,加剧了他们的贫困。1844 年 6 月 4 日,以争取提高工资被拒绝为导火线,在欧根山麓两个纺织村镇彼特斯瓦尔道和朗根比劳爆发纺织工人自发的起义。起义队伍扩大到 3000 人,集中打击工人最痛恨的工厂主。起义者以简陋武器迎战前来镇压的包括骑兵和炮兵的政府军。坚持到 6 月 6 日,起义被镇压。

这次纺织工人起义事件表明无产阶级已作为独立的政治力量登上历史舞台。

### (二) 巴黎公社起义

1. 背景及成立

巴黎公社是在 1871 年 3 月 18 日 (正式成立的日期为同年的 3 月 28 日) 到 5 月 28 日期间短暂地统治巴黎政府。

1870 年 7 月法国拿破仑三世挑起普法战争,结局却是法军惨败。9 月 2 日,法皇拿破仑三世下令投降,第二帝国崩溃。9 月 4 日,巴黎爆发革命,宣布成立第三共和国。由资产阶级共和派和奥尔良派分子组成的新政府,称为"国防政府"。

普鲁士并不满足于皇帝的投降,继续大举进攻法国。9 月 19 日,普军包围巴黎。1871 年 1 月,德国人要求在和平协定里加入一条,让德国军队以凯旋仪式进入巴黎。普军的侮辱性要求、战争失败和政府投降,大大激化社会不满情绪。巴黎工人阶级和下层中产阶级提出建立"社会主义民主共和国"的激进口号捍卫国家,保卫共和制度。由于政府军的失败,普法战争期间成立的有 30 万巴黎市民参加的"法国国民自卫军"的作用大大提高。

1871 年 2 月,法国政府割地赔款行为 (条约同意向德国赔款 50 亿法郎,并割让阿尔萨斯全省和洛林省的一部分给德国),同时调集军队,准备解除巴黎人民国民自卫军的武装。3 月 18 日凌晨,政府军在夺取由国民自卫军占领的巴黎蒙马特尔高地和梭蒙高地时,遭巴黎人民反击,国民自卫军乘胜占领城内战略要地,临时政府总理梯也尔逃往凡尔赛,10 天后,巴黎公社成立,并坚持到 5 月 28 日被政府军镇压而告终。

2. 基本措施

巴黎公社的社会主义尝试:公社经济措施是指巴黎革命政权所颁布施行的经济政策和法令。主要有:

(1) 限制、剥夺资本主义企业,对铁路运输和军事工业的生产实行国家的监督。

（2）政教分离，取消教会的特权，废除国家用于宗教事务的一切开支，没收教会财产归国家所有。

（3）对国家机关作重大的改革。专门成立各种管理经济工作的委员会——粮食委员会、财政委员会和劳动、就业及交换委员会。公职人员实行新的工资制度，取消高级官员的高薪俸和额外津贴。

（4）改善工人群众的生活状况和劳动条件，提出劳动者8小时工作制的原则。

（5）禁止高利贷者盘剥。没收逃亡贵族房屋，分给无房少房的人居住。面包实行限价销售，保证生活必需品供应。

（6）把土地分给农民。

3. 性质、意义与主要教训

（1）性质

马克思在1881年2月22日的一封信中重申公社是"在特殊条件下的一个城市的起义，而且公社中的大多数人根本不是社会主义者，也不可能是社会主义者"[①]。尽管公社不是一次社会主义革命，但马克思仍强调公社是一个"高度灵活的政治形式，而一切旧有的政府形式在本质上都是压迫性的"[②]。列宁坚持马克思的这一观点，强调指出，公社以这种方式为"无产阶级专政"做了初步准备。

（2）意义

巴黎公社是无产阶级推翻资产阶级统治，建立无产阶级专政的一次伟大尝试。它的实践丰富了马克思主义关于无产阶级革命和无产阶级专政的学说。它的经验教训和英勇精神是国际社会主义运动的宝贵财富。

（3）主要教训

马克思认为公社有两个历史教训：一是"浪费了宝贵时间"去组织民主选举，而不是迅速地消灭凡尔赛军；二是没有及时没收国家银行。法兰西国家银行存放着数十亿的法郎，而公社却对此原封不动也未派人保护。公社为避免遭谴责而不去没收银行的资产，反而向银行借钱，结果银行资产被政府搬运到了凡尔赛，并成为武装凡尔赛政府军队的军费。

———————————

① 《马克思恩格斯选集》第4卷，第422页。

② 《马克思恩格斯选集》第2卷，第378页。

## 五 科学社会主义的理论发展与各国革命实践的结合

马克思、恩格斯创立了科学社会主义理论，不但揭示了资本主义生产方式的基本矛盾和资本主义发展规律，而且提出了世界无产阶级共同革命、解放全人类，实现共产主义社会的理想。唯物主义史观与剩余价值理论是马克思、恩格斯最重要的理论贡献。

列宁是第一个将马克思主义理论转变为建立社会主义社会制度实践的马克思主义者，列宁主义阐述了无产阶级革命与共产主义理论在一国首先胜利，并付诸实践的理论与思想学说。列宁的最大理论贡献是帝国主义论与无产阶级专政理论。斯大林在继承列宁主义思想方面有其重大的贡献，也有一些失误。

毛泽东在将马列主义与中国革命实践相结合上，作出了创造性贡献。毛泽东思想是马列主义在落后国家取得胜利的理论与实践。他的最大理论贡献是提出了"井冈山道路"与新民民主主义理论，在建立中国社会主义制度与改造落后农业国方面，提出了一系列中国化的马克思主义理论，实现了中国人站起来的梦想。

改革开放实践中，中国共产党与时俱进地发展马列主义与毛泽东思想，创立了中国特色社会主义理论体系，这是中国共产党在实现中国现代化的道路上，对马列主义、毛泽东思想的继承与发展。其中最大的理论贡献包括邓小平提出的社会主义初级阶段理论、改革开放理论、和平发展的时代主题理论；江泽民提出的社会主义市场经济理论、"三个代表"理论；胡锦涛提出的科学发展理论。中国特色社会主义理论体系回应了中国人民希望富裕与中国和平崛起的重大诉求。

# 第五章　现代科学主义思潮——现代实证主义思潮

## 第一节　时代背景

19 世纪中期工业资产阶级逐步取得政治权利，在第一、二次工业革命的推动下，自由竞争资本主义经济取得迅速发展。在资本家财富迅速增加的同时，工业无产阶级的绝对贫困状况加剧，19 世纪 30—40 年代欧洲爆发三次重要工人运动，充分表明工人阶级已经对资本主义"理性王国"十分不满，劳资之间的阶级矛盾加剧。

与此同时，自然科学的长足进步，使实证科学方法对社会思维方式产生深刻影响，人们开始对抽象理性与杜撰的自然法学说产生普遍怀疑与抵制，标榜科学实证与进步的实证主义从哲学领域演变为政治社会领域的社会思潮。

深刻批判资本主义的空想社会主义思潮，在欧洲影响巨大。改造资本主义社会成为全社会的普遍要求，为此需要回答资本主义社会发展的一般规律问题。马克思提出了激烈的革命理论，而现代实证主义以科学与进步为旗号，提出了一种资本主义社会改良的理论，为资本主义社会的存在提供合理性依据。

## 第二节　孔德的生平与代表著作

奥古斯特·孔德（1798—1857），现代社会学的始祖，现代实证主义创始人。

孔德出生于法国南部蒙彼利埃城一个笃信天主教的地方税务官家庭。他自幼身体孱弱，却勤奋好学，智力超群，学习成绩一直在班上名列前茅。1814年，孔德考入巴黎综合技术学校，入学后重点攻读数学与工程学，同时对18世纪启蒙思想家的著作十分感兴趣，并且大量阅读研究，这为他以后实证主义思想的创立，奠定了坚实基础。孔德的性格特立独行，在校学习期间经常违犯校纪校规，最后被学校开除。离校后他结识了空想社会主义思想家圣西门，并且担任他的秘书。圣西门的思想对孔德影响深刻。但是6年之后，孔德因政治观点分歧与圣西门分道扬镳，开始以教授数学的家庭教师为谋生手段。1826年至1830年孔德设馆讲授实证哲学，开始建构自己的实证主义思想体系。1831年起回母校任教，1848年创建实证哲学协会，并致力于在工人运动中进行科学教育和实证哲学的宣传。孔德同情工人的处境和要求，但反对工人的暴力斗争，主张阶级调和与改良主义。晚年的孔德完全沉浸在狂热的宗教情感和宗教活动之中，创立并致力于宣传人道教。1857年9月5日孔德患癌症在巴黎逝世。

孔德认为，资本主义社会的基本危机不是经济与所有制问题，而是精神与思想道德问题，根本就是社会知识的混乱和道德信仰的失范。要改造资本主义社会关键在于改良社会精神道德状况，为此需要建构一个科学的知识与道德体系，即他所谓的社会学，孔德提供了实证主义的社会学体系。

孔德的主要著作有《实证哲学教程》（共6卷，1830—1842）、《实证政治体系》（共4卷，1851—1854）、《实证教义问答》（1852）、《主观的综合》（1856）等。

第五章　现代科学主义思潮——现代实证主义思潮　　111

## 第三节　孔德的实证主义政治社会思想

### 一　实证哲学原则

孔德实证哲学的核心就是实证原则。他从圣西门那里借用了"实证"（Positive）一词，并赋予了其五层新的含义。一是真实与虚幻对立，"一贯注重研究我们的智慧真正能及的事物"[①]，实证哲学总是撇开神学与形而上学的联系。二是有用与无用的对立，所有思辨不仅仅是满足人们好奇心，更多的是"不断改善我们个人和集体的现实情况"，与人们的实践有着必要关联。[②]三是肯定与犹豫对立，实证哲学"善于自发地在个体中建立合乎逻辑的和谐，在整个群体中促成精神的一致，而不像古老的精神状态，必然引起无穷的疑惑和无尽的争论"[③]。强调"肯定"对事物性质的认识，实证哲学强调的是肯定无疑，表达协调一致。四是精确与模糊的对立，神学推论方式只能凭借上帝进行强制，实证科学与现象的性质相协调，"具有充足的精确度，能测证出事物现象的性质"[④]。五是相对与绝对对立，实证哲学"正是凭借其相对性能够始终重视与其严重对抗的理论的自身价值，然而却绝不做任何足以破坏其明晰观点或坚定判断的无谓让步"[⑤]，实证哲学不会作出任何绝对的否定，而会坚持相对的肯定。

孔德认为实证哲学就是要找到符合实证知识条件的原则，实证原则主要包括三条：首先，观察与实验的原则。经验是一切科学知识的唯一来源和基础。科学知识之所以确定可信与有用，就是因为来自经验。近代自然科学是知识的基础。在经验现象之间还存在一些规律，科学知识就是要正确地发现规律，证明规律的存在；但是不能说明为什么会存在规律。"为什么"的问题是属于超经验的东西，不是科学需要说明的问题。

其次，否定一切行而上学的原则。经验之外的本质、第一因等抽象问

---

① 奥古斯特·孔德：《论实证精神》，黄建华译，商务印书馆 1996 年版，第 29 页。

② 同上。

③ 同上。

④ 谢向阳、淦家辉：《什么是孔德的实证主义——对孔德实证主义体系的再认识》，《学术与探索》2005 年第 2 期，第 10 页。

⑤ 奥古斯特·孔德：《论实证精神》，黄建华译，商务印书馆 1996 年版，第 31 页。

题都是形而上学的问题，是人们认识能力无法达到的。人们的认识只能局限于经验范围。形而上学的问题讨论是纯粹的理智和时间的浪费，应该不予讨论。

再次，知识相对主义原则。孔德认为人们的知识仅仅是经验的，经验的知识由于每个人的经验局限，认可经验的知识都只能是相对的真理而不能是绝对的真理。追求绝对的知识就可能陷入神学的虚构和形而上学的抽象思辨。

### 二 人类认识三阶段规律及其普遍性

1822 年孔德还只是 24 岁的青年，提出了人类集体理智发展三阶段规律。

第一阶段是"神学的"阶段（又叫虚构阶段），这个阶段人类理智处于刚起步阶段，但是人们本能地用天赋的理智去解释那些难以解决的问题，去探求万物本原、现象背后的最终原因，对历史的解释主要诉诸单一的或多元的超自然的神明统治，因此，远古时代神话与宗教占据主导地位。

第二阶段是"形而上学的"阶段（又叫抽象阶段），以诸如重力、理性、自然法等一类抽象学说代替超自然的神明，以一种非个人的自然界与抽象的"人"取代上帝，解释历史与社会发展，这时形而上学的思维方式取代神学思维方式，各种抽象的哲学理论体系占据主导地位；这是一个过渡阶段，是改头换面的神学阶段。在这个阶段上，人们的理智依然在追求万物本原和现象背后的本质、原因，追求绝对知识，不过人们是用超经验的抽象概念（实体）代替超自然的神灵，采用抽象的逻辑推理和空洞的思辨代替想象。

第三阶段是"实证的"或"科学的"阶段，也是最高阶段。在这一阶段上，人的理智成熟了。人们完全放弃了神学和形而上学的思维方法，放弃了对绝对知识的追求。人们以经验的、可实证的科学来揭示自然与社会发展规律，实证科学摒弃了形而上学的虚构理念，占据了主导地位。人们也意识到知识是与人的身体结构和状况息息相关的，因而是相对的。

孔德认为人类个体理智发展也同样遵循三个阶段规律，每个人在童年时期是喜欢听神话故事，好想象，还会创造神话，处在神学阶段；青年时期的个人不相信神话而爱好抽象思维，喜欢刨根问底，追问现象背后的本质和决定力量，好高骛远，处在形而上学阶段；人到中年，经过生活磨难与人生经验的积累，不再崇尚空谈和好高骛远，而开始实实在在地干具体事，更加重视经验、观察，人生进入实证阶段。每个人的心智成长发展历史都遵循这三阶段规律。

孔德还认为，各门科学理论的发展也遵循三个阶段规律。科学发展早期，神学占统治地位，天文学表现为占星术，化学表现为炼金术；到中期则受形而上学思维的支配，寻找自然现象背后存在的抽象的物质或精神实体及其动因。现代科学发展进入实证阶段，各种科学实验与研究占据主导地位，实证科学取得了一系列实际的成果。

孔德以三阶段定律为基础，建构他的社会发展体系。他把欧洲历史发展也解释为三个阶段。早期社会是神学阶段。自原始的野蛮时期开始，包括希腊和罗马的文明，以及欧洲中世纪，这一阶段在神学统治，人们的信仰从万物有灵，到多神论，最后发展为一神论。政治也是神学政治，普遍建立"君权神授"的君主专制制度。中期社会是形而上学阶段。随着文艺复兴、科学的兴起和工业的发展，以人学否定神学，人们对历史与现实都采取批评和否定的态度，法国大革命与欧洲封建制度的崩溃是这一阶段的标志。一切知识被形而上学化，政治上空谈"民主、平等、自由"等抽象原则，认同社会契约基础上的民主政治。现代社会已是实证社会，实证科学与实证哲学取代形而上学，人类社会进入工业社会，人们处理一切社会问题时，注重观察、实验与证据，并借助自然科学规律调节社会秩序，不再以抽象理性与教条迷信为思想基础。人类社会进入高级阶段。

孔德的"人类理智发展三阶段"理论从人类对自然规律认识由初级逐步向高级发展的历史角度去考察人类思想和社会的发展，有其合理性的一面。但是他将人的思想理智的发展作为一切事物发展的根源，借以解释自然、思想学说、政治、社会发展，唯心主义的特征十分明显。孔德试图用一个不变的"三阶段规律"去解释自然、社会和思维等一切现象，不可避免使自己陷入生搬硬套、形而上学的泥淖。

### 三　社会合作思想

孔德实证主义思想体系的中心是社会合作思想。孔德从人的本性出发来阐述社会合作思想，他认为人都有利己和利他两种心理倾向，这是人的本能。利己冲动可以促进社会发展，利他倾向可以促进社会的相互合作。

二者对社会都是必要的，可以并存不悖。

家庭是社会的基础，社会是按照家庭的原则建立的。家庭的原则是利己与利他的协调。家人之间既要爱自己也要爱家人，从利己出发而达到与利他的和谐。

资本主义社会的矛盾，工人罢工与暴力斗争，资本家拼命剥削等种种现象产生的根本原因是利己思想超过利他思想。孔德认为社会主义学说主张剥夺私有财产，压制人的利己之心，不提倡不同阶级友爱，而散布仇恨，是一种破坏学说。实证社会学的任务就是巩固社会不同阶级之间的团体合作。

孔德创立的社会学体系主要包括：社会静力学与社会动力学。社会静力学是以社会秩序为研究对象，社会动力学是以社会进步为对象，这两个部分是相互依存的整体。社会进步要有秩序，社会的秩序是以社会进步来表现的，没有秩序就没有进步，没有进步也就没有秩序。孔德的社会合作思想以爱为原则，以秩序为基础，以进步为目的。

显然，孔德的社会合作思想本质，是否定阶级斗争与暴力革命学说，极力调和无产阶级和资产阶级的矛盾，是为维持资产阶级的统治秩序，促进资本主义发展服务的。

### 四　理想政府形态——社会政体

孔德从爱、秩序、进步的原则出发建构他的社会学体系。孔德认为资本主义社会出现弊病，主要依靠社会精神道德的改良，而不必改变资本主义社会的所有制与物质基础，他认为人类的感性是推动社会发展的根本动力，人类的才智是推动社会发展的工具。理想社会应该是一种社会政体，其主要目的是把各种力量联合在一起，以实现共同的目标——在社会团结、合作中使每个人各得其所。其主要任务就是维护和巩固秩序。在社会政体下，由企业家或科学家当主管，用实证科学指导生活。无产阶级服从资本家阶级的领导和管理。科学家领导社会的精神生活。用社会团结精神教育资产阶级和无产阶级，社会不同成员恪尽职守，共尽义务，以建设和平与有序的合作社会。孔德的理想社会形式——社会政体实质是代表资产阶级与社会精英阶层，鼓吹阶级合作，维护资产阶级的统治秩序。

# 下　编

## 当代西方主要社会思潮

　　第二次世界大战以后的世界局势发生深刻变化，使当代资本主义社会遭遇前所未有的挑战。除了调整生产关系，发展国家垄断资本主义，当代资本主义社会在思想文化领域迫切需要锻造或更新思想武器，传统资本主义社会的思想理念与社会思潮纷纷遭遇批判与解构，形形色色的新理念、新社会思潮花样翻新，层出不穷。

　　然而，战后西方社会思潮的发展更多的是研究方法、表现形式与理论体系的重新建构，核心价值观的变化并不多见。马克思主义作为一种世界性的社会思潮，正在孕育新的思想内容。

# 第六章 当代自由主义思潮

## 第一节 当代西方主要社会思潮产生的背景

19世纪末，自由资本主义向垄断资本主义和帝国主义全面过渡，资本主义生产关系发生了一系列重大变化，资本主义社会也面临着各种亟须解决的新问题。第二次世界大战结束后，世界局势发生了天翻地覆的变化，传统资本主义时期的各种思想武器，面对当代资本主义的各种新问题，已经难以给出圆满的答案。垄断资产阶级迫切需要更新思想武器，战后西方思想史上出现了一个新的"思想重建时期"，于是形形色色的新思潮不断涌现，令人目不暇接。然而，不少新思潮只是对昔日社会思潮的改头换面，有的仅仅采用不同的方法重新安排原来思潮的内容体系而冠以时髦的新名称。

第二次世界大战结束后，西方社会思潮的形态与内容都已经发生了深刻变化。

首先，马克思主义在全世界广泛传播并取得了伟大胜利，如十月革命、中国革命的胜利与一大批社会主义国家的诞生等。第二次世界大战后，发达资本主义国家中越来越多的人开始重视与研究马克思主义，使之成为一种新的社会思潮，打破了代表资产阶级利益的社会思潮一统天下的局面，出现了马克思主义与各种资产阶级社会思潮共处并存的崭新局面。

其次，第二次世界大战后期，以核技术与信息技术为代表的第三次科技革命，极大改变了人们的生产方式与生活方式，发达国家国民教育的普及，科学文化的大众化，劳动阶级的知识化，新科技产业与服务业的迅猛发展，引起发达国家产业结构的新调整，资本主义社会的阶级结构也呈现出新的特点，当代资本主义社会出现一系列新变化。

第三，第二次世界大战给资本主义世界带来灭顶之灾，战后初期欧洲发达国家普遍处于严重的经济衰退危机之中，为了摆脱严重衰退，发达国家纷纷借助凯恩斯经济学理论，推行国家垄断资本主义方式全面调控国民经济，国家垄断资本主义迅速发展，上升为美欧发达资本主义国家的主导经济形态。战后国家垄断资本主义形态的扩展，提高了当代资本主义的自我调节能力，缓解了资本主义衰退危机，形成了 20 世纪 50—60 年代近20 年的经济高速发展的"黄金时期"。在经济繁荣的前提下，资产阶级的统治手法也有了新变化，普遍推行"福利国家"政策，使劳动大众的基本生活水平有明显提高，发达国家内部的阶级矛盾明显缓解，社会革命的基本条件被消解，工人运动长期处于低潮，垄断资产阶级的统治在较长时期内维持了相对稳定的政治局面。当代资本主义新变化在社会思潮上的反映，就是国家主义或集体主义思潮的复活。

第四，国家垄断资本主义的全面调控，并不能改变资本主义两个积累的规律，美国为了维持其全球霸主地位，发动侵越战争并且深陷战争泥潭；美国的中东政策也招致中东产油国的极大不满，引发中东石油危机。20 世纪 70 年代，美国经济终于率先陷入滞胀危机，进而引发世界资本主义经济危机。

滞胀危机造成资本主义社会贫富差距迅速扩大，资产阶级内部各阶层之间的矛盾与劳资阶级之间的对立加剧。经济滞胀危机与社会危机，给人们造成巨大创伤，于是厌战情绪与反对国家权威的情绪到处弥漫，人们对西方传统价值观产生怀疑，尤其是美国、法国的青年学生纷纷举行罢课与示威游行，滞胀危机与社会危机又引发资本主义社会严重的信仰危机，于是国家主义开始退潮，追求个人存在价值与自由选择权利的个人主义思潮重新抬头，存在主义的社会影响迅速扩大。

随着西方社会对平等与正义问题的关注度提高，以罗尔斯为代表的实质正义论（社会正义论）和以诺奇克为代表的程序正义论之间展开大辩论，这场辩论反映了 70 年代西方社会对日益加剧的社会贫富差距与资本主义社会现存秩序合法性的质疑，当代西方社会关于社会正义问题的辩论，显示了当代自由主义思潮在资本主义问题上的改良的政治特质。

第五，二战后社会主义国家普遍遭受苏联斯大林模式的制约，经济发展减缓，民主与法制建设受到严重干扰，政治失误不断。尤其是作为领头羊的第一个社会主义国家苏联，对外推行大国沙文主义，与美国争霸世界，完全违背了马克思主义的基本原则，造成国际共产主义运动的严重分裂与人们对社会主义认识的极大混乱，严重损害了马克思主义、社会主义运动在世界上的威信。20世纪80—90年代，随着东欧、苏联剧变，尤其是第一个社会主义国家苏联的解体，世界社会主义运动受到历史性的重创。面对战后社会主义阵营内部出现的一系列严重混乱，自六七十年代起，世界范围内，尤其是发达资本主义国家出现了重新探讨马克思主义、摸索社会主义道路的热潮，西方马克思主义思潮研究出现了又一波高潮，西方马克思主义思潮内部流派纷呈，研究成果不少，有力推动了发达资本主义国家人民对马克思主义理论的重新认识。此外，西方新自由主义，例如，哈耶克的经济与政治思想学说对斯大林模式的集中批判，也使新自由主义理论得到张扬，尤其在拉美发展中国家扩大了影响。拉美后发国家大多选择了新自由主义的经济发展道路，形成所谓的"华盛顿共识"。新自由主义在经济上又一次向古典自由主义经济原则靠拢。20世纪90年代随着"福利国家"政策在发达国家普遍陷入困顿、拉美经济改革也遭受金融危机的打击而严重受挫，尤其是21世纪金融危机发生，使新自由主义的影响渐趋衰微。

与此同时，随着中国改革开放取得越来越大的成绩，马克思主义与各国实践相结合的理论研究不断产生新的思想理论成果，其他社会主义国家也在采取不同形式探索马克思主义理论与实践的新发展，科学社会主义的理论与实践开始出现复兴与新探索的势头。

第六，战后第三次科技革命，尤其是20世纪70年代的信息技术革命不但有力地推动了社会生产力的发展，而且又一次解放了人们的传统思维方式，不少自然科学的新方法与新理论，不断被人们移植到社会科学上来，有力地推动了社会科学的发展，尤其使社会科学在方法论上有了一次新的飞跃。此外，全球生态环境问题日益严重，给全人类敲响警钟，世界各国联手治理生态问题成为国际社会的重大任务，因此，科学主义、行为主义、生态主义、后现代主义等思潮也不断涌现。

总之，当代资本主义社会发生了一系列新的变化，同时也面临一系列新的挑战，各国垄断资产阶级迫切需要新的思想理论武器以应对挑战，发达国家的一些专家学者纷纷从西方社会的昔日思想武库中，竭力寻找可以借用的思想武器，略加一番整修，贴上新标签，重新加以使用。于是，自然法学说、保守主义、自由主义、实证主义、民主主义等各种思想武器改头换面后，以各种新思潮的面孔粉墨登场。

值得一提的是，二战后，当代自由主义与当代保守主义尽管源于19世纪的自由主义与保守主义，但在思想内容上出现了严重错位现象，前者的基本观点与昔日保守主义主张类似，后者的主张又与昔日自由主义观点相近。两种互相对立的思潮双双走向它们的对立面，这一现象值得关注。当代西方社会主要社会思潮一般可以分成四大类：

（1）有关社会价值论与政治伦理观的思潮，它们大都是对以往有关社会思潮的改造和发展。例如，新自由主义、新保守主义、新黑格尔主义等。

（2）有关马克思主义理论的再认识的思潮。例如，西方马克思主义、欧洲共产主义、存在主义等。

（3）有关改良资本主义社会的思潮。例如，民主社会主义等。

（4）有关科学方法论的思潮。例如，分析主义、行为主义、功能主义、结构主义等。

# 第二节　当代自由主义分类与一般特征

## 一　当代自由主义分类

二战后的自由主义又被称为当代自由主义，其实有些学者也用"新自由主义"等词命名。新自由主义一词存在某些含糊意义，当代自由主义的内涵更加明确。19世纪80—90年代，英国牛津大学教授托·希·格林的自由主义学说，与古典自由主义、自由主义的功利主义学说比较，已经发生很大变化。例如，在对自由的解释上，格林的自由主义和古典自由主义相比，已经存在显著的不同。他更多倡导"消极自由"，主张自由应该是法律制度框架内的自由，而不是放任自流；同时明确主张垄断资本主义时期的英国社会，国家应在某些领域，例如，酗酒、教育等出面积极干预。19世纪末追随格林自由主义学说的多为英国牛津大学的教授、学者和研究人员。20世纪初，格林的自由主义思想学说逐渐成为英国官方政策的重要基础，并且对西方政治思想和政府政策产生深刻影响。格林的自由主义学说因与古典自由主义基本理念存在分歧，曾被冠以"新自由主义"（new liberalism），其影响更多是在政治与社会领域。

二战以后，西方自由主义思潮内容发生较大变化，20世纪50—60年代，"福利国家"政策在西方国家兴盛，格林主张的国家干预式的自由主义的影响不断扩大。但是70年代以后，随着西方社会"福利国家"政策陷入困顿，格林的"新自由主义"渐趋衰微，以哈耶克为首的当代自由主义学派，提出回复古典自由主义的自由竞争，反对政府干预的经济方式，哈耶克为首的当代自由主义学说被称为"新古典自由主义"（neo-liberalism），又被简称为"新自由主义"，这一学说主要集中在经济领域，以经济理论著称。一般而言，"新自由主义"已成为一种约定俗成的用语，主要指哈耶克为首的经济领域的"新古典自由主义"。对于二战以后西方社会的自由主义社会思潮，一般认为用"当代自由主义"一词更为准确一些，它既可包含哈耶克为首的经济领域的"新古典自由主义"，即"新自由主义"，也可包含罗尔斯为首的政治自由主义。

一般而言，当代自由主义依然以个人主义为基础，倡导个性的发展和个人的自由独立，维护法律面前和政治地位上的人人平等，在主张自由竞争的同时，也肯定国家垄断资本全面调控国民经济的必要性，更加关注社会的政治进步和经济发展。当代自由主义思潮内部又可分成若干流派。

以美国的教授弗·冯·哈耶克（1899—1992）与米尔顿·弗里德曼（1912—2006）等为代表的当代自由主义，由于回归古典自由主义的基本原则，又可称为新古典自由主义学派。其中尤以哈耶克与弗里德曼影响更为重要，两人先后在1974年、1976年分别成为诺贝尔经济学奖得主。哈耶克的主要代表作为《货币的纯理论与商业盛衰周期性》（1937）、《通往奴役之路》（1944）、《自由宪章》（1960）、《法律、立法与自由》（1979）；弗里德曼的主要代表作为《资本主义与自由》（1962）、《美国货币史》（1963）。

以英国牛津大学教授 L. T. 霍布豪斯（Leonard Trelawney Hobhouse，1864—1929）、以赛亚·伯林（1909—1997）和美国哈佛大学教授约翰·罗尔斯（1921—2002）与罗伯特·诺奇克（1938—2002）为代表的当代政治自由主义，主要关注社会正义与公正问题，也被称为政治自由主义学派。罗尔斯的主要著作有《作为公平的正义》（1958）、《宪法自由和正义观念》（1963）、《正义感》（1963）、《非暴力反抗》（1966）、《分配的正义》（1967—1968）、《正义论》（1971）、《政治自由主义》（1993）、《万民法》（1997）等；诺奇克的代表作是《无政府、国家与乌托邦》（1974）。

### 二　当代自由主义的一般特点

当代自由主义与 19 世纪传统自由主义比较，显示出下列基本特点。

1. 个人主义与社群主义的结合

19 世纪自由主义以功利主义为主要理论基础，将个人自由置于至高无上的地位，倡导个性解放，将生命、自由和财产视为公民天赋的基本权利。

当代自由主义以道德学说和新社会契约论为理论基础，坚持个人为社会伦理道德学说的核心，人是道德的存在物。主张个人自由与公共利益统一，个人自由与社会发展协调，个人不可能脱离社会而存在，孤单的个人不可能幸福。每个人在维护个人权益时应促进社会和谐，人们只有彼此关照才能加快社会发展，实现共同幸福。

2. 更多推崇积极自由

以托·希·格林为代表的 19 世纪后期的自由主义已经明确消极自由与积极自由两类自由的区别，格林推崇消极自由，强调法律条件下的个人自由，推行代议制民主，主张国家的有限干预。

当代自由主义强调积极自由，主张扩大国家在解决贫困、饥饿、伤残、疾病、愚昧等种种社会问题方面的干预作用，普遍实施"福利国家"政策，为公民提供更多的社会福利和保护，以增强个人抵御社会弊害的能力；同时，强调法制与民主的关系，建立民主程序，为个人自由的发展创造有利条件。

3. 个人权利与义务的统一

19 世纪传统自由主义主张法治与分权，强调个人权利至高无上。

当代自由主义提倡主动精神、创造力，以建立社会新秩序；强调公民的社会义务，要求个人维护国家。社会是一个有机的整体，个人权利的存在与完善有赖于国家的维护和社会的发展。个人只有为国家强盛、社会和谐和公共福利作出贡献，承担更多的义务，才能丰富和发展自己。

4. 竞争与合作并存

19 世纪传统自由主义支持自由贸易与殖民扩张，维护自由竞争的市场经济制度，对于日益尖锐的阶级对立现状给予合理性解读。

当代自由主义反对战争、征服与专制统治，认为这些行为扼杀自由，破坏民主，践踏个人人权。主张对垄断资本主义实施种种社会改良措施，鼓吹社会互助合作，缓解社会矛盾，避免资本主义社会的危机与冲突。

当代自由主义的主要思想观点包括经济"三化"、政治"三否定"等观点。

所谓当代自由主义的经济"三化"观点，主要指当代自由主义，尤其是经济自由主义继承古典自由主义的自由放任理论，主张经济自由化，认为自由竞争是效率的前提，只有给所有人同样的竞争机会，经济发展才有真正的动力，社会才不会裹足不前；[1] 主张私人所有制，认为私有制是推动经济发展的制度基础；主张资源配置市场化，认为离开市场就无法合理配置资源，任何国家干预都会破坏资源配置。

所谓政治"三否定"观点，主要指，当代自由主义明确否定公有制，认为公有制与效率低下是同义语；否定集体主义，既反对社会主义，也否定法西斯主义，认为集体主义限制个人自由，必然导致极权主义，"集体主义思想的悲剧在于：它把理性推到至高无上的地位，却以毁灭理性而告终，因为它误解了理性成长所依据的那个过程"，是一条"通往奴役之路"，[2] 同时，"当集体化的范围扩大了之后，经济变得更糟而不是具有更高的生产率"；[3] 否定国家干预，认为国家干预只会破坏市场功能，削弱市场经济自发调节能力，最终导致经济损失。

# 第三节 当代自由主义代表人物及其基本思想内容

进入 20 世纪，随着垄断资本主义形成与发展，尤其是战后国家垄断

---

[1] 哈耶克：《自由宪章》，中国社会科学出版社 1998 年版，第 75—76 页。

[2] 哈耶克：《通往奴役之路》，中国社会科学出版社 1997 年版，第 157 页。

[3] 同上书，第 101 页。

资本主义的普遍建立，自由主义的一些原则已难适应垄断资产阶级的需要，同时也遭到了各种力量的反对攻击，只能根据变化了的形势，提出新的理论原则，当代政治自由主义与当代经济自由主义便应运而生了。

当代政治自由主义在第二次世界大战前的理论代表有英国自由党的理论家 L. T. 霍布豪斯、二战后的英国牛津大学教授以赛亚·伯林和美国哈佛大学教授约翰·罗尔斯。

## 一　当代政治自由主义代表人物及其主要思想

### （一）L. T. 霍布豪斯的自由观

#### 1. 生平与代表作

霍布豪斯，英国政治思想家，1864 年 9 月 8 日生于一个牧师家庭，1929 年 6 月 21 日卒于法国阿郎松。1887 年毕业于牛津大学，留校任教于该校默尔顿和基督圣体学院，直到 1897 年。1897—1902 年任《曼彻斯特卫报》编辑、主要撰稿人。1903—1905 年任自由工会书记。1905—1907 年任《论坛报》政治编辑。1907—1929 年任伦敦大学社会学终身教授。霍布豪斯的理想是建立一种自由主义式的民主社会主义。他既反对帝国主义和垄断，也反对马克思的共产主义、费边社会主义。他是 20 世纪最具影响的现代自由主义思想家之一，英国当代自由主义的主要代表。主要代表作有《自由主义》（1911 年）、《论劳工运动》（1893 年）、《民主和反动》（1904 年）、《形而上学的国家论》（1918 年）、《社会演进与政治理论》、《冲突的世界》、《社会正义之要素》等。

#### 2. 主要思想

霍布豪斯的自由主义政治理论深受斯宾塞的社会达尔文主义思想、孔德的实证主义、约翰·密尔的功利型自由主义与格林的自由主义的影响。他的自由主义理论着重论述个人自由与国家干预的关系、个人自由与社会和谐的关系、经济自由与政治自由的关系、民主与自由的关系等。他根据资本主义进入一般垄断阶段的新变化，对前人的自由主义及有关思想加以修正，进一步发展了 19 世纪的自由主义政治、经济思想。

（1）社会"有机整体"理论

在论述个人自由与社会关系问题上，霍布豪斯基本上搬用了斯宾塞的社会有机体论。他认为，社会是一个"有机整体"，各种不同等级的人们之间应该和谐相处，才能产生一种"合作作用"，这是社会发展的主要动力。在社会文化的发展过程中，人们的集体主义觉悟程度会不断提高，并会认同"有机整体"理念，其实也就是认同了"集体主义"意识。因为在工业化社会中，人们已经意识到个人只能在集体中才能生存，"假如个人同社会隔离开来，他的生命就将变成不完全的东西"。尽管个人的权利是个人自由的核心内容，但是个人自由更重要的是政治需要与社会需要、"集体"需要相吻合。当个人离开集体，或个人权利与集体利益发生冲突时，就会导致社会整体的"不和谐"与破裂，甚至使社会有机整体瓦解。一旦社会"有机整体"瓦解，社会合成作用就会消失，人类社会就会停滞不前。

霍布豪斯承认个人自由权利，但它的先决条件是在社会有机整体中的个人自由，"社会和谐"与"集体需要"是个人自由的不可逾越的界限。同时，他强调个人在社会有机体中应各安其份、各尽其职，"和谐"相处，在社会发展中求得个人的共同利益。他指出，人类社会已进化到了"工业化社会阶段"。只有现在才真正形成了"良好的经济组织"。其间，资本家给社会贡献资本、工人则贡献筋骨与体力，工业社会保障了富人与贫民的"共同利益"。显然，这种相对个人自由论维护了垄断资产阶级的统治需要。在此问题上，他批评19世纪早期的自由主义注重"个人成分"，抹杀"集体成分"，也批评马克思主义仅注重"集体成分"，否定"个人成分"。认为新自由主义注意到个人自由与社会和谐、集体需要的统一，才是完善的理论。

（2）国家必要干预理论

在个人自由与国家干预问题上，霍布豪斯首先强调了国家是"人类维持和改建生活的诸多组织之一"，是必不可少的，它的主要职能就是"保证一般健全公民具有自立的条件"和"监督"个人财产与工业的权力。同时他又指出，个人政治自由必须要有经济前提，即经济领域的机会均等的公平原则。现实社会中个人经济发展的放任自由及财产占有的不均，无法保证真正自由，因此，国家应对经济领域的个人自由加以干预和限制。主要限制私产积累，取消土地私有制及遗产继承，保证一切公民的最低收入，实行疾病、老年和失业保险，推行义务教育等。但是，国家的干预是以社会大多数人的共同意志为条件的，违背社会意愿与社会协调一致利益，个人就可以不服从。因此，国家主权又是以社会和谐及集体利益为基础的，是有限的，而不是无限的，国家干预与个人自由之间也有明确的界限。

20 世纪早期，资本主义早已进入一般垄断阶段，资本兼并更加激烈，经济危机频仍，社会动荡，失业严重，社会贫困加剧。霍布豪斯因此主张通过国家干预经济生活，推行社会福利政策，以缓解阶级矛盾；霍布豪斯的自由主义学说企图通过资本主义的改良，以巩固垄断资本统治，迎合了 20 世纪初英国自由党的政治需要。英国劳合—乔治政府的工人政策基本上采纳了霍布豪斯的理论。

**（二）以赛亚·伯林的反传统自由主义**

以赛亚·伯林是 20 世纪著名的自由主义思想代表之一。他的自由主义政治思想对西方自由主义思想传统进行了一系列重要的改造，甚至是摒弃，从而对西方当代自由主义思想产生了深刻影响。

1. 生平

以赛亚·伯林出生于俄国里加的一个富裕的犹太家庭，从小接受俄罗斯文化与德意志文化的熏陶，可以熟练运用俄语和德语。1917 年随父母搬到彼得格勒，亲眼目睹了俄国的两个重要历史事件："二月革命"与"十月革命"。1920 年随父母前往拉脱维亚，次年随父母移居英国。1928 年进入牛津大学攻读文学和哲学，1932 年被录为牛津大学万灵学院研究生，并在牛津大学新学院担任哲学讲师，这是牛津大学有史以来第一个犹太人教员，他也成为所谓"牛津哲学"，或"日常语言哲学"的哲学讨论班最早发起人与主持人，每周四在伯林家的哲学聚会，直到二次大战爆发才解散。

二战期间，伯林参加英国外交部工作，先后在纽约、华盛顿和莫斯科担任外交职务。1946 年重回牛津大学教授哲学课程，正当牛津哲学学派在英美哲学界地位日隆时，伯林却决定放弃哲学，开始将思想史作为自己的研究方向。据说他有一次坐飞机，看到天上的浮云与所乘飞机全然无碍，突然悟到自己全力研究的牛津分析哲学，其实就像天上的浮云与人间兴亡全无相关，于是决定改变自己以后的研究方向。伯林对思想史的研究兴趣其实由来已久，早在 20 世纪 30 年代，他就曾系统研究过马克思的思想发展史，1939 年发表了《卡尔·马克思传》，成为他研究思想史的最早一本力作。

20 世纪 50 年代伯林将主要精力完全从事思想史研究。1957 年伯林成为牛津大学社会与政治理论教授，并荣获英国骑士勋章，被授予爵位。

1966 年至 1975 年他担任牛津大学沃尔夫森分院院长，1974—1978 年任英国科学院院长。

2. 主要著作

伯林作为 20 世纪最著名的自由主义思想家之一，并没有留下任何一部系统论述性的代表作，因为他的全部著作几乎都是论文集或散论。伯林一生坚持"反体系"的立场，始终拒绝写作大部头的系统学术专著。伯林本人曾告诉别人，他从无明确的写作计划，从未想过青史留名的问题，他说自己更像一个听任召唤的出租车司机，哪里有召唤就去哪里。西方学界对伯林的学术思想评价甚高，认为伯林对问题有惊人的洞察力与概括能力，他的短文往往能将别人数百页的著作未必能说清的重大问题讲清楚。伯林散论与论集数量不少，主要代表作有：《卡尔·马克思传》（1939）、《启蒙年代：十八世纪哲学家》（1956）、《概念与范畴》（1958）、《自由四论》（1969）、《维柯与赫尔德》（1976）、《俄国思想家》（1978）、《反潮流：观念史论文集》（1979）、《个人印象》（1980）、《扭曲的人性之材》（1990）、《现实感》（1997）、《自由及其背叛》（2002）、《北方的冲击：哈曼与现代非理性主义的起源》、《实在的意义：观念及其历史的研究》、《概念与范畴》、《人类专门研究文集》、《浪漫主义的根源》、《观念的力量》、《启蒙运动的三个批评家：维柯、哈曼、赫尔德》、《自由及其背叛：人类自由的六个敌人》、《北方的巫师》等，目前伯林的著作还在不断发掘之中。

3. 反传统自由主义及其思想来源

伯林的自由主义思想最明显的一个特征就是对西方启蒙思想和现代性主流思潮的不懈批判，伯林的自由主义可以冠以"反潮流的自由主义"。他将自己最重要的思想史研究论文集命名为《反潮流》，其含义深长。他的独具一格的"反潮流的自由主义"，受到多种思想因素影响，主要思想来源包括：

（1）18 世纪欧洲经验主义与怀疑主义思想影响

英国经验主义对启蒙思想原则一般都采取怀疑责难的态度，休谟首先怀疑理性的万能，打破了自然法学说的先验真理观。休谟也拒绝任何因果论和决定论，他却是伯林心中的崇拜者。休谟的怀疑论成为伯林反潮流自由主义的思想基础。伯林对任何基于理性的传统和信仰一概加以排斥，他认为信仰"不是理性的产物，它排斥理性的攻击，因为信仰的发生与其说来自理性，不如说来自爱好和见解"。[①]

伯林在牛津大学研究哲学时，受到科勒乌德的历史哲学研究方法与观点的影响。在其影响下，伯林进一步接触到意大利的马基雅弗利和维柯的历史观。伯林认为，卢梭曾使康德从独断论中解放出来，走向批判哲学的道路；马基雅弗利也使他从传统一元论的历史观中解放出来。

伯林把马基雅维利视为突破西方一元论传统的第一人。马基雅维利深刻认识到，古罗马人的道德观与基督教的道德观是不相容的，遵守基督教美德，那将接受一个谦卑、懦弱的弱者的生活方式，接受基督教的行为准则，意大利就不可能在四分五裂的内战中实现统一，为此需要复兴罗马共和传统。意大利要想复兴古罗马的光荣传统，就必须拒斥基督教道德。基督教的理想和罗马人的理想不可通约，要么做一个罗马人，祖国就可以复兴，但是个人行为就会遭基督教唾弃；要么做一个基督徒，个人可以享有美德之誉，但是意大利必然一蹶不振，统一大业无法实现。人们必须在不可调和的私人道德价值体系和公共道德价值体系之间做出选择，但是人们对于其中的任何选择是否正确，并没有终极的客观标准。[②]

意大利思想家维柯（1668—1744）的多元史观曾经深刻启迪伯林的多元史观。维柯在他的《新科学》一书中，十分推崇马基雅弗利的历史多元观，尤其是全面阐述了基督教宗教道德与罗马传统道德之间的差异性和道德多元性的看法，维柯在此基础上并且进一步系统论述了人类文明多样性与多样文明差异性的重大议题。维柯认为，任何文字记载的人类历史，都是人为创造的产物，不同文明历史则是由不同时代、不同地区的人民自己创造的，而不是由某个宗教、某个上帝设计的；不同地区的人民创造不同的宗教文化与文明史，因此，不同文明的人民创造的历史与文明就不可能是统一的，更不可能用某个统一标准来评判与裁定不同文明之间的高下尊卑。例如，古希腊的悲剧文化与中世纪的但丁《神曲》之间，难以裁定孰高孰低，它们只是反映了不同文明中的人民大众的不同价值取向。

此外，18世纪德国思想家哈曼与赫尔德的反对一元理性的多元史观对伯林的思想演进也产生过重要影响。

---

① 伯林：《反潮流：观念史论文集》，译林出版社 2002 年版，第 215 页。

② 伯林：《现实感》，译林出版社 2004 年版，第 191 页。

约翰·吉奥格·哈曼（1730—1788）是德国 18 世纪最重要的思想家之一，也是康德的好友。哈曼深受休谟的怀疑论影响，哈曼曾经对 18 世纪欧洲狂飙突进运动、19 世纪的浪漫主义、20 世纪的存在主义，以及宗教神学和文学的表现主义都产生过深刻影响。哈曼最重要的译著是 1780 所译的休谟的《自然宗教对话录》，这篇译著大获康德的赞赏，然而却从未出版，因为相应的译本已先出了。哈曼在创作《纪念苏格拉底》一文时表白："当我写作《纪念苏格拉底》时，我满脑子都是休谟。我的那本小书中有这么一段：'我们必须相信我们自身的存在和我们之外所有事物的存在，除此以外别无他法。'"[①]

哈曼排斥自然理性，认为："获得一切知识的唯一方式，就是直接面对由感官，由诗人、情人，由信仰单纯的人的直觉、想象力和直接而无矛盾的眼光所提供的事实。"[②] 而任何理性产生的普遍理论或原则，都不值得信任，理性建构的任何"理论体系不过是一座精神监狱，它们不但导致错误的观念，而且迟早会导致庞大官僚机器的建立，它们是按照无视多样性、无视人类独特而不规则的生活的规则建立起来的，它以某个理智怪物的名义，强迫有生命的人接受压迫型的政治制度的运行机制。"[③] 伯林在其《北方的冲击：哈曼与现代非理性主义的起源》一书中，深刻分析了哈曼的经验主义怀疑论为基础的反理性主义的思想内容，显然哈曼反理性主义的思想成为伯林的反潮流自由主义的重要思想来源之一。

赫尔德（Johann Gotterried Herder，1744—1803）是继哈曼以后 18 世纪后期德国又一个重要思想家，他曾经深受维柯与哈曼思想的极大影响。赫尔德在吸收改造前人怀疑主义与多元主义的思想成果基础上，提出了民族与文化多元论，奠定了 19 世纪德国多元历史观的理论基础。赫尔德认为，不同地区的人民创造的不同文明，其实体现出不同民族文化的差异性和多样性本质特点。他认为每一种民族文化都有"自己的重心"，每一种民族文化都是"自家独有而别人没有"的文化创造的产物，多元文化观成为伯林的思想学说的理论基础。

---

① 伯林：《反潮流：观念史论文集》，译林出版社 2002 年版，第 197 页。

② 同上书，第 198 页。

③ 同上书，第 200 页。

（2）马克思的历史主义理论影响

1933 年，牛津大学万灵新学院学监找伯林商谈为荷姆文库撰写《卡尔·马克思传》卷，尽管遭受不少人反对与阻挠，但是伯林最终还是接受撰写《卡尔·马克思传》的任务。在此期间，马克思的历史唯物主义史观对其产生深刻影响。

1917 年的俄国革命曾经给伯林留下难忘的记忆，他坚信自由主义的原则，赞同资本主义文明，因此他以自由主义的立场介绍、分析马克思的生平与重要思想。他坚决反对马克思的历史决定论，并且发现斯大林的错误正是以历史决定论为借口；但是，他认为马克思关于资本主义社会阶级对立不可调和的观念，与自己的文化多元观点不谋而合。他认为，资本主义社会的各阶级的利益与其价值观相一致，阶级利益不同，文化背景不同，阶级立场与价值观也必然不同，价值观与文化的差异必然导致文化多元。伯林通过撰写《卡尔·马克思传》，受到马克思的历史主义影响，从此跳出了牛津大学哲学研究的死胡同，开始思想史的研究。

4. 伯林自由主义的思想内容

伯林以观念史研究著称，表现出对价值多元论的一种执著精神，他对理性主义一元论的拒斥，确立了他的反潮流的自由主义的价值多元论的思想基础。

（1）全面解读西方传统思想中的理性主义一元论

伯林的自由主义以颠覆传统理性主义一元论，宣扬价值多元论为基本特征，他对理性主义一元论的全面解读，振聋发聩。

第一，理性主义一元论是西方思想传统中的主线。

伯林认为，西方两千年思想传统的一条主线就是理性主义一元论。无论是古代理性主义、中世纪理性主义、近代启蒙思想中的理性主义，都是坚信世界是一个有序的统一体，遵循其普遍法则运动，人类生而具有超验的理性思维，而人类的理性思维就是为了发现世界运动的普遍秩序和法则，并且借助理性思维把握这些规律与法则，以实现完美的生活。理性主义一元论还认为，人类要发现并把握这些一般规律与法则，只有遵循一种正确的方法；别的方法都是错误的，都无法发现普遍法则。

第二，理性主义一元论追求完美理想目标。

伯林指出，理性主义一元论相信，人类社会的未来可以达到一种"完美的状态"，在这种完美状态中，所有价值最终都可以和谐相处，所有的分歧意见都将得到最终解决。伯林认为，对和谐完美状态的憧憬，事实"证明是一种幻觉，而且是一种非常危险的幻觉"。[1] 但是为了实现这种幻想，人们就可能付出高昂的代价，"对完美的追求是一剂流血的配方"[2]，为了追求完美的理想目标，人们甚至可能通过战争，以牺牲当代人的利益甚至生命为代价。但是，"以人类生命为代价来保持我们的绝对的范畴与理想，违反了科学与历史的原则，这与那些尊重事实的人所接受的原则是无法相容的"。[3] 伯林坚信自由主义必须以经验主义为基础，因此他十分赞成边沁的现实主义个人利益观，他专门引用边沁语录，"个人利益是唯一真实的利益——有些人如此荒唐——而宁愿做一个不属于自己的人：去促进还没有出生，或许永远不能出生之人的幸福，并以此为名折磨人的生命"，伯林认为这段语录"是经验主义用以反对政治形而上学观点的核心"。[4]

在伯林看来形而上学的理性主义一元论，危害无穷。因为在道德、政治、宗教、文化及其终极价值重大问题上，人类意见恰恰不存在一个唯一正确的答案，硬要在不同意见之间分出真理与谬误，其结果只能是"强权即真理"，而把人类意见分歧看成是真理与谬误，或善与恶的斗争，必然导致战争与冲突，因此，理性主义一元论的思想传统与人类发生的宗教冲突、资产阶级革命与国家间战争，存在必然的联系。

第三，理性主义一元论是现代极权主义的思想根源。

伯林把近代极权主义与理性主义一元论联系在一起，认为现代极权主义是理性主义一元论的政治表现。他在美国麻省荷约克山学院曾经做过一次讲座，题目是"民主、共产主义与个人"。在这次讲座中，他将欧洲的极权主义产生的根源归之于 18 世纪的理想主义的信仰，即相信人类的理性能够建立一种正确的生活方式。而这种理想主义信仰的思想根源就是西方思想传统中的理性主义一元论的学说。他认为苏联共产主义继承了西方社会 18 世纪的理想主义信仰。苏联的集中计划管理制度，就是认为计划可以解决每个人的问题，苏联国家机器是一个"巨大的医院"，可以治疗

---

① Isaiah Berlin, The Crooked Timber of Humanity, New York: Alfred. A. Knopf, 1991, p. 15.

② Ibid. , p. 19.

③ 伯林：《自由论》，译林出版社 2003 年版，第 244 页。

④ Isaiah Berlin, Fours Essays on Liberty, London, Oxford University Press, 1969, p. 171.

所有社会问题。斯大林作为"人类灵魂的工程师"，试图将世界各国都塑造成与苏联同样的社会模式。

第四，理性主义一元论与历史决定论相关联。

伯林在研究观念史中发现，古希腊以来的西方思想传统中的理性主义一元论主线相信人类社会存在一种普世价值和普世的善，它能够包容所有的不同价值观和所有的善。"宇宙有一个单一目的，缘此目的，一切现象底下皆有一个根本同一性。他一旦发现，就能为解决人类社会根本问题提供最终解决方案。"① 世界上的所有知识因此"构成了一个合理的、和谐的整体，各种人类目的存在着终极的统一性与和谐性"。② 因此，人类世界其实是一个唯一的完美的整体，各种美好的理念、价值、事物尽管各不相同，但是相互依存，彼此包容。"实现由这些美好事物所构成的模式，乃是所有理性活动，包括公共的和私人的理性活动的真正目的"，③ 因此，人类历史的发展其实存在一种符合理性的发展方向。理性主义一元论在历史发展观上的集中表现就是历史决定论。

伯林认为，所谓历史决定论就是相信人类历史有其一定的发展方向，并受客观规律支配。运用适当研究方法可以发现历史发展的一般规律。只要把握人类社会整体结构、发展状态与方向，就可以阐明"科学的"历史，从而可以逻辑地推导出个体行为。④

伯林认为，历史决定论的产生与其研究方法密切相关，由于牛顿近代自然科学的成就，导致人们对自然科学方法的盲目崇拜，于是机械地照搬自然科学方法去研究人类历史与社会科学。不少思想家和史学家相信："只存在一种或一组真实的方法，不能被这种方法回答的东西，就是根本不能回答的问题。这种立场的理论是世界是一个单一的，可以被理性的方法进行描述与解释的系统……如果人的生活是完全能够组织的，而不是被抛给混乱与不可控制的自然与机会的戏剧中，那么，它只能根据这种原则与规律来组织。"⑤

---

① 伯林：《俄国思想家》，译林出版社 2003 年版，第 3 页。
② 伯林：《反潮流：观念史论文集》，译林出版社 2003 年版，第 4 页。
③ 伯林：《自由论》，译林出版社 2003 年版，第 4 页。
④ 同上书，第 127 页。
⑤ Isaiah Berlin, The Divorce Between Science on Humanities, New York: Alfred. A. Knopf, 1991, p. 81.

实证社会学创始人孔德主张将自然科学研究方法推广到人类社会研究，并且借此创立了社会学。伯林认为孔德创立社会学的行为本身就是迷恋以自然科学准则为核心的理性主义一元论。尽管孔德没有将历史简单地变成一门物理学，但是，孔德的社会学表明，他相信世界上存在"一座完整而无所不包的科学知识金字塔。他认为只有一种方法、一种真理、一种理性的科学的价值尺度"，"这种以牺牲经验为代价的对'统一'与'对称'的天真渴望，至今仍然为我们所保留"。[1]

伯林认为："人之所以为人的那些特征上，和自然物体不同……不应该把人类作为没有生命的东西来看待……不应只把人类当作达成目的的工具。"[2] 自然科学方法并不适合人文社会科学研究，因为自然科学方法只是"为了求得一种获知各种知识、单一而统合的方法，而故意压制了我们已知的人类本身的特征，如我们的动机、目的、选择等等"。[3]

伯林认为，历史决定论还和历史目的论的观念相关联。历史决定论者往往将人类社会发展与自然界的发展规律看成是一致的，人类的过去、现在与将来都已被安排在已经存在的某种和谐秩序之中，有着某种先验的目的。伯林认为，历史发展没有既定目的，也不可能朝一个既定的方向发展。因为人们的生活都有自己的一些积极目标，"这些目标具有巨大的多样性，是很少能预见的，有时也是不相容的。……正是通过个体或集体对这些目标的竭尽全力的追求……个人的或民族的生活才达到其最佳状态"，但是"这种追求事物计划的，常常是根本没有适当的技术装备的，往往既没有明确的成功希望又得不到官方审查者的认可"，因此，人类社会的发展不可能存在明确的方向和目的。[4]

伯林拒绝历史决定论，因为历史决定论排斥了人类意志与自由对历史发展进程的影响，将人类的选择自由转嫁给了一个先验的统一整体，包括自然界、历史，消解了个人，甚至人类在历史上的能动作用。他认为，"决定论这显然使许多道德用语都失去生命"。[5] 历史客观规律仅仅在一定范围内有效，历史发展存在多元性和不确定性。

---

① Isaiah Berlin Historical Inevitability, FEL, Alfred. A. Knopf, 1991, p. 43.
② 伯林:《自由四论》，台湾联经出版社1987年版，第125页。
③ Isaiah Berlin, Historical Inevitability, FEL, Alfred. A. Knopf, 1991, pp. 42 – 43.
④ 伯林:《自由论》，译林出版社2003年版，第103页。
⑤ 伯林:《自由四论》，台湾联经出版社1987年版，第20页。

伯林也将马克思主义误读为一种典型的历史决定论，认为马克思把社会经济因果关系作为唯一重点加以强调，忽视观念、信仰、个人意志的重要性。[1] 显然，伯林对马克思主义的批判有失偏颇，马克思曾经明确指出，人们不能自由创造历史，而只能在"被给定和传承的环境"下创造自己的历史。[2]

（2）西方理性主义一元论的根源是古希腊哲学的谬误

伯林认为，西方理性主义一元论的根源在于古希腊哲学的所谓的"爱奥尼亚谬误"（Ionian Fallacy），古希腊哲学力图在千差万别的事物之间发现所谓"始基"，这是世界万物统一性的基础，所有事物的最后根据和共同基础。伯林认为，古希腊哲学中"原则上可以发现某个单一的公式，借此人的多样的目的就会得到和谐的实现，这样一种信念可以证明是荒谬的"。[3] 这种信念就是古希腊哲学中的"爱奥尼亚谬误"，这一谬误从古希腊、中古基督教传统、文艺复兴运动和启蒙运动一直延续至今，西方思想传统就是以"爱奥尼亚谬误"为基础的一整套价值观念、思想与方法。

古希腊哲学的"爱奥尼亚谬误"实质是对多元、差异、不确定性和不和谐的现实世界的恐惧。面对现实世界的多样性与不确定性，力图寻求一元性、同一性、确定性与和谐性的理想世界。

伯林指出以"爱奥尼亚谬误"为基础的西方传统思想体系由三个基本预设构成：其一，"真理只有一个"。所有问题必然有一个正确的答案，而且只能有一个正确答案，所有其他答案必然都是谬误。其二，唯一真理原则上是可以认识的，真理与谬误存在清楚的区别可以分清。其三，各种真理之间可以相容，真理之间不可能相互排斥与冲突，所有真理构成一个和谐整体。这三个预设说到底都是以一元论为指归的形而上学的谬误，根源在于人类将自由看成了负担，力图回避享受自由的同时，必须承担的相应的责任。其实是人类患上了一种"广场恐惧症"（agoraphobia），面对现实世界的太多自由的选择，在必须做出抉择前，感到无所适从，产生一种惧怕分离与迷失方向的恐怖感。因为太多的自由会使他们迷失于漫无边

---

① 伊格纳季耶夫：《伯林传》，译林出版社 2001 年版，第 321 页。

② 参阅马克思《雾月十八》一文。

③ 伯林：《自由论》，译林出版社 2003 年版，第 242 页。

际的充满敌意的虚空状态下，因此，渴望一种确定无疑的唯一的终极的真理指引，于是理性主义的一元论就应运而生了。其实这种追求是人们处在一种"迷醉状态"不可自拔的结果。这是"用牺牲经验来求得统一和综合的天真的愿望"的结果。[1]

（3）18 世纪法国启蒙思想与理性主义一元论一脉相承

伯林在《浪漫主义根源》一书中分析 18 世纪法国启蒙思想时指出，大部分启蒙思想家的思想学说都带有理性主义一元论的特征，他们普遍认为，有知识就有美德，所有的美德，包括平等、自由、博爱、同情与正义之间，都是和谐共存的；如果说自由和平等之间存在不和谐，只能是讨论者的思想存在某种误解。人间所有冲突与悲剧的根源在于"理性与非理性或不充分理性……之间的冲撞，而这些冲撞原则上是可以避免的，在完全的理性的存在者那里是根本不可能发生的"。[2] 伯林认为，18 世纪法国启蒙思想内含明显的理性主义一元论。他分析其中的主要原因是：首先，18 世纪法国启蒙思想家一般都将牛顿力学等自然科学的方法和原理简单搬用到社会科学领域，尤其是伦理道德与价值观领域。伯林认为，世界上两大类问题可以通过经验观察获得正确的答案，即世界上存在什么东西的问题和数学或逻辑的规范问题；但是道德与价值观问题，不存在一个唯一正确或普遍适用的答案。从古到今每一代思想家都在思考人类"应该如何幸福生活"，但是至今没有达成一致意见，"只要人类还是老样子，争论就仍然会在这一观点和类似的其他观念的形式继续下去"。[3] 因此，用自然科学的方法与原理解决道德问题，势必陷入误区。其次，18 世纪法国启蒙思想家一般坚信人性在本质上的一致性，存在一个人性的实体。人性的基本特征在任何地方任何时间都是保持一致和不变的。甚至怀疑论者休谟就曾经认为，如果要知道古希腊、古罗马人的情操、嗜好和生活经历，只要仔细研究一下法国人和英国人的性情和行为，然后将结果转移到古希腊古罗马人身上，就"绝无大错。在一切时间，一切地点，人类是极其相同的，因而历史不

———————————

[1]　Isaiah Berlin, Fours Essays on Liberty, London, Oxford University Press, 1969, pp. 43、51.

[2]　伯林：《自由论》，译林出版社 2003 年版，第 226 页。

[3]　伯林：《现代政治思想：关于领域、价值和取向的问题》，商务印书馆 1985 年版，第 438—439 页。

会提供什么特别的新鲜或奇妙之事。它的主要功用只是发现人性恒常的普遍原则"。① 第三，18世纪法国启蒙思想家相信普遍的人性可以产生普世的价值。他们普遍认为，世界存在一组普遍的法则，可以统治无机界、有机界和人类。人类只有认识到普遍法则和永恒真理，才能实现理想社会，免除人间一切不幸。依靠"科学的方法弄清人类是什么构成的，以及他的成长和完善需要什么。……通过这种方式，达到至少比目前更加幸福与合理的状态……仅有科学知识能够拯救我们。这就是法国启蒙运动的基本信条"。②

（4）倡导自由主义的多元价值观

伯林的自由主义思想深受意大利文艺复兴时期的马基雅弗利，稍后的维柯；英国的休谟、边沁；德国思想家哈曼、赫尔德等人的思想影响，这些欧洲思想先驱都有一个共同的特点：怀疑并批判自然法学说的理性主义，反对一元论的价值观，倡导文化与价值的包容与多元思想。

伯林拒斥理性主义一元论，主张实验可信的唯物主义与价值多元论。他认为无论在理论还是实践层面人类都无法建构一个普遍、绝对的价值准则，也难以制定一个衡量不同价值高下的标准。因为人类追求的终极价值目标五花八门，相互之间无法通约和兼容并蓄，人类之间因此无法避免矛盾和对立，也无法分辨出孰高孰低。人类追求的客观目的与价值目标"彼此之间无法兼容并蓄"，不同时期的社会追求的目标与价值不同，同一社会中的不同团体、阶级、族群，以及他们内部的任何个人"都各自追求复杂、分歧的目的或价值……因为是终极的、客观的、无法相互整合的价值或目的诉求，彼此之间必然产生矛盾冲突"。③

显然，伯林将价值的多样性和不同善之间不可互相包容或通约，作为多元价值理论的出发点。

此外，伯林认为在一个不完善的世界中，不可能使一切矛盾与对立完全消融，实现和谐，现实世界是一个有得必有失的世界，在一些重大挑战

----

① Hume, An Enquiry Concerning Human Understanding, L. Beauchamp, Oxford University Press 1999, p. 150.

② Isaiah Berlin, The Crooked Timber of Humanity, New York: Alfred. A. Knopf, 1991, p. 34.

③ Ibid. , pp. 79 - 82.

面前"我们注定要做出选择，而每次选择可能都必须承受无法弥补的损失"①。"一些价值的实现，不可避免地要牺牲另一些价值"②。因此，现实世界始终是非理性的，不完善的，"不存在无缺陷的完整性的世界"，"完美整体的概念……不仅是达不到的……而且在概念上也是不连贯的"，人们无法知道世界"和谐的含义是什么。希腊人的有些美德不可能同时兼得，这是一个认知性的真理"。③

尽管伯林的多元价值论面对相对主义的挑战，但是伯林还是将多元价值论与相对主义作了明确的区别。他指出，尽管个人的生活方式与习俗爱好不尽相同，但是作为人，各自所持的不同价值可以在人性基础上，互相理解、互相促进、互相同情。伯林的人性基础上的价值多元论，其实包含个人与社会的互相理解与共处，不同文化之间的互相理解与共处，这些正是他的自由主义的宽容精神的思想基础。必须指出，伯林的人性基础不是洛克、卢梭、休谟的所有人都存在永恒不变的共同人性观点，伯林认为，人性并不意味任何不变的人类感情或需求，而是人类的自由意志，对生活方式的自由选择能力，对价值的创造能力，正是这些特点才使人类与动物区别开来，才构成了人性的基本特点，才创造了人类历史的多样性。

（5）重构多元价值论基础上的自由主义

伯林在多元价值基础上的自由主义学说，首先是对两种自由理论的解构。霍布斯在《利维坦》中已经对古希腊罗马时代的古代人自由与他所处时代的自由含义加以区别；法国浪漫主义思想家贡斯当在1819年所作的《古代人的自由和现代人的自由之比较》一文中最早对两类自由进行较全面比较。他认为雅典人的自由主要是公民参与政治的参与权；现代人的自由是一种个人在私生活中的独立性，是"由和平的享受与私人的独立构成的"，不是一种政治自由，而是一种个人自由，即公民对公共权力和社会责任的消极回避的自由。贡斯当的两种自由观对伯林的自由观产生深刻影响。1958年伯林在《两种自由概念》演讲中，首先充分肯定贡斯当的古代与现代两种自由的区分的意义，然后重点突出两种自由在现代社会中的激烈冲突，并对自由概念重新建构，提出了"积极自由"与"消

---

① Isaiah Berlin, The Crooked Timber of Humanity, New York: Alfred. A. Knopf, 1991, p. 13.

② Isaiah Berlin, Fours Essays on Liberty, London, Oxford University Press, 1969, p. 169.

③ Isaiah Berlin, The Pursuit of the ideals, Oxford University Press, 1969, p. 12.

极自由"的概念,揭示出两种自由之间的冲突与出路。

其实,"积极自由"与"消极自由"的概念早在 20 世纪初伦敦经济学院的托·希·格林教授就已经提出。但是,格林当时强调的积极自由是法制外的个人自由;消极自由是法制内的自由权利。格林强调消极自由的重要性与国家干预的必要性。

伯林在 20 世纪 50 年代重提"积极自由"与"消极自由",尽管他们的基本内涵没有多大改变,但是伯林更倾向于消极自由,而贬抑积极自由。他认为:"积极自由被歪曲比消极自由被歪曲的危害更为恶劣……常常远离其原意,变成晦暗的形而上学或社会性的邪恶。"[1] 相对而言,"积极自由"内部存在一种与自由价值本身不一致的成分,它强调自我实现,自主发展,但是也包含由自己主宰自己的行为,这种自我中心主义在政治上很容易走向专制独裁。因此积极自由已经被人滥用,出现堕落的趋势。

伯林认为,在现实社会中,两种自由都可能堕落为原本遭到它们抵抗的邪恶倾向,但是"消极自由"更具抵抗力,它比积极自由更少被歪曲,"不管他的失控形式的后果多么具有灾难性,历史地看,从未受到其理论家的扭曲。……消极自由不管怎样说却更常见的保持原样"。[2] 伯林坚决有力地捍卫消极自由的优先发展,他认为消极自由是法制条件下的自由,法制环境是各种自由行为和自由生活方式的前提,也是积极自由的必要条件。而 50 年代的西方社会积极自由过度泛滥,占据了主导地位,公共领域对私人领域粗暴干预;消极自由衰微,以致自由主义的基本原则遭遇挑战。因此,伯林希望促进消极自由,制约积极自由,实现两种自由的平衡,捍卫自由主义的基本原则。

(6)族群归属与多元文化基础上的自由民族主义

伯林的多元价值的自由主义本质上也在捍卫个人主义,尤其是个人的消极自由,但是与大多数自由主义只承认个人主义,反对集体价值不同,伯林在强调个人主义的同时,也强调个人的族群归属,显示出较鲜明的社群主义特征。这和他对维柯、赫尔德的文化多元思想的推崇密切相关。

伯林指出:"在赫尔德看来,存在着多样的且不可通约的各种文化。隶属于一个特定的群体,与群体其他成员兼用同一种语言、历史记忆、习

---

① 伯林:《自由论》,译林出版社 2003 年版,第 44 页。
② 同上书,第 45 页。

惯、传统和感情结成牢固的、微妙的关系，这是人类的一种最基本的需要，正如对食物、饮水、安全或者生殖的需要一样是很自然的"。① 显然，伯林完全接受了赫尔德族群归属是个人存在的基本条件的观点。伯林指出，一个人的存在不仅取决于物质生活与别人的互动，而且取决于其个人的观念、道德和社会身份感，而这些"只有根据我作为其一分子的社会网络，才是可以理解的"。因此个人族群归属是个人存在基本条件。②

赫尔德在族群归属的基础上，提出不同文化共存的多元文化观。"不同文化，就像人类大花园里众多和睦相处的鲜花，能够也应当共存繁荣"，"文化的多样性"，是"人类的根本需要"。③ 伯林也完全同意赫尔德的文化多元观。他曾指出，有人提出创造一种世界性语言以便使国际交流更加合理化，这将是一种灾难。因为任何一种语言都是一个民族的集体历史记忆，民族语言消失就意味着民族集体记忆、民族精神、民族习惯、民族忠诚失去了维护的屏障。世界语言的建立只是一种幼稚的幻想，而且意味着文化的死亡。④ 因为，价值是多元的，没有普世的价值，"每个社会、每个民族，任何一个时代与每一种文明，皆拥有它独一无二的理想、准则、生活方式，以及思想与行动的特性"。因此，每个民族都与其他民族有所不同，维护民族多样性，就是维护每个民族的"独特个性"，保持民族多样性，维护民族独特性才是"民族的福祉所系"。⑤

伯林关于多元文化与族群归属的思想具有明显的社群主义的特质，其核心思想就是突出个人与特定社会群体之间的互动关系，肯定社会共同体存在的价值，肯定民族个性的保存，也就是对民族主义的认同。

伯林认为，无论是传统自由主义还是激进社会主义都认为随着启蒙运动的进步，"民族主义现象本身将随着其原因的消失而消失"。但是他认为这些都是错觉。"我认为，可以毫不夸张地说，在今天，至少在西方世界以外，不与民族主义感情结盟的任何政治运动都不可能获胜"。在当今世界，"各种思想、社会运动中最强大的运动之一，在有的地方则是唯一

---

① 伯林：《反潮流：观念史论文集》，译林出版社 2002 年版，第 14 页。
② 伯林：《自由论》，译林出版社 2003 年版，第 227 页。
③ 伯林：《反潮流：观念史论文集》，译林出版社 2002 年版，第 13、305 页。
④ 同上书，第 25 页。
⑤ Isaiah Berlin, The Crooked Timber of Humanity, New York: Alfred. A. Knopf, 1991, p. 37.

强大的运动"，就是"民族主义"。[①]

伯林从族群归属与多元文化的自由主义理论出发阐述他的自由民族主义理论。他认为强调个人的自由主义和强调集体的民族主义并不必然会互相排斥。个人自由和社群形式的结合就可以平衡自由主义和民族主义之间的张力。他对民族主义的态度不是毫无保留地支持，他反对进攻性的民族主义，认为这种民族主义趋向文化的一元化与民族压迫；他支持温和性的民族主义，即赫尔德倡导的文化民族主义。温和民族主义的基本特征就是强调民族群体价值观和个人自由价值观的相互协调；在培育自己的民族价值认同的同时，也兼顾其他民族的价值的存在，容忍多种民族文化与多种价值的共存。其实，伯林的自由民族主义思想与他对犹太复国主义和以色列命运的关注密不可分。

5. 评析伯林的反西方传统自由主义

伯林以价值多元论与文化多元论为核心的反传统自由主义，不但与其他自由主义学派不同，而且瓦解了西方传统思想的根基，即理性主义一元论，在西方思想史中影响深刻。

伯林反传统的自由主义也将自由主义思潮投入理论困境。1961 年政治哲学大师斯特劳斯指出，伯林价值多元论使自由主义无法再在"绝对主义基础"上建构。伯林自由主义强调的是"差异"，而且特别强调不同价值之间不可通约性，"他者"永远不可能被完全"同化"。这一思想深刻切入了当代自由主义，尤其是发达国家面临的主要社会问题，即"多元文化"与"民族主义"等问题。

伯林继承休谟的怀疑论，坚持维柯、哈曼与赫尔德的多元文化的思想学说，反对价值的普世主义，反对任何人以自由为名否定不同民族、社群、文化、传统和语言存在的自身价值的错误行为；他强调"族群归属感"与个人自由的协调，主张"单纯的、温和的、本能的、民主的民族主义"。伯林的这些思想不但在冷战时期显得难能可贵，而且在冷战后的经济全球化时代，他所倡导的多元价值论与多元文化论更加显现出其理论价值。当亨廷顿大力宣扬文明冲突的理论，当美国小布什政府打着反恐大旗，极力加剧不同文化与民族之间文化对立的时候，伯林的文化多元与温和的自由民族主义思想尤其显示出其时代的现实意义。

---

[①] 伯林：《反潮流：观念史论文集》，译林出版社 2002 年版，第 422—423 页。

## （三）罗尔斯的政治自由主义

约翰·罗尔斯（1921—2002），美国当代著名政治哲学家，当代西方政治自由主义的最重要代表人物之一。

### 1. 生平

罗尔斯 1921 年生于美国马里兰州巴尔的摩的一个富裕家庭，在兄弟5 人中排行第二。父亲是一位积极参与美国政治的税务律师与宪法专家，母亲出生于德国，是一位活跃的女性主义者。罗尔斯自小体弱多病，两个弟弟先后病逝，受此打击后患上口吃。罗尔斯家境富裕，但是年少时已深刻感受到社会不平等，他对于黑人与白人不能同校，禁止互相交友，严重的种族歧视，以及美国社会中黑人与穷人生活环境恶劣等现象深感不满。

罗尔斯 1939 年进入普林斯顿大学，曾先后选学化学、数学，甚至艺术史等科目学习，但是都没有很大兴趣，最后选了哲学作为他终身研究的专业。他的哲学启蒙老师著名哲学教授马科姆（维根斯坦的学生兼朋友）对他的思想影响深远。1943 年罗尔斯以优异成绩取得哲学学士学位。毕业后入伍参与美国对日战争，1945 年美国在广岛、长崎投掷原子弹一事在他心中留下深刻印象，以致在 1995 年美国《异议者》（Dissent）杂志的"纪念广岛五十年"专题上，罗尔斯还在严厉抨击杜鲁门总统的这一决定，认为美国政府当年犯下了重大的道德错误。在罗尔斯一生的学术生涯中，这是唯一的直接评论具体政治事件的论文。

二战结束后，1946 年罗尔斯重回普林斯顿大学攻读道德哲学博士，导师是哲学家史泰西。1950 年他完成博士论文《一个伦理学知识基础的探究：对于品格的道德价值的判断的有关考察》，提出一种反基础论（anti-foundationalist）的伦理学程序。毕业后留校任助教，1952 年获奖学金前往牛津大学进修一年。在进修期间他积极参与该校的哲学研讨会，得益甚大，初步形成了运用自然法学说中的社会契约论假设，重建社会道德原则的构想。回美国后，罗尔斯先后在康奈尔大学（1953—1959）、麻省理工大学（1960—1962）任教，1962 年转到哈佛大学任教，1979 年接替诺贝尔经济学得奖者阿罗的哈佛顶级教职——"大学教授"（University Professor）职位。此职位是哈佛的最高荣誉，享有极大的教学及研究自由，当时全哈佛只有八人享此待遇。1991 年罗尔斯 70 岁正式退休，但依然著作不辍。

罗尔斯一生中最欣赏的人物有两位：一是德国启蒙哲学家康德；另一

位就是解放黑奴的美国总统林肯。罗尔斯为人低调，生活俭朴而有规律，大部分时间在家中著书立说。他治学极为严谨，每一篇文章都要经过反复修改才出版。文章出版后他善于虚心接受别人的批评，进一步修正完善自己的观点，以便使自己的理论体系更加严谨。例如《正义论》中的很多基本概念，罗尔斯在50年代已经形成，并先后出版了相关专著，如《用于伦理学的一种决定程序的纲要》（1951）、《两种规则的概念》（1955），以及《公平式的正义》（1957）。在60年代他开始用《正义论》第一稿作为上课讲义，以后又不断修改，直至1971年才正式出版。《正义论》出版后，面对各方批评，罗尔斯又不断完善原来的观点，经过二十多年的思考，到1993年再出版《政治自由主义》，对《正义论》的理论作了相当大的修正。而另一本对《正义论》作出补充说明的《作为公平的正义：一个重申》（*Justice as Fairness：A Restatement*）又于2001年面世。此时罗尔斯已经因中风而卧病在床，并于2002年去世。罗尔斯的以上几本代表作，奠定了他20世纪最重要的政治哲学家的地位。诺齐克曾言，政治哲学出了罗尔斯之后，你可以跟着他思考，可以针对他思考，可是不能不理会他而思考。[1] 巴利则认为，《正义论》之后，我们是活在"后罗尔斯"的世界，它成了政治哲学的分水岭。[2] 有评论家把罗尔斯与柏拉图、黑格尔这些思想泰斗相提并论。

2. 主要著作

罗尔斯的主要著作主要包括：《作为公平的正义》（1958）、《宪法自由和正义观念》（1963）、《正义感》（1963）、《非暴力反抗》（1966）、《分配的正义》（1967—1968）、《正义论》（1971）、《政治自由主义》（1993）、《万民法》（1997）、《作为公平的正义：一个重申》（2001）等。

（1）《正义论》及基本思想

罗尔斯50年代在普林斯顿大学任教，有了一个类似于后来《正义论》中"原初状态"的初步设想，但他没把它整理出来，都还只是些讲稿与笔记。20世纪50—60年代，他发表了一些有关正义论的文章，引起了学术界的重视，60年代末，他才决心将自己的相关论文整理成集，写

---

[1] Robert Nozick, "Anarchy, State, and Utopia", New York：Basic Books, 1974, p.183.

[2] Brian Barry, "Political Argument：A Reissue", Hemel Hemstead：Wheatsheaf, 1990, p. ixix.

成一本系统的著作，1971年出版《正义论》。此书一出版，就被誉为"二次大战后伦理学、政治哲学领域中最重要的理论著作"，列入经典之林。一般大学的哲学、政治、法律等有关学科都把它列为最重要的必读书之一，作为"标准的精神食粮"，许多大学还开设了专门讲解这本书的课程。报刊上发表了许多评论文章，出版了一些专门的评论文集和辅助性读物，并召开了讨论这本书的各种规模的学术讨论会。《正义论》奠定了罗尔斯在当代自由主义思想界中的重要地位。

《正义论》主要包括三部分：第一部分是哲学部分，第二部分是政治学部分，第三部分是理想社会的部分，即"良序社会"的稳定性的解释。《正义论》政治学部分，基本上论述民主社会的政治、经济、法律和政治权利。主要阐明了四个问题：第一，民主社会的历史演变与基本原则（从最初状况到现实社会的过渡——公平正义的社会契约原则）；第二，自由优先原则在民主社会中的政治制度中的运用；第三，正义优先于效率与福利的差别原则在民主社会中的经济制度中的运用；第四，公民与正义原则的关系：维护正义原则的公民责任与义务。罗尔斯的《正义论》，被公认为西方政治哲学的经典之作，是二战以后最重要的文献之一。它的问世，标志着60年代以后自由主义的复兴，是自由主义在经历了各种政治思潮巨大冲击后的一次崛起。

（2）《政治自由主义》及基本思想

20世纪70—80年代罗尔斯正义理论在《正义论》之后发生了一些重要变化，主要表现为：第一，开始诉诸康德式的理想化的"人"（person）的概念；第二，承认其正义原则只适用于现代西方较发达的民主社会，而暂不考虑在发展中国家的跨文化的应用问题；第三，强调社会共识多元化的事实，承认正义只是社会多元思想基础上的共识。这三点变化其实就是《正义论》发表后，罗尔斯的社会正义思想学说发生的重大变化，在此基础上，罗尔斯逐步形成《政治自由主义》一书的思想脉络与主要内容。

《政治自由主义》1993年出版，此书由基本要素、主要观念、制度框架三部分共九章组成。主要是对正义论四项原则的发展。《政治自由主义》集中回答两个基本问题：第一，在一个自由平等的公民社会里，公民合作的公平条件是什么？第二，自由制度必然导致合理多元化事实，面对一个多元化的社会，社会政治与思想已经被多元的宗教、哲学与道德学说所割裂，如何才能实现社会正义与稳定，成为另一个关键问题。

3. 罗尔斯的政治自由主义思想的基本内容

（1）古代自由与现代平等结合的政治自由观

罗尔斯"社会正义"的本质内涵是"社会制度正义"或"社会基本结构正义"，他曾指出："对我们来说，正义主要问题是社会基本结构，或更准确地说，是社会主要制度分配基本权利义务，决定由社会合作产生的利益之划分的方式。所谓主要制度，我的理解是政治结构和主要的经济和社会安排。"① 因此，罗尔斯的社会正义主要指政治自由与正义。

罗尔斯主张的政治自由本质上是对传统自由与现代自由的调和，主要将洛克的自由与卢梭的平等相调和。洛克的自由观重视思想与精神的自由、重视人身与财产权的自由以及法治的必要性，可以视为"现代自由"；而卢梭的自由观更重视平等，政治自由以及公共生活的价值，这些自由内容，可以视为"古代自由"。罗尔斯的《正义论》提出的两个正义原则，企图将自由与平等结合起来，一方面强调自由的优先性，强调人人都应享有平等的基本自由；另一方面又主张实质的而非仅仅形式的政治自由与机会平等。

（2）"社会正义"的两个基本原则

一种政治制度或社会经济结构如何安排才能实现社会公平或社会正义呢？罗尔斯提出了正义的两个原则。

第一个原则是，"每个人对与其他人所拥有的最广泛的基本自由体系相容的类似自由体系都应有一种平等权利"；

第二个原则是，"社会的和经济的不平等应这样安排，使它们①被合理地期望适合于每一个人的利益；并且②依系于地位和职务向所有人开放"。

简单地说，第一个原则是"自由平等原则"，它强调每一个人都"平等"地享受政治自由等各种权利；第二个原则是"差别原则"（the difference principle），它强调由于社会经济不平等，必须能够促使社会中"处境最不利"的成员获得最大利益。造成差别的社会条件是偶然的，造成差别的自然因素，或者说天赋在人们中间的分配也是偶然的，人们的天赋在某种意义上也可视为社会财产，对天赋条件较低者，社会应该予以补偿。也就是说，它允许有不平等（即贫富差距），但又必须限制不平等，

————————————

① 罗尔斯：《正义论》，中国社会科学出版社 1988 年版，第 5 页。

使处境最不利的成员获得最大利益，即所谓"补偿原则"。

罗尔斯不仅设定了"社会正义"的两个原则，而且还设定了这两个原则之间的关系。社会正义的两个原则不是并行关系，而是应以"词典式次序排列"先后关系。按照这种排列方法，罗尔斯提出了"优先原则"，它由第一优先原则（即自由优先性）和第二优先原则（即正义对效率和福利优先）组成。

第一优先原则是指正义第一原则（"自由平等原则"）先于第二原则（"差别原则"），即社会首先应该保护个人自由平等权利；第二个原则不能破坏第一原则；第一原则决不能受制于政治交易和社会利益驱动，不管政治交易或带来经济利益有多么巨大，自由只能为了自由本身缘故才能进行限制。"这一次序意味着：对第一个原则所要求的平等自由制度的违反不可能因较大的社会经济利益而得到辩护或补偿。财富和收入的分配及权力的等级制，必须同时符合平等公民的自由和机会的自由。"①

第二优先原则是指正义第二原则（"差别原则"）中公平机会优先于差别原则。即在坚决维护个人自由权利和机会平等的基础上，才可能考虑引入"差别原则"，使社会中处境最差者经济利益得到一定改善，以限制社会不平等。换言之，罗尔斯的正义原则，一方面应优先维护法律形式上的"自由权利"和"机会平等"，另一方面则试图通过经济利益再分配，实现一定程度上的"实质性"平等。

罗尔斯把他的"社会正义"原则与法国大革命思想原则：自由、平等、博爱三原则联系在一起，正义第一原则（"自由平等原则"）相应于自由、平等；正义第二原则（"差别原则"）相应于博爱。显然，罗尔斯社会正义观以及正义两原则坚持了西方自由主义传统的基本价值原则。

贝尔在《后工业社会的来临》中曾评论说，这是以"各取所需"的原则代替"按劳取酬"的原则，"在罗尔斯那里，我们看到现代哲学最全面地努力支持一种社会主义的道德"。②

尽管罗尔斯把他的"社会正义"原则与自由、平等、博爱三原则联系在一起，但是他并不追求一种完全"平等"或"公平"，并不赞成集体主义观念。罗尔斯首先允许不平等存在，获得补偿的人是有条件的，即处

---

① 罗尔斯：《正义论》，中国社会科学出版社 1988 年版，第 57 页。
② 贝尔：《后工业社会的来临》，新华出版社 1997 年版，第 486 页。

境不利者，不是所有的人。而且是对"集体资产"的分享，而不是个人资产。罗尔斯认为，个人具有较高天赋才能和与生俱有的优越社会条件，是个人"偶然"获得，但不是"道德上""应得"，因此个人天赋与与生俱来的优越社会条件应该作为整个社会的"集体资产"（或"共同资产"）来共享，来为一些处境不利者谋利，应该给予因出身条件和天赋造成不平等的社会成员必要的补偿。"一些先天有利的人，不论他们是谁，只能在改善一些不利者状况条件下，从他们幸运中得利。在天赋上占优势者不能仅仅因为他们天赋较高而得利，而只能通过抵消训练和教育费用和用他们天赋帮助较不利者中得益。没有一个人能说他有较高天赋是他应得，也没有一种优点就应该享有一个社会中较有利的出发点。但不能因此推论说我们应当消除这些差别。我们另有一种处理它们的办法。社会结构可以如此安排，用这些偶然因素来为最不利者谋利。"①

诺齐克对罗尔斯"集体资产说"提出了尖锐批评。如果说生而俱有"天赋才能"和"优越社会条件"，是偶然和任意，不是道德上应得；那么，生而天赋较低者或不具有优越社会条件，也是偶然，也不是道德上不应得。但是，罗尔斯实际上所要求却是改变前者所有，使之有利于后者。从社会制度安排来说，改变"自然"有利者地位，使之有利于"自然"不利者，恰恰并不"公平"。因为既然都是"自然"，社会何以只能偏向"不利者"自然呢？且不说有利者可能并不同意这种偏向性安排。罗尔斯的差别原则与补偿原则力图通过分配途径，利用有利的"自然"资产来解决社会不公问题，而不是改变社会中实际上处境不利者的机会与发展条件，显然是过于理想。

（3）新社会契约论——正义原则的实现前提

罗尔斯的社会正义两原则提出的前提条件是什么呢？是"自然状态论"（原初状态）和"社会契约说"，这是西方传统政治理论中的两个基本假设。但是他并不把"自然状态"看成是一个曾经有的"历史实际状态"，仅仅作为政治正义理论的前提与预设，"这种原初状态当然不可以看作是一种实际历史状态，也非文明之初那种真实原始状况，它应被理解为一种用来达到某种确定正义观纯粹假设状态"。② 社会契约也是理论预

---

① 罗尔斯：《正义论》，中国社会科学出版社 1988 年版，第 96—97 页。

② 罗尔斯：《政治自由主义》，译林出版社 2000 年版，第 120 页。

设，是导向政治正义观而不是其他方向的理论前提。

罗尔斯论证，"自然状态"中，人们为了自保和自身利益，愿意"社会合作"，并期望这种社会合作能够公正有效和持久稳定，即实现社会公平正义。在"公民都有正义感的能力"的假设下，社会各派"都知道他们所达成的一致契约并非毫无意义，社会中的公民将按照他们有效而有规则的达成一致契约的那些原则来行动"，当社会能够满足这些原则要求时，"人的本性就能够有效而又有规则地达成对这些原则的一致契约"。①

原初状态下何以能够达成公平正义的"契约"呢？因为，"原初状态"境况下，人们的选择都是在信息"无知之幕"之下进行，谁都不可能选择有利于自己的原则而只能选择对人们都有利的普遍正义原则，大家避免了各自利益的立场分歧，而能够获得共识。"正义原则是在一种无知之幕（veil of ignorance）后被选择。这可以保证任何人在原则选择中都不会因自然机遇或社会环境中偶然因素得益或受害。由于所有人的处境都是相似的，无人能够设计有利于他的特殊情况原则，正义原则是一种公平协议或契约的结果。"② 显然，罗尔斯的《正义论》继承了西方社会契约论的传统，《政治自由主义》并没有偏离这一理论，没有放弃公平正义的社会契约论的基础。政治正义论的两个理论假设存在某种先验的杜撰成分，并不能令人满意。

（4）"公平的正义"基础——"政治性正义价值"与"公共理性价值"

罗尔斯的政治观是其当代自由主义的核心内涵，罗尔斯在《正义论》中提出的"公平的正义"理论始终作为一种"政治的正义"概念出现，在《正义论》第三篇中的社会是一种理想的稳定的"良序"社会，"良序社会"概念并不现实，必须重新思考出路，这就是1980年以来罗尔斯面对的新挑战与难题。在《政治自由主义》中，"良序社会"不再是在基本的道德信念方面均为统一社会，而只是在政治正义概念上统一的社会。在"秩序良好的公平正义之民主社会中的理性多元论特征是既定的，该社会如何建立并保持统一和稳定"，即多元理性的民主社会如何保持社会稳定，成为实现政治自由主义的又一重要问题。

---

① 罗尔斯：《政治自由主义》，译林出版社2000年版，第334页。
② 同上书，第10页。

罗尔斯不断修正他的政治自由主义学说思想，不断调整他的正义观，从 20 世纪 70 年代的《正义论》、90 年代的《政治自由主义》，到 21 世纪初的《作为公平的正义》，尽管他始终没有直接界定过政治这个概念，但是他讨论了与其相关的"政治领域"与"政治性正义观"，以及公共领域的"公共理性观"。

在他看来，所谓政治领域，即政治社会。它首先是一个封闭式的社会，只有出生于此社会的人才可以在此生活，死后自然离开此社会，其他社会成员无法自由进出；生活在此社会的居民在基本制度结构的制约下，形成某种政治关系；政府与社会成员之间的关系存在某种法律制约下的强制关系，人和人之间的关系并非完全出于自愿。罗尔斯将政治性自由与结社性自由、家庭个人自由加以区别。结社性自由是"自愿性的"、家庭个人自由是"情感性的"，而政治性自由都是带有"强制性的"。[①]

罗尔斯在其最后一书《作为公平的正义》中阐述的政治正义理论，倡导一种"作为公平的正义"理念，他已意识到"公平的正义"理念，不可能是一种全人类唯一的普世正义观。他强调"作为公平的正义"，主要以民主社会的基本政治结构为条件，不依赖任何哲学、道德、终极学说，仅仅是以民主社会的公共政治文化的基本理念为出发点建构的。任何一个具有公共政治文化的民主社会，都能形成自己的核心政治价值，不同民主社会的核心政治价值，可以彼此联系交流，达成共识，形成全人类社会的价值体系。罗尔斯相信民主多元的社会通过交流可以达成交叠共识，"各种合乎理性的完备性学说达成重叠共识（overlapping consensus）"。[②]罗尔斯曾在《政治自由主义》一书中，对多元社会重叠共识强调过两点：其一，理性多元社会的现实也存在各种不尽如人意之处，这是"自由人类理性自由发挥的结果"，但是并非民主社会的必然产物；其二，公平的正义是政治正义的独立观点，它并不需要现存的宗教、道德理念的支撑。正义共识不仅十分必需，而且要极其严格地限制在"政治的领域"，即"政治正义"之内。政治正义可以成为多元理性学说"重叠共识之基础上的社会统一性理念"，[③] 它是一种"共识正义"，即能被各种不同的理性，

———————

①　罗尔斯：《作为公平的自由》，姚大志译，台北左岸出版社 2002 年版，第 182 页。

②　罗尔斯：《政治自由主义》，译林出版社 2000 年版，第 141 页。

③　同上书，第 153 页。

包括宗教、哲学与道德理论支配的多元社会的人们普遍接受。

罗尔斯认为，民主多元的社会要成为一种"公平而稳定的合作系统"需要三个条件：其一，社会的基本结构是由一种政治的正义观念所规导的；其二，公平的正义观，应是达成重叠共识的核心概念；其三，当宪法与基本正义道德问题发生摩擦时，公共理性讨论可以按照公平的正义观念进行。①

罗尔斯对政治正义共识的根源作了一种历史社会学的推测，他认为，近代以前社会中的道德哲学一般都是目的论的，是根据某种至善或者说"好的生活"来定义正当和正义的。政治自由主义的历史根源可以说是宗教改革及有关宗教宽容长期争论的结果，近代的宗教改革导致了多元化。

罗尔斯在其最后的著作《作为公平的正义》一书中，为所谓的"公平的正义"重叠共识，建构了一个更加有说服力的共识体系，包括："政治性的正义价值"与"公共理性的价值"，由这两个价值体系共同建构"公平的正义"重叠共识。首先，不同政治价值构成的"政治性的正义价值"体系，包括政治自由、机会平等、社会公平等理念；其次，确保公共议题公正讨论所需的"公共理性的价值"体系，包括对公共议题正确判断与推理，以理服人、公正无私的公德等。②

罗尔斯是一个多元论者，但是更是一个公共理性论者。罗尔斯的"政治自由主义"，采取对多元道德观的宽容态度，他容纳无神论，也容纳各种有神论。但是，公平的正义并不是对所有理论都接受和承认，任何一种广泛理性学说都不可能作为公平正义的基础，唯有公共理性的合理学说才可能与民主政治学说共同建构"重叠的正义"，或"共识正义"，才是"公平的正义"核心。

（5）保守主义的国际政治观

罗尔斯在1997年发表的《万民法》，探讨了如何以自由主义的国家正义观为基础，建构一种处理各民族国家关系的国际正义观，以便在不同制度国家之间，达成国际共识，形成一种民族国家之间的重叠正义的"万民法"，实现世界和平共存。值得指出的是，罗尔斯在《万民法》中提出的正义观与《正义论》的见解正好相反，带有浓厚的新保守主义色

---

① 罗尔斯：《政治自由主义》，译林出版社2000年版，第45页。

② 罗尔斯：《作为公平的自由》，姚大志译，台北左岸出版社2002年版，第91—92页。

彩。在《万民法》中，罗尔斯将世界各国人民划分为民主的人民和不民主的人民，因此，美国和发达民主国家没有任何道德的义务将"分配的公正"扩展到它们同发展中国家的关系上去；他主张维护国际正义与现存国际秩序是民主国家人民的道德责任，为此，发达国家有"道德的正义性"，为了维护民主与人权，有责任甚至有权利派军队到不民主的人民那里去推行民主，对其他国家进行军事干预。罗尔斯在《万民法》中阐述的一种借助武力推行西方式民主人权的思想，充满了保守主义的色彩，暴露出他的学说的鲜明的阶级性质，以及与现代民主背离的本质。

### 二　当代经济自由主义代表人物及其主要思想

西方社会的经济自由主义思潮在近百年的历史中，可以说经过了由自由竞争为主的古典自由主义、国家干预的自由主义，再回复古典自由主义的新自由主义的发展进程。

#### （一）当代经济自由主义的产生

20世纪初，资本主义已经进入垄断阶段，越来越多的经济学家推崇19世纪后期托·希·格林的新自由主义理论，赞成政府对宏观经济的干预；30年代美国经济陷入大萧条，凯恩斯主义应运而生，鼓吹国家全面干预国民经济；20世纪70年代西方"滞胀危机"发生以后，美英等发达国家的反对政府干预、推崇私有产权和市场自发力量的古典自由主义理论慢慢又占了上风，这一理论自称为新自由主义经济学，以继承19世纪古典自由主义的传统。新自由主义经济学是当代经济自由主义的代名词，70年代后，当代经济自由主义对一批新兴发展中国家的社会转型产生过深刻影响。90年代随着西方发达国家"福利国家"政策的困顿、拉美地区发展中国家经济纷纷陷入中等收入陷阱无法自拔，尤其是2008年美国次贷危机引发全球金融危机，当代经济自由主义的声誉再一次遭受严重打击，陷入一蹶不振境地。

当代经济自由主义是以亚当·斯密古典自由主义经济理论为基础，以抵制与反对凯恩斯主义为特征，为了适应国家垄断资本主义向国际垄断资本主义转变需要而形成的西方自由主义社会思潮、经济理论与政策主张。"华盛顿共识"是此经济理论转变为经济范式与政府政策的标志。

#### （二）当代经济自由主义主要流派与基本主张

20世纪的经济自由主义学派纷呈，主要包括：二战期间的美国总统罗斯福的自由主义经济思想；二战后的理论代表主要有英国伦敦大学教授哈耶克为代表的新奥地利学派、以美国芝加哥大学弗里德曼为代表的现代货币学派、以费尔德斯坦和拉弗等人为代表的供给学派、以卢卡斯为代表的新古典经济学的理性预期学派、以科斯为代表的新制度经济学派、以欧根为代表的弗莱堡学派、以布坎南为代表的公共选择学派，等等。但是其中影响最大的学派主要是哈耶克的经济自由主义理论、弗里德曼的货币主义理论、科斯的新制度经济学理论。当代经济自由主义诸多学派，各自观点不尽相同。其中主要流派及其基本观点如下：

1. 伦敦学派

代表人物：哈耶克。他的经济自由主义思想是当代经济自由主义的主要思想来源，也是当代经济学众多学派的共主，包括维也纳学派、芝加哥学派、伦敦学派。哈耶克获 1974 年诺贝尔经济学奖。哈耶克反对凯恩斯主义与国家干预的理论，主张经济贸易自由化、私有制、反对任何形式的经济计划和社会主义，反对垄断。他甚至主张货币自由发行，允许私人银行也参与货币发行，反对国家垄断货币发行权。

2. 货币主义学派

代表人物：芝加哥大学教授 M. 弗里德曼，现代货币主义创始人，尼克松政府的经济顾问，获 1976 年诺贝尔经济学奖。弗里德曼一贯遵循芝加哥学派的传统，极力鼓吹经济自由主义，反对凯恩斯主义，但并不主张无政府主义，而提倡国家积极干预经济，政府只应扮演规章制度的制定者和仲裁人的角色，在反对技术垄断和克服市场的不完全性等方面发挥作用。

在经济学方法论上，弗里德曼赞同实证经济学。在实证经济学方法论的指导下，他提出"恒久性收入假说"，即消费者不是根据他们的现期收入，而是根据长期的或已成为惯例的恒久性收入来安排自己的支出。

现代货币主义理论是弗里德曼经济理论体系的基石。在现代货币数量论的基础上，他进一步提出了"名义收入货币理论"，用于考察货币数量变动与名义国民收入水平之间的关系。他认为，资本主义滞胀危机主要是货币危机，货币是支配资本主义生产、就业、物价变化的唯一重要因素。政府不要干预私人经济，应充分发挥市场机制的作用，在市场调节作用下，货币数量会逐步保持一种相对稳定状态、货币增量会受到节制，就能克服危机，就能稳定资本主义。此外，弗里德曼还提出"自然失业率"

假说，试图解释通货膨胀与失业并存问题。

3. 理性预期学派

代表人物：芝加哥大学教授卢卡斯，美国经济学会会长，获 1995 年诺贝尔经济学奖。卢卡斯坚持认为人是理性的，每个人都会理性追求个人最大利益；人会理性预测经济发展的变量关系与个人利益选择；由于理性预期的作用，市场机制就会确保充分就业，政府干预只会加剧经济波动，毫无必要。

4. 公共选择学派

代表人物：弗吉尼亚大学教授詹姆斯·布坎南，主张以怀疑的眼光看待政府干预动机和决策过程，通过对政府政治过程的研究，来加强对市场过程的理解，强调对国家干预成本的研究。1986 年因倡导公共选择理论而获诺贝尔经济学奖。

当代经济自由主义学派研究重点不一，但也存在一些共同的经济主张，包括反对政府的过分干预，但并不反对国家干预；强调市场机制的自发作用和私人产权的重要性等。

### （三）当代经济自由主义主要代表及其思想

1. 富兰克林·罗斯福"新政"及其自由主义思想

1932 年的美国总统竞选是在严重经济危机的背景下进行的。在罗斯福首次履任总统的 1933 年初，正值美国经济大萧条时候，到处是失业与破产、倒闭与暴跌，到处可见美国民众的痛苦、恐惧和绝望。罗斯福入主白宫后，积极推行以救济、改革和复兴为主要内容的"罗斯福新政"，以挽救面临空前危机的资本主义世界。

所谓罗斯福"新政"，就是临时采取以国家垄断资本主义的方式对国民经济实行全面干预，适当抑制私人垄断资本的毫无节制地发展，恢复适度的自由竞争，推行"国家福利"政策，以国家指导下的公共消费刺激经济复苏，缓解经济危机与政治危机。

罗斯福认为，20 世纪 20—30 年代资本主义经济危机的根源在于私人垄断资本的无节制发展，个人至上的自由主义。他指出："使我们遭受打击的是十年的放荡不羁、十年的集团的利己主义……'人不为己、天诛地灭'，结果是 90% 的美国人都遭到'天诛地灭'。"[1] 同时，垄断资本统

---

① 《罗斯福选集》，商务印书馆 1982 年版，第 115 页。

治已成一种专制制度,它"压碎"了个人主动精神,破坏了平等竞争的机会,少数人将垄断企业变成了"特权企业",从而主宰了"别人的财产、别人的金钱、别人的劳动——别人的生命"。① 政治自由与平等也成了一句空话,甚至连美国这个"最自由的政府",现在也难以"为人们所长久接受"。② 要改变这种状况,罗斯福提出了政府对社会与国民经济进行强有力干预与调节的"三 R 计划"(Recovery 复兴、Relief 救济、Reform 改革),包括政府补贴的调整农业,限制农业生产以维持农产品价格。政府颁布"公平竞争法典",抑制私人垄断资本的不平等竞争,政府拨款兴办公共工程,复兴工业,解决失业问题。

经济危机中境况最惨的是美国农业,农产品大量滞销,农民负债累累,农产品价格跌到历史最低点,猪肉三分一磅,牛肉五分一磅,一只肥羊卖不到一元钱。1933 年美国国会通过《农业调整法》,缩小现有的耕地面积,维持粮食价格,避免农场主大量破产。屠宰大批牲畜,由政府来补贴农民的经济损失。

1933 年 3 月 5 日,罗斯福就职后的第二天就下令全国银行一律休假四天,随后国会通过《紧急银行法》,授权总统对银行进行审理,有偿付能力的银行才允许开业,同时,由国家拨款 30 亿美元贷款给大银行,支持其开业,并成立"联邦储蓄保险公司",对存款实行政府保险,以恢复银行信用。

同时政府还颁布了规定每周最高工时和每小时最低工资的"工资工时法",1935 年国会颁布《社会保险法》,政府试行养老金和失业保险制度,政府对儿童、残疾人、无谋生能力者提供救济。

罗斯福第一个任期终了的 1936 年,美国经济基本度过危机,国民收入实现 50% 的增幅。罗斯福新政取得巨大成功,美国的工业、农业逐渐全面恢复,公众对美国民主政治制度的信心也得以恢复。

罗斯福通过国家垄断资本主义干预国民经济理论的"新政",将格林与霍布豪斯等人的新自由主义理论当作国家政策在实践中加以贯彻,国家垄断资本主义对国民经济全面干预在当时仅仅是一种权宜之计,二战以后才成为全面的制度性的当代资本主义经济形态。当时凯恩斯主义尚未形

---

① 《罗斯福选集》,商务印书馆 1982 年版,第 126 页。

② 同上书,第 189 页。

成，罗斯福新政和凯恩斯主义都是 20 世纪 30 年代世界性经济危机的产物。罗斯福新政在实践中寻求解决危机的办法，凯恩斯则从理论上寻找危机的根源和对策。新政实施期间，凯恩斯曾到过美国，并发表了大量文章支持新政。他在推动新政的同时也在完善自己的经济理论，凯恩斯的代表作《就业、利息和货币通论》直到 1936 年美国经济大萧条基本度过以后才发表。

罗斯福的经济自由主义思想集中体现在他所提出的"四大自由"原则与新《权利法案》中。第二次世界大战期间，为了反对法西斯独裁，罗斯福在 1941 年 1 月 6 日致国会咨文中阐述了"四大自由"原则，它们是：（1）言论和意见自由；（2）信仰自由；（3）财产权自由；（4）人身安全的自由。他又指出，自由的基础是消灭贫困、饥饿与失业，人民普遍享有一系列基本的自由权利，包括：工作权利、生活权利、出售产品与自由贸易权利、拥有家产权利、医疗保健与社会救济权利及受教育权利等。

罗斯福的经济自由主义在个人利益与社会利益的关系问题上，主张两者统一，这对格林与霍布豪斯的片面强调社会需要与公共利益的观点也是一种纠偏。但是罗斯福的"新政"及以资产阶级民主为核心的新自由主义仅是在危机和反法西斯战争时期，为了挽救摇摇欲坠的美国资本主义制度而采取的权宜之计，当时的国家垄断资本主义尚处在暂时与权宜之计的阶段。"新政"开始实行后，其主要法令仅在两三年以后就被总统废止了，但罗斯福的自由主义思想成为美国人民参加反法西斯战争的旗帜，国家垄断资本主义的形态在战后逐渐成为主导经济形态。

2. 弗里德里希·冯·哈耶克的新自由主义

（1）生平及其代表作

弗里德里希·奥古斯特·冯·哈耶克（1899—1992）是奥地利裔的英国知名经济学家和政治哲学家。

哈耶克生于奥地利维也纳一个知识分子家庭。他的父亲在政府卫生系统担任医生。哈耶克分别在 1921 年和 1923 年于维也纳大学取得了法律和政治学的两个博士学位，他对心理学和经济学有极大兴趣。最初哈耶克相当同情社会主义，但在他听了路德维希·冯·米塞斯教授的课程之后，经济思想开始逐渐转变。哈耶克在 1923 年至 1924 年之间，担任纽约大学教授耶利米·简克斯的研究助理，并曾回奥地利协助政府处理在一战后留下的有关法律和经济的问题，接着创办了奥地利商业周期研究中心并担任所长。1931 年应邀前往伦敦政治经济学院任教。纳粹德国侵吞奥地利后，哈耶克不愿意再回母国，1938 年成为英国公民，并终身使用这个国籍。

20 世纪 30 年代哈耶克被认为是奥地利经济学派的代表，奥地利经济学派所主张的政策都要求政府减少管制，保护私人财产，并捍卫个人自由，因此，主张自由放任的自由主义、自由意志主义。他当时的经济理论和凯恩斯学派格格不入，两个经济学派之间的争论持续至今。1950 年哈耶克离开了伦敦政治经济学院，前往美国芝加哥大学担任社会思想委员会（Committee on Social Thought）的教授，其实他当时很想进芝加哥大学的经济学系任教，但是他的奥地利经济学派观点，被当时经济学系里有地位的教授阻挠而无法如愿。他在芝加哥的兴趣逐渐转向政治哲学和心理学，虽然他也持续撰写经济学有关的著作，而且即使到这时，他的主要经济学理论也尚未完全发表。哈耶克在 1962 年前往德国担任弗莱堡大学（University of Freiburg）的教授，直到他在 1968 年退休为止。

哈耶克的自由主义经济理论在 20 世纪 70 年代后期，开始得到美国总统里根和英国首相撒切尔夫人重视，1974 年哈耶克和他理论的对手贡纳尔·默达尔一同获得了诺贝尔经济学奖，以"表扬他们在货币政策和商业周期上的开创性研究，以及他们对于经济、社会和制度互动影响的敏锐分析"。1984 年，在英国首相撒切尔夫人的推荐下，哈耶克获得伊丽莎白二世授予的名誉勋位（Order of the Companions of Honour），以表扬他对于经济学研究的贡献。70 年代后哈耶克担任萨尔斯堡大学（University of Salzburg）的客座教授。1991 年，哈耶克获美国总统自由勋章，以表扬他"终身的高瞻远瞩"。1992 年他在德国的弗莱堡去世，享年 93 岁。哈耶克一生以坚持自由市场资本主义，反对社会主义、凯恩斯主义和集体主义而著称。

在当代经济学领域，新自由主义流派主要有四大学派：以维也纳大学为中心的新奥地利学派、伦敦大学为中心的伦敦学派、芝加哥大学为中心的芝加哥学派与德国弗莱堡大学为中心的弗莱堡学派。哈耶克先后在这些大学讲授过经济学与经济伦理学，因此四个学派都将哈耶克视为本派代表人物。哈耶克被称作当代最彻底的经济自由主义者，但也有人将他归入新保守主义者之列。他的代表作有：《自由与经济制度》（1938）、《通往奴役之路》（1944）、《个人主义与经济秩序》（1948）、《货币的非国家化》

（1976）、《哲学、政治学、经济学与思想史的新研究》（1978）。

（2）新自由主义思想的主要观点

第一，"消费者主权"与"货币非国家化"。

如果说 20 世纪二三十年代经济危机及第二次世界大战使凯恩斯主义风行西方，国家干预成为新自由主义理论的重要特点，那么，哈耶克的经济理论是反对一切国家计划与国家干预的，他既反对凯恩斯学派的国家干预主义，也反对社会主义的计划经济，主张给私人经济以最充分的自由，彻底实行市场调节，以便实现供需平衡，消灭经济危机。就此而言，哈耶克又使新自由主义向古典自由主义回归。自由主义经过两个世纪运行，仿佛绕了一个圈又回到了原来起点，他的自由经济理论与新保守主义经济观也合流了。

哈耶克的经济自由主义的首要原则，就是"消费者主权"原则。他从经济过剩危机产生的根源分析，认为它是由于生产资源分配与使用的不合理，产品不符合消费者需要，造成大量积压与过剩的结果，而不是简单的社会需求萎缩。因此，不能只靠国家干预，刺激消费的凯恩斯主义来根除。消除过剩危机的根本原则就是尊重"消费者主权"，充分发挥市场调节机制。消费者在市场上每支出一单位货币来购买某种商品，就等于给这一商品的生产者投了一张选票。消费者在确定商品生产的数量与种类上起着决定性作用，拥有至高无上的权力，这就是"消费者主权"。生产者也只有按市场价格涨落来安排和调节生产，按照消费者对市场商品的选择与偏好来决定生产什么或生产多少，并与此为依据去改进技术，降低成本，增加品种，满足消费者需要，才能最终克服生产过剩，实现最大限度的利润。

哈耶克指出，"消费者主权原则"在自由资本主义时期曾是人们普遍重视的经济原则，古典学派与庸俗学派的经济学家都曾肯定过它的作用。但是垄断资本主义时期，尤其是国家垄断资本主义建立以后，它被人们忽视了，导致了严重后果。私人垄断资本与国家垄断资本对某些重要商品的生产与销售规定垄断价格，结果使产品生产与市场需求脱节，生产陷入盲目状态。尽管现代电脑技术无法跟上市场供求变化，"消费者主权原则"在电脑时代仍未丧失作用。国家垄断资本主义全面干预国民经济，一定程度上干扰了市场调节，背离了"消费者主权原则"，尤其是国家垄断货币发行权，无法与私人经济需要的实际货币流通量相一致，通货膨胀与政府财政赤字就无法避免。要消除通货膨胀，就应该使货币"非国家化"，取消国家垄断的货币发行权，废除国家货币制度，实行自由货币制度，由私营银行依据市场需求，自行发放竞争性货币来取代国家货币。当私营银行要维持货币的通货价值时，就必然会自动限制货币发行量，通货膨胀现象就会被制止了。考虑到这一意见可能一时难被公众与政府接受，哈耶克主张进行一场宣传自由货币的运动，使人们认识到它关系到消除通货膨胀、物价稳定等人们的切身利益。他还指出，失业与通货膨胀同出一源，正因为国家垄断货币发行量，造成通货膨胀，限制了私人经济的活动与投资积极性，减少了市场提供的就业机会，导致了失业。一旦实行自由货币制度，抑制了通货膨胀，就能激发投资积极性，增加就业机会，减少失业现象，政府收入也会得到保证。因此，"货币的非国家化"是资本主义经济生存下去的唯一出路。除此之外，"我们别无选择之余地"。[①]

显然，"货币的非国家化"理论与"消费者主权原则"在本质上是完全一致的，它们都否认垄断资本主义时期的经济危机仍然是资本主义私有制与社会化大生产的基本矛盾所产生的，而将它归罪于国家干预与国家货币制度，破坏了自发的市场机制，因此主张恢复与遵守市场经济原则。哈耶克对凯恩斯主义的批判，恰恰是对它的一种补充，两者都是以缓和资本主义经济危机，完善资本主义经济机制与自我调节能力为出发点，目的相同，方法与手段有异，但也相辅相成。

第二，机会均等、私有制与人性自由。

哈耶克不但批评国家干预经济，而且抨击"收入均等化"的经济方针。他认为，"收入均等化"经济方针的初衷是实现社会平等。但是，这一方针实质上是使一部分人本应根据自己提供的生产资源而取得的合理报酬，被国家强行剥夺并被他人占有，这是极不公平的。真正的平等不能靠政府力量搞收入均等化去实现，而只能是一种在机会均等的情况下，人人能平等地参加自由竞争，由此产生的财富差距则是自然现象。政府的目标不在于搞人为的"收入均等化"，而在于为了实现"机会均等"创造调节，保证人人有均等的机会去参加自由竞争，并将它作为法定的权利加以保护。任何形式的特权都应取消，政府成员的一切活动也必须用国家法律来约束，并受到公民的监督。

---

① 哈耶克：《货币的非国家化》，伦敦，1945年版，第133页。

在批判国家垄断资本主义的同时，哈耶克也反对一切计划经济与限制市场调节的国家主义，包括社会主义的计划经济。在《通往奴役之路》一书中，他对斯大林模式的苏联社会主义进行了激烈的攻击。认为社会主义公有制与集中计划调节，取消了自由竞争并无视"消费者主权"，生产资源难以合理配置，经济效率也无法提高，此外，废除私有制，实行集中计划调节与收入均等化，会使生产者丧失竞争的愿望与致富的机会，生产积极性受挫。"一个真正的'无产阶级专政'，即使形式上是民主的，如果它集中管理经济体系的话，可能会和任何专制政体所曾做的一样完全破坏了个人自由"。[①]

他极力维护资本主义私有制，认为在私有制社会中，劳动者有选择职业与出卖劳动力的自由，尽管贫民的致富机会比富人少，但仍有机会靠自己劳动致富。在公有制社会中，人们的一切自由被取消了，包括选择职业的自由，同时也就丧失了均等的机会，致富道路也被堵塞了。结果"只有得了势的人才能富裕"。

哈耶克认为衡量一种社会制度好坏的标准有二，其一就是自由，尊重个人的自由选择与个性自由发展；其二就是机会均等，人人有参加自由竞争的平等机会。而集中计划经济，尤其是以公有制为基础的社会主义计划经济，缺乏这两项标准，结果不但使经济发展缺乏内在动力而效率低下，而且更为严重的是导致思想信仰同一化与人的创造性萎缩。因此它是一种违反"人的本性"的制度，是一条"通往奴役之路"。

哈耶克的"理想王国"，是一种以私有制为基础，并有法律保障个人自由的法治国家。法律按自由原则制定，政府的一切活动都受法律约束，经济活动完全服从消费者主权，而摆脱一切形式的国家与计划的约束。以此标准，他既抨击斯大林模式的社会主义，也鞭挞英国工党的国家垄断资本主义与"福利国家"政策。

哈耶克的"理想王国"是向以个人自由为中心的自由资本主义的回归。他对社会主义公有制的攻击，表明了他极力维护资本主义私有制的顽固的资产阶级立场。他反对一切计划经济，对国家干预横加指责，对国家垄断资本主义也加以抨击，表现了他对资本主义生产方式进行改良的恐惧心理。他反对"收入均等化"，主张"自由竞争中的机会均等"，其实是

———————————

① 哈耶克：《通往奴役之路》，中国社会科学出版社 1997 年版，第 71 页。

无视资本主义社会严重的财富不均，以及由此产生的机会严重不均，因此他的这种言论貌似有理，实际上更多是一种空论。他的新自由主义本质上是一种保守与倒退的理论，是对二战前凯恩斯主义的补充与纠偏。同时它还将19世纪自由主义思潮从个人主义出发，经过集体主义与国家主义，又导向原来的个人主义的起点，从而使新自由主义与新保守主义在一定程度上合流。无怪乎有人将哈耶克的新自由主义也称为新保守主义。

第三，政府依法行政与法治。

尽管哈耶克反对一切计划经济与限制市场调节的国家主义，包括社会主义的计划经济，但是他并不主张在市场经济条件下，政府无为而治，而是主张政府有责任保障市场经济正常运行，政府的职责在于制定并实施保障市场经济运行的抽象规则和法律制度，依法行政，建立一个法治社会。

尽管哈耶克被人们冠以自由主义思想大师，但是在哈耶克的众多论著中，"自发秩序"和"建构理性主义"一类的词汇并不是最常见的，出现最多的恰恰是"法治"和"自由"。他认为法治与自由构成现代社会基础的两个紧密相连的概念，或者说二者其实是一枚硬币的两面。哈耶克始终强调"法治"对市场经济条件的重要性与不可或缺性，尤其是反复强调市场经济条件下政府行为必须符合法律，政府依据法律保障市场经济的有序运行。

显然，哈耶克强调的"法治"不仅是"用法律来治理社会"（The rule by law），而且更确切地说是政府与公民都是在同样的法律条件下活动，即"法律统治"下的市场经济活动和法律指导下的社会平等（the rule of law）。他的"法治"理念其实已经超越政府依法治理的"法治"的浅层含义，而是包含"法治社会"、"法治国家"，即政府与社会都是在同一法律指导下活动的深层核心含义。他在1944年出版的《通往奴役之路》中明确指出："撇开所有技术细节不论，法治的意思就是指政府在一切行动中都受到事前规定并宣布的规则约束——这种规则使得一切个人有可能肯定地预见到当局在某一种情况中会如何使用它的强制权力，和根据对此的了解计划他自己的个人事务。"①

很显然，早在20世纪三四十年代哈耶克就认识到，法治并不指主权者或政府用法律作为手段来治理社会，而首先是政府必须先遵守法律。法

---

① 哈耶克：《通往奴役之路》，中国社会科学出版社1997年版，第73页。

治的最重要的条件是政府本身和任何公民一样要受预先制定的法律尤其是宪法所约束，即"法律统治"（the Rule of Law）。因为，"要使法治生效，应当有一个常常毫无例外地使用的规则，这一点比这个规则的内容更为重要"。例如，马路上汽车沿着右边还是左边驾驶是无所谓的，只要大家一致认可同样朝某一方向驾驶就可以。"规则使我们能够正确地预测别人的行动，而这就需要它应当适用于一切情况……即使在某种特殊情况下，我们觉得它是没有道理的时候。"① 显然，哈耶克法治观的核心是法律对于一切人、在所有情况下都是平等的，都必须无条件地遵守。因此，在法治条件下，人们就可根据法律预测、评价他人的行为，尤其是政府的行为。任何行为体的行为，包括政府行为都必须在法律指导下进行。否则，就可能出现政府享有无限权力，可以运用法律治国，但是法律不能限制政府权力（The rule by law）。哈耶克指出："如果说在一个计划社会，法治不能保持，这并不是说政府的行动将不是合法的，或者说，这样一种社会就没有法律的。它只是说，政府强制权力的使用不再受事先规定的规则的限制和决定。法律能够……使那种实质上是专断的行动合法化。如果法律规定某一部门或当局可以为所欲为，那么，那个部门和当局所做的任何事都是合法的……但它的行动肯定不是在受法治原则的支配。通过赋予政府以无限制的权力，可以把最专断的统治合法化；而且一个民主制度就可以以这样一种方式建立起一种可以想象得到的最完全的专制政治来。"② 哈耶克当年所表达的这些思想，对于现代法治社会建设，依然具有积极的现实借鉴意义。这是一种历史的洞识。

哈耶克在处理法治、民主的关系时，将法治作为维持自由与民主的前提条件。哈耶克曾引用德国法哲学家古斯塔夫·拉德布鲁克（Gustav Radbruch）在《权利哲学》中的话："民主确有其值得赞颂的价值，但法治国家却如我们每日所吃的面包、饮用的水和呼吸的空气一样是必需的；民主的最大价值就在于民主经由自身的调适就能维系法治"。哈耶克进一步发挥这一思想，认为，除非民主能够维系法治，否则民主就不再能够维持其存在。③

---

① 哈耶克：《通往奴役之路》，中国社会科学出版社 1997 年版，第 80 页。
② 同上书，第 82—83 页。
③ 参阅哈耶克《自由秩序原理》最后一章，三联书店 1997 年版。

总之，哈耶克的法治观是，法治并不是政府用法律治理好社会了，或者说用法律治住了老百姓，而是公民用宪法和其他行政法规限制住了政府，使政府官员的行为受预先设定的宪法规则和各种行政法规所制约。概言之，法治是对政府而说的，是政府守法和政府所有行政活动受限于预先制定的法律规则。只有当政府的所有行政活动受宪法和可实施的法律约束了，是一个真正的有限政府了，才可能使整个社会公民自觉遵守与己相关的各种法律，才可能建立一个法治国家（The rule of law）。民主，作为维系宪政和法治的程序和手段，只有确保维系法治时，它自身才能真正持存，才有其实际存在价值。

**（四）当代经济自由主义与发展中国家的现代化道路**

1. "华盛顿共识"的基本内容

20 世纪 70—80 年代的撒切尔主义和里根主义是 70 年代抬头的当代新古典自由主义经济思潮的集中表现形态，学术界有时又称其为"新自由主义"，老布什继任美国总统以后，面对拉美发展中国家的现代化道路选择，炮制出以"华盛顿共识"为代表的新自由主义经济政策。

1990 年美国国际经济研究所在华盛顿召开关于 80 年代中后期拉美经济调整与改革研讨会，美国财政部官员、企业界人士、世界银行、国际货币基金组织、美洲开发银行以及一些经济学家参加。最后与会者达成共识，由美国国际经济研究所所长约翰·威廉姆逊对拉美一些国家已经采用的 10 项经济调整政策加以总结，编成小册子《拉美调整的成效》，这一会议总结被称为"华盛顿共识"。"华盛顿共识"的十项经济调整政策，具体内容一般可以概括为[1]：

（1）压缩财政赤字，降低通胀；（2）政府财政开支重点以经济效益高、有利于缩小社会差距的领域（文教卫生、基础设施）为主；（3）税制改革，降低边际税率，扩大税基；（4）利率市场化；（5）采用有竞争力的汇率制度；（6）开放市场与贸易自由化；（7）政府放松对外资进出的限制；（8）推进国有企业私有化进程；（9）放松政府对市场的管制；（10）保护私有财产。

2. 新自由主义的全面评价

（1）新自由主义的经济理论与美国鼓吹的"华盛顿共识"不能简单

---

① 何秉孟：《新自由主义评析》，社会科学文献出版社 2004 年版，第 20 页。

等同

当代经济自由主义学术理论是以古典自由主义经济理论为基础发展起来的一种学说，有一定的合理性；"华盛顿共识"是美国政府利用新自由主义理论提出了一种经济发展政策，包含美国的政治，经济、意识形态的利益。两者不能简单等同。

（2）新自由主义的经济理论需要全面分析

第一，合理的经济理论部分。

当代经济自由主义的经济理论也存在一些合理部分，需要客观肯定，这与美国设计的新自由主义经济政策有区别。一是市场具有有效配置资源的机制观点，符合市场经济发展的规律，对后发国家建立市场经济体制也有重要借鉴作用；二是主张减少政府干预、压缩政府开支、提高政府效率的观点，符合现代经济发展的规律，在我国深化政治体制与经济体制改革，推进和谐社会建设中也有借鉴意义；三是主张运用货币政策对国民经济宏观调控，以保持稳定增长的观点，对于世界各国，尤其是发展中国家应对国际金融危机的挑战，有一定的借鉴意义；四是关于加强法制建设，推进政府行为的法制化的观点，显然符合完善市场经济体制的需要，也符合社会公正的需要；五是尊重人权与个人自由发展的观点，具有普遍意义。尽管东西方社会的人权观存在差别，但是推进社会主义人权建设，保障人权与人的全面自由发展与马克思主义的人学理念相吻合，也有积极意义。

第二，消极的经济理论部分。

当代经济自由主义的经济理论的消极部分，需要解剖并加以摒弃。主要包括：

一是最大程度自由化是当代经济自由主义的核心主张，主要是指金融自由化、贸易自由化、投资自由化。金融自由化，就是打破国家间的金融壁垒，实行利率、汇率市场化，经常项目和资本项目下货币完全自由兑换，开放金融市场，放松金融管制，默许金融创新。贸易自由化，就是清除非关税壁垒，实行低关税率。投资自由化，就是市场全面开放，让外国资本直接进入，取消各种必要的管制与障碍。

最大程度自由化的要害，是推行私人跨国公司支配下的全球自由贸易和自由金融，维护美国主导下的自由经济，反对建立国际经济新秩序。

对于发展中国家来说，发达国家在资金、技术和管理方面都占有竞争优势，发展中国家的企业很容易被外资所控制而处于依附地位。绝对自由化无异于是要自己完全敞开国门，放弃独立自主地兴办和发展民族经济的权利，任凭发达国家的过剩产品抢占自己的市场。全面开放金融业，更为国际投机资本随意进出，攻击本国货币管理提供可乘之机。

在当代经济自由主义旗帜下，自 20 世纪 80 年代起，大部分西方国家把自由化作为经济战略工具，进而有目的地把这些工具推崇为国家意识形态。在输出所谓自由、民主、人权价值观和"消灭贫困"的外衣下，通过贸易制裁或其他高压手段强迫其他国家也采取同样的措施，实行自由贸易政策，弱化发展中国家的经济主权。最大程度的自由化给发展中国家带来的不是更多自由，而是更多灾难。西方大国凭着自己的经济优势实行保护主义，让自己自由侵犯别人，却又剥夺别人发展经济的自由。发达国家与发展中国家的贸易摩擦数量逐年攀升，处于弱势的自然是发展中国家。

最大程度自由化有利于美国强力推行金融自由化，长驱直入发展中国家的金融市场，把发展中国家卷入国际资本大循环以满足自己的"超前消费"。20 世纪 90 年代东南亚金融危机，21 世纪初俄罗斯、墨西哥金融危机让不少发展中国家和地区至今仍心有余悸，遭受危机冲击的国家，由于放松国际金融管制等，经济出现了 10 年倒退。2008 年美国次贷危机引发世界性金融危机，给世界经济带来巨大灾难。这场金融危机是美国经济过度自由化和虚拟化的集中反映，是新自由主义政策导致的美国金融市场失去政府必要管制，任由金融衍生品泛滥、形式越来越复杂，最终带来金融体制破产的恶果。

可见，全球化进程中，经济开放，贸易自由，有利于各国引进外资，吸收他国资金、先进技术和管理经验发展自己经济；但是绝对自由化，无条件、无选择地任由国际资本进入本国市场而不加必要的监督管制，则无异于引狼入室，贻害无穷，当代经济自由主义鼓吹绝对自由化，本质上是在新的历史条件下，新殖民主义者在全世界进行经济侵略和政治渗透的一种表现。

二是鼓吹全面私有化，为私有制辩护，是当代经济自由主义的逻辑起点。新自由主义鼓吹私有制经济自古就有，也将永恒存在，因为私有制能为所有人提供最重要的自由保证，包括个人、家庭所追求的自由，以及经济自由。企业私有化则是实现个人自由、经济自由，提高经济效率的基本前提和基础。因此，新自由主义主张取消一切公有财产，一切财产应该属于私人，公共服务实现普遍私有化，减少公共开支。

新自由主义认为，个人主义是全面私有化的理论基石。他们不仅秉承市场经济下所有人都是"理性人"的假定，越来越强化人们的占有欲望，甚至把获取最大限度的物质享受当成了人活着的全部意义和最高目标，认为增加个人财富，是个人的天职，更是资本主义精神的实质。

20世纪70年代中期以来，以美国、英国为首的西方许多国家政府大力推行私有化或非国有化，将国有企业大量出售给私人。有些国家通过引进外资来购并国有企业，削减或取消对私人企业的管制，不断降低个人所得税和公司利润税的税率以激发社会活力，赋予大公司特别是跨国公司以经济权力，一大批发达国家的私营跨国公司迅速壮大，更加富有，甚至垄断国际市场。在全球大规模私有化进程中，少数发达国家一度出现表面繁荣和充满活力，但是大多数发展中国家则出现了中小企业大量破产、工人工资大幅下降、生活费用不断上涨、国民生产总值全面缩水，甚至陷入经济持续衰退的困境，以至再掀国有化浪潮。显然，全面私有化是当代发达资本主义国家应对"滞胀危机"的一种手段，对于发展中国家而言，即使不是一剂毒药也可能是一剂致命的猛药。俄罗斯的"休克新法"即是明证。

三是倡导完全市场化。亚当·斯密的古典经济学理论认为，只要依靠市场的自我调剂机制，社会就能自动实现充分就业和经济均衡。只要按自由市场机制办事，一切社会经济问题和个人自由问题都可有序地迎刃而解。

新自由主义把亚当·斯密的市场机制理论推向极端，要让市场机制去配置调节一切社会资源，不论是私人产品还是公共产品。国家不应干预市场，只应关注货币的供应量。政府的基本作用是充当市场的"裁判员"，政府的职能必须最小化。新自由主义者在鼓吹市场万能的时候，无视市场经济本身的局限与不足。尽管市场能够实现资源有效且合理配置，但是在合理配置的过程中，往往不可避免地伴随着社会资源的极大浪费。此外，市场机制主要为单一的经济效率目标服务，不可能实现其他社会发展目标，例如，稳定物价、促进收入均等化，实现社会公正等目标。当今世界各国发展的目标已不仅是经济增长的目标，更需在经济增长的基础上，实现充分就业、物价稳定、收入分配差距缩小、社会稳定与公正，等等。这些目标的实现必须依赖政府的宏观调控，才能最大限度地实现经济、社会、政治、文化多重目标的协调发展。现代社会发展中，经济越发展，政府宏观调控就越重要。完全市场化的观点是发达国家对发展中国家的一种欺骗性的误导，与此同时，发达国家本身却在充分发挥国家垄断资本对国民经济的全面调控作用，政府利用财政、金融等经济手段对市场全面干预是所有发达国家的基本职能之一。

3. 新自由主义经济政策的消极影响

当代经济自由主义曾为应付20世纪70年代以来的滞胀问题而崛起，在美英等发达国家日渐兴盛，对市场经济运行具有一定作用，反映了资本主义生产关系的自我调节能力。随着"华盛顿共识"的形成，它嬗变为国际垄断资本的经济范式、政治纲领和文化宣言，被当作实现社会繁荣富裕的济世良方而强力推销，实际上对世界发展中国家的危害则越来越大，进一步加深了这些国家的阶级、国家和民族矛盾，扩大了南北差距。2008年美国次贷危机引发的金融危机集中暴露了当代经济自由主义政策的严重危害与消极影响。

在当代经济自由主义主导下，各国内部民众收入和财产的不平等状况明显加剧。南北差距扩大，矛盾加剧。由于大规模私有化，民族经济产业严重受挫，墨西哥、阿根廷尤为明显。失业率增加，阿根廷达15%—20%；金融危机爆发时，为了获得世界银行贷款，阿根廷已找不到可抵押的国家企业。由于社会分配不公扩大，贫困化增加，墨西哥改革前亿万富翁仅2位，20世纪90年代后增至20多位。

20世纪80年代拉美普遍爆发债务危机与经济危机，美国乘机宣扬"华盛顿共识"，1985年美国提出解决债务危机的"贝克计划"，要求拉美国家私有化、全面开放市场。90年代世界银行与国际货币基金组织利用贷款附加条件强行推动拉美经济改革，尽管一度也使拉美国家经济有所好转，但是不久普遍遭遇金融危机，1994年墨西哥遭遇金融危机、1999年巴西遭遇金融危机冲击、2001年阿根廷爆发金融危机，拉美国家付出了沉重代价。俄罗斯十年休克疗法也是接受了"华盛顿共识"的经济主张，完全搞私有化、市场化、自由化，结果经济大大倒退。俄罗斯1989年的GDP曾是中国的2倍多，1999年仅为中国的1/3。[①] 这是"华盛顿共识"消极影响的典型例子。

---

① 何秉孟：《新自由主义评析》，社会科学文献出版社2004年版，第25页。

当今美国资本主义形态由"生产型"向"消费型"转变，不仅个人靠借贷超前消费，整个国家也靠举债过活。欧盟爆发严重主权债务危机，希腊、爱尔兰、意大利、西班牙的政府债务都已超过国际警戒线，为此不得不要求欧盟与国际组织援助；美国政府债务已达 14 万亿美元以上，相当于 GDP 的 90% 以上，[1] 也已陷入债务危机之中难以自拔。发达国家个人主义、消费主义和现实主义已成其主流社会价值观念，这一意识形态与生活方式的腐朽性暴露无遗。西方国家的新自由主义极力为这种意识形态与生活方式的腐朽性提供"合理性"的依据，并且披上普世性的外衣在世界推销，2008 年美国引发的金融危机其实也是西方意识形态与生活方式的危机，同时也是新自由主义经济政策与"华盛顿共识"的危机。美国倡导的新自由主义经济理论与经济政策，已经成为当代资本主义生产方式日趋困顿与腐朽的理论基础。

---

① 2011 年 5 月 16 日美国联邦政府公共债务已达 14.29 万亿美元，超过 GDP 的 90%。参见《广州日报》2011 年 7 月 12 日。

# 第七章　当代保守主义思潮

## 第一节　当代保守主义的产生背景与发展阶段

### 一　产生背景

第二次世界大战前以及战后很长时间内，自由主义思潮在西方发达资本主义国家占据主导地位。但是 20 世纪 70 年代初，这种情况渐渐发生变化，当代自由主义，或新自由主义开始遭到猛烈抨击，当代保守主义或新保守主义受到官方青睐，影响日益增强，形成了与新自由主义相抗衡的态势。这一现象在欧美各国普遍存在，但以美国最为典型。

20 世纪 60 年代，美国陷入"越南战争"泥潭以后，经济危机、社会危机与信仰危机日益严重，鼓吹个人为中心的自由主义已无法回答现存的各种社会问题，不少思想家和政治家开始寻求新的理论武器，当代保守主义的主张得到广泛宣传，形成一股较强的社会思潮。1980 年 12 月，美国当代保守主义的喉舌刊物《国民评论》创刊 25 周年，里根总统应邀参加庆宴，后因有事不能赴宴，还特意向总编致电示歉。80 年代，"在政界，在科学院范围内，在期刊中，简言之，在社会上有影响的一切美国现代设计中，'新保守主义'处得极为顺利……在社会科学中，在知识分子刊物中有不少有贡献的人的名字现在都与新保守主义有关"。[①] 在西欧，批判凯恩斯主义的新保守主义经济思想甚嚣尘上。弗里德曼的货币学派、费尔德斯坦的供给学派成为这一经济思想的核心。撒切尔夫人推行非国有化运

---

① 《新保守主义：左派的批评》，纽约，1974 年版，第 12 页。

动，北欧各国削减政府开支并减少国家干预，恢复了自由市场经济。在政治思想上，反对民主与平等、恢复传统道德与宗教伦理、加强政治统治权力成了西方各国政治的普遍性特点。

## 二　当代保守主义两大发展阶段

二战以后，当代保守主义的发展，大致可分为两个阶段。

第一阶段，20 世纪 50 年代到 70 年代初。这一阶段是当代自由主义盛行时期，由于二战期间部分欧洲保守分子同情、支持甚至参加法西斯运动，战后都声名狼藉，除英国之外，欧洲大多数国家的保守主义政党都被赶下台，西方主要国家的自由主义政党纷纷执政，甚至在反法西斯战争中贡献甚大的英国保守党也被工党赶下了台。这一阶段是当代保守主义处在反思，同时与当代自由主义论战，构建自己新的理论体系的时期。战后，西方发达国家普遍实施"福利国家"政策，各国保守主义者在社会福利问题上与自由主义者展开辩论与竞争。在理论上，当代保守主义的主要代表是英国的哈罗德·麦克米伦（1894—1987）的"中间道路"思想和美国的丹尼尔·贝尔为代表的"新保守主义"理论。

第二阶段，20 世纪 70 年代中期以后直到 21 世纪初。从 20 世纪 70 年代后期开始，西方社会普遍陷入"滞胀危机"，当代自由主义理论和政策面临严峻挑战，当代保守主义在政治上开始接连赢得大选胜利，纷纷上台执政，保守主义思潮也迅速扩大领地，成为 80 年代西方社会占主导地位的意识形态。这一时期的当代保守主义已不是对传统保守主义的简单回复与继承，而是吸收了部分古典自由主义思想观点，以抗衡当代自由主义的基本理论和政策。因此，当代政治保守主义也有人称之为自由保守主义，当代经济保守主义又称之为新自由主义，当代外交保守主义可称之为新保守主义，新保守主义更多是专门指 20 世纪后期美国共和党的外交理念，主要是关于小布什政府的单边主义外交思想。

20 世纪 70 年代以后，西方当代保守主义的中心从具有悠久的保守主义传统的英、法等欧洲国家，转到具有深厚自由主义传统的美国。

## 第二节　当代保守主义的思想特征与基本分类

### 一　当代保守主义的思想特征

当代保守主义基本特征主要表现为：

第一，认为当代资本主义社会危机不是资本主义制度的产物，而是自由主义政策导致的文化矛盾的结果。

20世纪60—70年代美国与西欧国家普遍处在社会动荡与危机之中，亨廷顿认为这是一种"权力的合法性普遍丧失和对领导阶层失去信任的""权威危机"。[①] 当代保守主义者一般认为，西方社会的"权威危机"主要是自由主义政策的产物，同时也是资本主义社会出现的现代大众文化泛滥导致的"文化矛盾"的产物。传统的西方新教伦理鼓吹自我奋斗与节俭努力的精神，但是自由主义普遍推行福利国家政策，鼓励无度消费，所谓"美国梦"，实际就是刺激个人对政府过高的期望值，一旦经济滞胀，政府难以提供更多福利，人们对政府权威的信任便动摇，社会危机便不可避免地产生。因此，当代资本主义社会危机也是传统信仰与价值观沦丧导致的"文化危机"与"精神道德危机"，丹尼尔·贝尔认为，当代资本主义危机的根源是资本主义文化矛盾的产物，而不是资本主义制度本身的结果。

第二，以知识精英为社会基础，倡导节制民主参与。

当代保守主义认为，20世纪60—70年代西方社会发生动荡，社会秩序和法制，以及政府机构普遍遭遇严重冲击而无法有力行动，根子在于民主参与过度和群众运动频繁。维护资本主义社会秩序，就必须在一定程度上节制民主参与，限制公众参政的程度，加强法制建设。

当代保守主义认为，维持社会秩序，伸张社会正义，就需要提升社会精英分子在社会决策层的影响与作用。当社会"拥有一个强大的权势集团，就会有生命力"，只有那些信奉传统资本主义价值观，具有一定的社会地位与管理技能的社会精英集团主导社会，才可能有效阻止社会动荡，

---

① 亨廷顿：《民主制的危机》，纽约大学出版社1975年版，第161—162页。

维持社会秩序，伸张社会正义，保障经济稳定发展。①

当代保守主义的社会基础，一般以知识分子为主体，其中不乏主张改革的思想家、著名大学的教授、政治评论家等。但是它的影响是全社会的，它尤其对政府机关与政治领袖们有直接影响。不少当代保守主义者以政治活动家身份与国家领导者们周旋，如当代美国保守主义者代表之一的布热津斯基。他们的观点与见解常常被国家决策者吸收，转换成政府的官方政策与计划。由于当代保守主义观点有利于大企业的生存与发展，因此也颇得企业界好感，当代保守主义者与大企业界关系也较密切。由美国大企业出资创办的"企业研究所"，专门出版《管制》刊物，成为当代保守主义的舆论阵地。

第三，削减福利国家政策，减少政府干预。

当代保守主义在政府与市场关系上，反对政府过多的干预。他们一般认为，资本主义经济制度并无问题，经济危机发生的根源不在于资本主义市场经济制度本身，而在于国家更多干预，干扰了市场机制的自发调节作用。只要政府减少干预，让市场充分发挥调节作用，就能克服经济危机。以凯恩斯主义经济思想指导的当代自由主义，主张国家垄断资本主义对国民经济的全面干预，以扩大公共消费刺激经济。当代经济保守主义对此理论大加挞伐。李普塞特认为："自由主义解决问题的标准办法……扩大政府干预、加强管制、增加开支……所产生的问题，通常比其已经解决的问题更多。"当代保守主义主张企业的自由发展、减税与削减社会福利，反对政府过多干预，但是也主张政府的适度调节、"最低限度的社会保障"，其本质就是强调个人主义原则，防止过度的社会福利助长人们的依赖与懈怠，丧失积极进取的新教伦理精神。

第四，宣扬西方民主价值的普世性，敌视集权政治。

当代保守主义在国际政治与外交领域一般被称之为"新保守主义"，其代表是美国小布什政府的外交指导理念。美国新保守主义外交始于尼克松与里根政府，但是在小布什政府时期发展到顶峰。小布什政府的新保守主义并不完全支持尼克松、里根政府的传统现实主义国际政治理念，而是抱怨他们对外结盟时不关注政权性质，一味从遏制苏联霸权的现实利益出

---

① Steinfels P. "The Neoconservatives: The Men Who Are Changing America's Politics", New York : Simon and Schuster, 1979, p. 67.

发；小布什政府也不赞同克林顿政府的理想主义的国际政治理念，指责他们过度依靠国际组织和自由贸易去推动西方民主价值，太理想化。新保守主义不但强调国家综合实力，而且过多强调西方民主价值与意识形态的地位。

新保守主义的基本政治理念是：（1）美国的民主价值观至高无上，美国在世界发展中承担着领导世界的历史使命，"美国是一个'例外的国家'，负有'特别的使命'，必须运用各种手段维护其领导地位"。（2）自由民主与专制集权水火不容，以美国为代表的西方民主国家应挺身反对各国暴政，为此应当增强军力，铲除那些"邪恶政权"，"外交代替不了军事力量"。[①] 为了维护西方民主制度，新保守主义极力反对共产主义，"宁要非共产主义的独裁政权，而不要共产主义政权，这在道义上是正当的"。[②] 新保守主义反对与中国发展关系，呼吁支持台湾当局，牵制中国的发展。（3）不相信以联合国为中心的多边主义国际治理体系，认为国际组织中的专制国家的一票并不能代表其人民意愿，以联合国为代表的"国际民主"并不符合美国的民主价值观，基于这种认识，美国新保守主义者对联合国的决议历来不以为然。他们也批评盟国不支持美国的强权政策，主张从美国国家利益出发的单边主义政策，不必迁就联合国与盟国。新保守主义者主张唯我独尊的单边主义外交政策。

## 二　当代保守主义的基本分类及其主要思想代表

当代保守主义一般可以分为当代政治保守主义与当代经济保守主义两类流派。当代政治保守主义又可称之为新保守主义，新保守主义一般被视为美国的里根政府、老布什与小布什政府的外交指导思想。

### （一）当代政治保守主义的基本思想及其主要代表人物

当代政治保守主义在政治思想上更加关注平等、自由与社会公平问题。强调机会平等而不是结果平等；认为只有维护了个人的自由权利，才可能实现机会平等；当代政治保守主义极力反对国家干预社会经济生活，坚决保障个人在市场中自由竞争和发展的权利。

---

① Kristol I. What is a Neoconservative? Newsweek 1976（January 19）：87.

② Podhoretz N. The Present Danger, Commentary, 1980（March）.

当代政治保守主义的主要代表有丹尼尔·贝尔（1919—2011）、诺齐克（1938—2002）等。

**（二）当代经济保守主义的基本思想理念及其主要代表人物**

当代经济保守主义，又可称新自由主义。他们在经济上，全面批判凯恩斯主义，主张政府不要干预社会经济生活，让市场经济自由运行。里根、撒切尔夫人推行非国有化运动，北欧各国削减政府福利开支，减少国家干预，恢复自由市场经济，都是当代保守主义的基本立场。[①] 实际上，当代经济保守主义是在新的历史条件下，回归古典自由主义的一些基本原则，代表人物主要有哈耶克（1899—1992）、弗里德曼（1912—　）、布坎南（1919—　）等。

### 三　当代保守主义与当代自由主义的比较

当代保守主义与当代自由主义在一些问题上存在共识，同时在有些基本问题上依然存在分歧，主要在于：

1. 社会正义与社会安定的关系问题

当代保守主义认为社会安定是社会正义的基础。20世纪60年代的社会秩序和法制，以及政府机构遭到严重冲击而无法有力行动，因此社会正义也难以实现。

当代自由主义则认为社会正义是社会安定基础，广大民众感到社会正义没有得到充分的伸张，就会不满而起来抗议，社会就无安定保障。

2. 社会危机的根源问题

当代保守主义认为资本主义制度并无问题，经济危机产生的根源在于国家过多干预，干扰了市场机制的自发调节作用；当代保守主义力图排除国家更多的干预，让市场机制发挥更大作用，重建新的精神道德价值观来改变西方社会陷于困顿的局面。

当代自由主义则认为资本主义市场经济体制存在问题，只有通过改革，采取国家垄断资本主义的形式干预市场经济，才能缓解经济危机。

---

① 有人也将里根、撒切尔夫人的经济思想归入新自由主义经济思想。

## 第三节　当代政治保守主义的代表
## 人物及其主要思想

丹尼尔·贝尔是战后西方政治保守主义的主要代表之一。

### 一　丹尼尔·贝尔的生平及其主要代表作

**（一）生平**

丹尼尔·贝尔出生于纽约，父母是一个东欧犹太移民。曾用名丹尼尔·布鲁茨基（Daniel Bolotsky），13 岁时姓改为丹尼尔·贝尔（Daniel Bell）。他从小丧父，被寄托在一家犹太孤儿院里，孤儿院的生活经历对他一生发展影响深刻，并促进其心智早熟。1935 年至 1939 年，他先后就读于纽约城市学院和哥伦比亚大学研究生院，贝尔对马克思主义曾表现出极大的热忱。

20 世纪四五十年代，贝尔曾任《新领袖》杂志主编、《幸福》杂志编委等职。在六七十年代，他主要在大学从事教学工作，曾在哥伦比亚大学和哈佛大学担任社会学教授，还从事一些与未来学研究和预测有关的活动。他曾担任过美国文理学院"2000 年委员会"主席、美国总统"八十年代议程委员会"委员等职。

贝尔在战后西方的社会学、未来学和当代资本主义研究诸领域均有较大建树。1974 年他曾被选入美国 10 位影响最大的著名学者之列，在美国与欧洲的思想界声望甚高。

贝尔早期是一个左翼知识分子，以后转向保守主义，他对当代资本主义社会采取温和的、不彻底的批判立场。

**（二）主要著作**

贝尔的学术著述很多，在他的全部著作中，最有代表性的著作有三本：（1）《意识形态的终结》（1960）（*The End of Ideology*），此书曾在 1995 年被泰晤士报评为二战后最有影响的 100 本书之一；（2）《后工业社会的来临》（1973）；（3）《资本主义文化矛盾》（1976）。

其他重要著作包括：（1）《美国的马克思派社会主义》（1951）（*Marxian Socialism in The United States*）、（2）《普通教育的改革》（*The*

*Reforming of General Education*）、（3）《今日资本主义》（1971）（*Today's Capitalism*）、（4）《蜿蜒之路》（1980）（*The Winding Passage：Sociological Essays And Journal*）、（5）《第二次世界大战以来的社会科学》（*The Social Science Since The Second World War*）、（6）《第三次技术革命》（*The Third Technological Revolution-And Its Possible socioeconomic consequences*）等。

贝尔在他的全部著作中着重探讨了两大问题：（1）在当代资本主义社会的政治思想、科学技术、经济和社会结构的变迁，美国与西方工业社会向"后工业社会"转型，科学技术在国家重大决策中发挥重大影响作用等问题上，他坚持认为传统的政治意识形态治国形式不可避免地将为科技治国形式所取代。（2）在当代资本主义社会文化发展与经济政治之间的矛盾与关系问题上，他努力揭示出资本主义文化与经济和政治发生矛盾的根源，在文化社会学和发达资本主义，以及大众传播学研究领域，他都作出了开创性的贡献。

## 二　丹尼尔·贝尔保守主义思想的主要观点

### （一）创建"新的社会哲学"

战后，美国政治、经济与文化都发生了重大变化，保守主义者对此变化感到失望。贝尔在《意识形态的终结》一书中也认为美国传统的意识形态或社会哲学已经穷途末路，资本主义民主制度的思想基础已经动摇。他指出，第二次世界大战前后几十年的世界历史中"出现了一个简单的事实：对于激进的知识分子来说，那些陈旧的意识形态已失去了它们的'真理'和说服力。认真严肃的人几乎不再确信人们能制订一种'蓝图'，并通过'社会管理'就能实现一个新的、社会融合的乌托邦。与此同时，某些更加古老的'相反的信仰同样也已经丧失了它们的精神力量'"。[①] 贝尔认为，传统意识形态的衰落，使西方社会造成极大的思想混乱。自由民主观念已经淡薄，传统美德被嘲弄，服从法律，尊重他人权利，廉洁奉公等社会安定的基本因素荡然无存，人们丧失了对权威、制度与宗教的信仰，各种丑恶的现象，诸如嗜毒酗酒、性自由、政治恐怖等反被容忍，甚至受到同情与赞扬，于是信仰危机与社会危机不可避免发生。

---

① 中国社科院哲学研究所编：《当代美国资产阶级哲学资料》第四集，商务印书馆1980年版，第149页。

要恢复社会稳定，首先要在传统意识形态没落的同时，创立一种"新的社会哲学"或新的价值观，它既要保留传统的自由民主的原则，又要包括经济发展的原则；既能符合个人的需求，又能兼顾社会的共同目标。

以自由、民主为其核心的西方传统的意识形态与社会哲学，至此已经丧失生命力。而在战后新科技革命的推动下，20世纪50—60年代资本主义经济发展进入难得的"黄金发展"时期，经济因素在国际社会中的作用加大，在美国等西方发达国家的国内生活中的地位也迅速提升，无论在政党政治、社会道德、文化传播各个方面都显示出金钱与经济因素的影响力。经济发展对于战后新兴的民族国家是至关重要的问题，对于西方工业国也同样重要，因此在世界范围内，"'经济发展'也变成了一种新的意识形态"。如果说19世纪的具有普遍意义的"旧意识形态的动力是社会平等，从最广泛的意义上说，也是自由"，那么20世纪，尤其是战后的具有普遍意义的"新意识形态的动力则是经济发展和国家实力"。[①] 有鉴于此，贝尔主张创立一种以"经济发展和国家实力"为动力的"新的意识形态"、"新的社会哲学"或新的价值观，以取代以社会平等与自由为动力的传统的"旧意识形态"。

**（二）资本主义社会的"两个图式"与后工业社会的基本特征**

1. 马克思关于资本主义社会发展的不同的"两个图式"

贝尔认为马克思提出了关于资本主义社会发展的一般图式，但在《资本论》中存在两个不同的图式。第一个是简化的"纯粹资本主义的理论图式"，主要是在《资本论》第1、2卷中；第二个理论图式是在《资本论》第3卷中。简化的"纯粹资本主义的理论图式"，主要是对工业化时代的资本主义的研究结果，其基本结论是资本主义社会的阶级对立日益简单化为资产阶级与无产阶级两大阶级的对立，而这一理论已经过时。第二个图式，是马克思在写《资本论》第3卷时，已经敏锐地捕捉到了资本主义生产方式的新动向，并且提出资本主义的社会结构正在发生三大重要变化：（1）刚刚出现的大规模的投资银行和股份公司，这表明资本积累方式在发生变化，企业家个人私人资本积累通过社会集资方式转化为社

---

① 中国社科院哲学研究所编：《当代美国资产阶级哲学资料》第四集，商务印书馆1980年版，第150页。

会性质的资本，"资本具有了社会性质"；（2）股份公司的出现造成了资本主义生产方式的革命，传统的资本所有权和经营管理权合一，集于资本家一身的所有制方式，逐步转化为资本的所有权和经营管理权分离，资本所有者不一定经营日益庞大的资本，经营资本者不一定是资本所有者；（3）银行、金融业、股份公司的发展，使金融服务行业与其他服务业逐步成为制造业、农业之外更加重要的产业部门。社会就业部门的扩展，导致社会阶级结构发生新变化，办公室人员与白领阶层人数不断增加，逐步形成一个新的中间阶级。[1]

贝尔认为，马克思关于资本主义社会阶级结构的第一图式理论，属于工业社会，在后工业社会不能照搬。因为"没有单线顺序的社会变迁，也不存在'社会发展规律'。社会科学中最严重的错误是想通过一个凌驾一切的单一概念……去观察一个社会的特点，使得人们对现代社会的复杂的特征……产生误解，或者设想某一个社会制度必然不可避免的接替另一社会制度的所谓'社会发展规律'"。[2]

马克思《资本论》第 3 卷中的第二个图式，为建构当代资本主义后工业化社会的阶级分析理论提供了某种对话的基础。贝尔认为，20 世纪上半叶，人们对当代资本主义社会未来发展的社会学理论，"几乎所有都是同马克思的第二种图式对话"。[3]

2. 后工业社会的基本特征

贝尔认为当代资本主义已进入后工业社会，与工业社会比较存在明显差别。工业社会以机器技术为基础，后工业社会则以知识技术为基础；"资本与劳动是工业社会的主要结构特征"，"信息与知识则是后工业社会的主要结构特征"。[4]

后工业社会的基本特征在经济方面的主要表现：产品生产经济为主转变为服务性经济为主；在职业分布上的表现：专业和技术人员处于社会主导地位；在社会变革的动力方面的表现：理论知识成为社会革新与制定政策的源泉，成为中心社会要素；在未来发展方向上的表现：控制技术发展，对技术进行鉴定，而且不断创造新的智能技术。

---

[1] 丹尼尔·贝尔：《后工业社会的来临》，新华出版社 1997 年版，第 63—64 页。

[2] 同上书，1976 年版前言，第 8 页。

[3] 同上书，第 67 页。

[4] 同上书，第 9 页。

贝尔认为，工业社会结构不很复杂，因此可以简单地以利益相互对立的两大阶级之间的阶级斗争作为社会分析主线。随着后工业化社会的发展，社会利益之间的分化愈趋复杂，"后工业社会是以服务业为基础"，人们之间的竞争已经不是"体力或者能源，而是信息，主要人物是专业人员"，他们经过专业教育和培训，掌握了后工业社会必需的"技能"。工业社会的生活标准的评判取决于商品数量；后工业社会"根据服务和舒适……所计量的生活质量的标准来确定的"。[1]

### （三）后工业社会的阶级构成与马克思阶级分析理论已经过时

贝尔认为，以往的社会发展史，被人们简单地描绘成两个利益相互对立的社会集团之间为获取财富与特权而进行的阶级斗争。这一理论主要受到社会主义意识形态的影响，此外，由于社会结构本身不很复杂，这种社会分析方法也能适用。人们在进行社会阶级分析时，把注意力集中在阶级利益的对立分析上，将阶级斗争当作社会发展的"虽然隐蔽但却是现实的决定性因素"。[2] 随着工业化社会的发展，社会利益之间的等级愈趋复杂，社会制度的阶级性质也日益"模糊"，"占统治地位的既不是商业的制度，也不是奴隶的、自由的、农民的、工业的或无产者的制度"，在后工业社会中，经济高度发达，"人们就不能用阶级结构来作直接的政治分析"，社会阶级分析主要揭示人们"获得财富与获得特权的方式"，但是面对复杂的后工业化社会，"阶级分析既不能直接地告诉我们谁行使着这种权力，也不能告诉我们在哪种方式的范围内是怎样进行权力争夺的"，"'阶级的'这个三棱镜对于理解各种不同的政治集团的瞬息万变的活动来说也未免太简陋了"。[3]

面对当代资本主义社会的新变化，贝尔将马克思关于资本主义社会的阶级斗争日益简化为资产阶级与无产阶级两大阶级对立的理论，斥为过于简单并已过时。贝尔在对马克思与埃米尔·涂尔干[4]对资本主义危机根源进行比较分析后认为，马克思"主要注意阶级的划分"，从阶级分析入手

---

[1]　丹尼尔·贝尔：《后工业社会的来临》，新华出版社 1997 年版，第 138 页。

[2]　中国社科院哲学研究所编：《当代美国资产阶级哲学资料》第四集，商务印书馆 1980 年版，第 134 页。

[3]　同上书，第 136 页。

[4]　埃米尔·涂尔干，1858—1917 年毕业于巴黎高等师范学校，1887 年在波尔多大学讲授社会科学课程，1896 年在该大学组建法国第一个社会学与教育学系，并开始出版《社会学年鉴》，成为"社会学派"的领袖。

去揭示资本主义弊端产生的根源，并预言资本主义将要被新的社会制度所代替；埃米尔·涂尔干则从资本主义内部的经济功能去找寻问题的症结，认为根源在于资本主义"经济功能本身缺乏抑制"。贝尔明显支持埃米尔·涂尔干的观点，贝尔因此指出，"现代社会的主要问题并不是阶级斗争——阶级斗争只不过是对于工资的无限制竞争的一个次要方面——而是对经济功能本身无法控制，甚至在得到国家帮助时也依然如此"。① 随着资本主义社会的发展，私人财产与社会地位之间的联系逐渐淡化，"私有财产正在丧失它的社会目的"，现在财产已经不能再作为阶级划分的唯一标准，因为在工业化社会中熟练技术（通过教育而获得）、政治上的职位都变成了取得权力和特权的基础。正是由于财产、熟练技术与政治上的职位，"这些互相对立原则的彼此重叠和矛盾的性质"，使我们难以按传统的阶级分析方法去"识别那些始终一贯的社会集团和政治利益"，并进行社会阶级力量的简单划分。

后工业社会的基本社会特征发生深刻变化，阶级结构也发生了深刻变化，"如果说资本家和工人在工厂里的斗争是工业社会的标志的话，那么，专业人员和民众之间在组织内和社会内的冲突，便是后工业社会中冲突的标志"。②

后工业社会的社会阶级分析，财产已经不再作为阶级划分的唯一标准，熟练技术（通过教育而获得）、政治上的职位都变成了取得权力和特权的基础，以财产为主要标准的传统阶级分析方法已经不适用。后工业社会划分阶级的标准主要是知识技术与财产，主要社会结构由三个阶级构成：（1）杰出科学家和高层专业管理人员；（2）工程师和具有教授地位的中产阶级；（3）技术员、低级教职员和教育助理人员组成的无产阶级。③

贝尔认为，马克思主义所言的无产阶级与资产阶级的阶级斗争是工业化社会的主要问题。在前工业化社会中，这类阶级斗争并非是社会主要问题。因为制造业尚不是主要经济部门，产业工人也非社会主要成分。在后工业社会中，社会的科学组织问题成了主要社会问题，而劳资之间的阶级

———————————

① 丹尼尔·贝尔：《后工业社会的来临》，新华出版社 1997 年版，139 页。

② 同上。

③ 同上书，第 236 页。

斗争已经受到削弱并不再成为主要问题。

如果说工业化社会中占统治地位的社会成员是资本所有者与经营者（企业家、商人和工业经营人员），那么在后工业社会中服务业的地位上升为主导产业，经过专门教育，具备熟练技术的科学技术人员形成了"一个紧密团结的团体，并使自己成为社会上的一个新的统治阶级"。后工业社会的统治者将是掌握科学技术知识的技术专家，"科学家、专业人员、技术人员和技术官员在社会政治生活中起到主导作用"。[1] 他们构成了一个"以知识而不是以财产为基础的专业阶级"。[2]

后工业社会为什么会产生新的统治阶级？贝尔认为，在后工业社会中，关键问题是新的权力基础与统治阶级的标准，已经从财产标准或者政治标准移到知识标准，而且知识本身的性质也发生了变化。基础理论知识超过经验而成为最重要的知识内容，掌握科学技术与基础理论知识的人不仅受到社会尊重，而且掌握资本经营权，由知识分子组成的专业阶级的经济收入比一般人高，社会地位也最高。但是这一专业阶级是否能够主导政治，管理国家与政治事务，是后工业社会尚未解决的问题。因为专业阶级缺乏统一的经济利益与政治目标，成员分散在各种不同工作部门：企业、商行、政府、大学与科研机构、医院或军队，专业阶级尽管可以成为各部门的中坚或领导，但是由于专业阶级的社会存在呈现出分散状况，"那种纯粹为了政治目的的阶级意识就可能倾向于削弱"，他们难以形成一种统一的政治目的与阶级意识，无法成为一个掌握政权的新的政治阶级，后工业社会由哪个阶级掌权，其实是一个尚未找到明确答案的问题，"至于什么人来管理政治秩序则尚待观察"，仍是一个尚未解决的问题。[3]

**（四）社会形态的新划分**

马克思曾以社会生产方式为标准，将人类社会分成五种社会形态，并对资本主义生产方式作了深入研究。贝尔则以生产力发展水平作为划分社会形态的主要标准，他尽量贬低生产关系的作用和意义，进而完全否定马克思的唯物史观。

---

[1] 丹尼尔·贝尔：《后工业社会的来临》，新华出版社1997年版，第87页。

[2] 同上书，第406页。

[3] 同上。

贝尔认为，科学技术在社会发展过程中的作用是决定性的，社会越发展，其作用越重要。当电动机出现后，电子时代到来了；当原子弹爆炸时，原子时代到来了。他认为以生产方式为依据划分的社会形态不能令人信服，因为这类社会形态，例如，资本主义形态，其经济基础与上层建筑之间并非完全一致，资本主义社会的文化、宗教与政治等关系并非完全从资本主义经济基础上产生的，生产力与生产关系并非完全统一，而是割裂的。因此只有按生产力标准，例如，工业化程度来划分社会形态才较合理。

贝尔依社会生产力标准将世界上不同国家的社会形态分成三种类型：前工业化社会（例如，亚、非、拉地区国家）、工业化社会（例如，西欧、苏联与日本）、与工业化之后的社会（美国）。各种社会形态的国家的社会性质存在较大区别。

贝尔认为，前工业化社会的发展是以"自然界为目标"，社会经济部门中，以开发自然资源的部门为主导，即以第一产业的农业与林业为主导产业。前工业化社会的生产率低下，农民、渔民与非熟练工是社会主要职业；社会成员的时间观，习惯于回首往事，面向过去；社会成员主要采用的方法是经验方法。

工业化社会的发展是"以自然物加工为目标"，社会经济部门中，以商品生产的第二产业部门为主，即制造业；社会主要职业是半熟练工与工程师，人与机器的关系成了社会生活的中心。社会成员的时间观，不再简单面对过去，而是根据发展趋势，可以作出一些推测和估计；社会成员主要采用的方法，除了传统的经验方法之外，已经更多地在理论指导下应用试验方法进行实验，以便发现新的规律。

后工业化社会发展是"人与人之间的比赛"，社会经济部门以服务业与信息业等第三产业部门为主，即科研、教育与保险等部门成为主导产业。专门技术性职业与科学家职业成为社会最重要的职业，社会中心任务就是组织科学活动。社会成员的时间观，更多面向未来；社会成员采取的方法是抽象理论方法，包括模型法、决策论、系统分析等方法，主要进行比较精确的预测，而非粗略的推测。"智能技术"与机械技术成为社会生产力发展的两大杠杆。

**（五）否定资本主义必然灭亡的结论，为"管理资本主义"长期存在辩护**

贝尔认为马克思的经济决定论与在《资本论》中关于资本主义社会即将被社会主义运动埋葬的预言，并不准确。随着资本主义社会进入垄断阶段，自由市场经济体制的独立性已经"临将结束"，而垄断资本，尤其是国家垄断资本形式的出现，对国民经济实现全面调控，后工业社会的"社会的控制已不再首先是经济的，而首先是政治的了"，"经济机能已经从属于政治制度"。经济决定政治的命题也失去了意义。

后工业社会的职能发生两大转变：（1）后工业社会的"主要问题不是阶级斗争"，而是"经济职能（即使在国家协助下）不受管束"的问题，经济对社会的主导作用与独立性"正在走向结束"，对社会控制的各种体制不断出现，在这些控制体制中，首先不再是经济的，而是政治的了；（2）社会地位，首先是社会职业地位和社会职能已经和财产分离，专业知识与技能与社会地位的关系更加密切。"专业就意味着才能与权威"，"专业人员将在社会中取得神圣的地位"。

贝尔认为后工业社会，政治与国家上层建筑全面干预、控制国民经济活动，上层建筑决定经济基础，"社会经济职能从属于政治秩序"是"当代所发生的具有决定意义的社会变化"。[①] 这一变化证明，马克思关于资本主义社会基本矛盾是其经济基础决定的，资本主义社会首先是对资本与经济权力的控制，经济支配政治，经济基础决定上层建筑等基本论点已经过时，不再符合后工业社会的实际。

尽管贝尔对资本主义现状也很不满意，但是他认为马克思关于资本主义制度将要灭亡，并被社会主义社会取代的理论在当代资本主义阶段已经过时。"在马克思逝世 90 年后，资本主义仍将统治着西方世界，而看来矛盾的是：共产主义运动却几乎全在农业社会和前工业社会里掌了权"，这些社会主义国家的"社会主义计划"主要是"替代工业化的一条道路"，而不是"接替资本主义"。而在工业化国家仍无一国建立社会主义政权。在这种情况下，"预测资本主义会迅速消亡，那是颇冒风险的事"。而以股份公司、私人投资决策、财产控制权为基础的"管理资本主义社

---

① 丹尼尔·贝尔：《后工业社会的来临》，新华出版社 1997 年版，第 403—404、410—411 页。

会形态"，"很可能还要存在很长时间"。①

马克思主张通过资本主义社会内部的变革，即无产阶级采取暴力革命方式，摧毁旧国家机器，实现社会主义。贝尔认为，马克思的革命学说仅是"用它自己的方式恢复全部古老的千年至福说，恢复再浸礼教徒的千年至福说的观念而已"，"并没有证据（在理论上或经验现实中）说明资本主义一定会由于制度内部的经济矛盾而崩溃"，② 社会变革并非必然由内部发生。"同马克思的看法相反，一种新的社会制度并不总是必然从旧制度躯壳内部出现的，有时却会在它外部出现"。在后工业社会中，"科学对生产方式的无情影响"越来越大，这是一种"扩展到资本主义之外"的"带有自治性的力量"，这种力量最终将从外部改变世界，也同时改变资本主义，因此后工业社会阶段的资本主义社会，可能由科学的力量推动它发生变化。"科学作为一种半独立的力量，将会延续到资本主义以后，内部蕴藏着未来社会胚胎的细胞"。③

**（六）中轴原理与当代资本主义社会精神危机**

贝尔在《资本主义文化矛盾》一书中指出，当代资本主义社会内部结构出现断裂现象，在经济、政治与文化三大领域发生根本性对立与冲突。他按照自己的"中轴原理"，认为三大领域分别在自己的中轴原理支配下运作，运作方向相互交错与摩擦，在后工业社会这种社会结构内部的冲突已经加剧。

1. 三个领域的中轴原理与矛盾

（1）三个领域的中轴原理

后工业社会的结构可分成三个部分：社会结构、政治结构与文化结构。每个部分"都有一个不同的中轴原理起支配作用"。"社会结构的中轴原理是经济化"，即"效益原则"，以最低成本谋求最佳效果。政治结构与"现代政体的中轴原理是参与管理"，即"平等原则"，满足民众日益高涨的政治参与权利要求。文化结构的"中轴原理是实现自我并加强自我的愿望"，即"个性化与独创性原则"。文化结构的中轴原理与社会经济结构、政治结构的中轴原理相矛盾，宣扬一种"反制度化精神"。贝

---

① 丹尼尔·贝尔：《后工业社会的来临》，新华出版社 1997 年版，第 403 页。

② 同上书，第 67 页。

③ 同上书，第 410—411 页。

尔认为，在工业社会这三个领域有一个共同的价值体系来联系，但是后工业社会，共同的价值体系已经不存在，三个领域之间"日益趋于分裂，……这种分裂还要扩大"。①

（2）三个领域之间的矛盾

首先，当代资本主义社会经济结构遵循"效益原则"，追求最大化的利润，因此在社会经济领域，个人都被异化成一种简单的社会分工角色，为了补偿个人的简单角色造成的损害，社会尽可能为个人提供就业、流动自由与各种社会享乐机会，于是个人在社会经济领域被范铸成为享乐主义者。

其次，在当代资本主义政治领域，政府由鼓励自由竞争，不干预市场的小政府，逐步转化为全面调控国民经济的庞大王国，面对民众日益高涨的政治参与积极性与平等权利要求，庞大的官僚机构与民众的民主参与需求之间的矛盾上升。

第三，尽管当代资本主义社会的经济、政治领域的整合趋势不断强化，不断趋于制度化与规范化，但是文化领域的社会价值体系却趋向"反制度化"，个性化，它以个人的感觉、情绪和兴趣作为衡量尺度，追求个性的无限张扬和独立不羁。文化领域的中轴原理与发展趋势，已经和经济技术领域、政治领域的中轴原理与发展趋势之间发生激烈的冲撞。

在自由资本主义阶段，经济技术领域以理性和节俭效益为中轴原则，有一套与其协调一致的文化中轴原则，就是视劳动为天职，强调先劳动后享受、勤俭禁欲的新教伦理和清教精神。文化领域的基本精神是以宗教、文艺、价值观念等表现方式，提供超验的信仰，凝聚整合社会，基本上与经济、政治领域的发展趋势一致。随着资本主义社会结构的变迁，逐步进入消费社会，勤俭禁欲的生活方式被奢华的享乐主义生活方式所取代。

2. 现代主义大众文化泛滥与资本主义社会精神危机

20世纪70年代包括电影、广播、电视以及互联网等电子传媒的通信技术革命，和集装箱货轮、宽体客机、高速铁路等交通运输革命一起消除了社会的隔离状态，为大众文化热潮的兴起，提供了物质基础。大众传媒开阔了人们的视野，极大地扩大了社会各阶层之间的联系与相互影响，同时也"造成对变化和新奇的渴望，促进了对轰动的追求，导致了文化的

---

① 丹尼尔·贝尔：《后工业社会的来临》，新华出版社1997年版，第12页。

融合"，① 引起人们生活方式和价值观念的变革。

大众文化的发展其最大的变化是将传统的印刷文化与纸媒阅读，转变为视觉文化与电子阅读，包括电视与网络的阅读。两种不同的阅读方式对读者和观众的影响有很大不同。印刷文化与纸媒阅读允许读者调节自己的阅读速度，读者有充分的思考余地，可以增强读者的抽象思维与理解能力，并能净化读者的道德情感；以电影、电视、网络为代表的视觉文化与电子阅读，读者与受众已经没有更多思考的余地，电视图像与声响都是一闪而过，给人留下的是形象性内容和情感的震惊，容易激起观众情绪化、戏剧化反应，无法净化人们的心灵，更多是迎合大众的感官需要。

现代主义文化与享乐奢靡的大众文化合流，大众传媒竭力提倡一种追求感官刺激的生活方式，社会文化进一步变得庸俗浅薄，电影美化了年轻人崇拜的事物，性欲崇拜取代金钱崇拜，成了美国人生活中最基本的激情。这种文化的发展趋势导致社会成员人格的分裂：白天工作时间"正派规矩"，晚上与假日休息时间"放浪形骸"，电子文化更多呈现出一个虚构世界，使人们在虚拟世界中得到心理满足，引导人们追求非现实存在的东西，造成人们灵魂的空虚与社会道德的堕落。

后工业社会出现现代主义文化运动，对衰弱的传统价值体系展开疯狂扫荡，资本主义社会赖以维系的道德基础动摇，后工业化社会的现代文化以"个性化与独创性"为其发展趋势，已经与经济、政治领域的现代组织原则发生深刻矛盾，正在瓦解文化对整个社会的聚合力。当代资本主义社会因此面临着一场从新教伦理到享乐主义的严重的"信仰危机"或"精神道德危机"。

如何弥补大众文化导致的社会信仰危机？贝尔倡导恢复宗教的社会功能。"什么是人类行为的指南？"不是自然界、不是历史，只有"过时的传统答案：宗教"，只有宗教"能够把人同他身外的某些事物联系起来"。后工业社会出现的社会断裂与信仰危机，更加需要宗教信仰的复兴，"尽管现代文化处于混乱之中，我们仍能期待某种宗教答案出现"。②

贝尔曾自我表白："我在文化领域是历史保守主义者，因为我崇敬传

---

① 丹尼尔·贝尔：《资本主义文化矛盾》，三联书店 1989 年版，第 137 页。
② 同上书，第 218、221 页。

统……坚持依赖权威的原则。"① 他对后工业社会的现代主义大众文化的批判,对传统的资本主义新教伦理价值体系的呼唤,尤其是恢复宗教信仰的诉求,鲜明地表示出他的文化保守主义的立场。

### 三 丹尼尔·贝尔的保守主义思想观点评析

贝尔的当代保守主义理论在美国社会的影响较大,曾经一度成为统治阶级的代表思想。作为对当代资本主义社会的一种改良思想,贝尔关于创造新社会哲学的理论,表明当代保守主义者对 20 世纪 60 年代开始的西方社会传统价值观与意识形态危机的担忧,人们不再尊崇自由、民主的传统社会美德,对制度政治与宗教的信仰已经动摇。

贝尔主张创立一种以"经济发展和国家实力"为动力的"新的意识形态",以取代传统的"旧意识形态"。他批判以自我表现和自我满足为特征的现代主义的大众文化,这种文化导致人们价值观迷失,瓦解社会的聚合力,是产生当代资本主义精神危机的文化根源。

"越南战争"以后,美国公众对资本主义的贫富不均与森严的阶级制度强烈不满,具有改革思想的自由主义知识分子也借用马克思主义的阶级分析理论抨击社会现状,攻击现政府,对当代资本主义的合法性构成了新的威胁。贝尔提出新社会阶级理论,否定了马克思的阶级理论,强调后工业社会技能与知识的关键性作用,掌握技能与知识的专业阶级与社会精英应该成为社会的主导阶级。他的新社会阶级理论,尽管对马克思的资本主义理论提出了"两个图式"的新观点,而且也部分肯定了它的合理性,但是最后仍然坚持认为由于后工业社会的新变化,马克思关于资本主义一般规律的结论已经过时。贝尔看到了当代资本主义的新变化;但是以战后西方国家垄断资本主义对国民经济进行全面干预为由,否定马克思的历史唯物主义的基本原理,否定马克思主义的政治从属于经济、生产力与生产关系辩证统一的观点,宣扬经济从属于政治,生产关系完全受生产力支配的唯心主义理论。他意识到发展马克思主义理论的迫切性,以便对后工业社会的新变化给以新的解释,但是他简单否定马克思对资本主义规律的理论的科学性,不免过于简单,提出的新社会阶级理论也明显缺乏说服力,而鼓吹资本主义万世长存更属荒谬。当代资本主义的新变化显然需要人们

---

① 丹尼尔·贝尔:《资本主义文化矛盾》,三联书店 1989 年版,第 24 页。

运用马克思主义基本原理，加以分析研究才能得出客观的结论，离开马克思主义基本原理就难以找到科学的答案。

当代保守主义在 20 世纪 70 年代前后成为西方社会的主要思潮，既是资本主义危机的产物，也是传统保守主义和自由主义长期冲突与融合的结果。两者尽管相互批评，但是都有共同宗旨：维护以私有财产为核心的资本主义生产方式，反对社会主义。自由主义产生以后的一段时期内，曾经推动过资产阶级的激进改革运动，尚有一定的历史进步性可言，那么保守主义作为资产阶级的右翼思潮，无论从其产生还是发展来看，都具有反动性。面对全球化的挑战，当代保守主义主张稳定与秩序，削减政府福利开支，减少政府干预，增加就业。其经济政策一度缓和了美英等国的通货膨胀，但是它作为一种国家政策，仍无法回答当代资本主义世界出现的社会、经济、政治新问题，也无法消除日益强烈的社会不满。

## 第四节　当代经济保守主义的主要<br>代表及其基本思想

美国芝加哥大学经济学教授密尔顿·弗里德曼是当代经济保守主义的主要代表人物之一。当代经济保守主义一个明显特点是，强调放松政府对经济的控制，反对政府过多干预，主张经济自由发展。

### 一　弗里德曼的生平与主要著作

密尔顿·弗里德曼（1912—2006）生于纽约市一个犹太裔的工人阶级家庭，父母从奥匈帝国（今乌克兰一带）来到美国后相遇成家，并一起在血汗工厂工作。弗里德曼是家中四个孩子中唯一的男孩，高中时父亲逝世，全家搬到新泽西州的罗威市。1928 年完成高中，凭奖学金入读罗格斯大学，主修数学，打算毕业后成为精算师。1932 年取得理学士，翌年到芝加哥大学修读硕士课程，同时开始工作。以后又在哥伦比亚大学继续修读实践经济学课程，后被亨利·舒尔兹（Henry Schultz）教授聘任为研究助理，并在威斯康星大学任教了一段时间。

1941 年至 1943 年，弗里德曼出任美国财政部顾问，研究战时税务政策。他积极支持罗斯福政府的凯恩斯主义税赋政策，协助推广罗斯福政府的预扣所得税新政改革。1943 年至 1945 年在哥伦比亚大学参与哈罗德·豪泰林（Harold Hotelling）及阿兰·沃丽斯（W. Allen Wallis）的研究小组，为武器设计、战略及冶金实验分析数据。1945 年到明尼苏达大学任职，1946 年获哥伦比亚大学博士学位，随后回到芝加哥大学教授经济理论，期间再为国家经济研究局研究货币在商业周期的角色。货币研究的经历对弗里德曼学术生涯产生重大影响。

如果说 1941 年至 1943 年为罗斯福新政工作时，弗里德曼"是一个彻底的凯恩斯主义者"。那么，回到芝加哥大学任教以后，弗里德曼对于经济政策的看法逐渐转变。他任职芝加哥大学经济系教授逾 30 年，形成著名的"芝加哥经济学派"，其中多名芝加哥学派的成员先后获得诺贝尔经济学奖。弗里德曼在芝加哥大学成立货币及银行研究小组，发表《美国货币史》等重要著作，全面挑战主张凯恩斯主义的著名经济学家，抨击他们忽略货币供应、金融政策对经济周期及通胀的重要性。他开始极力反对政府干预，尤其是政府对于市场价格的管制，认为价格在市场机制里具有十分重要的信号功能。美国经济大萧条其实是政府对于货币供应管制不当所致。弗里德曼在 1953—1954 年间以访问学者的身份前往英国剑桥大学任教。1976 年获诺贝尔经济学奖。1977 年弗里德曼加入斯坦福大学胡佛研究所，1988 年取得了美国的国家科学奖章（National Medal of Science）。

弗里德曼是一位极出色的演说家，1980 年、1988 年、1993 年，弗里德曼三次偕夫人来华访问。他在自传中写道："对中国的三次访问是我们一生中最神奇的经历之一"，他的经济思想对中国的经济体制改革曾经产生过一定影响。2006 年 11 月 16 日弗里德曼在旧金山市的家中因心脏病复发导致心力衰竭逝世，享年 94 岁。

弗里德曼的重要著作有：《实证经济学论文集》（*Essays in Positive Economics*）；《消费函数理论》（*A Theory of the Consumption Function*）；《资本主义与自由》（*Capitalism and Freedom*）；《价格理论：初稿》（*Price Theory: A Provisional Text*）；《美国货币史：1867—1960 年》（*A Monetary History of the United States*，1867—1960），这本著作是与施瓦兹（*Anna J. Schwartz*）合著。

## 二 弗里德曼保守主义经济思想的主要观点

弗里德曼的经济保守主义理论具有三个重要特点：坚持市场经济，节制政治自由，反对政府过度干预；强调货币作用，主张政府货币政策的长期单一稳定。

### （一）维护市场经济节制政治自由，建构市场经济基础上的小政府

关于经济自由和政治自由的关系问题是弗里德曼在论述资本主义与自由时的第一个议题。他指出，个人权利与自由往往被视为政治问题，物质福利则被视为经济问题。其实人们在经济自由和政治自由的关系问题上，存在不少错觉，其中之一就是：任何一种经济自由形式和任何一种政治自由形式可以任意结合在一起，"民主社会主义"就是这一思想的代表，"认为一个国家有可能采用苏联经济安排的主要特征，然而又能够通过政治安排来保证个人自由"，"这种观点是一种错觉"。[1]

经济自由和政治自由的关系"只可能有某些有限的配合方式"，其中政治安排只能是资本主义政治制度，而不可能是社会主义制度，"一个社会主义的社会，在保证个人自由的意义上不可能是民主的"。人类历史"仅仅表明：资本主义是政治自由的必要条件"。因为，古代、中世纪，19 世纪以前的人类历史只有"专制、奴役和痛苦"，"政治自由显然是随着自由市场和资本主义制度的发展而到来的"。资本主义社会经济安排可以是经济自由形式，但是，政治安排并不必然是政治自由形式，例如，20 世纪早期的意大利、西班牙、德国、日本，政治上都没有自由的政治安排，但是经济安排基本上是自由市场经济体制。[2]

经济自由和政治自由的关系是复杂的，19 世纪的政治自由更多地起到了促进经济自由的作用；二战以后，国家垄断资本主义占据主导地位，政府过度干预经济自由，导致灾难性的"滞胀"结果。"对自由的基本威胁是强制性的权力"，它可以是君主、独裁者、寡头政治，也可以是民主政治的多数派。因此保持经济自由与政治自由同时并存，必须在"在最大可能的范围内排除这种集中的权力和分散任何不能排除掉的权力"，实行一种"相互牵制与平衡的制度"。而市场机制就是实现这种制度的保

---

① 密尔顿·弗里德曼：《资本主义与自由》，商务印书馆 1999 年版，第 9 页。
② 同上书，第 11 页。

障，"它使经济力量来牵制政治力量，而不是加强政治力量"。[1]

显然在弗里德曼心中的经济自由和政治自由的理想关系，必须以资本主义市场经济制度为基础，政府应该是较少干预经济的小政府，"政治自由"应该节制，并且和最大限度的市场经济自由相结合。

**（二）反对凯恩斯主义的货币理论**

战后主要资本主义国家普遍实行凯恩斯主义，一度曾刺激过经济的发展。70年代由于经济"滞胀"，西方发达国家开始纷纷另找取代凯恩斯主义的经济理论，于是反凯恩斯主义的经济学派引起人们重视，弗里德曼的货币学派成了政府需要的官方学说与经济政策的理论基础。

资产阶级传统货币理论认为，如果其他条件不变，流通中货币量增加，物价就要上涨。反之，物价就要下跌。凯恩斯对传统货币数量论提出异议，认为货币供应量与通货膨胀之间的联系是有条件的，即只有在达到充分就业以后，增加货币供应量才会引起通货膨胀。在"反危机"政策上，凯恩斯将国家财政政策放在第一位，国家直接投资以刺激消费，弥补私人投资和消费之不足；而将货币政策放在第二位，即政府增加货币供应量，刺激投资，增加生产和就业。

弗里德曼认为，根治通货膨胀的唯一出路是减少政府对经济的干预，执行正确的货币政策，控制货币增长，"当少数人对一个国家的货币制度拥有巨大的权力时，他们的错误可以造成多么大的损失"。[2] 正确的货币政策，就是实行"单一规则"，即中央银行在制定和执行货币政策的时候要公开宣布并长期采用一个固定不变的货币供应增长率，"使公众通过政治当局对货币政策进行控制，同时又可使货币政策不受政治当局的经常出现的胡思乱想的支配"。[3]

弗里德曼的货币理论对凯恩斯主义来了一场"革命"，他认为，要稳定经济，首先要稳定货币供应量，因为在各种因素中"货币最重要"。物价上涨或下跌，国民收入波动的最根本原因就在于货币供应量的变动。所谓通货膨胀，只是一种失常的货币现象，是货币数量增长快于商品与劳动总量增长的结果。它产生的根源在于政府过量投放货币。弗里德曼认为，

---

[1] 密尔顿·弗里德曼：《资本主义与自由》，商务印书馆1999年版，第17页。

[2] 同上书，第50页。

[3] 同上书，第51页。

通货膨胀的责任完全在于政府，没有一个政府肯承担通货膨胀的责任，政府官员往往寻找各种借口，把责任推给贪婪的企业家、刚性的工会、挥霍无度的消费者、阿拉伯的酋长、恶劣的气候以及一些风马牛不相及的理由。因此，要消除通货膨胀，就必须降低通货膨胀率。弗里德曼指出，将货币供应量的年增长率长期固定在与预计的经济增长率基本一致水平上，就能稳定经济，抑制通货膨胀。他建议美国的货币供应量的年增长应固定在4%—5%之间。此外，他也反对凯恩斯的宏观财政政策，主张减少国家对经济的干预，充分发挥市场调节作用，实现充分就业，稳定物价，用通货膨胀来降低失业率的做法并不可行。弗里德曼主张保持一种以市场自发调节为前提的"自然失业率"，以抑制通货膨胀。

在外贸与汇率制度上，弗里德曼主张取消外贸管制和固定汇率政策，代之以自由贸易和浮动汇率政策。显然，由美元与黄金挂钩，其他货币与美元之间汇率固定的政策对国际收支状况日益恶化的美国政府来说是有利的，因为美国在经济困难时可通过美元下浮，增加出口，改善国际收支状况。70年代初布雷顿森林货币体系崩溃，西方各国货币与美元汇率实行浮动，弗里德曼的主张成了现实。

弗里德曼的货币主义理论顺应了70年代西方社会摆脱经济"滞胀"的需要，得到了美国与英国官方的赏识。1979年，以撒切尔夫人为首相的英国保守党政府将弗里德曼货币学派理论付诸实施，奉行了一套完整的货币主义政策；美国里根总统上台后提出的"经济复兴计划"中，把货币学派提出的制定一种稳定的货币增长政策作为主要项目；瑞士、日本也实行了货币学派的"稳定的货币供应增长率"政策，成功地控制了通货膨胀。货币学派一时声名鹊起，被普遍看作是凯恩斯学派的替代者，弗里德曼更是被称为"反通货膨胀的旗手"。这一理论是他获1976年诺贝尔经济奖的重要理论贡献之一。

如果说凯恩斯主义在战后西方经济顺利发展时发挥了一定作用，那么弗里德曼的货币主义在战后西方经济滞胀时期弥补了凯恩斯主义的不足，两者都是为了维护垄断资本的统治，只是在手段与方法上有分歧。前者主张用通货膨胀降低工人实际工资，以扩大就业，降低失业率；后者则企图保持一定数量的失业来抑制通货膨胀。他们都是以牺牲或损害工人阶级利益来缓和资本主义危机，维护资产阶级的统治地位。

### （三）弗里德曼的政治保守主义观点

弗里德曼的政治思想较多地体现在他的名著《资本主义和自由》（1962）一书中，如果说自由市场经济理论是他的经济思想的核心，那么个人自由，包括政治与经济自由，就是他的社会政治思想的核心。他认为，个人自由是每个人应有的权利，也是政治的最终目的，除此之外，国家就没有其他的独立目标。个人的幸福与利益是一种真实存在的善，它与个人自由相吻合。所谓共同的善或社会利益仅是个人的善或个人利益的总和。任何要求个人自由服从社会共同的善的观点，都是对个人自由的直接威胁。

此外，"平等"作为一种政治目标，也必须服从自由。平等只能是一种机会的平等，或法律平等，决不能是一种财产的平等。以私有制为基础的自由市场制度是实现经济自由的必要条件，也是达到政治目的的必要条件。弗里德曼认为，资本主义不是某种道德原则的结果，而只是实现自由的一种手段，是"自由的必然结果"。①

为了维护政治自由，弗里德曼提出两条基本的政治原则：第一，实行分权，防止权力集中而出现独裁，破坏政治自由。第二，政府活动范围必须有限，尽量不参与市场自由竞争，不干涉自由市场经济，政治必须与经济分离，只有这样才能限制政治权力过度使用。

尽管弗里德曼注重政治自由，反对政府干预，但是他仍反复强调政府存在的必要性。他认为政府的必要性仅在于：制定个人自由竞争的"竞赛原则"，并且对它进行解释及强制执行这些原则。没有政府所制定的原则，没有政府维护这些原则的实施，就不可能进行公正的自由竞争，也无法形成自由市场制度。因此，政府的存在仅仅为了能使公正的自由竞争能顺利进行。

弗里德曼的政治观与他的经济观相一致，尽管人们因此称他为保守主义者，但他自己常常以新自由主义者自居。在一定意义上讲，自由主义与保守主义是互相渗透的，两者之间并无截然界限。弗里德曼的自由理论与19世纪自由主义理论在不少方面有惊人相似之处。

---

① 密尔顿·弗里德曼：《资本主义与自由》，商务印书馆1986年版，第157页。

### 三 弗里德曼的经济保守主义思想评价

#### （一）经济保守主义政策在拉美的消极影响

1976 年，弗里德曼获得诺贝尔经济学奖。在颁奖典礼上，当他从瑞典国王手中接过获奖证书时，一位观众突然举起"自由归于智利人民"的横幅，站起来进行抗议，大喊"资本主义下台，弗里德曼下台"，会场一阵骚乱。

20 世纪 70 年代智利军人皮诺切特发动军事政变推翻信奉社会主义的阿连德政府。阿连德是社会党人，上台后推行国有化和计划经济，皮诺切特上台后开始用强力手段推行市场经济改革，而其改革方案是由萨克斯等一批美国青年经济学家策划的，他们不少是弗里德曼的学生，或是芝加哥学派的追随者。皮诺切特政府的经济政策，一度加剧智利国内失业与贫穷现象，左翼人士奋起反对，皮诺切特对他们实施镇压，国内矛盾激化。智利民众指责弗里德曼是智利皮诺切特政府的经济政策的主要策划者，设在瑞典的智利委员会把弗里德曼称为"要对当前智利的失业饥饿政策负有罪责的经济学家"，于是发生颁奖典礼上的抗议事件。

#### （二）经济保守主义理论成为美英政府经济政策调整的基础

弗里德曼的经济自由主义理论在 20 世纪七八十年代，对美国、英国扭转"滞胀"危机，产生了某些积极效应，发挥过积极作用。撒切尔夫人依据弗里德曼经济思想调整英国经济政策，"撒切尔夫人经济改革"使英国的通货膨胀率从 1980 年的 22% 降到 1984 年的 4%；美国的里根政府的经济政策调整也收到同样效果，1979 年，美国的通货膨胀率为 12.7%，4 年后这个数据降为 3.2%。尽管 80 年代美、英两国的经济政策调整，有效抑制了通胀，但是失业问题还存在。然而，由于坚持这一政策，1993 年至 2000 年，美国经济出现了持续 8 年的低通胀、低失业率的"新经济"增长形态，英国失业率也开始下降。但是弗里德曼的经济自由主义理论照搬到拉美发展中国家，其结果是灾难性的，影响是消极的。

#### （三）弗里德曼对中国经济现代化的影响

密尔顿·弗里德曼可以说是 20 世纪世界范围内最重要的经济学家之一，他的学术影响也非常大。弗里德曼对中国也有浓厚兴趣。在他与夫人合著的自传《两个幸运的人》中，除了美国之外，另一个占据篇幅最大的国家就是中国。他曾三次来华访问（1980、1988、1993），他在自传中写道："对中国的三次访问是我们一生中最神奇的经历之一。"

1980 年的中国，改革的进程刚刚开始。弗里德曼应中国社会科学院世界经济研究所邀请第一次访华，这是唯一一次由官方正式邀请的访问。邀请者希望弗里德曼就世界经济、通货膨胀、计划经济中市场的运用等问题发表演讲。这时的中国，对市场经济问题知之甚少，对市场体制运作的方式基本上一无所知。甚至在座谈中，一位将要前往美国考察的副部长提出一个今天看来是最低级的问题："在美国谁负责物资分配？"

1988 年，弗里德曼第二次访华，这是三次中最重要的一次访华，弗里德曼见到了当时中国的主要领导人，他的某些自由经济观点，清晰地传递给了中国的决策者和学术界。在这次访问中，弗里德曼走访了许多正在蓬勃发展的商品市场，真实感受到了中国经济发展的生机和活力，也看到了中国进一步改革面对的核心问题，那就是政府是否愿意为了经济发展而放弃自己的某些特权，这次访问使弗里德曼得以对中国有了更深入的观察和了解。

1993 年，弗里德曼第三次访华。这时的中国改革经历了一些反复以后，重新开始快速发展。他除了访问北京和上海以外，还访问了成都和重庆等地，尤其是对各地的民营企业与民间商业的发展有了深刻印象。与 1988 年有所不同，中国政府开始加强政府对经济的控制，弗里德曼的自由经济观点遭遇了些许冷淡。中国到底是走向自由市场制度，还是尝试走一条中国特色的市场经济道路，这个问题正在困扰中国。

一定意义上可以说，弗里德曼的自由经济理论与观点，对于 80 年代初的中国的经济体制改革曾经产生过一定的影响；但是他的完全自由市场经济观点，反对政府过多干预的理论，以及他的货币主义理论对于中国特色的社会主义市场经济体制的建设，缺乏现实指导价值，难以照搬。90 年代后期的亚洲金融风暴、2008 年全球金融危机的实践再次证明弗里德曼经济自由主义理论的局限性。

## 第五节　新保守主义与美国的单边主义外交

20 世纪末，美国小布什政府推行单边主义的新保守主义外交路线，成为引发前苏联地区颜色革命、伊拉克战争及一些地区动荡的主要因素之一。小布什政府的新保守主义外交路线，既反对老共和党人尼克松、里根、老布什的"现实主义政治"，抱怨他们对外结盟时不问政权性质；又反对民主党人克林顿的传统国际主义，认为他们想依靠国际组织和经济发展去推动民主，过于理想"天真"。

## 一　美国新保守主义的基本信条

### （一）维护美国式自由民主，反对邪恶的"专制暴政国"

小布什政府的新保守主义外交理念认为，政权性质比任何国际组织和国际安排都重要得多，对和平的最大威胁来自反对自由民主价值观的国家，过去来自以苏联为代表的极权体制，今天来自"激进的伊斯兰"组织与国家，他们认为"恐怖主义"的概念模糊，更喜欢称"激进的伊斯兰"。"9·11"事件以后，小布什将反恐与反对专制暴政看作"善与恶的战争"。

《历史的终结》的作者弗朗西斯·福山也信奉新保守主义，他认为，新保守主义者丝毫不想维护现存事物的秩序，因为这种秩序是建立在等级、传统和对人类天性的悲观看法的基础之上的。捍卫和平与安全的最佳途径是改变专制国家的政治制度、推进自由民主的传播。

人们通常认为联合国是国际民主的维护者，但新保守主义者认为，不存在所谓的"国际民主"，因为专制国家的那一票是不能代表其人民的意愿的。因此，美国新保守主义者对联合国内的投票历来不以为然。

新保守主义者对待"专制"国家有两重标准：可能的话"遏制"它们，必要的话结为盟友。如果这个专制政权的垮台能够引起地区规模的民主化浪潮，就采取"遏制"或鼓动"颜色革命"，例如，中亚的吉尔吉斯斯坦；如果有利于推进美国在这个地区的利益，就扶植结为盟友，例如，巴基斯坦、沙特等。美国国内政治主张权力制衡，但是在国际政治中反对权力制衡，他们认为不能让专制统治者制衡民主国家。美国新保守主义者指责欧洲国家姑息专制政权，正在重犯"绥靖"错误。

### （二）推崇美国民主价值观，坚信美国领导世界

新保守主义者认为美国是一个"例外的国家"，负有"特别的使命"，美国的民主价值观具有普世价值意义，适用于全世界。美国的民主"就是我们的世俗宗教，美国借以造福全球"。维护世界和平，必须依靠美国并且由美国主导，其他国家无能为力。"要么由美国领导，要么陷入混

乱，世界别无选择……美国应当干预（国际事务），否则，世界的形势就会恶化，而且很快。"历史证明，二战之后的西欧复兴、德国和日本的民主化改造，20 世纪末的平息巴尔干的战乱、铲除阿富汗和伊拉克的暴政，无一不是在美国主导下完成的，今天如果没有美国，就无法处理巴以冲突，朝鲜半岛的核武危机。[1]

欧文·克里斯托尔在 1997 年撰文《形成中的美利坚帝国》，不无自豪地写道，美国在世界各个地区都正在成为最高主宰，美国成为帝国不是因为美国的野心，而是因为世界希望、需要美国成为帝国，因为许多国际问题的处理没有美国参加就根本无法解决。[2] 如果美国放弃历史留给我们的地位，由此而引发的混乱肯定就会把美国牵扯进去。

新保守主义者认为美国要领导世界，必须依靠强大的军事实力，美国应当增强军力，铲除那些"邪恶政权"，并且警惕任何国家出来与之作对。在传播自由民主价值观目标上，美欧是一致的，但欧洲人倾向于通过经济社会的发展去传播和促进民主事业，而美国的新保守主义者则主张借助武力去移植美国式的民主。

## 二　美国新保守主义的主要思想来源

美国新保守主义有两位思想鼻祖，即芝加哥大学的哲学教授利奥·施特劳斯、英国历史学家尼奥·佛格森，他们的保守主义思想又与加尔文教"上帝选民"思想一脉相承。

### （一）利奥·施特劳斯

1. 生平与主要著作

利奥·施特劳斯 1889 年出生于德国黑森州索林根的一个犹太家庭，在柏林大学读书期间曾受教于著名哲学家胡塞尔和海德格尔，获哲学博士学位后在柏林"犹太研究中心"从事历史学和政治哲学研究。1932 年为躲避纳粹而离开德国，流亡巴黎、伦敦、纽约，战后定居芝加哥，1949年至 1967 年在芝加哥大学任教，1973 年逝世。他是当代美国著名的政治哲学家，一生出版了 15 部专著，发表了近百篇论文。最有名的著作是

---

① Norman Podhoretz, "Neoconservatism: A Eulogy", Commentary, March 1996.

② 王公龙：《保守主义与冷战后美国对华政策》，上海辞书出版社 2006 年版，第 31—32页。

《自然权利与历史》、《论暴政》。《自然权利与历史》一书被公认为最为完整地陈述他的政治哲学的代表作。

2. 新保守主义思想的主要观点

（1）诉诸古典哲学的"自然正当"原则，抨击理性与自由主义

欧洲宗教改革的一个产物就是近代自由主义思潮。古典自由主义主张价值多元与相对主义，政治的任务仅仅只是提供某种秩序，但是对美好生活的追求，个人可以在理性的支配下自由选择自己的方式去实现。施特劳斯毕生研究希腊古典哲学及宗教，为了彻底颠覆长期占据主导地位的"自由主义话语权"，他回复到古希腊思想家那里，对"西方古典思想"进行全新解读。施特劳斯认为柏拉图和亚里士多德等古代哲人智慧在现代社会中被遗忘，这是引发法西斯主义与当今西方社会危机的重要的思想文化原因，因此需要大力复兴西方古代智慧。

他认为，古希腊哲学的核心思想就是追求符合自然正当的美好思想。"自然正当"原则既是一种超越时空，独立于人类意志，并对人有约束力的自然法则，又是一种普世价值标准。"自然正当"的思想传统，是人类的一种智慧，但是在近代诉诸理性的自由主义面前被颠覆了。近代理性主义产生自由主义，自由主义鼓吹个人自由选择的价值原则，其实是以相对主义与实证主义为基础，其结果是以理性摧毁传统道德信仰，为现代社会的一切暴行打开了方便之门，导致西方文明的重大危机。[①] 因此，人类应该回复古典政治哲学，以"自然正当"原则抵制诉诸理性的自由主义思想原则，才可以克服西方社会精神危机。显然，施特劳斯的"自然正当"原则本质上是一种先验的道德信仰，具有神秘主义色彩，美化古代社会道德智慧，借以拯救当代资本主义社会的深刻危机，其实具有乌托邦的色彩。

（2）鼓吹美国式民主，宣扬美国领导世界的合理性

施特劳斯经历过软弱的魏玛共和国，目睹了纳粹对犹太民族的大屠杀，清晰地看到了邪恶的法西斯主义的危害，这些个人经验深刻地影响了他日后的政治哲学思想，由此他大力抨击自由主义的历史相对主义与多元主义，宣扬保守主义的绝对主义和民族主义。

施特劳斯认为，任何人处在某种社会文化与社会制度之中，都会形成

---

① ［美］施特劳斯 L.：《自然权利与历史》，三联书店 2003 年版，第 19 页。

某一种文化态度与政治态度。社会科学家的责任是对社会文化与社会制度作出必要的道德判断和优劣评价。其评价的标准应该是"自然正当"原则。运用这一标准去衡量,可以发现,有些文化与生活方式是正当的,有些则是不正当的。

施特劳斯终生关注民主制度的脆弱性这个重大课题,他指出,如果民主政体软弱,拒绝反对本质上是扩张主义的暴政,就没有任何站住脚的可能性。在现实政治制度中,美国与西方的民主制度是好的、正当的,是世界上"迄今为止最不坏的政治制度",符合"自然正当"原则;而其他政治制度,尤其是那些敌视美国的国家的政治制度,就是不符合"自然正当"原则的。

现代公民社会的公正道德要求其公民"热爱并保护他的朋友,打击并仇恨他的敌人","我们掌握了自然权利,是自由、民主国家,他们是独裁国家。因此,我们对他们的一切不人道行为的打击都是神圣的,因而都是自然合法的"。这是正义与邪恶的对抗。"为了使西方民主政体处在安全之中,就应当使全球都实现民主",捍卫美国的自由民主制度,对抗敌人的野蛮制度,也是符合"自然公正"原则的。有好的政治制度的国家有责任,甚至有权力反对坏的政治制度的国家。为此,即使要动用武力也在所不惜。[①] 施特劳斯认为,不同民族与文明之间的对抗其实是高尚和卑鄙、文明与野蛮的较量。

**(二)尼奥·佛格森**

英国历史学家尼奥·佛格森是新保守主义最直言不讳的代言人。英国的一些报刊把他评为现时对世界最有影响的 20 人之一,而时任英国首相布莱尔不在这 20 人之列,可见其影响之大。

佛格森尽管保持英国国籍,但是却长期在美国教书,他并不愿意成为美国政府豢养的思想库的智囊人物,尽管他不直接介入美国对外政策的设计,但他的思想对美国的新保守主义外交政策影响很大。

1. 主要代表作

(1)《金钱之链》

《金钱之链》(The Cash Nexus)是佛格森的成名之作,这是一部在美国遭受"9·11"打击之前出版的著作。他在此书中,反驳保罗·肯尼

---

① [美]施特劳斯 L.:《自然权利与历史》,三联书店 2003 年版,第 151 页。

迪 1987 年出版的《大国的兴衰》中"过度扩张论"的基本观点。肯尼迪检讨从 16 世纪以来的世界经济与军事史，发现大国在取得了主宰世界的地位之后，往往扩张过度，其经济资源难以支持其军事与政治上的雄心，结果耗尽元气。大英帝国从"日不落"走向日薄西山，便是生动的一例。二战之后美国的经济占世界经济的 40%，今后会缩小至 13%—16%。所以美国在全球事务中应适度后退。

佛格森认为，大英帝国的衰落不是因为它扩张过度，而是扩张不足。如果当年英国能够先下手为强，彻底动员其经济资源，在欧陆抑制德国的兴起，世界历史就会重写。可惜英国在大好时机之下裹足不前，推行绥靖主义，未能适时创造一个有利于自己的世界秩序。二次大战一开始，英国就再无回天之力。这是一个历史教训。美国要吸取英国衰落的历史教训，趁目前经济力量十足，政治和军事上独霸全球的时机，在全球强势推行民主政治和市场经济秩序，以确保美国的长盛不衰。

佛格森认为，尽管美国资本主义经济发展有极大优势，已经获得巨大资本而拥有天下最强大的权力，但是"我们现在面临道德挑战是：美国有没有意愿运用金钱为自己带来权力"。冷战后美国不愿过多地介入世界事务，太顾忌战争可能给美国民众带来牺牲，没有勇气运用自己庞大的资源在全球大力维护美国主宰的世界秩序。他因此预言，美国因为顾及战争，早晚就会发现自己以后不得不在海外进行大规模的纵深作战，甚至对参加战争都可能感到措手不及。

此书发表不久，美国就遭受"9·11"恐怖袭击，小布什政府不得不开始国际反恐，四处出击。年仅 40 岁的尼奥·佛格森，因此成为最有预见的历史学家。

（2）《大国：美利坚帝国的兴亡》

2004 年佛格森出版另一部重要著作《大国：美利坚帝国的兴亡》，认为当今世界只有传播民主价值、实行民主政治的"自由帝国"，才能给世界带来稳定和繁荣。大英帝国的历史表明，西方殖民统治给被统治者带来了民主和现代化。印度就是一个明证。美国不情愿像当年的大英帝国一样全力以赴地追求帝国的目标，是造成当前世界的混乱局面的根本原因。因此，世界应当由一个为民主政府所统治，并传播民主价值的自由帝国统治，才能给世界带来稳定和繁荣。缺乏这样的帝国，世界就会陷入混乱和灾难。

2. 基本思想

（1）美国的优势实力与民主价值的优越性，理应主动按自己面目塑造世界

美国新保守主义智囊威廉·克里斯托尔（William Kristol）[1] 认为，冷战后的美国已经是无可争议的世界领袖。但是美国没有利用这样的机会在世界上进一步扩张权力，"就像一个身体迅速发育的青少年，对突然长出来的一身肌肉不知道如何使用，结果白白浪费了十年"。威廉·克里斯托尔为美国发动伊拉克战争辩护时认为，美国发动伊拉克战争与萨达姆是否拥有大规模杀伤性武器并不重要，关键问题在于萨达姆是代表着与美国价值对立的势力的暴君。推翻这个暴君，在伊拉克建立民主，重新塑造中东，本来就是冷战后美国主动塑造世界秩序的历史使命所归。小布什更将对伊战争看作美国推动全球民主事业的"责任与历史使命"，和"一项推进自由的战略"，坚持认为它必将成为"未来几十年美国政策的一个重心"[2]。

（2）美国应该将自己的民主价值确立为普世价值

佛格森认为，历史虽然充满了许多丑恶、残酷的细节，但是西方的民主制度和资本主义经济已经显示出无可争辩的优越性，足以为世界确立道德的目标。为了追求这样的道德目标，一定要敢于牺牲，而不能缩手缩脚，否则就会失败。越战的失败，主要就是因为美军的手段还不够凶狠残酷。朝鲜战争的失败，主要原因是，当年杜鲁门撤换了麦克阿瑟，阻止了他的大胆、无限度的战争计划。美国如果支持麦克阿瑟对中国本土的攻击，美国就不会在朝鲜战场失败！

2003 年 4 月美国对伊拉克轰炸时，佛格森在《纽约时报》上发表文章，称这次征服和 1920 年英国统治时期对伊拉克征服如出一辙。认为美国应该拿出帝国的勇气、堂堂正正地对伊拉克进行征服。

当年英军采取了焚村、空中轰炸等残酷的镇压手段，甚至一度想使用化学武器，只是因为当时英国政府没有财力提供而作罢。他宣称，历史的教训是对反抗者的镇压一定要狠，一点点心慈手软就可能使局面不可

---

[1] 威廉·克里斯托尔（William Kristol）是美国《旗帜周刊》的主编，是美国《公共利益》（The Public Interest）的主编欧文·克里斯托尔（Irving Kristol）的儿子。

[2] 王联合：《美国新保守主义：思想沿革和外交影响》，上海辞书出版社 2008 年版，第 190 页。

收拾。

新保守主义者查尔斯·克劳塞默认为，冷战后作为唯一的超级大国，若美国再"退却"和"推卸责任"，世界就可能一片混乱。美国责无旁贷，必须承担起缔造一个"新世界秩序"的责任，在维护美国利益的同时，宣扬和推广美国的价值观，并进一步去塑造一个有益于美国利益和价值观的世界秩序，"当现存的国际规则与美国的基本价值观发生冲突时，让那些规则见鬼去吧"。[1]

（3）加尔文教义中的"选民"思想

一般认为，美国的领导世界的思想是来源于美国早期盛行的加尔文教义中的"选民"思想。美国历史上的那些开国先驱者，接受了加尔文教的"选民"思想，结合北美大陆的特殊环境，逐步形成了美国是上帝选择的特殊国度，对人类社会的发展与命运负有特殊责任，美国赋有"领导世界"的使命观的传统思想。美国立国以后，就以世界领导者自居，主张输出美式民主，在国际竞争中占领"道德高地"，为了实现"领导世界"的使命，可以不择手段。[2]

但是，实力是美国担当世界领导的先决条件。在美国主宰世界的时候，必然会有追随者，美国的盟国之所以紧随，是因为他们可以搭便车；非盟国之所以不敢挑战，是出于对美国实力的恐惧。对那些挑战者，美国应靠"拳头"而不是靠"舌头"说话。突出意识形态作用和强调国家实力为外交行动的后盾，是新保守主义外交思想的两个基本特征。[3]

### 三　美国新保守主义的外交实践

### （一）布什主义原则

"9·11"事件以后，小布什将反恐作为第一要务。2002 年 6 月 1 日，美国总统布什在西点军校毕业典礼上，首次阐述了被西方世界称为"布什原则"的要点：（1）美国拥有"先发攻击"（Preemptive Strike）的权

---

[1]　Charles Krauthammer, "Bless our Pax Americans", in The Washington Post, March 25, 1991. A. 25.

[2]　王联合：《美国新保守主义：思想沿革和外交影响》，上海辞书出版社 2008 年版，第 51 页。

[3]　张睿壮：《也谈美国新保守主义的外交思想及其对华政策的影响》，《国际问题研究》2000 年第 2 期，第 44、47 页。

利；（2）美国的价值观普适全球（所谓"普世价值"）。

西方媒体甚至将"布什原则"称之为"沃尔夫维茨—布什原则"，因为沃尔夫维茨早在1992年的《防务计划指南》（Defense planning Guide）中就已经提出了"布什原则"的基本思想。沃尔夫维茨曾任美国防部副部长，是小布什政府新保守主义外交路线的重要推手。1972年他在芝加哥大学获得政治哲学博士学位，他的指导教授是新保守主义大师阿兰·布鲁姆，而布鲁姆则是新保守主义开山宗师利奥·施特劳斯（Leo Strauss）的嫡传大弟子。布鲁姆曾称赞沃尔夫维茨是"现代性第四波"中最杰出的学生。施特劳斯曾将现代性分为三波：第一波以马基维利和霍布斯为代表，第二波以卢梭为代表，第三波以尼采为代表。

### （二）"中国威胁论"

卡普兰是当今新保守派外交政策智囊团的成员，他认为，中国将崛起成为世界强国，并将成为美国在经济和军事上的首要对手；它将比苏联更难对付，因此，美国军事势力必须从中东转移太平洋，并与亚洲各国建立新型盟友，共同制衡中国的崛起。美国早先和日本、韩国，以及中国台湾的军事联盟已经有足够力量把中国包围起来。对中国的军费开支不透明化的指责、导弹打卫星的渲染，① 目的都是为了散布中国军事威胁论。

### （三）伊拉克战争

2003年3月美国发动伊拉克战争，其初始借口是伊拉克拥有大规模杀伤性武器，但是最终未能找到证据；伊拉克战争既是美国国际反恐的重要步骤，也是美国输出民主价值，实现中东民主化战略计划的一部分。

### （四）"颜色革命"

美国之所以如此青睐"颜色革命"，并不是因为其对"革命"情有独钟。美国一直强烈反对共产主义"红色革命"，也敌视发生在伊朗等伊斯兰国家的"绿色革命"。美国所看重的是什么"颜色"而不是"革命"。美国支持"玫瑰革命"、"橙色革命"、"郁金香革命"等"颜色革命"，是因为它们符合美国的推进民主战略。这些"革命"，在美国看来，实质上都是在扩展以其为中心的"海洋文明"，都是"蓝色革命"。

---

① 指2007年1月11日中国人民解放军二炮部队运用导弹成功击毁一颗在轨的中国报废卫星。

美国一直将维护民主制度、在世界推进美国式民主看成是重要的国家利益，并将之贯彻到对外政策中去。一战期间，推进民主贯穿于反专制之中，所以美国站在英法民主国家一边，同德奥专制国家作战；二战期间，推进民主贯穿于反法西斯之中，所以美国又站在"民主阵营"一边；冷战期间，推进民主贯穿于反共产主义之中；冷战后，推进民主成为一个独立的外交目标，而不再贯穿于其他战略目标之中。克林顿政府制定的"参与和扩展战略"，就将推进美国式民主与维护安全及扩展经济并列为美国国家安全战略的三大目标或三大支柱。① 在冷战结束前，"推进民主"作为一个战略目标之所以不是独立的、直接的，要贯穿于其他目标之中，是因为那时美国还面临着基本安全与国家生死存亡的问题，推进民主目标只能摆到从属的位置，甚至有时为了实现总的战略目标，美国还不得不暂时牺牲在"推进民主"上的利益。

冷战结束使美国处于空前的优势地位。美国的经济总量比仅次于它的竞争对手日本要大 40%，并且它的防卫开支等于紧排其后的 6 个国家的总和。这 6 个国家中的 4 个是美国的亲密盟友，所以美国的优势比上述数字所显示出来的还要大。美国在高等教育、科学研究、先进技术（特别是信息技术）方面居世界领先地位，因此，美国及时调整了其全球战略，"推进民主"的地位得到明显的提升。

"9·11"后，布什政府将推进民主战略贯穿于反恐战略中。布什政府认为，极端伊斯兰势力是滋生以反美为目标的国际恐怖主义的最主要根源，而其重要原因就是中东地区的民主不够发达；所以，要想彻底铲除国际恐怖主义，必须在中东推进民主。对阿富汗、伊拉克进行"民主改造"就是反恐战略的重要组成部分，同时也是对推进民主战略的贯彻。

随着反恐战争取得阶段性胜利，布什政府越来越强调推进民主，将推进美国式民主提升为全球战略核心内容。布什在 2005 年 1 月 20 日的就职演说中宣称，在全球推进民主是美国"国家安全提出的迫切要求"，是"美国的政策"，"其最终目标是结束我们这个世界上的暴政"。而在 20 分钟的演说中却没有提到"恐怖主义"。

---

① 梅孜编译：《美国国家安全战略报告汇编》，时事出版社 1996 年版，第 244 页。

### 四 "美国新保守主义"的领军人物、主要组织与刊物

#### (一) 领军人物

主要有副总统切尼、国家安全委员会成员爱略特·阿布拉姆斯、助理国务卿里查得·阿米蒂奇和约翰·博尔顿，国防部长拉姆斯菲尔德、国防部副部长沃尔夫维茨、助理国防部长道格拉斯·费斯和彼得·罗德曼，以及国防政策委员会主席里查得·波尔。

#### (二) 主要组织

美国新保守主义的智库与研究机构不少，主要包括：美国企业研究所（American Enterprise Institute）、传统基金会（Heritage Foundation）、安全政策中心（Center for Security Policy）、犹太国家安全事务研究所（Jewish Institute for National Security Affairs）、哈得逊研究所（Hudson Institute）、"新美国世纪"项目（Project for the New American Century）、布莱德雷基金会（Bradley Foundation）、俄林基金会（Olin Foundation）和史密斯·里查得逊（Smith Richardson Foundation）基金会等新保守主义组织。

#### (三) 主要刊物

美国的新保守主义者在某些基金会的财政资助下，控制着一些刊物、广播、电视和报纸社论版面，传播自己的思想。

新保守主义言论阵地《旗帜周刊》（*weekly standard*），创办人是威廉·克里斯托，他除了握笔之外，还经常在电视台发表针对国内外时局的见解，被认为是"华盛顿极具影响力的声音"，他的文章成为白宫每天必看的资料。[①]

此外，罗伯特·卡根也是新保守主义的写手，常在《旗帜周刊》与其他报刊上宣扬本派的观点。这些新保守主义精英分子虽然并未任职于政府要害部门，但具有相当能量，并对华盛顿的决策圈产生重大影响。

如果说新保守主义始终以自由主义的反对者出现，那么，它在批评自由主义的同时，往往更多地攻击马克思主义。自由主义充其量还是统治阶级内部的不同思想流派，而马克思主义则是公开声明代表无产阶级利益的，并以结束资本主义统治、实现共产主义为最终目标的。新保守主义反

---

[①] 威廉·克里斯托尔（William Kristol）是美国《公共利益》（The Public Interest）的主编欧文·克里斯托尔（Irving Kristol）的儿子。

对马克思主义不足为怪，但值得注意的是新保守主义的社会政治观集中攻击马克思的历史唯物主义的基本原理，并以战后资本主义发生的某些新变化来全盘否定马克思主义的科学性，而这些新变化显然需要人们运用马克思主义基本原理，加以分析研究以便得出客观的结论。离开马克思主义基本原理就难以找到科学的答案。

新保守主义在70年代前后成为西方社会的主要思潮，既是资本主义危机的产物，也是传统保守主义和自由主义长期冲突与融合的结果。尽管它对自由主义国家政策横加批评，但它丝毫未能改变其维护资本主义的本质。其实两者都有一个共同的宗旨：维护以私有财产为核心的资本主义生产方式，反对社会主义。如果说自由主义在产生以后的一段时期内，曾经推动过资产阶级的激进改革运动，尚有一定的历史进步性可言[①]，那么保守主义作为资产阶级的右翼思潮，无论从其产生还是发展来看，都具有反动性。新保守主义竭力鼓吹稳定与秩序，反对福利国家政策，主张削减政府福利开支，导致更多劳动者失业与生活水平下降。尽管新保守主义经济政策曾经一度缓和了美英等国的通货膨胀，但是它作为一种国家政策，仍无法回答资本主义世界出现的社会、经济、政治问题，并且已经引起了社会日益强烈的不满。

应该指出，在当代西方资本主义国家中，尤其在美国与英国，自由主义与保守主义作为两股对峙的政治思潮，正按垄断资产阶级的实际需要，不断地相互渗透，发生移位，因此它们之间的界限并非截然分明。双方各自在历史上曾经宣扬过的一些陈旧观点，或已被抛弃的理论，常被对方拣起，改头换面，重新变成今日攻击对方的新理论，这种现象比较特殊。

---

① 19世纪英国等国的资产阶级改革运动，曾在扩大民主权利与铲除封建特权残余方面起过积极作用，自由主义是资产阶级改革运动的指导原则。

# 第八章　当代社会主义思潮

二战以后，西方社会思潮呈现出多种思潮与流派并存争鸣的现象，当代社会主义思潮是其中的一种有相当影响的思潮。当代社会主义思潮自身内部也流派纷呈，出现了科学社会主义、民主社会主义、西方马克思主义、市场社会主义、生态社会主义等多种流派。科学社会主义流派在战后相当长时间内占据着当代社会主义思潮中的主导地位，但是，民主社会主义与其他社会主义思想流派的影响也在增大；东欧剧变、苏联解体以后，民主社会主义在欧洲摇身一变，将自己的名号改为社会民主主义，并迅速从西欧扩展到东欧、高加索地区甚至中亚地区，不少国家的执政党将民主社会主义思想作为国家的意识形态与官方政策的理论依据。

## 第一节　当代社会主义思潮与社会主义运动

### 一　当代社会主义思潮概况

冷战期间，以苏联社会主义为首的世界社会主义运动有过辉煌，曾经形成了一个全球范围的社会主义运动和庞大的社会主义阵营，但是也遭遇过严重的论战与分裂。不少社会主义国家的共产党不满斯大林模式，尤其是不满苏联共产党的大国沙文主义，纷纷探索符合自己国情的社会主义道路。

冷战后，第一个社会主义国家苏联自我解体，苏联地区的国家与东欧社会主义国家的社会制度剧变，科学社会主义思想流派在理论与实践上都遭受前所未有的挫折。但是，科学社会主义思想流派并没有丧失它的重要影响，在改革开放的中国依然是社会主导意识形态，无论在实践上还是在理论上，都在继续蓬勃向前，焕发出新的活力与光彩。科学社会主义思想流派也在越南、古巴、朝鲜、老挝等社会主义国家形成多种新的表现形态。

改革开放的中国在中国共产党领导下，十几亿人民群众投身于中国特色社会主义理论体系的创建与中国特色社会主义道路的探索。科学社会主义思想流派在中国的表现形态为：中国特色社会主义理论体系，它在实践中与时俱进，对世界社会主义运动产生了深刻影响。中国特色社会主义理论与运动，已经成为世界社会主义运动的中流砥柱与希望。本章关于科学社会主义思想流派将着重分析改革开放以后的中国特色社会主义理论体系。

当代社会主义思潮除了科学社会主义思想流派之外，还有其他具有相当影响力的思想流派，包括民主社会主义、生态社会主义、市场社会主义、西方马克思主义，等等。这些不同的思想流派在理论和实践上尽管存在很大差异，但是在批判当代资本主义制度上，在推进全球问题善治方面却有一些共同之处，因此，对当代社会主义思潮各种思想流派的评析需要秉持实事求是的态度，进行恰如其分的解读。

## 二　当代社会主义运动新发展

### （一）当代社会主义运动的新变化

当代科学社会主义思潮以社会主义运动为前提，是回应现时社会主义运动的需要而产生与发展的。战后社会主义运动的历程是曲折的，与二战之前的世界社会主义运动比较，战后世界社会主义运动曾经从分散的各国共产党领导的社会主义革命运动，发展为由以苏联为首的国际共产主义运动中心领导、走唯一暴力革命道路、建设统一的苏联社会主义模式的世界社会主义运动。

20 世纪 70 年代后期，东欧社会主义国家开始进行经济体制改革，80年代后期东欧、苏联剧变，世界社会主义运动发生深刻变化，冷战时期的苏联社会主义模式的世界社会主义运动，开始转变为由各国共产党独立自主领导，走符合本国国情的现代化发展道路，建设具有本国特色社会主义的世界社会主义运动。

## （二） 当代社会主义运动的目标与发展道路发生重要变化

当代世界社会主义运动的目标也曾经发生重大变化。战后世界社会主义运动大目标划一，就是以苏联的社会主义社会为发展目标；20 世纪 70 年代以后开始转变为各国共产党从本国的具体情况和特点出发，提出建设具有本国特色的社会主义发展目标。

尽管各国社会主义运动对未来社会主义社会的目标设计不尽一致，但是也有一些共同之处，包括：（1）经济目标，一般都主张建立公有制起主导作用的混合经济体制，以及把计划经济与市场经济有机地结合起来；（2）政治目标，一般都把议会民主与直接民主或参与式的民主有机结合起来，实行多党制或一党独大制，以及最广泛的民主政治联盟政策；（3）生态目标，一般都主张保护生态环境，实现人与自然的和谐发展；（4）文化目标，一般都提倡科学精神，反对教派主义，保证思想、信仰的自由，尊重与保护人权等。

后冷战时期当代世界社会主义运动的发展道路也发生了重大变化，主要表现为：

第一，世界社会主义运动的阵地转换。世界社会主义运动已经从主要以社会主义国家为主导的，在资本主义体制之外的社会主义运动为主，转变成为社会主义国家的社会主义实践与资本主义国家的社会主义运动相结合。

第二，社会主义运动的方式转换。从通过无产阶级暴力革命与武装斗争推翻资本主义的革命道路，转变成通过最广泛的和平民主方式，通过议会民主斗争对资本主义社会实行改良。

第三，社会主义运动的基础变化。20 世纪 70 年代之前的马克思主义政党，其存在形式主要是工人阶级的先进分子与精英阶层参加的先锋队政党形式，70 年代以后，尤其是苏东剧变以后，马克思主义政党的存在形式转变为现代群众性政党为主。20 世纪末和 21 世纪初，大多数资本主义国家的共产党都提出了使共产党现代化和建设群众性政党的方针，以适应经济全球化发展的需要。当今资本主义国家的共产党没有固定模式，但是都具有群众性、开放性、民主性、透明性、自主性等特征，战后逐步转型成为有多数人参加的为大多数人谋利益的运动路线，社会基础明显扩大。

第四，社会主义政党的合作出现新变化。冷战时期，曾经存在一个共产主义运动的国际联合组织——共产国际情报局，但是不是公开的，作用影响有限。各国共产党之间的联系实际上是以一定的国际会议为中心的形式存在的。20 世纪 60 年代中苏论战以后这种国际会议的联合形式逐步退出历史舞台。苏东剧变之后，经过近 20 年的发展，各国共产党之间联系的国际合作出现了新的形式，包括发展党与党之间独立自主、完全平等、互相尊重和互不干涉内部事务的双边关系。值得一提的是一年一度的"共产党工人党国际会议"成为世界各国共产党加强联系与交流的重要形式，2011 年 12 月 9—11 日在希腊雅典召开的"共产党工人党国际会议"已经是第 13 届。此外，每年在布鲁塞尔举办的"国际共产主义研讨会"（ICS），五大洲有数十个政党和组织参加，2011 年 5 月 13—15 日举办第 20 届研讨会。而社会主义学者国际会议也成为各国共产党就社会主义理论与实践经验交流的补充形式。

总之，后冷战时期，当代社会主义运动的目标、发展道路与方式已经开始转型，各国共产党人都在积极实践与探索符合自己国情的社会主义道路，世界社会主义运动并没有因为苏东剧变而停止，中国的社会主义实践为世界社会主义运动提供了宝贵经验，给人以极大鼓舞；但是世界社会主义运动还是需要尊重各国人民的自由选择。人们普遍认识到，任何一国的社会主义运动的实践经验都可以借鉴但是不能照搬。"各国的事情，一定要尊重各国的党、各国的人民，由他们自己去寻找道路，去探索，去解决问题。"① 人类在实践社会主义思想原则的过程必然充满艰难，而坚持实践是检验真理唯一标准的基本原则，应该是当代社会主义运动发展的指导原则。

## 第二节　当代科学社会主义思潮

### 一　科学社会主义思潮与中国共产党人的重大贡献

胡锦涛总书记在 2011 年"七一"重要讲话中，将中国共产党成立 90 年来的历史集中概括为三大成就：完成了新民主主义革命，实现了民族独立、人民解放；完成了社会主义革命，确立了社会主义基本制

---

① 《邓小平文选》第 2 卷，人民出版社 1994 　 　，第 319 页。

度；进行了改革开放新的伟大革命，开创、坚持、发展了中国特色社会主义。这三大成就集中反映了社会主义中国翻天覆地的变化和对人类社会发展的贡献，也展现了中国共产党人对科学社会主义思想学说与实践运动的重大贡献。①

完成新民主主义革命是中国共产党人的创造性贡献。马克思主义经典作家没有给落后国家，尤其是东方社会的社会主义革命留下更多的指导性意见，更谈不上现成方案，尽管俄国十月革命在最落后的资本主义国家获得胜利，但是并没有完全解决像中国一类的前资本主义社会如何跨越"卡夫丁峡谷"的历史性难题，对于前资本主义社会如何直接进入社会主义社会，既没有现存的理论，也没有现存的成功经验可供借鉴。

中国共产党坚持马克思主义基本理论与中国实践结合的原则，在革命与建设的不同阶段，运用集体智慧推进马克思主义中国化。不但创立了毛泽东思想，走出了农村包围城市的中国无产阶级革命的道路，建立了新中国，实现了民族独立、人民解放；继而走上了新民主主义革命的道路，在彻底完成民主革命任务后及时实现由新民主主义向社会主义的过渡。1954年，社会主义三大改造运动基本结束，中国共产党在人类历史上第一次实现了前资本主义社会与社会主义社会的对接。完成了社会主义革命，确立了社会主义基本制度。

20 世纪 70 年代末以来，中国共产党在深刻吸取了"文化大革命"的沉痛教训后，开始了又一场伟大的社会主义理论与实践创新运动，中国共产党人在改革开放的历史新阶段，创立了中国特色社会主义理论体系。中国的改革开放与中国特色社会主义的兴起，同世界社会主义运动遭遇重大挫折形成强烈对照。中国共产党人坚持马克思主义普遍真理与中国社会发展的特殊性相结合的正确方向，牢牢把握时代的新特点与世界格局的新变化，积极融入经济全球化大潮，充分借鉴当代资本主义的优秀成果，充分发挥中国现代化的后发优势，正确回应了新民主主义革命转入社会主义革命以后，如何建设中国特色社会主义道路的历史性问题。在资本主义主导的世界体系中，形成了中国特色社会主义理论体系，坚持了中国特色社会主义道路，并且取得了举世瞩目的辉煌成就。

---

① 《胡锦涛在庆祝中国共产党成立 90 周年大会上的讲话》，《人民日报》2011 年 7 月 2 日，第 2 版。

"中国模式"成为世界热议的话题，中国共产党开创的中国特色社会主义道路、理论体系和政治制度没有像东欧、苏联一样"改弦易辙"，而是经受了严峻考验，开创了世界社会主义发展的新阶段。中国共产党人坚持创新性、开放性，在回答时代的新课题中不断丰富和完善自己的理论宝库，其对科学社会主义理论的贡献，鲜明地体现在中国特色社会主义理论体系的创立与发展的理论成果之中。中国特色社会主义理论体系，以马克思主义为指导，在应对时代挑战，回答重大的社会发展问题中不断创新理论，不断丰富理论体系的内容。30余年的改革开放实践，中国共产党人集中回应了科学社会主义运动健康发展的三个重大问题："什么是社会主义，怎样建设社会主义"；"建设什么样的党、怎样建设党"；"实现什么样的发展、怎样发展"。具体回应这三个重大问题的理论成果，相应形成了邓小平理论、"三个代表"重要思想和科学发展观。中国特色社会主义理论体系是中国共产党人在全球化时代，世界社会主义运动处于低潮阶段，探索中国现代化道路的进程中，对科学社会主义理论的划时代的重大贡献。

除此之外，中国共产党人在社会主义制度建设的探索中，也同样取得重大的成果，这些成果集中体现在中国特色社会主义制度的确立与不断完善上。毛泽东领导中国共产党建立了社会主义制度，邓小平率先领导中国共产党改革受斯大林模式影响的社会主义制度，并明确了社会主义制度的本质特性就是"解放生产力，发展生产力，消灭剥削，消除两极分化，最终达到共同富裕"。党的十六大报告进一步明确了"社会和谐是中国特色社会主义的本质属性"。

中国特色社会主义制度的不断完善经历了从党的领导制度和政府管理体制改革，到党的十七大报告提出在科学发展观指导下的经济体制、政治体制、文化体制、社会体制、党的领导体制的全面体制改革，再到胡锦涛总书记在纪念中国共产党成立90周年讲话中，对根本制度、基本制度、具体制度所构成的社会主义制度体系的深入分析、持续改革与全面完善的解读，中国特色社会主义制度的建设，已经形成了基本的战略目标定位、指导原则和明确的前进方向，保证了在中国特色社会主义制度的调适与完善中，既坚持社会主义的内在属性，承载社会主义的价值理念和基本追求，又契合中国的国情和时代的需求，大刀阔斧地破除旧制度，积极催生新制度，给中国现代化建设以强大的制度支撑。中国特色社会主义制度建设是中国共产党人对科学社会主义运动实践的重大历史性贡献。

20世纪末，中国的和平崛起，引发国际社会热议"中国模式"、"中国道路"，在这场世界性的讨论中，西方不少学者有意无意地回避了"中国模式"、"中国道路"的社会主义属性。其实无论是中国特色社会主义道路、中国特色社会主义理论体系和中国特色社会主义制度，它们的基本点就是中国特色社会主义的本质属性。中国的现代化是对人类社会的伟大贡献，中国特色社会主义道路、理论体系和制度体系就是支撑中国的现代化的思想学说与制度基础。中国特色社会主义道路、中国特色社会主义理论体系和中国特色社会主义制度，也是中国共产党人对世界科学社会主义理论与运动实践的贡献。

**二 当代科学社会主义思潮的集中体现——中国特色社会主义理论体系**

中国特色社会主义理论体系是当代科学社会主义的集中体现，它是马克思主义中国化的又一个硕果。马克思主义中国化在中国现代化的历史进程中，有过两次历史性理论飞跃。第一次飞跃的理论成果是毛泽东思想，它是关于中国革命和建设的正确理论和经验总结，中国的新民主主义革命和社会主义革命的胜利，检验了这一理论体系的真理性；第二次飞跃的理论成果是中国特色社会主义理论体系，包括邓小平理论、"三个代表"重要思想以及科学发展观等重大战略思想在内的科学理论体系。这一理论体系科学阐明了中国特色社会主义的思想路线、根本任务，发展的道路、动力、战略、依靠力量，国际战略、领导力量等重大问题，是在新的实践基础上全面贯通马克思主义理论，覆盖众多学科的系统的科学理论体系，丰富和发展了马克思主义与毛泽东思想。这一理论体系至今还在实践之中，还需在今后的实践中加以完善和发展，并接受更多的实践检验。

**三 中国特色社会主义理论体系的主要内容及其基本特征**

中国共产党第十七次全国代表大会提出了中国特色社会主义理论体系的科学命题，明确指出："中国特色社会主义理论体系，就是包括邓小平理论、'三个代表'重要思想以及科学发展观等重大战略思想在内的科学理论体系。"① 这一理论体系是中国共产党人在改革开放以来继续推进马克思主义中国化的最新理论成果的统称，也是对邓小平理论、"三个代表"重要思想和科学发展观等重大理论成果的整合。

1. 主要内容

中国特色社会主义理论体系，在新的历史条件下系统回答了什么是社会主义、怎样建设社会主义，建设什么样的党、怎样建设党，实现什么样的发展、怎样发展等重大理论与实际。

2. 思想精髓

中国特色社会主义理论体系的精髓是解放思想、实事求是。解放思想根本在于把马克思主义普遍真理和中国具体实际结合起来，与时俱进，发展中国特色社会主义。实事求是主要体现在这一理论继承和发展了马克思主义辩证和历史唯物主义思想。

3. 中心主题

中国特色社会主义理论体系的中心主题是发展。发展是当今世界两大主题之一，发展也是中国共产党执政兴国的第一要务。科学发展观是实现中国社会主义发展的理论基础之一。深入贯彻落实以人为本，全面协调可持续的科学发展观是实现中华民族复兴大业的基础条件。以人为本，为了人民、依靠人民、造福人民是党的各项方针政策出发点和归宿，也是这一理论体系的核心思想内容。

4. 基础条件

中国特色社会主义理论体系的基础条件是中国的国情条件。社会主义初级阶段是中国特色社会主义理论体系形成与发展的国情条件和立论基础。我国将长期处于社会主义初级阶段，需要坚持社会主义初级阶段"一个中心、两个基本点"的基本路线。


**四　中国特色社会主义理论体系的基本观点**

中国特色社会主义理论体系是中国现代化发展道路的理论基础，思想内容十分丰富，涉及中国经济、政治、文化、社会、党建、国防、外交、两岸关系等，基本观点都体现出与时俱进的特质，现将其中几个主要观点

---

① 《高举中国特色社会主义伟大旗帜，为夺取全面建设小康社会新胜利而奋斗》，《人民日报》2007 年 10 月 16 日。

概括如下：

**1. 社会主义本质观**

社会主义的本质，是解放生产力，发展生产力，消灭剥削，消除两极分化，最终达到共同富裕。社会主义本质的具体体现就是实现富强民主文明和谐的社会主义现代化国家目标。

**2. 社会主义根本任务观**

社会主义根本任务是解放和发展社会生产力，坚持以经济建设为中心。科学技术是第一生产力。提高自主创新能力，建设创新型国家是国家发展战略的核心。

**3. 社会主义发展动力观**

改革开放是中国特色社会主义的发展动力。改革是社会主义制度的自我完善和发展，这是一场经济、政治、文化、社会全方位的整体改革。中国的发展离不开世界，世界的发展也离不开中国；中国的发展必须拓展对外开放广度和深度，提高开放型经济水平。改革开放是发展中国特色社会主义实现中华民族伟大复兴的必由之路。

**4. 社会主义经济建设观**

计划经济不等于社会主义，市场经济不等于资本主义，社会主义也可以搞市场经济。社会主义经济发展应是又好又快，转变经济发展方式，完善社会主义市场经济体制，是促进经济又好又快发展的关键。

**5. 社会主义民主政治建设观**

人民民主是社会主义的生命，发展社会主义主义民主政治是我们党始终不渝的奋斗目标。坚持党的领导、人民当家做主、依法治国有机统一是中国特色社会主义民主政治建设的基本指针；坚持和完善人民代表大会制度、中国共产党领导的多党合作和政治协商制度、民族区域自治制度以及基层群众自治制度，深化政治体制改革，积极有序地推进积公民政治参与，保证人民当家做主，是中国特色社会主义民主政治建设的主要内容。

**6. 社会主义文化建设观**

社会主义不仅要有高度的物质文明，而且要有高度的精神文明。为此必须坚持社会主义先进文化前进方向，推动社会主义文化大发展大繁荣，提高国家文化软实力；建设社会主义核心价值体系，增强社会主义意识形态的吸引力和凝聚力；建设和谐文化，培育文明风尚，弘扬中华文化，建设中华民族共有精神家园。

## 7. 社会主义社会建设观

建设社会主义和谐社会是中国特色社会主义的本质要求。民主法治、公平正义、诚信友爱、充满活力、安定有序、人与自然和谐相处是社会主义和谐社会的总要求。应该以改善民生为重点加快社会建设，实现全体人民学有所教、劳有所得、病有所医、老有所养、住有所居，这是社会主义和谐社会的建设目标。

## 8. 社会主义党建观

执政党的建设是建设和发展中国特色社会主义的关键。切实加强执政党的思想建设、组织建设、作风建设、制度建设、反腐倡廉建设，不断提高党的创造力、凝聚力和战斗力，使党始终做到"三个代表"。为此必须以加强党的执政能力建设和先进性建设为主线，以改革创新精神全面推进党的建设新的伟大工程。

### 五 中国特色社会主义理论体系的评析

首先，中国特色社会主义理论体系的重要意义首先在于它是马克思主义中国化的最新成果，是中国社会主义发展道路的思想理论基础。它的形成与发展是中国共产党人对 20 世纪 70 年代以来的时代特征、国际局势与中国国情的全面科学判断的结果。改革开放 30 多年的辉煌成就证明了这一理论的真理性。

其次，它第一次比较系统地回答了在经济文化比较落后的国家建立社会主义制度以后，如何建设、巩固和发展社会主义与共产党自身建设等一系列重大问题，并且在理论与实践的结合上取得了历史性的突破。这一理论体系，不但全面阐述了中国特色社会主义道路的内涵，同时也为其他后发国家探索发展道路提供了理论借鉴。

第三，它为我们分析与解决现阶段中国经济社会发展问题，提供了科学的世界观和方法论；为提升党的执政理念、推进党的建设的伟大工程提供了科学指导；为我们实现全面建设小康社会目标与中华民族复兴大业指明了前进方向。

实践证明，在当代中国，只要我们长期坚持中国特色社会主义道路，不断发展中国特色社会主义理论体系，并使之贯彻落实到经济社会发展各个方面，中国特色社会主义伟大事业一定会取得更大的胜利。

# 第三节　科学社会主义运动实践形态

科学社会主义从其创立之日起，就被欧洲各国无产阶级付诸争取阶级与人类解放的革命运动实践。19 世纪后半叶西欧发达国家无产阶级爆发过一次又一次的革命运动，都没有成功。20 世纪初，俄国布尔什维克在列宁领导下发动"十月革命"，创立了第一个无产阶级专政的社会主义国家，科学社会主义的实践形态从群众运动上升为国家制度与社会形态，进入了一个历史新阶段。

第一个社会主义国家苏联于 1991 年解体，至今已有十余年，作为第一个科学社会主义的实践形态，它留给后人许多思考。一般而言，东欧社会主义国家的实践形态可以归入苏联社会主义的"斯大林模式"，尽管东欧社会主义实践形态也有一些独特之处。

20 世纪科学社会主义实践形态对世界历史影响最大的，还要数现在依然生机勃勃、充满活力的中国社会主义实践形态。尽管中华人民共和国成立后较长时间照搬"斯大林模式"，但是改革开放以后 30 余年，中国走出了一条"中国特色社会主义道路"，并且取得了世界瞩目的成就。研究社会主义实践形态，需要汲取苏东社会主义实践形态的历史经验教训，更需要全面总结现存的五个社会主义国家的实践形态，但是中国特色社会主义实践形态的研究应该是当下科学社会主义研究的重心所在。

## 一　苏联社会主义实践

### （一）列宁对社会主义建设道路的探索

1917 年末，俄国从资本主义社会向社会主义社会"直接过渡"，列宁开始社会主义建设道路的探索；从 1918 年夏到 1921 年初，面对 10 个帝国主义国家的包围，苏联进入"战时共产主义"阶段，列宁开始实践"新经济政策"。

实施战时共产主义政策是当时苏联面临国内外客观形势而采取的现实对策，这一政策有利于保全社会生产力，避免过早因与帝国主义战争而遭破坏。新经济政策的制定与实施不仅符合当时苏俄的社会生产力发展水平，而且在一定程度上有助于落后的资本主义社会向社会主义社会的转型。但是，新经济政策被俄共仅仅被当作一种权宜之计、一种临时政策手段，而没有自觉上升为基本经济制度，甚至一种基本的社会体制。列宁虽然提出了走市场经济道路的新经济政策，但没有把市场经济道路看成是发展社会主义经济的根本道路；按照新经济政策自身逻辑，要求苏俄社会主义经济体制建设进行市场取向的发展，但是苏俄共产党人当时的社会主义理论与学说，更多的是宣扬集中计划经济的社会主义性质，而将商品市场经济看作为资本主义旧社会的痕迹，努力尽早消除。此外，在外部战争威胁下，苏联面临经济平衡发展与优先发展之间抉择的困境，斯大林则在1929年采用国家行政命令的手段，以计划经济取代市场经济，以优先发展军事重工业取代农轻重协调发展，致使列宁的新经济政策过早退出历史舞台。

**（二）"斯大林模式"的探索**

1. "斯大林模式"的定义与基本特征

"斯大林模式"的定义在国内学术界存在分歧。主要观点有：它是在特定历史条件下形成的特定的社会主义政治、经济体制；它是苏联社会主义经济模式的理论体系；它是苏联在没有前人经验可以借鉴的条件下，摸索出的一种不成熟的社会主义实践形态。

"斯大林模式"的基本特征涉及苏联政治体制、经济体制、文化体制、党的领导体制各个方面。（1）政治体制特征。党政职能与职权不分，以党代政；权力过分集中于党委主要领导个人；自上而下的干部的委任制和终身制；民主和法制遭到破坏，执政党的权力缺乏有效的人民监督。（2）经济体制特征。所有制形式强调整齐划一的公有制；经济管理体制高度集中；片面强调指令性计划经济，忽视价值规律，排斥市场机制；优先发展重工业，严重忽视农业与轻工业的发展；强调积累，忽视消费。（3）文化体制特征。强调思想文化的统一，压制多元文化与思想观点的自由讨论，科学技术发明排斥吸收西方成果；文化发展高度政治化与意识形态化。

2. 对"斯大林模式"的评价

"斯大林模式"是一定历史条件下苏俄共产党人探索社会主义道路的产物，并适用于特定历史背景下的社会主义实践，客观上它曾对落后国家生产力的发展起了巨大的促进作用，使社会主义第一次从理论变为现实，并且在与资本主义世界相抗衡中成功保卫了第一个社会主义国家的建设成果。但是，苏联解体的结局，暴露了这一模式的严重缺陷。实践证明，"斯大林模式"的探索是以失败告终，它从根本上不符合科学社会主义发展的客观规律。"斯大林模式"的失败，本质上是人们探索科学社会主义客观规律必须付出的历史代价，正是它的失败教训，使后来的探索者汲取教训，走上新的探索道路，并有可能取得巨大成功。

3. 苏联解体的原因及其影响

1991年12月苏联解体，至今已过十余年历史。苏联共产党曾是一个拥有94年历史、近2000万党员，执政74年，并有着世界影响的大党，它曾经是各国共产党学习的榜样。苏联共产党遭受的重大挫折，有各种原因，它们在探索社会主义道路的进程中，存在着许多自身建设的大问题，其实这些问题在其他列宁主义政党也曾存在过，甚至现在依然存在。第一个社会主义国家苏联的突然瓦解，引起世界极大震撼，成为20世纪国际社会最重大的历史事件之一。探究苏联败亡的原因，避免重蹈苏联败亡之覆辙，成为各国共产党坚持与发展当代社会主义的历史责任。

导致苏联解体的原因是多方面的，它是历史的合力作用的结果。其中，苏联模式在历史上积累的政治、经济、文化等方面的弊端，是苏联解体的内因与基础因素；戈尔巴乔夫推行的改革路线是导致苏联解体的个人因素与直接原因；美国与西欧敌对势力，包括教会、非政府组织的长期分化与西化活动，是外部重要因素。就苏共败亡的制度内因而言，主要教训包括：

（1）高度集权的"斯大林模式"严重违背生产力发展的根本要求

马克思主义的基本原理之一就是，生产关系适应生产力发展的需要是社会存在与发展的基本条件。苏共在制定生产力发展的阶段性目标时往往脱离苏联实际国力，急于实现国家工业化、农业集体化的共产主义目标。1936年斯大林宣布苏联社会"已经基本上实现了共产主义第一阶段，即社会主义"。1939年斯大林提出，在10—15年内赶超最发达的资本主义国家，向共产主义社会过渡。1952年他再次提出"通过社会主义逐步过渡到共产主义的途径建立共产主义社会"的总路线，并制定了实现这条总路线的策略和任务。赫鲁晓夫1961年提出用20年时间基本上建成共产主义社会。勃列日涅夫时期依然认为苏联已处于"发达社会主义"阶段。斯大林以后的苏共领导人，尽管具体政策有所调整，但是建设社会主义的指导思想和总路线未作根本改变。

苏联在生产关系问题上，20世纪30年代就形成了生产资料公有制的两种形式——全民所有制（国家所有制）和集体所有制。前者是社会主义所有制的基本形式；后者是低级形式，必须向基本形式过渡，形成单一的社会主义全民所有制。苏联单一的公有制形式，严重违背了苏联生产力发展要求，超越了生产力发展水平，以至于苏联各个主要经济部门的发展长期处于落后状态。

苏联共产党在列宁之后，长期排斥商品货币关系，否定市场经济，实行高度集中的计划经济管理体制，尽管这一经济体制在战争时期也曾经起过一定的积极作用，但是和平时期的消极影响日益明显。经济管理的长官意志、官僚主义作风，企业缺乏积极性，产品缺乏竞争力，科技创新缺乏动力，导致苏联经济发展的畸形化现象，产业结构比例严重失调，军事重工业片面发展，轻工业、农业难以健康发展。经济运行长期实行粗放发展方式，缺乏国际竞争力。经济发展状况长期不佳，人民生活水平无法不断提高，形成了广大人民群众对苏共和苏联社会制度的信任危机。

20世纪70年代，勃列日涅夫时期的苏联已经迈过了社会主义原始积累阶段，工业开始反哺农业，社会物质生活水平与福利保障体系有了相当大的变化。国民教育实现免费、儿童保育收费极低、廉价的住房、便宜的休假制度、稳定的养老退休制度、免费医疗，居民的工资收入增长了1倍，远高于物价上涨水平，苏联每10户人家拥有9台电视机，4辆汽车，工作10年以上者81.3%的人可以解决长期住房，租房的费用只占月平均工资的2%—3%。文化事业的发展速度也很快，1987年苏联人均的影剧院座位名列世界第一。尽管较高水准的物质生活条件，有助于苏共执政基础的稳固，但是这个时期的苏联民众更多要求的已经不是物质生活条件的满足，而是民主政治与思想言论的自由权利，而这恰恰是"斯大林模式"的体制缺陷。仅仅改善物质条件是不够的，民众还要求进一步的知情权、参与权和自主性。赫鲁晓夫的改革曾经将苏联铁幕打开了一条缝隙，勃列日涅夫又合上了这条缝隙。但是，缝隙可以闭上，人们心灵中打开的窗子再也无法关上，从此人们越发想要了解外面的世界，想要发表自己的意见，苏联社会再也无法回归斯大林时代。持不同政见者越来越多，他们的社会影响开始扩大，苏联共产党的统治基础开始动摇。麦德维杰夫曾经指出："苏联这座大厦是建立在不坚固和不稳定的基础之上的，其内部结构也有许多缺陷。如果基础被冲毁或削弱，如果承重结构被侵蚀和破坏，那么无论看起来多么坚实和宏伟的建筑都会倒塌，1991 年正式发生了这样的剧变。"① 可见，苏联剧变，并不仅仅是经济因素，或者是市场经济的因素，还有更重要的思想与政治因素。2009 年在伦敦经济学院召开的东欧剧变 20 年研讨会上，哈维尔一再强调东欧"剧变"主要并不是因为经济没有搞好，并不仅仅是市场经济因素，应当"少迷信经济学家"，除了经济学指标外，也要在人们精神生活的丰富与活跃方面得到体现。人们在物质生活条件相当不错的环境中，只要他们的精神与文化方面的需要得不到满足，他们对执政者的合法性也会毫不留情地给予否定，执政者的权力基础照样会崩塌。列宁在十月革命前痛斥民粹派关于"社会均贫富比言论自由更重要"时指出，"那种为了虚幻的经济利益而离开争取政治自由这一俄国社会党人最直接最重要的任务的图谋"，实际就是"背叛伟大的社会革命事业"。②

（2）苏联的现代化道路是一条失败的道路

苏联的现代化道路，尽管可以有高速增长的 GDP、世界上最大的工程、世界上最高的大楼，甚至可以有超过美国的核弹头总当量与钢产量，只要是国家认定需要的东西，全国上下齐动员，就可以实现期望的目标。尽管苏联时期的国家硬实力居世界前列，但是苏联人民的生活水平与发达国家比较明显存在差距。即使在苏联最辉煌的勃列日涅夫时期，苏联工人的工资水平仅为美国工人的 31%，居民消费水平只相当于美国的 33%。

苏联的现代化模式，根本上是以牺牲人民的福利为代价，追求国家的世界霸权地位，而且是以捍卫国际共产主义运动和社会主义阵营大家庭的利益为旗号。其实是另一种霸权主义的现代化模式，是没有"人民"只有"国家意志"，以人为代价的现代化模式。苏联在和美国争霸世界的过程中，一方面试图在经济上赶超西方，另一方面却在违反现代文明的基础上发展自己，结果并没有使苏联变成一个真正有竞争力的国家。

2010 年 5 月初俄罗斯总统梅德韦杰夫在接受《消息报》的采访时说，"坦率地说，苏联政权……只能被称为极权政权，在这个政权统治下，基本的权利和自由受到压制"。所以他非常强调要搞"人的现代化"，过去

---

① 罗伊·麦德维杰夫：《苏联的最后一年》，社科文献出版社 2005 年版，第 278—279 页。

② 中央编译局编：《列宁论马克思主义》，人民出版社 2003 年版，第 46 页。

那种不顾人民死活的现代化、"给国家争面子的现代化"、"领导人对军事威力的崇拜的现代化"以及为了"炫耀帝国光荣的现代化",所有要让民众成为所谓的"国家成功"的受害者的发展模式,都被实践证明是背离了人类文明的。① 实践证明苏联现代化模式是无法持续的,它只维持了70多年就寿终正寝了。

(3) 高度集权政治体制与党内特权集团,使苏共丧失群众基础

列宁在领导十月革命期间和胜利以后,曾经提出过党内民主集中制的基本原则,甚至设想十月革命后贯彻巴黎公社的基本民主原则,实现工农群众直接管理国家的民主目标。但是苏维埃建立后,劳动大众一时难以承担起国家机关与工厂企业管理的重任,不得不由列宁领导的党组织管理国家机器,高薪聘用旧专家与旧官吏管理企业与其他机构。国内战争期间,苏共的民主集中制更多偏重于集中,以适应战争条件需要。国内战争结束后,列宁实行"新经济政策",也采取了"工人民主制"等加强民主政治建设的措施,但是未能有效实施。

列宁逝世后,苏联的政治体制没有向民主化方向转变,相反日趋集中,形成了高度集权的政治体制模式。党政融为一体,以党代政,党集中了一切公权力,国家权力机关与社会组织萎缩;斯大林个人集党、政、军大权于一身,形成党内官僚特权阶层和个人崇拜,斯大林成了"人类最伟大的天才"。权力监督失效,法律制度虚无化。党和国家机关工作人员成了脱离群众的官僚特权阶层,人民群众的根本利益无法有效代表,苏共的代表性和合法性逐步丧失殆尽,以至于苏共垮台、苏联解体时苏联民众表现出无动于衷和本该如此的态度!苏联的政治体制建立在高度集权与国家强制基础上,同时它又是以动员性政治、高压性的管制政策和舆论一律为后盾的,具体表现为社会单位化、单位国家化、国家政治化、政治意识形态化,所有的政治体制与权力配置只不过是苏共政权的附属物,结果形成一种独特的"苏联国民性与生活方式",即"国家控制、国家所有、国家干预达到无所不及的地步,几乎每一步都需要国家官员批准"的整齐划一的"官方国民性"与"生活方式"。在这种政治体制下,所有的社会个体没有个人选择的余地。苏联 1940 年出版的《简明哲学词典》中甚至对"个人"的词条下的解释是:"马克思主义的基础是群众,群众的解放

---

① (俄)《消息报》,2010 年 5 月 7 日。

是个人解放的基本条件。"个体的"一切都被限定和安排在现行制度的框架里，人们不能决定任何事情，一切需由当局代他们决定"。①

苏联的高度集权与国家强制的政治体制产生了严重后果。1936 年苏联宪法宣布："人剥削人的现象已经被铲除"，苏联社会的阶级结构已经根本改观，苏联社会结构的核心是工人阶级、集体农庄的农民阶级与知识分子阶层，"两阶一层"都是"人民的范畴"。当斯大林过早宣布苏联已经消灭剥削，进入"土豆烧牛肉"的共产主义社会，人民就会不加思考地信以为真。因为这种体制教育人们不要个人思考，也不要个人做出判断，只要求个人服从。结果使共产主义理想在苏联成为一种空洞扭曲的说教，民众对其逐步丧失信心。尽管苏联国家领导人选举每次都是获 100% 的选票，全体民众都无条件地拥护共产党的领导，但是据苏联内务部统计，"阶级敌人"的队伍却在不断扩大，从 1921—1954 年仅记录在案的被判处"反革命"罪的罪犯就达约 380 万人。② 同时，苏共的执政基础动摇与崩塌已不可避免，一旦政治选举中容许民主成分存在，苏共人民代表的支持率马上就出现下降趋势。据统计，1985 年的民意调查，99% 的苏联民众都会明确表示拥护苏共领导，但是 1988 年 12 月苏联新选举法通过，允许各种政治势力代表参选，1989 年 4 月的人民代表差额选举，结果苏共人民代表的当选率第一次减少了 1/3，叶利钦、萨哈罗夫、波波夫、索布恰克这些民主派人士纷纷当选，那些当选的共产党员，恰恰是因为他们"在任何场合都没有强调自己是共产党员"，③ 1990 年人民代表选举，苏共支持率更进一步降到不足 1/2。苏联的高度集权和国家强制的政治体制与空洞说教的意识形态灌输，早已使苏共的执政基础空洞化，以致苏联共产党濒临崩溃之际，民众也无动于衷，因为他们对这种"共产主义"的灭亡并不感到惋惜。

（4）美国的"西化"与遏制政策加速苏联崩溃

美国为了加剧苏联经济危机，采取全球遏制政策，尤其是在里根政府时期，美国对波兰团结工会暗中全方位支援，推动波兰及东欧国家的政治多元化变革，以及西方式的民主选举，为的是动摇苏联主导的社会主义大

---

① 戈尔巴乔夫：《"真相"与自白——戈尔巴乔夫回忆录》，社会科学文献出版社 2002 年版，第 132 页。

② 塔斯社 1992 年 1 月 23 日电。

③ 尼·雷日科夫：《背叛的历史》，吉林人民出版社 1993 年版，第 250 页。

家庭的根基，进而影响苏联国民的民主参与意识，以及对苏联共产党集权统治的不满。为了稳定东欧的阵脚，苏联不得不增加对波兰的经济援助，1980—1981 年苏联向波兰增加 45 亿美元的经济援助，以保障波兰对石油、天然气与棉花的进口需要。与此同时，里根政府在 1981 年 12 月 29 日波兰政府宣布实行军事管制以后，宣布对苏联实行禁运，美国的 60 家大公司中断与苏联的贸易关系，日本中断与苏联在萨哈林岛周边地区的石油与天然气开发计划，使苏联的石油、天然气资源出口受到影响。而在美国的怂恿下，沙特在 1985 年 8 月突然增加石油产量，日产量从不足 200 万桶猛增到 900 万桶，石油价格应声而下，从 30 美元/桶跌至 12 美元/桶，苏联对资源出口依赖严重，为此外汇收入骤降，经济状况开始恶化。美国同时抓住苏联陷入阿富汗战争的机会，向阿富汗反政府武装与穆斯林游击队提供财政与军事援助，牢牢拖住苏军，使苏联长期陷入战争深渊。尽管如此，苏联与美国的军备竞赛依然不肯放弃，军费开支进一步增加，已到不堪重负的程度，而外汇收入日益减少，苏联开始背上沉重的财政负担。人民的生活水平与西方社会之间差距扩大，而从 70 年代中期苏联与美国签署赫尔辛基缓和协议以后，东西方和平交往扩大，西方社会民主自由的价值观念已经开始在苏联和东欧产生影响，里根政府加大对苏联东欧国家的宣传力度，苏联国内的经济、意识形态与政治危机已经开始浮现，外部因素对苏联垮台产生了重要的催化发酵作用。

总之，苏联剧变的原因很复杂，许多学者在根本原因上存在分歧，但是有一点可以肯定，促使苏联剧变是一个交互作用的复杂系统，苏联共产党在思想路线上背离了马克思主义的唯物史观，在具体实践上没有处理好政治、经济与社会的关系，没有处理好执政党与群众、领导人与领导集体的关系，以及没有较好解决公权力的有效制约关系等，这些才是致命的因素。

## 二　苏联解体后世界社会主义运动的实践形态

苏联解体、东欧剧变在世界范围产生了强烈的震荡，社会主义运动进入一个重新分化组合的低潮阶段。

### （一）俄罗斯、欧洲的共产党

苏联解体、东欧剧变后，这些国家的共产党发生分裂，改换党名，普遍改名为社会党或社会民主党，相继参加了社会党国际。许多国家社会动荡、政局不稳、经济滑坡，通过大选，政坛普遍出现右翼和左翼势力轮流执政的局面。

俄共现有党员 60 多万人，是俄罗斯第一大党，在经受苏联解体、苏共覆灭严峻考验以后，站稳了脚跟并重新崛起。俄共深刻总结苏东剧变的历史教训，提出"革新社会主义"的理论，强调党的指导思想和奋斗目标是以创造性发展马克思列宁主义为基础，目的是建立社会主义的社会公正、集体主义原则、自由和平等的社会。近几年其影响力虽然有所下滑，但在俄政治生活中仍然具有重大的作用。苏联解体后，俄罗斯从一个超级大国骤然降为二流国家，人们普遍产生怀旧情绪，怀念社会主义苏联，反思苏联历史。

现阶段，俄共和公正俄罗斯党在反对以保守主义为思想基础的统一俄罗斯党对政治权力的垄断、反对官僚腐败等方面的立场基本一致。俄共现在主要是扮演在野党与反对派角色，抨击普京执政以来的统治集团错过了实现国家现代化的机会，使国家卷入金融经济危机的旋涡。俄共号召左翼力量结为广泛的民族和爱国主义阵线争取议会多数，借助议会立法的力量，改变现行制度。俄共主张将俄罗斯自然资源和重要部门国有化，以便推进国家社会主义现代化。公正俄罗斯党也打出社会主义政党的旗号，一方面支持普京，另一方面攻击普京领导的统一俄罗斯党，这种自相矛盾的反对派角色引起俄罗斯社会主义运动内部的批评，俄罗斯共产党批评它为"假社会主义"。当今俄罗斯人民逐渐以较客观的立场评价以往苏联的历史，不少人也肯定十月革命和列宁、斯大林时期的历史进步作用，对苏联解体表示惋惜和痛心。俄罗斯人民对历史的认识在加深，评价日益客观和公正。

**（二）西方发达国家的共产党**

苏联解体、东欧剧变后，西方发达国家共产党也遭受严重冲击，一些党改为社会民主党，一些党发生分裂，一些党销声匿迹，也有一些党在总结经验、调整政策和创新理论的基础上继续进行新的探索。

法共通过总结历史经验，彻底否定苏联模式，坚持马克思主义与共产主义奋斗目标，提出以"新共产主义"取代"法国色彩的社会主义"。法共认为在资本主义与共产主义之间不存在一个社会主义的过渡阶段，主张在现有的资本主义社会的框架内实行深刻的社会变革，发展现有社会的"成果、需要和潜力"，反对"为了金钱而金钱"的资本主义逻辑，否定资本主义的"剥削、异化和统治",向"另一种社会组织"过渡。①

20世纪90年代中期以后,西方发达国家出现了一波"马克思热"。美、英、法左翼学者不断召开各种大型学术研讨会专门研究马克思主义。很多西方国家的高等学校都开设马克思学说尤其是马克思经济学说课程,选学的人很多。西方国家出现的"马克思热",绝不是左翼学者的一时冲动或心血来潮,而是人们在寻找西方社会所存在的种种矛盾和危机的原因时,力图从马克思主义理论中寻找启示与思想养料。

### (三)发展中国家的共产党

苏联解体、东欧剧变后,发展中国家的共产党也受到较大冲击。有些衰落了,有些坚持住了,并且有了进一步发展。南非共产党成立于1921年,从20世纪90年代初南非结束种族隔离制度以后,实现了由非法政党向合法政党、从反对党向参政党的两大转变。当时党员仅2000名,现已近8万名,党的一些领导人在非国大最高领导机构中任职,在南非的政治生活中起着越来越大的作用。20世纪90年后期,拉丁美洲社会主义运动也重新活跃起来。一些国家左翼势力上台执政。2006年11月在厄瓜多尔大选中,拉菲尔·科雷亚获胜。2007年1月宣誓就职时,他大力倡导将"21世纪社会主义"作为即将出台的新宪法的基础,把社会主义作为一种新的社会发展道路选择,"我们将开展一场彻底、深刻、迅速地改变政治、社会和经济结构的全民革命。……为了推进这场全民革命,我们需要21世纪社会主义。……我们将利用社会主义探究公平、公正和能够提供巨大生产力和就业机会的经济","我们的计划……和马克思与恩格斯的科学社会主义异曲同工。例如,在21世纪社会主义社会中,人民处于主导地位,而非市场。……我们重视集体协作,这也和经典社会主义不谋而合"。② 在拉美,巴西、阿根廷、乌拉圭和委内瑞拉的执政者纷纷都在探索拉美的社会主义道路。

### (四)社会主义国家的共产党

苏东剧变后,中国、越南、古巴、老挝、朝鲜五个共产党领导的社会主义国家经受住了严峻考验,并在推进改革的基础上,正在把社会主义事业不断向前推进。

———————————

① 《世界社会主义运动的现状和走势》,《求是》2007年3月22日。

② 《参考消息》,2007年11月5日,第7版。

1. 越南共产党

从 1986 年越共六大开始实行革新开放路线，确定"社会主义定向的市场经济"作为越南经济体制改革的基本方向。越共坚持以社会主义目标和党的领导为核心的五项改革原则，成功地找到了一条符合越南国情的发展道路，20 年来经济社会发展取得巨大成就。

2. 老挝人民革命党

在 1991 年召开的五大上确立了"有原则的全面革新路线"，在农村推行家庭承包制，在城市进行企业改制，积极实行国家调节的市场经济，扩大对外开放，坚持独立自主的和平外交政策，取得了可喜成果。

3. 古巴共产党

在苏东剧变后，古巴共产党坚持社会主义道路与马克思主义的指导思想，实行一系列经济体制改革措施，在发展经济和打破美国封锁，走自己的独立自主的社会主义发展道路等方面取得很大进展。

4. 朝鲜劳动党

在苏东剧变和金日成逝世以后，面临着建国以来最为严重的困难，但是朝鲜劳动党坚持以主体思想为指导，调整国内外政策，沿着朝鲜式的社会主义道路前进。

5. 中国共产党

从 1978 年十一届三中全会以来，实行改革开放，成功找到了一条中国特色的社会主义道路。30 多年改革开放的成就举世瞩目。中国共产党从 1977 年的 3500 万党员到 2011 年已经拥有 8026 万以上党员的世界第一大党。恰恰是中国特色社会主义在资本主义主导的世界体系中显示出社会主义的勃勃生机，中国社会主义理论与实践不仅改变了 20 世纪后期世界社会主义陷入低潮的态势，而且必将对 21 世纪社会主义发展产生深远影响。

百年来的世界社会主义运动充满了艰难、曲折，社会主义运动有低潮与高潮，也有退潮与来潮。马克思主义揭示了人类社会的发展规律，社会主义最终必然代替资本主义，这是人类历史发展不可逆转的总趋势。邓小平 1992 年南方谈话时指出："不要认为马克思主义就消失了，没用了，失败了。哪有这回事！""世界上赞成马克思主义的人会多起来的，因为马克思主义是科学。"[①] 世界历史发展已经并将继续证明邓小平论断的正确。

———————————

① 《邓小平文选》第 3 卷，人民出版社 1993 年版，第 382—383 页。

## 第四节　民主社会主义思潮

### 一　民主社会主义的本质

社会主义作为一种社会思想学说和社会运动，是在 19 世纪 30 年代以后的事。无论是社会主义思想，还是运动，都是一个多元的概念。马克思和恩格斯在《共产党宣言》中就列举了很多他们所批判的社会主义流派，这些社会主义流派相互争鸣，思想理论千差万别。但是它们存在一些共同主张，即人类的合作与共同进步，反对社会不平等不公正。科学社会主义产生前的各种社会主义思想流派，本质上是批判资本主义制度，主张人类合作与共同进步，反对社会不平等与不公正的思想理念、社会思潮及其社会运动。20 世纪初期在第二国际内部分裂后产生的民主社会主义，本质上是一种资产阶级改良主义思潮，民主社会主义同马克思主义有一定的历史联系，但它不是真正的马克思主义，更不是马克思主义的正宗继承者。民主社会主义在欧洲国家有深厚的社会基础和阶级基础，欧洲民主社会党人自喻为"资本主义床边的医生和护士"，在发达国家其支持者人数较多。

### 二　民主社会主义的历史演变

科学社会主义产生之前的社会主义的各流派并不都是把社会主义与民主思想相联系的。早期的空想社会主义者如圣西门、傅立叶等人，主张少数精英的秘密活动，都不是民主主义者。民主社会主义者，一般主张社会主义与民主思想原则联系在一起，例如，路易·勃朗、拉萨尔、萧伯纳等。伯恩施坦是把民主思想与社会主义理论进行体系化整合的主要代表，他完成了民主社会主义现代理论体系的奠定工作。

#### （一）社会民主主义是科学社会主义的同义语

"民主社会主义"的前身是"社会民主主义"，"社会民主主义"一词出现于 1848 年欧洲资产阶级革命时期，主要是指德、法等国激进民主派中一些带有社会主义色彩的小资产阶级社会主义者。当时马克思、恩格斯和共产主义同盟参加德国的革命，设想把资产阶级民主革命作为向社会主义革命过渡的前提条件，因此他们有时也自称社会民主主义者，此时的社会民主主义者对资本主义生产关系与民主制度采取一种批判与否定的态度，期间欧洲社会民主党或社会民主工党纷纷建立，并且接受科学社会主义的指导，这时期的社会民主主义，其实与马克思、恩格斯的科学社会主义基本一致。主要有两个特点：成立工人阶级政党夺取政权；实现公有制，消灭剥削。

19 世纪 60 年代欧洲各国陆续成立工人阶级的社会主义政党。1869 年由奥古斯特·倍倍尔和威廉·李卜克内西领导的德国社会民主工人党成立，1890 年改名为社会民主党。此后各国建立的工人政党通常也命名为社会党、社会民主党或社会民主工党。德国社会民主工人党纲领的第 4 条是："社会问题的解决受到政治问题的制约，而且只有在民主国家内才能实现。"显然，当时的社会民主党人把争取民主理解为实现社会主义的先决条件，并且是根据这一理解来命名的。

1889 年第二国际成立，成立大会上的横幅标语是："从政治上和经济上剥夺资本家阶级的所有权，实行生产资料社会化。"[1] 第二国际早期的纲领符合科学社会主义理论。恩格斯在晚年对德国社会民主党和第二国际的纲领和理论作了肯定的评价。[2] 列宁也认为第二国际早期的社会民主主义或社会民主党的学说与科学社会主义是一致的。[3]

## （二）第二国际分裂，社会民主主义转变为民主社会主义

巴黎公社失败以后，由少数人武装夺取政权的策略已经过时，多数欧洲国家已不同程度地实行普选权，社会党人开始进入议会，各党的日常工作主要是议会选举和议会内的斗争以及工会斗争。1889 年第二国际内部在社会主义革命的手段与策略问题上存在深刻分歧。一部分人坚持暴力革命的道路，一部分人认为通过资产阶级共和国范围内的改良措施就可以和平过渡到社会主义。社会民主主义阵营内部开始出现左派、中间派和右派之间的对立。19 世纪末这种派别分歧已经很明显。左派坚持暴力革命道路，并且主张利用即将到来的帝国主义战争，发动革命推翻本国政府与资本主义制度；右派已经放弃社会主义目标，主张和平改良，以及支持本国政府战争行为的沙文主义立场；中间派则口头坚持马克思主义，实际行动

---

① 《1889 年巴黎国际工人代表大会会议记》，柏林，德文版，1889 年 7 月。
② 《马克思恩格斯全集》第 2 卷，人民出版社 1986 年版，第 490 页。
③ 《列宁全集》第 2 卷，人民出版社 1984 年版，第 432、434、436 页。

却动摇不定。

一战爆发，第二国际分裂瓦解，列宁批判德、法社会党支持本国政府的战争行为是"背叛了社会民主主义"。1917 年 4 月，列宁领导的俄国布尔什维克政党抛弃社会民主主义，改称共产党；1917 年 9 月，第二国际的左派成立"共产国际"；第二国际内的中间派和右派沿袭社会民主主义的名称，但是思想内容已经明确主张议会道路，这时的社会民主主义已经转变为民主社会主义。

**（三）共产国际建立后，民主社会主义成为布尔什维主义的对立面**

1920 年共产国际第二次代表大会规定，申请加入的党不仅要改称共产党，而且要修改"旧的社会民主主义纲领"，使每一个劳动者都清楚了解共产党和社会民主党的区别。从此以后，社会民主主义成为一个贬称，成为与布尔什维主义对立的右倾机会主义和修正主义派别，甚至被指责为"社会法西斯主义"。

与此同时，第二国际依然存在，以社会党的中派和右派为主体，其理论和政策概称为民主社会主义，以区别于左派的科学社会主义。完成民主社会主义理论体系整合的是德国的伯恩施坦。1896—1898 年，伯恩施坦在德国社会民主党的理论刊物《新时代》上发表一系列鼓吹和平方式，走议会道路的修正主义观点。他坦言："谈论德国的长入社会主义，并不是错误的。""未来的社会管理机构与当前的国家只不过在程度上有所差别。"[1] 20 世纪初的民主社会主义与布尔什维主义针锋相对的原则有两点：

（1）明确主张用和平的、渐进的方式过渡到社会主义，反对暴力革命；

（2）提倡一般民主，推崇议会制民主共和国，反对无产阶级专政。

但是也有相同的地方：仍旧表示信奉马克思主义，也被资产阶级势力称为马克思主义者；仍旧主张生产资料公有制并认为这是社会主义的主要标志，实质上主要是争取分配制度方面的改良，推行社会福利政策。在法西斯主义统治的国家和地区布尔什维克党与社会民主党都遭到迫害，他们实际上在反法西斯斗争中是不同程度的战友。

---

① 刘成、马约生：《欧洲社会民主主义的缘起与演进》，重庆出版社 2006 年版，第 37 页。

## （四）二战后，欧洲民主社会主义与"斯大林模式"的社会主义相对立

20世纪30—40年代，社会民主党有时也把民主社会主义与社会民主主义作为同义词使用，强调欧洲民主主义的社会主义立场，以便有别于苏联无产阶级专政的社会主义。二战以后，社会党国际于1951年在法兰克福成立。大会通过的《法兰克福声明》采用"民主社会主义的目标和任务"为标题，从此以后，民主社会主义取代"社会民主主义"一词，成为西欧发达资本主义国家的一种发展道路，与"斯大林模式"的苏联集权社会主义道路分道扬镳。

## （五）苏联解体后，民主社会主义回归社会民主主义

1992年9月，社会党国际在柏林举行第十九次代表大会，发表以"变化中的世界上的社会民主主义"为主要论题的声明。

《柏林声明》交替使用"社会民主主义"和"民主社会主义"二词，不是偶然的。苏东剧变以后，世界兴起一股资本主义已取得最后胜利、社会主义已彻底失败的声浪，"社会主义"一词被妖魔化。东欧国家的共产党纷纷改称社会党或社会民主党，随后，民主德国的统一社会党从1990年2月起正式改名为民主社会主义党。

《柏林声明》表明，欧洲社会党对于苏东剧变后是否继续使用"民主社会主义"一词产生疑问。认为"社会主义"在苏联东欧剧变后已经大大丧失信誉，作为一个"新世界"或新制度的信念成了"空洞的概念"，"这个伟大的词已经用坏了"，因此"民主社会主义"一词也就不好再使用了。[1]

冷战结束后，社会党的文件和论著中，"社会民主主义"一词逐渐取代"民主社会主义"一词。2007年1月德国社会民主党新纲领《不来梅草案》的标题是："21世纪的社会民主主义"（Soziale Demokratiein 21 Jahrhundert），纲领从头到尾都只使用"社会民主主义"一词。

如果说民主社会主义的主体是"社会主义"，这说明社会党仍旧企求以社会主义代替资本主义；那么冷战后，尤其是苏联解体以后，欧洲国家主要政党的"社会民主主义"一词主体已经变成"民主主义"，完全抛弃了社会主义目标。他们认为当前的民主主义制度不再是取代资本主义的民

---

① ［德］托玛斯·迈尔：《社会民主主义的转型》，北京大学出版社2001年版，第10页。

主主义的制度。英国社会学家吉登斯曾尖锐指出："过去社会民主主义总是与社会主义联系在一起，现在，在一个资本主义已经无可替代的世界上，社会民主党的取向又应当是什么呢？……是告别社会主义。"①

德国社会民主党著名理论家托马斯·迈尔作出结论说："社会民主主义，就是民主社会主义，就是社会民主。"② 因此，从 20 世纪 90 年代起，社会民主主义的发展已进入一个新的历史阶段。

### 三　民主社会主义基本思想原则

《法兰克福声明》阐述了战后欧洲国家民主社会主义的目标和任务，以及基本准则，主要包括以下几个方面：

#### （一）指导思想的多元化

二战结束以后，筹备社会党国际时，围绕对马克思主义的态度进行争论，结果没有一个党宣布摒弃马克思主义，但是也不再愿意承认马克思主义是唯一指导思想，而主张马克思主义与非马克思主义并存的意识形态多元化。

《法兰克福声明》序言第 11 条："不论社会党人把他们的信仰建立在马克思主义的或其他的分析社会的方法上，不论他们是受宗教原则还是受人道主义原则的启示，他们都是为共同的目标，即为一个社会公正、生活美好、自由与世界和平的制度而奋斗。"③

1959 年德国社会民主党《哥德斯堡纲领》说："民主社会主义在欧洲植根于基督教伦理、人道主义和古典哲学，它不想宣布什么最终真理……德国社会民主党是一个思想自由的党。它是由来自不同信仰和思想派别的人组成的一个共同体。"④ 这表明，民主社会主义已实现了指导思想的多元化。

但是，在欧洲一些社会党的纲领和理论著作中，马克思主义的影响依然存在。法国社会党前总书记、法国前总理列昂纳尔·若斯潘在 1999 年

---

① ［英］安东尼吉登斯：《第三条道路——社会民主主义的复兴》，北京大学出版社 2000 年版，第 25 页。

② ［德］托玛斯·迈尔：《社会主义还剩下什么》，莱茵贝克出版社 1991 年德文版，第 137 页。

③ 《社会党国际文件集》，黑龙江人民出版社 1989 年版，第 3 页。

④ 张世鹏：《德国社会民主党纲领汇编》，北京大学出版社 2005 年版，第 70 页。

11 月社会党国际巴黎代表大会的讲话中，在否定科学社会主义观点的同时，也主张要"重新发现马克思主义方法的有用的方面：对社会现实也就是对资本主义的分析"。[①]

**（二）社会主义只是一种伦理价值诉求而不是必然取代资本主义的新制度**

民主社会主义认为社会主义是一些伦理价值的实现，而不必是制度的创新。《法兰克福声明》说："社会党人之所以要反对资本主义……最主要是因为它违背了社会党人的正义感。"[②]

德国社会民主党 1989 年柏林基本原则纲领是伦理社会主义思想的表现，它主张："自由、公正、团结互助是民主社会主义的基本价值。它们是我们判断政治现实的标准，是衡量一种新的和更好的社会制度的尺度，同时也是每个男女社会民主党人的行动指南。"[③]

法国社会党前领袖、法国前总理列昂纳尔·若斯潘在 1999 年 9 月接受《社会主义评论》杂志的采访时也说，对于社会民主主义来说，20 世纪的一个重要教训是，社会民主主义已不再可能被界定为一种社会制度，它是一种"调节社会和使市场经济为人类服务的方式。它是一种思想启示，一种生活方式，一种行动方法。它要坚定不移地参照那些既是民主的又是社会的价值"。[④] 他甚至说："我认为再以制度的概念——资本主义制度、计划经济制度——来进行思考和行动，或是确定一种新的制度，已无任何必要。我也不知道作为制度的社会主义将会是什么样的。但是我知道作为价值的总和、社会运动和政治实际的社会主义应该是什么样的。"[⑤]

**（三）主张议会改良，放弃暴力革命道路**

民主社会主义主张在议会制民主共和国的框架内通过改良来实现社会主义，认为这个国家是"自己的"国家。大多数欧洲社会党获得单独或联合执政的机会，在野时也是主要的或最重要的反对党，因此已成为这些国家的"现存权力机构"的一个重要组成部分，同时也完全承认了当代资本主义制度的政治游戏规则。

---

① 《现代社会主义》，巴黎法文版，2000 年，第 64 页。
② 刘成、马约生：《欧洲社会民主主义的缘起与演进》，重庆出版社 2006 年版，第 64 页。
③ 张世鹏：《德国社会民主党纲领汇编》，北京大学出版社 2005 年版，第 96 页。
④ 《现代社会主义》，巴黎法文版，2000 年，第 23 页。
⑤ 同上。

## （四）以私有制为主的混合经济的多元所有制

二战结束初期，大多数社会党仍旧坚持生产资料公有化的主张，一些执政的社会党还曾努力推行国有化，例如英国工党。1997年英国工党决定修改党章第四条，取消其中关于公有制的主张。各国社会党普遍主张实行多种所有制并存、以私有制为主的混合经济，支持国家垄断资本主义对生产和市场实行宏观调控，主张"经济民主"，支持工会和工薪劳动者参与企业的经济决策和生产管理；主张"社会分配民主"，实行"福利国家政策"，缓解两极分化。

民主社会主义基本纲领奉行的社会市场经济，本身是对资本主义自由市场经济的矫正与改良。因为市场经济在发展经济的同时，带来了很多社会弊病，加剧了社会矛盾。民主社会主义主张多元化的意识形态、混合经济、社会福利，都是在资本主义范围里的改良，在一定程度上缓和了社会矛盾，缩小了社会贫富差距，具有一定的积极意义。但是，它局限于分配领域，并不触动资本主义生产关系本身，不触及资本主义根本矛盾，因此这种改良也不断面临严峻挑战。不断增加的政府福利开支，势必影响经济发展和生产能力；"从摇篮到坟墓"的完善福利制度，也滋生部分社会成员的惰性，甚至一些终日辛勤劳动的低收入者的收入，还不如终日无所事事，吃定国家福利政策的失业者的福利补助，这些社会改良举措一定程度上损害了社会公正。可见，民主社会主义的改良，在一定程度上缓解了资本主义的阶级矛盾，但不能解决当代资本主义社会的根本问题。

## 四 民主社会主义与科学社会主义的比较

民主社会主义与科学社会主义的区别主要体现在以下几个方面：

### （一）指导思想

科学社会主义作为马克思主义的重要组成部分，是共产党领导无产阶级从事社会主义革命和建设的直接行动指南。马克思主义是坚持科学社会主义道路的各国共产党与劳动党唯一的指导思想，共产党坚持马克思主义的一元指导，尽管允许其他思想在法律范围内存在，但是不认同反对马克思主义的思想与意识形态的合法性；民主社会主义以民主平等为口号，在思想与意识形态方面主张多元化，尽管也允许马克思主义的合法存在，但是其他思想与意识形态，包括反马克思主义的、伪科学的各种思想，也都可以存在。

**（二） 对待资本主义的态度与制度目标追求**

科学社会主义基于马克思对资本主义内在矛盾的深刻分析理论，认为资本主义制度无法克服内在的基本矛盾，必然会被社会主义代替，这是社会历史发展的规律。无产阶级及其政党担负着实现这一历史替代的历史使命，目标是探索出一种更优越于资本主义的政治经济制度。科学社会主义的本质特征是解放与发展生产力，消灭剥削与两极分化，最终达到共同富裕的共产主义理想社会。

民主社会主义一般也对资本主义制度的许多现象不满，并且加以不同程度的批判，但是这种批判更多地停留在社会正义等伦理道德层面，而不涉及制度本质与历史发展规律问题。他们否定马克思主义关于社会主义代替资本主义的历史必然性，对当代无产阶级的地位作用的认识存在不小分歧，并且将工人阶级争取社会主义的斗争完全局限在资本主义的框框里，以维护其法律权益和经济利益为主要目标，更多着眼于在现有制度框架内，通过对现存资本主义的政治经济制度的不断调整改良，争取议会中的更多席次与参政地位，建构一种所谓更民主自由的社会，但是推翻资本主义制度的目标。

**（三） 社会变革方式**

科学社会主义认为，革命的根本问题是政权问题。无产阶级夺取政权的方式可以有两手：不放弃任何和平取得政权的可能，但是坚持暴力革命是主要斗争形式。

民主社会主义把普选，取得议会多数席位，成为执政或参政力量，作为社会变革的唯一方式，反对用暴力方式打碎旧的国家机器，主张渐进的社会改良。

**（四） 对生产资料所有制的态度**

科学社会主义认为，取得了政权的无产阶级必须根据生产力的发展，有步骤地以生产资料公有制代替资本主义私有制，在坚持公有制的主体地位的条件下，可以利用市场经济机制，发展多种所有制的混合经济。

民主社会主义否认生产资料的公有制或社会占有是社会主义的必要条件和基础，主张以私有制为基础的混合经济，保持市场经济的主导地位，对市场经济实行民主监督。

战后民主社会主义是当代资本主义社会的一种社会形态，它的某种社会改良实践及其观点，对于当代资本主义克服危机，保持资本主义社会的稳定与发展有一定意义，对后发国家现代化也有一定的借鉴意义，但是，由于国情与文化历史的差异，我们在坚持中国特色社会主义道路时，对其必须保持清醒头脑，不能简单搬用。

### 五　民主社会主义评析

二战以后民主社会主义在欧洲，以致在北美与日本都产生了重大影响，信奉民主社会主义纲领的政党纷纷上台执政，并且将民主社会主义思想转换成为官方的政策，影响了西方民主法制的发展，推动了福利国家政策的普遍实施，使战后垄断资本主义披上了民主与社会主义的外衣，客观上改善了劳工阶级的经济状况，缓解了劳资矛盾，为资本主义生产力的发展创造了相对稳定的社会条件。就其对资本主义生产力的发展而言，显示出某种积极的历史推动作用。

战后民主社会主义运动，不再是工人运动的一部分，完全蜕变成为资产阶级主导的一种政治、经济与社会的改良运动。战后欧美发达国家的民主社会主义运动本质上是国家垄断资本主义主导下的社会改良主义运动。

各国社会党或民主党推行民主社会主义的政治路线，其宗旨就是赢得选民支持与最大化的选票，争取或维持议会中的席次与参政地位；为此各国社会党广泛关注各种社会问题，尽管不可能根本触动资本主义制度，但毕竟部分代表了群众的利益要求，对现存资本主义制度的改良，尤其是福利国家政策的实施，在一定程度上也有利于劳动大众经济生活状况的改善；民主社会主义鼓吹民主参与和民主管理，在一定程度上提高了企业职工在企业管理中的地位与作用，因此获得了群众较大的支持。大多数欧美社会党或民主党控制了工会组织，能够左右工人运动的发展方向，同时社会党政策也在一定程度上有助于扩大工会成员民主权利，改善劳动条件与福利待遇，因此也有相当的基础与影响。

战后西欧发达国家不少社会党、民主党或工党因此赢得较长时间执政地位。瑞典社会民主党战后执政时间长达 30 余年、英国工党长达 20 余年、德国社会民主党接近 20 年、法国社会党 10 多年。在欧共体与欧盟内部的欧洲议会中，社会党党团成为最大党团。

战后民主社会主义运动作为一种国际性的改良主义运动，由于不同地区的文化传统与经济发展现状不尽相同，在理论和实践上具有不同的特点，形成不同的类型，主要表现为西欧民主社会主义，非洲民主社会主义，拉美民主社会主义。其中西欧民主社会主义形态在国际民主社会主义运动中起主导作用。

由于民主社会主义在国际问题处理上一贯主张和平协商，因此成为国际社会中不可忽视的维护世界和平的国际力量，对国际和平与进步发挥了一定的积极作用。

由于当代资本主义的基本矛盾无法依靠某些社会改良从根本上消除，因此民主社会主义的局限性也十分明显。而从维护现存剥削制度出发进行社会改良，虽能提出一些改良政策，一定程度改善劳动大众的生活状况，但是无法，也不可能根本改变私有制条件下的社会贫富悬殊的状况，劳动大众被剥削的地位无法根本改变。民主社会主义在国际问题上尽管维护和平、反对战争，但仍然追随美国的"冷战"政策，敌视那些批评西方民主虚伪的社会主义国家；而且往往在尊重人权的借口下，干涉别国内政；虽然对美国主导的国际经济秩序不满，但也并不主张对现存国际秩序作根本改变，这些缺陷归根到底是由其阶级局限性范铸的。

## 第五节　民主社会主义的"第三条道路"主张

20世纪90年代，冷战结束，经济全球化进入高潮，欧美发达国家的民主社会主义政党，例如，布莱尔为首的英国工党、施罗德为首的德国社民党、克林顿为首的美国民主党在应对全球化的挑战面前，不约而同地都采取超越"左"、"右"的"第三条道路"政策路线，并且都取得了相当的成绩。尤其是克林顿政府的美国经济出现了历史上经济景气时间最长的"新经济"现象，德国、英国的经济也摆脱了衰退。

冷战后在民主社会主义基础上建构的"第三条道路"的理论与基本政策具有哪些一般特点？主要内容是什么？如何客观评价"第三条道路"的理论与政策，其实关系到冷战后西方民主社会主义形态研究的重要问题。

## 一 "第三条道路"的提出与历史上的四种类型

### 1. "第三条道路"的提出

历史上的"第三条道路"曾经出现过多次，因此所谓"第三条道路"并没有一种特定内涵，它只是一种选择，一种价值取向，一种社会治理方式，不同历史时期的不同的人倡导"第三条道路"有完全不同的出发点，但都是针对各种现实挑战的回应，概念的模糊性，决定了它内容的多样性。

20世纪90年代中期，欧美发达国家对"第三条道路"的理论讨论十分热烈，已经从思想理念、理论层面转向政府具体的政策层面。因此，研究冷战后欧美国家的民主社会主义，需要关注"第三条道路"问题，但是不能简单地分析"第三条道路"的一般理论含义，而应更多关注这一理论引发的新问题及发达国家政治治理方面政策的调整，并且从中加深对当代资本主义新特点的认识。

### 2. 不同性质的"第三条道路"

#### （1）第二国际希法亭的"第三条道路"主张

20世纪20年代第二国际代表人物之一，鲁·希法亭提出一个"第三条道路"主张：发达资本主义国家的未来之路应该既吸取社会主义社会的组织性与计划性的优点，又能利用资本主义社会的议会民主形式与垄断资本组织，通过改良资本主义，而非十月革命模式实现社会主义目标。[①]20世纪40年代，民主社会主义代表之一，英国工党领袖拉斯基坚持了希法亭的第三条道路的立场，主张在资本主义现有制度和十月革命建立的共产主义革命道路之间，走一条用和平方式对资本主义加以改造的议会斗争道路，实现社会改造。希法亭的"第三条道路"思想在二战以后，成为社会党国际制定《法兰克福声明》时的基本方针。1951年社会党国际在《民主社会主义的目标与任务》中明确提出，战后民主社会主义既反对美国式资本主义的残酷的市场竞争及其社会弊端，也反对苏联斯大林模式的个人集权和一党专政，坚持走一条介于资本主义和共产主义之间的道路。以"瑞典模式"为代表的北欧民主社会主义，就是社会党国际标榜的第三条道路的实践样板。

---

① ［苏］尼基京：《民主社会主义思想体系批判》，人民大学出版社1985年版，第11页。

（2）战后发展中国家实现现代化的"第三条道路"主张

20 世纪 20 年代秘鲁阿普拉党的创始人阿亚·德拉托雷主张拉美国家的现代化道路选择，既不能搞美国式的自由资本主义，也不能搞十月革命式的俄罗斯共产主义，只能选择"民族资本主义"的第三条道路。这一类型的第三条道路主张，对二战后实现民族独立的亚、非、拉发展中国家影响深远。20 世纪 40 年代阿根廷总统胡安·庇隆认为"无论资本主义还是共产主义都是已过时了的制度"，阿根廷应走"第三条道路"。[1] 1956年印度总理尼赫鲁进一步提出在印度"建立一种新型的社会主义——一种在共产主义和资本主义国家的正统实践之间的中间道路"。[2] 1964 年塞内加尔总统桑戈尔，同样为塞内加尔的发展选择了"在资本主义体系的山坡和社会主义的山坡所形成的这个山谷中开辟出一条道路来"。[3] 应指出，第三世界国家的现代化发展的"第三条道路"主张，不太注重政治生活，而更多关注经济发展。

（3）东欧社会主义国家早期改革的"第三条道路"主张

20 世纪 50 年代后期，斯大林模式的缺陷已经显现出来，为了提高经济效率，波兰经济学家布鲁斯较早提出对社会主义基本制度与经济运行体制加以区别，在国家计划主导下，通过适当分权，利用市场调节手段增强经济活力的改革设想。60 年代末，捷克经济学家奥塔·希克在《第三条道路》一书中明确指出：资本主义市场经济的致命缺陷是无法克服周期性经济过剩危机，但是社会主义计划经济也没解决生产、分配、消费间的矛盾，存在经济不足危机。只有将宏观计划调整与微观市场指导结合，发挥两种制度各自的优势，才能发展社会主义经济。[4]

（4）20 世纪 90 年代欧美发达国家应对经济全球化挑战的"第三条道路"主张

20 世纪 90 年代欧美发达国家的"第三条道路"主要代表是美国总统克林顿、英国首相布莱尔与德国总理施罗德。

1992 年克林顿参加总统竞选，在回应美国经济不景气与其他社会问题时指出，美国只有采取新的改革主张以取代美国两党长期僵化的经济发

---

[1] 王霁：《马克思主义与当代社会思潮》，中国人民大学出版社 1994 年版，第 286 页。

[2] 同上书，第 287 页。

[3] 同上书，第 288 页。

[4] 夏征农：《社会主义辞典》，吉林人民出版社 1985 年版，第 568 页。

展思路，才可能恢复经济活力，新的改革主张"既不是自由主义式的，也不是保守主义式的。它是两者的结合，但与两者截然不同"，它应超越传统的"左派与右派"、保守主义与自由主义的区分，走一条"第三条道路"。克林顿的"中间派"立场是90年代"第三条道路"的始作俑者。但应指出，克林顿的"第三条道路"的思想渊源与英国、德国的欧洲"第三条道路"的思想渊源不尽相同。美国的更多地来自"自由主义"，欧洲的主要来自民主社会主义。

1992年托尼·布莱尔出任工党领袖，他受英国社会学家安东尼·吉登斯的《超越左与右——社会民主主义的复兴》（1994）中提出的"第三条道路"的思想影响，在1994年便公开主张超越工党与保守党的"左"、"右"之争，开辟"第三条道路"，以克服经济全球化给英国带来的严峻挑战。1997年工党获胜，结束了战后30年在野生涯，布莱尔出任首相，正式打出"第三条道路"旗号。1998年布莱尔出版《第三条道路：新世纪的新政治主张》一书，进一步阐述他的"第三条道路"的思想内容。显然，安东尼·吉登斯《超越左与右——社会民主主义的复兴》的主要理论，为布莱尔《第三条道路：新世纪的新政治主张》一书提供了理论基础。

此外，瑞典首相佩尔森，丹麦首相拉斯姆森，法国总理诺斯潘，德国总理施罗德等西方社会民主党领袖也对"第三条道路"作了类似的阐述。"第三条道路"已成为西方社会的政治社会思潮。1998年11月22日，欧元区国家执政的社会民主党领导人共同签署了《欧洲新道路》文件，提出了国家适当干预与市场调节结合，国家垄断资本与私有资本合作的"欧洲新社会主义"主张，人们认为这是对布莱尔"第三条道路"理论的广泛而又有实质意义的认同，"第三条道路"理念已形成欧洲执政的社会党人应对经济全球化挑战的共识。

## 二 "第三条道路"产生的历史背景

1. 70年代以信息技术为主导的科技革命影响产业结构与社会阶级结构变化

战后在第三次科技革命推动下，发生了第三次产业革命，尤其是20世纪70年代的信息技术革命，深刻影响了发达国家的产业结构变化。发达国家第三产业迅速发展，尤其是信息产业迅猛发展，第三产业的产值比与劳动力人数比均迅速超过第二产业，成为最重要的产业部门。由于在现代生产活动中，科技、知识作用日益提高，体力与自然资源、资本的作用逐渐减小，知识分子的地位上升，中间阶级人数增加，社会经济地位上升；产业工人人数减少，地位下降并受到中产阶级的挑战，出现边缘化趋势。资本主义的社会阶级结构由原来金字塔形（产业工人队伍最庞大，资产阶级人数最少）向橄榄形转化（中产阶级人数较多、劳工阶级人数减少）。民主社会主义的社会基础在内容与形式上发生重要变化，开始更多关注中产阶级的利益，阶级意识日益多元化。

2. 70 年代滞胀危机引发传统福利制度危机

20 世纪 70 年代美国发动的侵越战争与中东石油危机，引发西方经济衰退与滞胀危机。战后西方国家普遍建立"福利国家政策"，尽管在改善工人阶级经济状况，调节劳资矛盾等方面发挥了不少积极作用，但已经显露种种弊端。福利开支居高不下，政府财政赤字上升；完善的福利与救济制度，削弱了市场调节功能，造成了新的社会不公平；主张改良的中产阶级不满政府统包的社会福利制度，主张引入市场机制从改革现存福利制度。

3. 经济全球化激化一系列新矛盾

经济全球化导致生态环境污染日益严重，保护自然环境与发展工业文明之间发生尖锐冲突；经济全球化引发民族主义矛盾与地区冲突，不断发生的局部冲突与世界和平发生矛盾；新科技革命极大提高生产的机械化与自动化程度，造成大规模结构性失业问题，欧盟内部失业率居高不下，多年维持在 10% 左右；失业也引发一些国家的极端民族主义与排外现象的发生，发达国家内部出现社会不稳定趋势。

4. 苏联东欧剧变对欧洲民主社会主义的巨大冲击

20 世纪 80 年代末 90 年代初，由于东欧剧变与苏联解体，社会主义运动惨遭重创，社会主义作为一种思潮与一种现实的社会运动都跌入低谷，西方国家保守势力甚嚣尘上，不可一世。各国社会党、工党声誉扫地，一蹶不振，在各国议会中的议席大减，甚至从执政党沦为在野党。

为了扭转这种不利局面，客观上需要欧洲社会党寻找新的替代战略和理论支点，进行理论重建。"第三条道路"理论成为改变社会党形象的最佳选择。

冷战格局结束，意识形态与政治制度的地位作用下降，和平与发展成为时代主题,合作对话取代了对抗。布莱尔的"第三条道路"淡化意识形态色彩,放弃阶级分析的政治取向,显示出某种"全民性"、"模糊政治"的特点,更容易在欧美流行。

5. 新自由主义经济政策受挫

战后国有化运动一度对恢复战后经济起过积极作用,但其缺乏效率,不追求利润最大化的市场取向,使 70 年代经济出现滞涨。因此 70 年代中期开始,撒切尔主义与里根主义鼓吹新自由主义经济思想,推行国家垄断资本私有化与市场自由化的政策,放松国家对经济的控制,资本可以自由跨国流动,劳动力也可自由流动,并且削减政府的社会福利开支。撒切尔夫人执政 10 年,英国福利开支占 GDP 的比重由 1980 年的 30% 左右减为 1989 年的 22%。德、荷、北欧也纷纷削减。但是新自由主义政策在 80 年代造成了严重就业危机,由于国家放松劳动力与资本市场控制,资本外移,外来劳动力剧增,欧洲失业状况加剧,长期维持在 10% 左右。

发达国家社会贫困化与财富两极化加剧,美国 1% 最富有的人所拥有的财富比 90% 的美国人所拥有的财富总和还多。1979 年美国 20% 最富的人的收入是 20% 最穷的人的 3.5 倍,而 1999 年则已达到 9 倍,而且 75% 的工人挣得比 1979 年还要少;自 1967 年以来,美国最富裕家庭的收入增长了 46%,而贫穷家庭的收入仅增长 14%。1996 年,美国 20% 的最富有家庭分享了国家全部收入的 49%,而 20% 最贫困家庭的收入却下降了 1.8%。[①]

由于政府放松对市场经济的控制,资本全球流通扩大,全球金融风险日益增大。墨西哥、东南亚、日本、俄罗斯、巴西、阿根廷金融危机接连不断。索罗斯曾警告欧美国家政府,如果继续推行新自由主义政策,政府放松市场控制,就会导致资本主义制度本身的全面危机。

总之,经济全球化冲击了西方国家宏观经济调控能力,发达国家经济增长乏力,无力加大福利国家建设规模。严重的社会失业与贫富分化现象也发展到难以控制的地步。面对这些经济、社会的挑战,"第三条道路"的改良主张,将国家干预与市场调节结合起来,从而有利于恢复经济活力,促使经济增长,增加就业机会,缓解社会矛盾。

---

① 路透社 1997 年 9 月 29 日电。法国《新观察》周刊,1997 年 5 月 13 日。

6. 社会民主党或中右联盟党派在欧洲国家普遍掌权，需要调整思想纲领

英国工党在野 30 年，始终坚持老工党近 80 年的"准马克思主义"党章，主要强调工人阶级利益、生产资料国有化、扩大社会福利；随着中间阶级的壮大，国有化过程中的弊端与社会福利扩大带来沉重的财政负担，许多选民对拿不出适应时代需要的改造英国社会新方案的工党失去兴趣，工党要想赢得选民支持，再次上台执政，就必须寻求理论与路线的变革。工党首先在理论上创新，修改工党党章第四条关于所有制的条款，以"关于社会、社会正义、民主、平等、伙伴关系的价值观"（价值社会主义）取代"公有制、国有化"的"制度社会主义"，以凝聚中右派的共识，争取重新上台。

1983 年金诺克任工党领袖，酝酿改革方案与理论突破。在野的工党反思后认识到，只有实现经济转型，恢复经济活力，选择新的改良路线，才可能解决保守党 30 余年执政期间造成的失业上升、环境恶化、社会贫富不公加剧、综合国力下滑的社会危机。1992 年布莱尔任工党领袖，在理论上逐渐形成超越传统工党与撒切尔主义的保守党推行的新自由主义的"第三条道路"思想，1997 年赢得议会大选，工党重新执政。1998 年以后，英、法、意、奥地利、希腊、斯堪的纳维亚半岛的不少国家社会民主党的中右派掌权，大家普遍面临传统理论束缚的困境。克林顿、布莱尔的"第三条道路"理论，为欧美社会民主主义政党的理论变革，提供了理论基础，尽管他们鼓吹的超越左、右的"第三条道路"遭到老左翼与新自由主义的共同批评。

## 三　"第三条道路"与第二国际民主社会主义的关系

冷战后的欧美国家经济普遍陷入衰退，20 世纪 90 年代经济全球化已经对欧美发达国家提出严峻挑战，为了有效应对经济衰退，欧美执政的社会党或民主党人提出了"第三条道路"主张。欧美国家的"第三条道路"主张同历史上曾有过的第二国际民主社会主义的"第三条道路"主张，尽管存在诸多区别，但是它们的价值观、方法论和基本政治立场没有本质区别，积极提倡"第三条道路"的代表人物及其政党，一般都是社会党、社会民主党、工党等信奉民主社会主义纲领的人物或政党。它们存在的共同点主要有：

（1）折中调和的方法论。通过将左与右，保守主义与自由主义，传统民主社会主义与新自由主义的不同观点调和、折中，形成一条所谓的"第三条道路"，来克服遭遇的全球化困境，其实都是一条"中间道路"。

（2）实用主义的出发点。90年代欧美国家推行"第三条道路"，以改良以往僵化的经济发展方针，政府推行的所有改良目的基本上相同：恢复经济活力，缓解社会矛盾，以赢得更多选票，保障民主党、社会党、工党执政与连任，巩固自己的政治基础。

（3）改良主义的本质。欧美国家的民主社会主义者的"第三条道路"主张，本质一致：不触动资本主义现有制度下，采取折中调和的方法，调整发展思路与方针，恢复经济发展活力，维护资本主义制度。

无论是美国、英国还是德国的"第三条道路"主张，其思想来源都是与第二国际的民主社会主义思想观点相关联。英国著名学者托马斯·吉登斯的《超越左与右——社会民主主义的复兴》为布莱尔的《第三条道路：新世纪的新政治主张》一书提供了理论基础，直接影响了布莱尔折中的改良主义政策。

### 四 "第三条道路"的基本内容与政策诉求

90年代欧美国家社会党、民主党或工党政府主张的"第三条道路"的基本内容，更多的是英国布莱尔政府的一系列改良政策诉求。1998年9月，克林顿与布莱尔倡议，执政的西方民主社会主义政党领导人汇集纽约，举行"第三条道路"国际研讨会，与此同时，布莱尔推出了《第三条道路——新世纪的新政治主张》的小册子。布莱尔"第三条道路"的基本主张主要有以下几个方面。

1. 以"价值社会主义"取代"制度社会主义"

社会主义由目标变为手段，成为人们之间的道德伦理关系而非物质利益关系。英国工党党章第四条规定："要使从事体力或脑力劳动的工人获得他们的劳动成果并享受最公平的分配，从而使生产、分配和交换手段的公有制和可以实现民主管理及控制企业与公用事业的最佳体制成为可能。"以后修改为"关于社会、社会正义、民主、平等、伙伴关系的价值观"。

2. 以"双赢"取代"零和"，以超越取代排斥的协调原则与"新中间道路"

工党以往强调国有化对私有制的超越，工人阶级与资产阶级的利益抗争，民主社会主义对新自由主义的批判与排斥。布莱尔强调，现实生活中的人们之间既有竞争关系也有合作关系，既要关心自己的幸福也要对他人幸福关注；个人与社会关系遵循协调原则，人人为社会，社会为人人，就能建构"每人有权益、每人都参与"的社会新秩序，达到个人与社会"双赢"的结局。

建立新工党，在指导思想上超越传统民主社会主义。不固执于国家控制、公有制、高税收、生产者利益；同时也超越新自由主义，不完全听任市场控制，不单搞私有化。思想上打破传统的左派、右派的分界线，停止长期以来政治走向两极分化的无谓争辩，从而开拓新的领域。

3. 主张政府责任与公民义务相一致的社会福利制度改革原则

英国传统工党过分强调国家与集体的责任，政府包揽社会福利开支，不注重个人的责任义务；撒切尔夫人政府倡导新自由主义，大力削减政府公共福利开支，减少政府责任，更多强调个人承担社会福利的责任；布莱尔政府认为，在社会福利问题上，不能把权利与义务割裂开来，权利与义务应统一。既要强调政府责任，也需明确个人责任义务，不承担责任就没有权利，责任是新工党的价值观。责任与义务相一致的原则成为社会福利制度改革的基本原则。

布莱尔政府改革福利国家政策，首先在1998年4月出台"改救济为就业"的劳动福利计划，"削减福利开支，提倡劳动福利"，倡导有劳动能力的人自己养活自己。失业6个月以上的青年每周补助60英镑，但是需要从事植树、清沟渠等公益劳动，或在志愿部门工作，或参加政府提供的全日制职业培训，拒绝者每周补助降为36英镑。

单身母亲的福利收入削减，政府帮助其就业，为使单身母亲能将孩子送入托儿所，以便安心工作，政府自1998—2003年5年内拨款3亿英镑，增加3万个托儿所，经费由政府向"六合彩"公司与私有化的公共企业征收50亿英镑"暴利税"，以及出租政府土地建筑等提供。

其次，改革医保制度。1998—2001年，政府增拨210亿英镑医保经费，推进合作医疗制度，由私人医生与社区居民参加，增加病人就医的方便，减少医院压力。

第三，改革养老金制度。将原来由政府和个人合作的商业养老制度改为"股份养老保险制度"。工会参与政府、个人参加的养老基金管理，将养老基金的部分保费投到资本市场（养老基金）运作，将获取的红利反注养老基金，以巩固扩大养老基金的基础。

4. 主张政府监管与市场调节结合的经济管理方式

英国传统工党过分强调国家与政府对经济活动的全面监管，不注重发挥市场调节的主导作用；撒切尔夫人政府倡导新自由主义，放松政府监管职责；布莱尔政府认为，市场无所谓善恶，是中性的，它通常是公平的、有效的，但在一定时期与条件下也会不公平，也会失效，需要政府监督。社会公平不能劫富济贫，而只能是机会均等，效率与公平应统一。

5. "社区"概念取代"阶级"概念，"社区主义"取代自由主义和国家主义

英国传统工党过分强调工人阶级利益，以及社会的阶级对立现象；布莱尔政府认为，公民社会的公民个人之间关系不能只是一种阶级关系，还应是一种社区关系，一种新型的公民间的关系。这种新型公民关系既独立，又相互依靠；权利与责任相一致。社区能保护个人自由，避免政府运用国家公权力对个人利益的抑制，同时个人为社区尽责，又能增进社区集体利益，社区利益的发展又能促进全社会的民主发展。社区民主应该成为社会民主的基础。布莱尔认为，社区主义可以在狭隘的个人主义与旧式社会主义之外另辟一条新路。

6. 主张"有活力的社会市场经济"与公私伙伴关系

英国传统工党过分强调以国有制为目标的大规模国有化政策的作用，但是这一政策明显缺乏经济效率；撒切尔夫人政府倡导新自由主义，强调私有化政策的作用；布莱尔政府认为，国家主义影响效率，自由放任的市场主义又忽视社会公平，因此需要在市场主导作用的同时，重视政府调节，政府调节不是支配控制市场，而是发挥补充、调剂作用，政府应利用再分配政策实现相对社会公平。

各种所有制经济之间可以建立"国、私伙伴关系"，国、私资本可以合作，私营企业可以投资公共部门，例如，国有伦敦地铁改造计划允许吸收私有资本参加；国家所有的公共实验室，"教育实验园区"等也吸收私资参股或参加管理，在国、私合作的基础上，形成"有活力的社会市场经济"，达到经济可持续发展。

1997年5月布莱尔上台后推行金融制度改革，对中央银行"放权松绑"，将调整利率的权力由财政部转归中央银行，政府只提出通胀控制的目标，银行有权向大公司派代表参加其董事会，参与公司经营管理。金融

机构对市场变化反应更迅速。

在改革税制方面，布莱尔政府放弃传统工党坚持的高税收政策，实行公平的"勒紧税制"，大公司营业税率从33%下降到30%；小公司营业税率由21%下降到20%。

7. 加大政府在公共服务领域投资，以机会均等取代结果均等，实现社会公正

传统工党认为生产领域的私有制是社会不公的根源，因此主张通过"福利国家政策"的实施，以再分配形式修正社会不公正，实现"收入均等"目标。布莱尔政府认为，传统的社会福利政策本质上是消极的社会救济与福利，它容易使一些人坐享其成，而不愿主动投入劳动力市场，从而形成另一种社会不公，滋生懒惰与坐享其成的社会恶习。

政府应该变消极救助为积极福利，加大对公共服务部门社会投资，加大对知识经济产业与教育的投资，提高劳动者的工作能力与发展机会。将"授人以鱼"改为"授人以渔"，以机会均等取代收入均等，改革现存的福利国家政策。

英国在知识经济产业上落后于美、日、法、德，为此政府加大投入。1999—2001年出资14.03亿英镑与卫康基金（Wellcome Fund 最大医学慈善机构）合作，加强医学与工程基础建设，以培养年轻科研人员；政府还与私人资本共同出资6500万英镑建"种子基金"，促进优良品种培育的商业化生产；此外，政府自1999年3月起，耗资17亿英镑实施"人人拥有计算机"计划，建立全国网络，推进信息技术的发展。

英国政府重视教育的作用，将其看作是解决就业与其他社会问题的主要改革抓手。布莱尔政府提出教育改革新方案，包括政府成立"基础教育委员会"加强对学校的监督；政府增加教育投入，1998—2001年教育经费增加190亿英镑，以后每年以5.1%递增；加强对学校教育质量管理，定期对教师与学校进行考核，工资待遇与教学质量挂钩，考核成绩决定学校与教师的去留；取消放任自流的快乐教育，加强基础阅读，提高计算能力和计算机应用的技能；教育经费根据招生质量与数量拨给，多招多得。

8. 推进多元化与再民主化的政府体制改革

撒切尔夫人的保守党政府，推崇精英政治，维护英国上院的贵族特权制度与中央集权的单一制政体，各级政府与基层民众关系疏远。布莱尔工

党政府推行政府体制改革，中央集权的单一制政体向民主化、多元化转变。推动普通民众与政治家之间建立忠诚伙伴关系。提升政府决策民主化程度，扩大公民参与范围，增加民众对政府的信任度。

首先，1998 年 12 月政府成立"选举改革委员会"，改革 80 多年的下院选举制度，废除下院"简单多数票原则的选举制"，因为这一选举原则对大党有利，对小党不利。其次，取消贵族在上院的议事权与投票权，从而使上院 754 名"世袭贵族"失去世袭特权。第三，允许苏格兰、威尔士、北爱尔兰在 1998—1999 年分别成立自己的地方议会，以获取更多的地方自治权。伦敦市长允许直选。

9. 经济增长与生态平衡协调发展

布莱尔工党政府强调，经济增长必须同时保护环境。政府提高企业生产的环保标准，必须实现环境、经济、社会三者协调持续发展。布莱尔工党政府提出减排计划：以 1990 年为基础，2008—2012 年减少 6 种废气排放量 12.5%；2010 年前减少 $CO_2$ 排放量 20%。

10. 提出世界主义与新干涉主义的对外政策

布莱尔工党政府认为，经济全球化是不可抗拒的潮流，不应以民族主义加以对抗，因此英国应该准备加入欧元区。1998 年底制订欧元启动的"应变计划"；1999 年 2 月宣布加入欧元区的"全国转换计划"；2001 年底对英国是否加入欧元区进行全民公决，如果通过，从 2003 年起发行欧元，英镑逐步取消。

布莱尔工党政府强调，调整英国外交政策指导原则。首先，回复英国在欧洲领导地位。科索沃战争后，英国首次主动与法国协商加快建设欧洲军团一事。其次，加强英美特殊关系。英国通过支持北约东扩，巩固美英特殊关系，扩大英国的国际影响；在重大问题上密切与美国合作，积极参加 1999 年科索沃战争与 2003 年伊拉克战争。第三，增强国防力量。放弃单方面核裁军主张，保留以三叉戟核潜艇为中心的核力量，组建快速反应部队，建立强大国防军事工业。第四，提出人权高于主权的"人权外交"的新干涉主义，以维护西方核心价值。

## 五 "第三条道路"的基本特征

90 年代布莱尔与克林顿所倡导的"第三条道路"是经济全球化进程中，发达国家为迎接知识经济时代的挑战而提出的一套中左的政治哲学与改革路线，它与战后传统社会民主主义与新自由主义相比较，呈现出一些新的特征。

1. 强调变革与创新，时代性强

"第三条道路"超越左、右，以求创新。布莱尔将变革与新工党相连，他说"不进行变革的政党将会灭亡，工党是一个生机勃勃的运动而非一座历史纪念碑"[①]，在冷战后意识形态因素下降，经济因素上升，和平发展为主流的时代，"第三条道路"的许多理念与政策诉求适应了时代的需要。布莱尔在 1999 年 11 月 29 日的美国《国际先驱论坛报》中发表文章："它并不仅仅是左派和右派的妥协。它设法要吸取中间派与中间偏左派的基本价值观念，将这些价值观念应用于一个有着根本的社会变革和经济变革的世界。"

2. 尊重并发展传统的社会民主主义思想，具有鲜明的实用主义与调和折中特点

布莱尔在其《新英国——我对一个年轻国家的展望》一书中，对新工党的政治定位是："新工党的基本信条是我们必须将传统的价值观以新的方法运用于新形势之中。"[②]他强调，新工党不仅追求工人阶级的利益，而且强调中等阶层与低收入阶层的利益相融，新工党要"改善广大人民的生活"。布莱尔"第三条道路"既反对老工党的国家干预主义与全盘国有化主张，也反对新自由主义（撒切尔主义）完全排斥政府调控的主张，提出公私伙伴关系，政府控制通胀目标，中央银行调整利率的金融改革政策等折中调和的实用主义政治经济路线。

布莱尔的"第三条道路"主张的政治基础与老工党、保守党都不尽相同。传统工党的政治基础是以工会与工人阶级为主；保守党以垄断资产阶级与富裕中产阶级为主；新工党否认阶级对抗与阶级划分的现实意义，更多关注工人阶级与新中产阶级。

布莱尔"第三条道路"主张的经济政策既不同于传统工党，也不同于保守党。传统工党强调资本主义的国有化改造政策；保守党强调保持资本主义市场化、私有化，以保持经济活力；新工党的"第三条道路"主张多种所有制结合的混合经济形式，既重视竞争，又不放弃政府调控的调

---

[①] 布莱尔：《新英国——我对一个年轻国家的展望》，世界知识出版社 1998 年版，第 35 页。

[②] 同上书，第 264 页。

和形式。

在福利国家政策改革方面，布莱尔的"第三条道路"主张既不同于传统工党，也不同于保守党。传统工党坚持以分配领域的福利国家政策，矫正社会初次分配的不公，实现"收入均等"目标；保守党政府极力削减政府福利开支，收缩福利国家政策，认为这一政策助长懒惰，削弱经济活力。布莱尔的改革福利国家政策的"第三条道路"主张，既不同于传统工党，也不同于保守党，而是提倡机会均等，而非收入均等，提倡"劳动福利"而非维持单一的"制度福利"。同时在公共事务管理方面，主张改造政府，适当发挥其作用，更多强调决策的民主与管理的有效性，在国家协助下，重建公民社会，使每个公民做到权责一致。显然这一政策诉求与传统工党，对公民社会表示怀疑，尽力扩大国家权力与政府主导作用的主张不一；也和保守党的新自由主义主张不同，保守党主张尽量减少国家作用，公民社会也仅是摆设，认为市场能够解决一切。

3. "第三条道路"概念的模糊性与政策的多样性

布莱尔政府的"第三条道路"，是一种政策选择，也是一种价值取向，一种新的社会治理方式，这与美国、德国政府所倡导的"第三条道路"的出发点与内容不尽相同，他们有的寻求社会民主主义的新的活力，有的追求权力，有的寻找更现代化的思路以回答面临的现实问题，因此各自的"第三条道路"概念不一。在 1998 年 2 月纽约举办的"第三条道路"的国际讨论会上，克林顿、布莱尔、诺斯潘、施罗德等人的"第三条道路"概念均不一致。尽管欧美各国已不多纠缠"第三条道路"的概念，而更多涉及经济、社会、外交政策。但是各国关注的政策重点不一，与其说"第三条道路"是社会民主主义向新自由主义的妥协与趋近，不如说是社会民主党人在全球化背景下寻求适合本国发展道路的改良政策的诉求。布莱尔政府的经济、教育、福利国家、社区、外交等一系列政策，不再是抽象的"第三条道路"的政治理论与概念问题，而是具体的政策诉求。在各国的政策诉求方面，也有较大差异。例如，布莱尔政府的医保制度改革政策，保证每人每年可以享受两次免费看牙医；德国的施罗德政府坚持，德国人随时都可以去免费看牙医；而克林顿政府的福利政策主张"适当时候终止福利国家"。[①] 显然，克林顿"第三条道路"与欧洲"第

---

① 吉登斯：《第三条道路——社会民主主义的复兴》，北京大学出版社 2000 年版，第 27 页。

三条道路"是有区别的。美国缺乏欧洲的社会主义运动传统,克林顿也非社会党人,他并不完全信奉社会民主主义,他更多关注经济增长,由此改良国家干预与自由放任政策,一定意义上说,克林顿"第三条道路"的来源是美国的"实用主义的政策管理哲学"以及美国的自由主义传统。

4. "第三条道路"的理论模糊与实践的多样性,导致其陷入困境,弱化了政治基础

1998年2月在纽约举办的关于"第三条道路"的国际讨论会的结果表明,"第三条道路"的理念与政策在欧美发达国家具有普遍性与跨国治理的特点。但是在现实中,各国的"第三条道路"仍以本国国情与游戏规则为出发点,"第三条道路"的普遍性理念与各国多样化"第三条道路"政策诉求存在不协调,其结果是"第三条道路"基本理念趋于模糊不清,政治态度趋于保守主义。

各国政府"第三条道路"的倡导者往往以巩固自己的政党执政地位与赢得更多选票为最终目标,由此以"第三条道路"理念弱化或不断修正自己政党的政治理念与政党意识,结果政党意识淡化了,"第三条道路"的理念普遍化,随之也丧失其政治个性,弱化了其政治基础。

### 六 "第三条道路"评析

"第三条道路"现象的产生是多种因素的结果,本质上讲它是在冷战后经济全球化背景下,欧美发达国家政府对资本主义体制的调整与改良,但它仍有一些创新之处。

1. "第三条道路"在国家与市场的作用关系上的借鉴

"第三条道路"强调政府的作用,但只是有限的政府作用;它主张市场的作用,但市场也有失灵之时,因此"第三条道路"主张把二者结合起来,第一次以政府的名义对国家与市场的作用作出了中肯评价,这在经济理论发展上是一种进步。

2. "第三条道路"重新解释民主与社会主义关系,将欧洲社会民主主义推进到新阶段

苏东剧变,时代变迁,欧洲民主社会主义与社会党受到巨大冲击。客观形势需要战后的社会民主主义在理论上进行重建。"第三条道路"的理论重建,集中在社会基础(代表谁的利益)与经济发展方式上(经济调控手段)的重大转变。"第三条道路"的理念与政策诉求是,放弃国有化

与国家干预主义，改革传统福利政策与就业政策，从代表工人阶级利益转向代表中产阶层和雇主利益，从工会组织转向"社区人民"组织，这更符合当代资产阶级的利益，更有利于人道、温和的资产阶级政党的发展与壮大。

"第三条道路"的鼓吹者大多出身低微，但受过良好教育，取向务实不为传统束缚。他们的背景与取向符合中产阶级的口味，也成了他们的代表。"第三条道路"与其说是一种理论创新，不如说是欧美新生代务实的价值取向与政策诉求。但是"第三条道路"的社会民主主义离科学社会主义更远了。

3. "第三条道路"的理念与政策诉求比较务实但在实践中困难不少

"第三条道路"的社会民主主义理论与政策诉求一提出，就在欧美发达国家社会党、工党、民主党内部引发争论，既有攻击其放弃社会民主党传统思想的，也有指责其不够激进彻底，依然与保守主义存在相似之处。"第三条道路"的社会民主主义理论一产生就处在左、右夹攻之中，在英国工党内一些重要人物，例如，西蒙·巴克利、尼尔·劳森（都是1997年布莱尔竞选班子中重要人物）也对布莱尔进行批评，要求恢复社会民主主义的基本价值观。在欧洲范围内，不少社会党也难与英国工党完全同步，因此"第三条道路"的某些政策主张在实际上处处受阻。例如，1998年12月在维也纳会议上，"第三条道路"的福利政策改革方案被搁置，将解决就业问题摆在重中之重位子，反而突出了国家对经济干预。其实，归根到底"第三条道路"能否成功，取决于各国经济能否持续增长。经济增长，就业机会多，资本家利润也多，政府税收也增加，福利开支负担就可能减轻，公平与效率兼顾矛盾也就可能缓解，否则"第三条道路"的理念与重要改革政策都可能被冷落，成为一纸空谈。

21世纪之初，欧美经济普遍疲软，陷入衰退之中，尤其是2008年金融危机席卷欧美发达国家，2011年欧美主权债务危机接踵而至，"第三条道路"的理念与政策诉求面临严峻挑战，甚至难以维持。

总之，20世纪90年代欧美发达国家政府提出的"第三条道路"已不再是摆脱共产主义与资本主义的道路之争，而是关注当代资本主义的新问题，寻求在经济全球化挑战面前，人与自然协调、国家与市场协调、社会公正与效率协调等出路问题，即如何在当代资本主义发展中找到一条温和、改良、务实、有效的道路，使之仍然继承传统的社会民主主义的价值观，但又有明显的改造与发展，更多地表现为一种社会民主主义运动的新的政治实践。

正如安东尼·吉登斯《第三条道路——社会民主主义的复兴》一书标题所显示，这是社会民主主义的复兴运动，一次较大的社会变革运动。由于不彻底的改良，从它一开始就可以预料前景不会一帆风顺。

## 第六节　市场社会主义

### 一　基本概念

市场社会主义是20世纪30年代关于社会主义问题论战中，尤其是对市场社会主义和垄断资本主义的争论中产生的一种社会主义思想流派。这一理论的倡导者力图在发达国家走出一条将生产资料国有化与资本主义市场经济结合起来，以克服资本主义社会的弊端，实现社会发展的道路。冷战后，在经济全球化的浪潮推动下，一些社会主义国家剧变、一些社会主义国家开始改革开放和社会转型，市场社会主义理论为转型国家提供了经济体制转型的理论依据。

### 二　基本特征

首先，把资源配置形式和社会制度分离开来。计划机制、市场机制都是资源配置的机制与手段，与社会制度性质无关。主张以市场作为资源配置的主要手段，但是如何配置，在多大范围、何种程度上配置存在争议。

其次，在所有制方面，大都主张生产资料公有制，也允许小私有制的存在。如美国学者约翰·罗默认为："社会主义者宣扬不仅仅要消灭作为生产资料的财产的不平等分配，而且还要消灭财产形式本身。任何人都不允许拥有任何可转让的作为生产资料的财产，这些财产在社会主义下将为公共拥有。"[1] 但是在对生产资料公有的具体形式问题上，如市场社会主义的公有制形式是国家所有制、集体所有制，还是全民股份制，存在不同的看法。

---

[1]　［美］约翰·罗默：《在自由中丧失——马克思主义经济哲学导论》，经济科学出版社2003年版，第13页。

### 三 理论的提出与历史阶段演变

市场社会主义理论在 20 世纪 30 年代提出，以后经历了三个发展阶段。

1. 20 世纪 20—30 年代在发达国家提出市场社会主义理论模式

早在 20 世纪 30 年代，西方国家产生一场关于社会主义问题的争论。由旅美波兰经济学家奥斯卡·兰格首先提出市场社会主义的经济学理论，即所谓的"兰格模型"，主要内容包括：国家重要的大型生产资料实行公有制，小型的工、农业生产资料可以保持私有；保持基本市场体系，包括消费品市场、劳动服务市场、生产资料市场、资金市场等；社会经济发展由国家、社会、家庭多元参与决策；实行双重价格定价体系，消费品和劳动力价值通过市场来定价，而生产资料价格由中央计划机关采取模拟市场竞争的方法来决定。

兰格的理论当时曾获一些西方经济学家的支持，但是也遭遇反对意见，哈耶克是主要的反对方代表。市场社会主义理论力图将生产资料国有化与资本主义市场经济结合起来，以克服资本主义社会的弊端，在发达资本主义国家走出一条与苏联不一样的社会主义道路。

2. 从 20 世纪 50—80 年代曾对东欧国家经济体制改革产生过影响

在 20 世纪 50 年代到 80 年代，苏东社会主义国家匈牙利、捷克、南斯拉夫的经济学家主张在计划经济框架内，充分发挥市场机制的作用。市场社会主义理论成为这些国家进行经济体制改革的重要理论基础之一。例如，南斯拉夫经济改革的倡导者"市场经济学派"认为，社会主义经济只有在市场的基础上才有可能快速发展。波兰经济学家布鲁斯提出了市场机制的计划经济模式。捷克的经济学家谢克曾在他的《社会主义下商品的货币关系》一文中提出双重调节观点，显然受兰格模式影响，谢克认为社会主义宏观商品经济与微观商品经济并不平衡，要实现经济发展平衡，应该由中央政府对宏观经济实行计划调节，由市场对微观经济调节。这一阶段市场社会主义理论在发达国家进入沉寂状态。

3. 20 世纪 80 年代到 21 世纪研究中心重回发达国家

80 年代初，市场社会主义理论研究中心又回到了欧美发达国家。西方左翼学者重新探讨市场社会主义理论，旨在探索发达资本主义国家如何走向社会主义的问题。

80 年代末，苏东社会主义国家先后解体，英美的左翼学者在深刻反思苏东社会主义失败的基础上，进而提出市场社会主义是发达资本主义国家走向社会主义的唯一可行的方案，但是遭遇西方一些自称是坚定的马克思主义者的反对。因为他们认为，在发达资本主义国家推行市场社会主义理论，只是为了改良和维护资本主义，因此不能根本解决当代资本主义的基本矛盾与社会弊端；要在发达国家推行市场社会主义其实只能是一种乌托邦。

冷战后，在经济全球化的浪潮推动下，印度等欠发达资本主义国家和中国、越南等一些社会主义国家开始改革开放和社会转型，此时，市场社会主义理论成为转型国家实现经济体制转型的具有重要参考价值的思想理论流派。

这一阶段西方学者关于市场社会主义理论的分歧不小，明显存在两种对立的流派。一种是积极鼓吹市场社会主义理论，以图改良当代资本主义社会；另一种是批判市场社会主义理论，认为这一理论仅仅是一种纸上谈兵，在发达资本主义社会，不批判资本主义市场，而仅仅将社会主义与资本主义市场结合，以走上社会主义道路，其实是一种乌托邦。

诺贝尔经济学奖获得者，美国斯坦福大学经济学教授约瑟夫·E. 斯蒂格利兹在 1994 年的代表作《社会主义向何处去——经济体制转型的理论与证据》中，结合东欧、俄罗斯和中国的经济体制转型的实际情况，较系统阐述了市场社会主义理论对转型国家的意义。[①] 此外，市场社会主义理论的鼓吹者，还包括米勒提出了"合作制的市场社会主义"理论、罗默提出了"证券的市场社会主义"理论、戴维·施韦卡特（美国罗耀拉大学哲学系教授）提出了"经济民主的市场社会主义"理论等。而对市场社会主义理论加以严厉批判的代表人物主要包括伯特尔·奥尔曼（美国纽约大学政治学教授）、希勒尔·蒂克庭（英国格拉斯哥大学俄国和东欧研究所教授）等学者。

---

① 约瑟夫·E. 斯蒂格利兹：《社会主义向何处去——经济体制转型的理论与证据》，吉林人民出版社 1998 年版，第 3 页。

## 四 主要思想内容

### （一） 市场社会主义支持者的基本观点

**1. 市场社会主义是对资本主义市场调节能力有限的一种必要校正**

斯蒂格利兹认为资本主义市场经济的自发调节机制本身存在两大局限，主要是：

（1） 期货投资结果的风险。在未来不确定时期存在各种不确定变数，即时的期货市场的投资，"是不能保证市场必然导致有效结果的"。[1] 例如，投资 20 年后一家厂房的建设，要做出正确的决策是困难重重，因为他很难对 20 年以后的厂房价值做出正确的判断；也不知 20 年期间有多少厂房建成投放市场。

（2） 期货投资风险必然导致投资动力的不足。期货投资往往是一种理性预期，但是"理性预期平衡不可能是帕累托最优的状态"，因此市场经济尽管是存在理性预期而有效率，但是其运作并不能保证稳定，而会出现"动态波动性"，从而导致投资动力不足。因此，单纯的市场调节机制需要必要的调控，"没有推论可以说明市场是有效率的"，因此，市场社会主义的合理性就显现出来，"对于市场社会主义，政府对投资分配的调控是必需的"。[2]

**2. 无产阶级取得政权以后必然有一个过渡阶段保留有限制的市场经济形式**

马克思和恩格斯在《共产党宣言》中指出："无产阶级将利用自己的政治统治，一步一步地夺取资产阶级的全部资本，把一切生产工具集中在国家即组织成为统治阶级的无产阶级手里，并且尽可能快地增加生产力的总量。"[3] 这表明，夺取政权以后的无产阶级专政国家，要实现生产资料全面公有制需要一个发展过程，它只能是"一步一步地"实现的。它不可能一下子就将资产阶级的全部资本全都集中在自己手中，因此，革命后的社会在一段时期必然是一种多种所有制并存的混合经济社会，既包括社

---

[1] 约瑟夫·E. 斯蒂格利兹：《社会主义向何处去——经济体制转型的理论与证据》，吉林人民出版社 1998 年版，第 20 页。

[2] 同上书，第 22 页。

[3] 马克思、恩格斯：《共产党宣言》，《马克思恩格斯选集》，人民出版社 1972 年版，第一卷，第 272 页。

会主义经济的成分，也包括资本主义经济的成分，但是前者必然占据主导地位，这一时期的经济形态本质上就是一种"市场社会主义"的经济形态。而且随着生产资料越来越多地转移到无产阶级领导的国家手中，社会主义的经济形态将进入第二阶段，市场经济活动不再由精英构成的中央计划机构管理，而是由劳动大众共同参与、"共同经营"。

马克思在《哥达纲领批判》中写道："在一个集体的、以生产资料公有为基础的社会中，生产者不交换自己的产品。"① 马克思在这里显然不认为在共产主义第一阶段还存在市场。然而，马克思实际上描述了一个事实上还继续存在的交换制度，虽然已经不存在完全意义的货币，也不存在商品交换，但仍然存在受到限制的货币形式和受到限制的市场，以及市场交换原则。因为它"刚刚从资本主义社会中产生出来的，因此它在各方面，在经济、道德和精神方面都带着他脱胎出来的那个旧社会的痕迹"。在共产主义社会第一阶段，"这里通行的就是调节商品交换……统一原则"。② 因此，只有到完全成熟的共产主义阶段，市场才会最终消失。

3. 市场社会主义是一种与资本主义经济不同的社会主义经济体制

马克思指出，资本主义经济是一种以生产资料私有制为基础的雇佣劳动为特征的市场经济。社会的绝大部分生产资料私人占有，绝大多数劳动者为了工资而工作，被资本家剥削自己创造出来的剩余价值。市场是社会经济交易的主要平台。市场社会主义经济体制虽然保留了绝大部分市场调节经济活动的机制，但是它以国家所有制或社会集体所有制形式占有绝大部分社会资本，国家的主要财产已经成为劳动大众集体的财产，由劳动者共同占有。工人劳动所得已经不再是契约工资，而是企业纯收入的一定份额，劳动不再具有雇佣性质。市场社会主义和资本主义市场经济之间的区别，不在于实行计划经济还是市场经济，而在于资本占有的所有制形式，是公有制还是私有制，市场社会主义是与资本主义市场经济不同的经济体制。

---

① 马克思：《哥达纲领批判》，《马克思恩格斯选集》第3卷，人民出版社1966年版，第89页。

② 同上书，第89—90页。

4. 市场社会主义也是一种与苏联"斯大林模式"不同的社会主义经济体制

苏联"斯大林模式"的典型特征是一种非市场的中央计划经济。中央计划机关决定全社会的经济生产活动，甚至指令企业生产商品的数量和质量。这种指令性的计划管理面临诸多明显的问题。首先就是缺乏全面及时准确的信息。当计划生产的商品数量不多、质量要求不高时，信息问题还容易解决；当在一个庞大的国度，人口众多，商品需求不但数量巨大，而且品种繁多，就难以解决信息问题，就需要引入市场经济的调节机制；否则就难以有效管理经济活动。

同时，"中央计划经济中存在很多固有的激励机制问题"，苏联"斯大林模式"普遍存在"大锅饭现象"。企业没有任何积极性去充分利用资源和努力生产社会需要的商品；工人缺乏劳动的积极性；政府管理部门没有动力去关闭无效率的企业。整个社会都服从中央指令性计划，社会缺乏创新精神，新产品或新生产技术难以诞生，经济严重缺乏活力。

5. 资本所有权和控制权的分离为市场社会主义创造了社会前提条件

垄断资本主义的发展，使庞大的资本形式与股份制形式结合。资本普遍实现股份制，资本的占有者是社会普遍的成员，而不是最大的股东；资本的运作不再由最大的股东直接运作，而必须由股东选出的董事会集体决策，这种形式其实就是资本的所有权和控制权的分离。

"许多人直接占有股份和全民占有股份之间有什么区别呢？"其实已经"没有区别"，[①] 因此，市场社会主义的实践形态在资本的所有权和控制权分离时就开始出现了。

6. 市场"中性机制论"与"联姻论"突破传统市场经济理论

20世纪60—70年代，加尔布雷恩、沃德、柏格森等人提出"市场中性机制"理论，批驳了一种形而上学的陈旧观点：市场只属于资本主义，计划只属于社会主义，他们明确指出无论市场，还是计划都仅仅是配置资源的"手段"或"工具"，而不是社会制度的本质特点。

在"市场中性机制论"的基础上，市场社会主义者提出市场与社会主义联姻的"市场联姻论"。米勒在他的《合作制的市场社会主义》一文

――――――――――

① 约瑟夫·E. 斯蒂格利兹：《社会主义向何处去——经济体制转型的理论与证据》，吉林人民出版社1998年版，第23页。

中就指出，国家的作用有：制定收入标准，制定积极政策，来实现公正的分配；国家还要设立公共机构，负责提供福利等公益事项，但是市场的作用依然存在，而且十分重要，社会主义需要市场，"市场是社会主义的秘书"，市场社会主义并不盲目崇拜市场。

7. 市场社会主义是全球化时代合乎历史逻辑的一种经济体制选择

经济民主的市场社会主义模式在经济上是可行的，"经济民主的市场社会主义可被视为有着三个基本结构的经济制度，这三个基本结构是：企业的工人自我管理、投资的社会控制、商品和服务的市场"。[1]

企业实际上是一个合作组织，一般追求效率。因此，从企业之间和企业与消费者之间的相互竞争与依存关系来看，就可能克服指令性计划经济存在的，中央计划经济体制下信息不足和缺乏激励机制的问题。

社会投资机制，更多考虑与市场要求相一致的预期投资，这种社会投资就可避免不确定的市场预期存在的消极因素。由于保留了市场竞争压力，企业创新的问题也解决了。因为它不存在资本家，民主不但延伸到工厂，也延伸到宏观经济管理，影响了政府经济决策，避免了更多的预期投资的市场风险。

此外，在全球化时代，筹集资本、管理工业、创新产品或开发新技术等重要功能的实现已经可以超越资本主义的方式。现在仅仅依靠资本家去筹集资本、管理企业、开发新技术已经远远不够。市场社会主义体现了社会主义传统的最美好的理想和价值，即经济由生产者来控制，而不是生产者受经济的控制。市场社会主义不是"乌托邦"社会主义，至少在经济全球化的现阶段，而是一种合乎历史逻辑的经济体制选择。

**（二）市场社会主义理论批判者的基本观点**

1. 在发达资本主义国家实践市场社会主义可能是一种空想

英国格拉斯哥大学俄国和东欧研究所教授、社会主义理论与运动研究中心主任希勒尔·蒂克庭认为，市场社会主义并不是什么新理论，早在20世纪30年代就已经是一种获得民主社会主义者支持的理论。在半个世纪中，这一理论在西方始终停留在纸上，以致被人遗忘；苏东解体后，市场社会主义的思想理论才被西方一些学者再度拣起加以包装，但是它在国

---

① ［美］奥尔曼：《市场社会主义——社会主义者之间的争论》，段忠桥译，新华出版社2000年版，第4页。

家垄断资本主义时期，要在发达国家变成现实，实践上是不可能的。西方学者鼓吹的市场社会主义本质上不是科学社会主义理论，而是社会民主主义理论。

2. 市场社会主义在发达国家不能提高效率

市场社会主义并不能带来效率。发达国家走向市场社会主义必然带来资本家和工人、雇佣者和受雇者之间的冲突。市场社会主义者认为，市场可以保证资源的有效配置。但是其结果必然是劳动力市场的激烈竞争，无法避免社会失业现象加剧的结果。市场只能提供对货币做出反应的信号。同时，市场要效率，就须面对强大的工会组织与社会失业保障机制的制约。因此，在发达市场经济的西方社会，完善的社会主义性质的福利保障制度往往限制了市场经济的效率发挥，难以带来经济效率。

3. 商品经济原则指导下的市场经济更有助于资本主义的发展

市场经济必然是一种竞争性的经济，资本主义的自由竞争的市场经济活动结果只能产生两极分化，必然产生马克思曾经指出的"两个积累"：增大资本与扩大贫困，从而有助于资本主义的发展。而在社会主义国家的市场经济的发展容易滋生权力的"寻租"，会使公有经济成分腐败，导致官僚主义泛滥，从而削弱社会主义制度的基础。因此，商品经济原则指导下的市场经济更有助于资本主义的发展，而难以使资本主义向社会主义过渡。因此，市场社会主义是不能走向社会主义的乌托邦。

4. 拒绝资本主义市场关系才会转向社会主义

美国纽约大学政治学教授伯特尔·奥尔曼认为，资本主义更重要的特征是市场而不是私有制。资本主义的很多本质性特征，包括它的运行机制、体制、思想方法和社会道德，以及资本主义社会暴露的许多社会问题，其根源都是与它的市场密切相关联。因此，继续保留任何一种资本主义商品经济的市场形式就会在相当程度上妨碍社会主义思想、体制的建立。

奥尔曼认为，马克思曾指出，替代资本主义的共产主义社会应该具备先进的工业和管理、相对丰富的物质基础、普遍的民主决策，以及全面发展的知识化的工人阶级，其实这些前提条件在当代发达资本主义社会已经具备，因此实现社会主义目标，不是在理论上将资本主义市场与社会主义结合就算完成了，而应该对资本主义市场及其孳生的社会弊病发起正面的、毫无保留的进攻，只有拒绝了资本主义市场关系，人们才会转向社会主义。

五　市场社会主义评析

**（一）市场社会主义是社会主义过渡阶段经济形态的观点有一定的理论价值**

美国马克思主义哲学研究会主席、美国布法罗纽约州立大学哲学系教授詹姆斯·劳勒指出，苏东社会主义制度解体后，社会主义指令性计划经济被抛弃，但是社会主义与市场关系依然存在，尤其是中国、越南等社会主义国家的对外开放，已经融入经济全球化，走出了一条社会主义市场经济的新路。市场社会主义实际上"最接近马克思和恩格斯论述的新出现的后资本主义社会的本质的观点"。[①] 他对马克思和恩格斯的著作做了细致的历史考察后指出，马克思和恩格斯都认为在无产阶级夺取政权的过渡时期和社会主义阶段，市场经济将继续存在，"马克思是市场社会主义者"。[②] 这些理论分析比较符合客观实际。

**（二）市场"中性机制论"与"联姻论"的理论有一定的参考价值**

20 世纪 60—70 年代，西方市场社会主义理论中有关"市场中性机制"理论，有力批驳了关于市场只属于资本主义，计划只属于社会主义的形而上学理论，强调市场、计划都仅仅是配置资源的"手段"，而不是社会制度的本质特点。这对中国特色社会主义市场经济建设具有重要的理论参考意义。

西方学者的市场社会主义理论的出发点是拯救当代资本主义，寻找适合西方社会恢复活力的市场社会主义道路，他们从理论上论证资本主义的商品市场也可以和社会主义的经济管理体制结合。

中国学者关注这一理论研究，主要是回应社会主义体制如何与商品市场经济结合，建构中国特色的社会主义市场经济体制，在经济全球化浪潮中赢得主动与发展机遇，建构社会主义发展道路的大问题。

显然，西方市场社会主义理论研究成果，有力地拓宽了我们的思路与视野，对于中国社会主义市场经济体制的建构有很大启示与借鉴意义，有

---

① ［美］奥尔曼：《市场社会主义——社会主义者之间的争论》，段忠桥译，新华出版社 2000 年版，第 7 页。

② 同上书，第 8 页。

利于我们进一步弄清市场和社会主义的关系。邓小平同志在探索中国社会主义市场经济体制中，首先阐明了计划与市场的关系、市场与社会主义的关系等根本问题，指明了中国社会主义经济体制改革的基本方向。

早在1979年，邓小平在会见美国客人的一次谈话中明确指出："说市场经济只存在于资本主义社会，只有资本主义市场经济，这肯定是不正确的。我们是计划经济为主，也结合市场经济，但这是社会主义的市场经济。虽然方法上基本上和资本主义社会相似，但也有不同……归根到底是社会主义的……市场经济不能说只是资本主义的。市场经济，在封建社会时期就有了萌芽。社会主义也可以搞市场经济。"[①] 邓小平的市场经济理论从根本上打破了国际共产主义运动中关于计划经济等同于社会主义，市场经济等同于资本主义的僵化的思想认识，为发展社会主义市场经济奠定了理论基础。

在中国改革开放进入20世纪90年代关键时期，邓小平1992年南方谈话中再次提出："计划多一点还是市场多一点，不是社会主义与资本主义的本质区别。计划经济不等于社会主义，资本主义也有计划；市场经济不等于资本主义，社会主义也有市场。计划和市场都是经济手段。"[②] 邓小平关于建设中国特色社会主义市场经济的思想与理论明确指出，在坚持社会主义制度的前提下，市场机制与计划机制必须结合起来，两者优势互补，形成综合优势。但是社会主义与资本主义在运用市场经济机制工具时，存在重要区别：二者所处的地位和作用不同。在社会主义制度下，市场机制起着基础性的调节作用，计划机制、宏观调控只能起到辅助性或指导性的调节作用，为市场机制更好发挥作用创造条件。

邓小平关于建设中国特色社会主义市场经济的思想与理论，为中国特色社会主义市场经济体制的确立，为社会主义市场经济的发展奠定了思想与理论基础。

### （三）世界社会主义运动开始走出低潮的象征

在苏联、东欧社会主义制度崩溃，世界社会主义运动处于低潮时期，西方市场社会主义理论流派的发展，客观上具有一种象征意义，从某种意义上讲，这是社会主义运动走出低潮的一个征兆，它表明社会主义仍有着

---

① 《邓小平文选》第2卷，人民出版社1983年版，第236页。
② 《邓小平文选》第3卷，人民出版社1993年版，第373页。

强大的生命力，即使在发达资本主义国家，依然有不弱的社会基础，这一现象也增强了世界社会主义者们坚信社会主义必将战胜资本主义的信心。

**（四）市场社会主义理论的价值趋向具有民主社会主义色彩**

西方学者提出的市场社会主义理论，尽管存在不少争议，但是都自认为坚持了社会主义价值取向。然而，何为科学社会主义？在资本主义社会推行市场社会主义的社会主体力量在哪里？他们都缺乏共识，感到茫然。他们中的一些批评者坚持认为计划机制与公有制才是社会主义，在私有制与市场竞争机制主导的资本主义社会推行市场社会主义只能是一种乌托邦；而在社会主义国家推行市场社会主义，又不可避免会导致追逐资本利润、两极分化与社会主义腐败变质。因此，无论是支持者还是批评者，都难以提出一种双方都可认同的模式，都难发现实行市场社会主义的主体力量，其结果只能是关于市场社会主义理论探讨仅仅停留在书本上与课堂上，充其量只能是一种民主社会主义的新形态，或超越"左"和"右"的"第三条道路"的思想学说。

在中国社会主义市场经济体制建设中，对市场社会主义理论与实践形式的探索具有不少有利条件。首先坚持了中国特色社会主义理论体系，对什么是社会主义，怎样建设社会主义有了理论与实践结合的深刻认识。其次，僵化的苏联"斯大林模式"与中国"前30年"计划经济的历史教训，使我们对市场机制的中性特征认识更加深刻；"后30年"的改革开放的实践与辉煌成就，给了我们坚持中国特色社会主义市场经济体制的信心，只要在坚持社会主义基本制度前提下，将市场经济与社会主义基本制度相结合，充分利用市场经济的积极作用，同时谨防市场经济的消极因素，加强政府对市场的监管作用，发挥社会主义制度的优势，形成有中国特色社会主义市场经济体制，就能走出一条具有中国特色，反映社会主义制度本质要求的发展社会主义经济之路，中国的经济与社会发展就能充满活力，就可以为中华民族的复兴奠定牢固的物质基础。

# 第九章 西方马克思主义

## 第一节 西方马克思主义产生背景与发展阶段

### 一 产生背景

西方马克思主义是第一次世界大战以后发达资本主义国家出现的重新研究、解释与发展马克思主义的社会思潮。确切地说，它是 20 世纪 20 年代以来，在欧洲国家出现的一股哲学思潮与政治思潮。自它产生时起，就力图将现代西方哲学与马克思主义哲学相融合，同时用人本主义思想对马克思主义的重大政治理论加以修正，以便重新分析与估计当代资本主义社会，对无产阶级革命的动力、道路与目标做出新的构想。

西方马克思主义最初只是共产国际内部，欧洲资本主义国家共产党内"左"的思想派别。第一次世界大战后，资本主义世界爆发总危机，欧洲许多国家无产阶级相继发生武装革命，然而只有俄国"十月革命"胜利了。其后 20 年，西欧国家工人运动失败，引发欧洲发达国家共产党人的思考，欧洲国家共产党内对共产国际的战略及其领导产生怀疑与不满，他们从"左"的方面对共产国际，尤其是斯大林的领导，以致列宁主义提出了批评，并滋生重新发现马克思的思想动向，这是西方马克思主义产生的直接动因。

匈牙利共产党员卢卡奇、意大利共产党人葛兰西、法国共产党员柯尔什等人在研究欧洲无产阶级革命失败原因时认为，欧洲绝大多数国家工人阶级运动失败原因就在于第二国际庸俗经济决定论所导致的无产阶级阶级意识的丧失，俄国革命道路在欧洲其他国家行不通。1923 年，卢卡奇发表《历史和阶级意识》，试图把马克思主义解释成为一种与黑格尔思想存在连续性的人道主义；同年，法国共产党员柯尔什发表《马克思主义和哲学》一文，批评马克思在理论与实践上的观点。他们的思想与第二国际的科学主义解释、第三国际的列宁主义解释发生严重分歧，卢卡奇与柯尔什的言论在党内都遭到猛烈批判。卢卡奇被迫做自我批评，并收回自己观点；但柯尔什拒不作自我批评，反而于 1930 年发表文章《关于"马克思主义和哲学"问题的现状——一个反批判》进行反驳，第一次明确提出与正统马克思主义，尤其是与列宁主义对立的西方马克思主义概念，"我们这些西方共产主义者形成了共产国际自身内部一个敌对的哲学派别"，① 这里的"西方共产主义者"，以及该文多次提及的"西方马克思主义者"，显然是与"正统马克思主义"相对立的理论派别，这个概念在之后的 20 多年里没有引起注意。

这时期的西方马克思主义思潮仅仅是共产国际内部一种"左"倾思想派别，还没有成为具有广泛社会影响的西方马克思主义思潮。

二战后，当代资本主义从崩溃边缘爬出，在新科技革命推动下经济复兴，生产方式及社会阶级结构也发生新变化，推动了西方马克思主义者们在理论上力图对当代资本主义新变化进行重新研究与概括总结，以便丰富发展马克思主义。

20 世纪 60 年代末起，西方发达国家相继出现风起云涌的学生运动与青年工人运动以后，特别是法国 1968 年"五月风暴"以后，"西方马克思主义"便成了激进的青年学生和工人批判当代资本主义社会不合理现象的思想武器，成为西方社会的一种主要思潮。

1976 年英国新左派理论家佩里·安德森出版一本小册子《西方马克思主义探讨》，将西方马克思主义，看作马克思、恩格斯以后的马克思主义第三阶段的理论继承者；西方马克思主义具有较强的地域性特点。他认为，马克思主义直接继承人拉布里奥拉等 4 人是第一代马克思主义继承人，主要来自"落后的东欧或南欧"；列宁等 7 人是第二代继承人，主要来自"柏林以东的地区"；卢卡奇、柯尔什等 13 人是第三代继承人，主要来自"更远的西部"，他们是"西方马克思主义"。西方马克思主义主

---

① 柯尔什：《马克思主义哲学》，王南湜译，重庆出版社 1989 年版，第 72 页。

要局限于欧洲资本主义国家。[①]

如果说第一次世界大战以后,欧洲革命运动的失败是西方马克思主义产生的直接动因,那么,苏共控制下的共产国际不尊重其他民族国家的做法,"斯大林模式"在苏联及其他社会主义国家经济建设中暴露的各种弊病,推动人们去探索社会主义的科学建制与道路,发掘马克思主义本原,成为西方马克思主义发展的主要原因。

此外,在战后新科技革命的推动下,当代资本主义经济复兴,生产方式及社会阶级结构也发生了一些新变化,如何认识当代资本主义的新变化,并且进行理论的分析研究与概括,也成为推动西方马克思主义研究者理论探索的又一动因。

### 二 基本性质特征

西方马克思主义并非一个统一的学术流派,而是在西方马克思主义统一名称之下,观点各异,流派纷呈的总称,包括法兰克福学派、存在主义马克思主义、结构主义马克思主义、新实证主义马克思主义等。但是,"它始终有它的独特性,使它作为一个完整的传统具有明确的定义和区分的界限"。[②]

西方马克思主义的思想渊源,一般可上溯到第二国际罗莎·卢森堡的马克思主义思想。在社会主义革命问题上,她既反对伯恩斯坦的议会社会主义,也反对考茨基的"科学马克思主义"。[③] 在欧洲革命道路问题上,在对当代资本主义社会的分析、对社会主义的展望上,在社会主义革命的战略和策略上,提出了一系列同列宁主义相对立的见解。他们对马克思主义的解释,既不同于第二国际又区别于第三国际;他们对资本主义和社会主义的态度,既不同于资产阶级思想家又区别于传统马克思主义。既批判资本主义工业文明,又批判现实社会主义。

西方马克思主义的独特性,主要表现为马克思主义的非正统性,在早

---

① 佩里·安德森:《西方马克思主义探讨》,高铦译,人民出版社1981年版,第12、15、38页。

② 佩里·安德森:《西方马克思主义探讨》,高铦译,人民出版社1981年版,第41页。

③ 伯恩斯坦认为资本主义的发展在向社会主义演变,无产阶级应通过议会选举道路推进这种演变过程。考茨基则认为马克思主义如同自然科学那样准确可靠,资本主义崩溃是不可避免的,只需坐而等待,因为经济规律的作用是无法抗拒的。

期的理论形态上有别于苏俄马克思主义理论。在哲学上它接受了现代西方哲学中的人本主义观点，用自然科学与社会科学的新成就来补充马克思主义，将马克思主义与现代西方哲学结合。它攻击第二国际将马克思主义和新康德主义结合，使其新康德主义化，同时批评恩格斯、列宁的有关马克思主义理论。西方马克思主义一开始就主张将马克思主义和新康德主义、存在主义等思潮结合在一起，同时用人本主义思想对马克思主义的重大政治理论加以修正，以便重新分析与估计当代资本主义社会，对无产阶级革命的动力、道路与目标作出新的构想。

西方马克思主义的"完整的传统"，其实就是它的"批判性"学术传统。它始终不渝地反对教条主义，从现实出发，"重新发现、重新创造马克思主义"。西方马克思主义者一般认为，马克思主义已经无法解释当代资本主义社会的新变化，尤其是对当代资本主义社会的工人阶级与其他阶级的变化无法给予有力地解读，因此需要"重新发现"、"重新创造"马克思主义，以新工人阶级作为自己的阶级基础，探索一条不同于"十月革命"的道路，建立一个人道主义社会。

西方马克思主义对待马克思思想学说的态度是，主张将马克思的学说一分为二：革命性的一面与科学"实证"的一面；人道主义马克思学说与科学主义马克思学说。

西方马克思主义不但将马克思的思想学说一分为二，而且主张分成不同阶段分别解读，认为马克思的有些观点需要肯定，有些观点应该完全否定；西方马克思主义还把马克思与恩格斯、马克思与列宁对立起来，并根据自己的立场，批评否定恩格斯和列宁阐述的某些原理。

具有批判传统的西方马克思主义，尽管流派纷呈，但是还是可以辨析出两条批判主线：

首先，关注文化与意识形态领域的建构，集中批判资产阶级意识形态和文化价值观。西方马克思主义一般强调人的主体性与意识的能动性，力图在意识形态上，超越、解构第二国际科学社会主义、第三国际列宁主义、第四国际托洛斯基主义，西方马克思主义是一种超越马克思主义的西方社会理论学说，企图通过对资产阶级意识形态的批判，确立无产阶级意识形态和文化价值观的主导权。

其次，在政治经济领域，展开对资本主义制度和生产方式批判，揭示出资本主义制度的非正义性，力图建构所谓更加符合当代发达资本主义社会实情的社会主义革命的道路。

有学者认为这两种批判主线在同一时段可能同时存在，但是，一般而言，以阿尔都塞为分水岭，两种批判主线在不同阶段分别存在。在阿尔都塞之前的理论批判以对资产阶级意识形态和文化价值观的批判为主；在他之后的理论批判主要以对资本主义制度和生产方式批判为主。

在他之前的理论批判，是从卢卡奇到阿尔都塞，他们更多面对的是发达资本主义社会如何实现社会主义革命的问题，而西欧资本主义社会的市民社会文化与宗教意识形态，明显与苏俄的文化与宗教不同，在苏俄社会，国家就是一切，社会组织被禁锢，市民社会欠发展。因此他们将唤醒西欧发达国家工人阶级政治意识与文化自觉作为西欧发达国家批判资本主义的重点。[①]

但是，阿尔都塞以后的西方马克思主义者更多关注资本主义制度和生产方式的批判。因为当代资本主义出现许多新变化，而马克思主义的一些具体结论已经不能照搬。尤其是苏联剧变和解体，西方马克思主义者必须面对当代资本主义是否会很快灭亡，发达国家能否发生社会主义革命的大问题，即哪一种形式的社会主义才是他们追求的目标？为什么要追求它，其优于资本主义的地方在哪里？同时，全球化带来一系列全球问题，其根源在于主导全球化的资本主义制度、生产方式，因此治理全球危机需要认识当代资本主义的制度性危机，需要对其加以批判。

西方马克思主义者的代表人物以大学教授或专业人员为主。不过，卢卡奇、柯尔什与葛兰西等先驱，都是职业革命家，但是知识分子与社会精英是其骨干力量。西方马克思主义是在 20 世纪历史文化背景下，欧洲发达国家共产党内外一批知识分子面对当代资本主义社会存在的各种问题和危机，企图用现代西方哲学重新解读马克思主义的一种社会思潮。但是，也有国内学者认为，西方马克思主义本质上仍然是马克思主义内部的思想流派。早期的匈牙利共产党员卢卡奇、意大利共产党员葛兰西、法共党员柯尔什等人的理论观点符合马克思主义基本精神，尽管不能排除西方马克思主义思潮中存在非马克思主义的成分，但是"总体上"是马克思主义

---

[①] 王雨辰：《西方马克思主义的学术传统和问题逻辑》，《中国社会科学》2010 年 5 期，第 56—57 页。

而不是非马克思主义。[1]

### 三 主要发展阶段

西方马克思主义在长达 80 年的发展过程中经历了三个阶段，在不同发展阶段，针对不同问题，形成多种各不相同的思想流派，它们的思想倾向和侧重点各不相同。

1. 形成时期（20 世纪 20—30 年代）

以卢卡奇（匈共）、柯尔什（法共）与葛兰西（意共）为代表，继承了古典马克思主义传统，将理论与实践结合，着重探究十月革命胜利、欧洲革命失败等资本主义国家无产阶级革命的道路问题。他们用新黑格尔主义和存在主义观点来解释与发挥马克思主义。

由于卢卡奇与柯尔什的观点遭共产国际批驳，并被视为修正主义理论，在 30 年代以后，西方马克思主义作为共产党内的一种不同观点已经无法在党内继续存在，只能向党外发展，逐渐形成独立的社会思潮。法兰克福学派就是二三十年代第一个在党外发展起来的经院式研究马克思主义的学派，它脱离工人运动，成为一个纯粹的学术团体。

1932 年，马克思的早期著作《1844 年经济学—哲学手稿》发表，推动了西方马克思主义者探索马克思主义哲学本源，奠定了人本主义马克思主义理论基础。

这一时期的西方马克思主义仅仅是国际共运内部的非传统马克思主义观点。

2. 兴盛时期（20 世纪 30—60 年代末）

战后科技与生产力的发展，以及资本主义经济的繁荣，使科学主义再次盛行。法国巴黎"五月风暴"，西方马克思主义达到兴盛时期，内部除了人本主义流派之外，还出现了法兰克福学派、存在主义马克思主义、弗洛伊德主义马克思主义、新实证主义马克思主义、结构主义马克思主义等，重新寻找《1844 年经济学—哲学手稿》中的"哲学家马克思"；分析法西斯主义兴起的思想根源，发扬启蒙精神，批判工业文明，重新解读、补充重构马克思主义。

---

[1] 刘同舫：《西方马克思主义理论性质和中国意义》，《中国社会科学》2010 年第 5 期，第 49 页。

西方马克思主义从国际共运内部的非传统马克思主义观点，转变成为具有国际影响的非正统马克思主义与非马克思主义结合的社会思潮。

3. 主题转向时期（20 世纪 70 年代以后）

西方马克思主义一方面总结"五月风暴"的经验教训，修改发展自己的理论；另一方面紧密结合争取民主参与、女权与保护生态为核心的社会运动，使理论研究主题发生重大转向，重点探讨科技的社会效应、生态危机、全球问题。

与法兰克福学派、存在主义马克思主义、弗洛伊德主义马克思主义、新实证主义马克思主义、结构主义马克思主义等学派相比较，生态学马克思主义、分析马克思主义、后现代马克思主义等新的学派更多关注全球化与生态问题。20 世纪 90 年代初以来，西方马克思主义研究主题又从哲学、文化问题转向政治、经济等现实问题；研究重心从对资本主义批判转向研究市场社会主义。这一时期的西方马克思主义由非传统马克思主义转向非马克思主义。

## 第二节　西方马克思主义产生的标志、代表人物与思想渊源

### 一　产生标志

1923 年，匈牙利共产党理论家卢卡奇出版了《历史和阶级意识》一书，对共产国际政治路线和哲学基础提出批评，既点名批评了恩格斯的《自然辩证法》，也不点名批评了列宁的《唯物主义和经验主义批判》的反映论。1955 年，法国的梅洛·庞蒂在《辩证法的历险》一书中，把西方马克思主义的传统追溯到卢卡奇在 1923 年发表的《历史和阶级意识》，将此著称为西方马克思主义"圣经"，将卢卡奇称为西方马克思主义创始人，尽管卢卡奇自己并不认为自己是西方马克思主义创始人。

1923 年法国共产党人柯尔什发表《马克思主义和哲学》一文，批评马克思理论与实践的观点。卢卡奇的著作与柯尔什的文章的发表被看作西方马克思主义思潮产生的标志。

### 二　主要代表人物

西方马克思主义作为一种社会思潮，内部包含五花八门的学术流派，因此代表人物众多。

#### （一）早期西方马克思主义主要代表人物

早期西方马克思主义主要代表人物是卢卡奇、柯尔什、葛兰西等，主要是欧洲共产党内的"左派"理论家。

#### （二）当代西方马克思主义的主要流派与代表人物

西方马克思主义思潮主要分为两个流派，其中强调马克思主义的革命批判的流派主要包括早期的卢卡奇、柯尔什、葛兰西，法兰克福学派，黑格尔主义马克思主义，存在主义马克思主义流派等，他们更多否认马克思主义的科学性，将黑格尔思想作为马克思主义的主要思想渊源；西方马克思主义思潮中强调马克思主义的科学实证性的流派主要包括，由新实证主义和结构主义等组成的科学主义流派，他们更多推崇康德为马克思主义的主要思想来源。

1. 西方马克思主义的革命批判的流派

这一流派学者按照黑格尔主义、弗洛伊德主义、存在主义的精神解释和发挥马克思主义，被称作黑格尔主义马克思主义、弗洛伊德主义马克思主义和存在主义马克思主义。

（1）弗洛伊德主义马克思主义

以德国哲学家赖希、H. 马尔库塞、E. 弗罗姆为代表的弗洛伊德主义马克思主义，认为性冲动像饥饿、口渴和劳动一样，是人类的物质需要之一。据此，他们主张发展一种"受辩证法和人道主义指导的精神分析"作为辩证唯物主义的一个分支，用它阐明人类压迫的心理过程，并把社会主义革命纳入性本能的压抑和解放的渠道中去。

赫伯特·马尔库塞是德裔美籍哲学家和社会理论家，法兰克福学派的一员。马尔库塞、马克思、毛泽东曾被并列称为"3M"。马尔库塞的哲学思想深受黑格尔、胡塞尔、海德格尔和弗洛伊德的影响，同时也受马克思早期著作（特别是《1844 年经济学—哲学手稿》中的异化论）的影响。马尔库塞早年试图对马克思主义作一种黑格尔主义的解释，并以此猛烈抨击实证主义倾向。从 50 年代开始，主要从事对当代资本主义的分析和揭露，主张把弗洛伊德主义和马克思主义结合起来。

马尔库塞认为现代工业社会技术进步给人提供的自由条件越多，给人的强制也就越多，在《单向度的人——发达工业社会的意识形态研究》一文中指责工业社会的艺术的大众化和商业化使之成为压抑性社会的工具，从而导致人在文化生活上的单向度。"单面人"只追求物质生活，没有精神生活，没有创造性，而且对他人麻木不仁。他试图建立一种理性的文明和非理性的爱欲协调一致的新的乌托邦社会。马尔库塞在《反革命和造反》里，他强调艺术既是一种美学形式又是一种历史结构，是美的世界与现实世界的统一。他认为艺术具有对现实的肯定性和保守性，艺术同时又具有对现实的否定性和超越性的两重性，艺术和革命可统一于改造世界和人性解放的活动中，美学是摆脱压抑社会的唯一学科，是单向度社会中双向度的批判形式。

埃里希·弗洛姆，也是其中一位代表人物，他是美籍德国犹太人。人本主义哲学家和精神分析心理学家，毕生致力于修改弗洛伊德的精神分析学说，调和弗洛伊德的精神分析学跟人本主义的学说，其思想是新弗洛伊德主义与新马克思主义的交汇。弗洛姆被尊为"精神分析社会学"的奠基者之一。

（2）存在主义马克思主义

存在主义马克思主义也是革命批判流派中的重要分支，其代表人物是让-保罗·萨特。萨特是法国 20 世纪最重要的哲学家之一，存在主义马克思主义的主要代表人物，西方社会主义最积极的鼓吹者之一，在战后的历次斗争中都站在正义的一边，对各种被剥夺权利者表示同情，反对冷战。一生中拒绝接受任何奖项，包括 1964 年的诺贝尔文学奖。代表作有《辩证理性批判》、《论想像》、《自我的超越性》、《存在与虚无》等。二战期间参加法国共产党的地下抵抗组织，曾被关进德国集中营，写成《辩证理性批判》。他认为，传统马克思主义没有从存在主义的人学视角批判资本主义，因此需要补充，他把存在主义内容补充到了传统马克思主义之中，从而形成了存在主义的马克思主义流派。值得注意的是，萨特的基本立场是存在主义，而不是唯物主义，他不是站在马克思主义的角度审视存在主义的，而是尽力把存在主义马克思化，用马克思主义来为存在主义"输液"。他在其代表作《辩证理性批判》一书中，从历史发展和社会环境之中考察个性的人的存在形式，提出了历史总体化的构想，认为在人的实践中包含着历史的总体化，历史的总体化同时又是人的异化。历史发展和社会进步本质上就是历史的总体化和人的个性异化的无限循环。萨特的历史总体化观点，其实是一种唯心主义的乌托邦；但是以"人"为出发点，讨论人的现实社会生活处境，而不是抽象的哲学问题，又是一种现实主义。人的个性异化观，是一种悲观主义，萨特的存在主义和马克思主义存在根本矛盾。战后萨特和法共决裂，他始终自称为无政府主义者，而不是马克思主义者。

（3）法兰克福学派

法兰克福学派也可归类到革命批判流派中，其代表人物众多，其中尤尔根·哈贝马斯尤为突出。哈贝马斯1929年6月18日生于德国的杜塞尔多夫，在纳粹统治下长大，1949年就读于哥廷根大学，后进苏黎世大学求学，1954年又入波恩大学学习，后获哲学博士学位。1955年，他前往法兰克福大学，与法兰克福学派核心人物特奥多尔·阿多尔诺一起从事研究工作，他曾大量阅读马克思和弗洛伊德的著作，思想开始有些激进。哈贝马斯虽然成了法兰克福学派的一员，但他肯定启蒙运动关于民主公共生活的理念，将自由资本主义模式看成是改革当代资本主义社会的理性模式，因而在阿尔多诺看来具有一种危险的保守倾向。1961年，哈贝马斯写出了论文《公共领域的结构转型》。1962—1964年，他任海德堡大学哲学副教授，1964—1971年为法兰克福大学哲学与社会学教授，1971—1981年任马克斯—普朗克研究所所长，1983年起重新执教于法兰克福大学。1994年荣休，1999年4月曾应中国社会科学院邀请来华访问。自20世纪60年代以来，哈贝马斯就被誉为前联邦德国最具影响力的哲学家。其学术观点根植于康德、黑格尔、马克思、韦伯等德国伟大思想家的思想传统中，其影响力遍及社会人文学科的各个领域，如社会学、哲学、心理学、语言学、政治学、思想史等，被人们誉为当代百科全书式的大学者。

哈贝马斯是法兰克福学派第二代的中坚人物。他提出了著名的沟通理性（communicative rationality）的理论，对后现代主义思潮进行了深刻的剖析及有力的批判。哈贝马斯提出三种知识兴趣理论，他主张人的认识都起源于知识兴趣（knowledge interest）。人类知识兴趣一般有三种类型：第一，经验—分析的科学研究，包含技术的认知兴趣；第二，历史—解释学的科学研究，包含实践的认知旨趣；第三，批判倾向的科学（critically oriented）的研究，包含解放的认知兴趣。

2. 西方马克思主义的科学实证性流派

这一流派按照新实证主义、结构主义的精神解释和发挥马克思主义，被称作新实证主义马克思主义和结构主义马克思主义。

（1）新实证主义马克思主义

以意大利哲学家德拉—沃尔佩和科莱蒂为代表的新实证主义马克思主义，在政治上反对用含糊的人道主义和黑格尔哲学取代科学的政策，对现代资本主义作出不正确的理解；在理论上否定在马克思主义和黑格尔之间有任何连续性，主张把科学的辩证法规定为以具体—抽象—具体循环为标志的现代实验科学的唯物主义逻辑。

（2）结构主义马克思主义

以法国哲学家 L. 阿尔都塞为代表的结构主义马克思主义企图使马克思主义非人道化，清除附在它上面的反科学的资产阶级意识成分。它把马克思的思想发展划分为早期的非科学的意识形态时期和晚年的科学时期，把马克思主义解释成是反经验主义、反历史主义和反人道主义的思想意识。

### 三 西方马克思主义的思想渊源

#### （一）罗莎·卢森堡的马克思主义思想

早期西方马克思主义继承并发展了卢森堡的社会主义思想，其思想渊源一般可上溯到第二国际罗莎·卢森堡的马克思主义思想。

罗莎·卢森堡的马克思主义思想在社会主义革命问题上，既反对伯恩斯坦的议会社会主义，也反对考茨基的"科学马克思主义"；她在革命目标上，主张建立无产阶级先锋队，发挥群众的主动性与革命创造性。同时她也批评列宁关于革命领导的思想是一种极权主义和伟大政治。认为社会主义革命并非只是夺取政权和生产资料公有化，还应实行最大限度公开的，由人民群众最积极地，不受阻碍地参加的民主的阶级专政。社会主义革命不能是少数人借用无产阶级名义制造出来的，而只能由无产阶级与人民大众创造出来的。西方马克思主义继承并发展了卢森堡的社会主义思想。

#### （二）现代西方哲学中的人本主义观点

西方马克思主义一开始就主张将马克思主义和新康德主义、存在主义等思潮结合在一起。在哲学上，接受现代西方哲学中的人本主义观点。他们强调人的主体性与意识的能动性，批评第二国际将马克思主义和新康德主义结合，使其新康德主义化；他们批评恩格斯将马克思主义达尔文化，将社会主义革命作为社会进化过程中自然出现的环节。

## 第三节　西方马克思主义基本政治观点

西方马克思主义从产生至今已有 80 多年历史，在不同的历史条件下，为探索现实的革命道路与抽象的理论发展问题，出现过众多的流派与代表人物，他们的理论庞杂，主题变化较大，社会效应也不尽相同，因此概括西方马克思主义基本政治观点，存在较大的困难。尽管如此，在一些基本的社会政治问题上，仍可概括出一些具有代表性的政治观点。

### 一　对马克思主义的基本态度

### （一）重新解释马克思主义

西方马克思主义认为欧洲无产阶级革命运动（除"十月革命"胜利之外）普遍遭到失败，是"马克思概念被歪曲"的恶果，因此需要对马克思主义作重新解释。

卢卡奇在《历史和阶级意识》一书中，批评第二国际领袖将马克思主义歪曲成了一种像自然科学一样的"纯科学"，而无产阶级革命的发生与发展被说成完全是一种由经济条件决定的自然进化进程，只要坐等经济条件的成熟，革命的胜利便会自动到来。正是这种"经济自发论"导致西欧革命的失败。

柯尔什在《马克思主义和哲学》一文中指责第二国际考茨基将指导革命实践的马克思主义歪曲成了脱离革命实践的空论，"变成了对资产阶级经济制度、资产阶级国家、资产阶级教育制度、资产阶级宗教、艺术、科学和文化的批判，这些批判不再必然地发展成为革命实践"，"原来的马克思主义社会革命理论衰落成为一种没有任何革命结果的理论批判"。[1]

无论是卢卡奇还是柯尔什，还都认为马克思主义是一种完整的理论体系，第二国际恰恰在这一点上抛弃了马克思主义的总体性原则，常常任意

---

① 徐崇温：《西方马克思主义》，天津人民出版社 1982 年版，第 132—133 页。

"抽出革命马克思主义某些孤立的经济、政治和社会'理论'来加以利用，这样就改变了它们的总的意义，并经常剪裁和伪造它们的特殊内容"。① 鉴于第二国际修正主义者对马克思主义的歪曲，西方马克思主义先驱们主张重新解释马克思主义的基本原理。

**（二）批判斯大林主义，宣扬"彻底的人道主义"**

战后，苏共党内对斯大林主义的批判，又成为西方马克思主义者重新探究马克思主义本原的一股动力。

结构主义马克思主义的代表阿尔都塞在《保卫马克思》一书的英文版序中（1967 年），回顾苏共二十大反斯大林主义在各国马克思主义思想上的巨大震荡。他写道："对斯大林主义者的'教条'主义的批判，普遍地被共产主义和知识分子当作一种'解放'。这种'解放'产生了一种具有深远影响的意识形态反应，即'自由'和'伦理'倾向，它自发地重新发现了'自由'、'人'，'属人的人'和'异化'等陈旧的哲学论题。这种意识形态的倾向在马克思的早期著作中寻找理论根据，而马克思的早期著作中也确实包含了一种关于人、人的异化和人的解放哲学的全部论点……自 30 年代以来，马克思的早期著作成了小资产阶级知识分子用以反对马克思主义的'工具'。这些早期著作，开始是一点一点地，以后又是大规模地被用来对马克思主义作一种新的解释。今天，许许多多的被苏共二十大从斯大林主义者的'教条主义'中'解放'出来的共产主义知识分子，正公开地发展这种新的解释……"②

阿尔都塞认为所有的早期马克思著作，以 1932 年问世的马克思的《1844 年经济学——哲学手稿》最有代表性。他认为，马克思在书中用传统方法，分析批判了资本主义异化现象，得出消灭资本主义异化，实现人性彻底解放的共产主义结论，马克思的这个思想才是马克思主义的原本思想，显示了马克思同黑格尔、费尔巴哈哲学的联系，并明确宣布了共产主义是彻底的人道主义。

**（三）回到"青年马克思"去**

西方马克思主义者以此为重要理论依据，掀起回到"青年马克思"去的寻根热潮。美国实用主义哲学家 S. 胡克将《1844 年经济学—哲学手

---

① 徐崇温：《西方马克思主义》，天津人民出版社 1982 年版，第 135 页。

② 阿尔都塞：《保卫马克思》，复旦大学出版社 1983 年版，第 203 页。

稿》问世称作"马克思的第二次降临"。马尔库塞认为，它"必将成为马克思主义研究史上的一个划时代的事件"，使历史唯物主义与科学社会主义的理论讨论"置于新的基础之上"，即黑格尔与费尔巴哈的人本主义基础之上。

结构主义的马克思主义者强调要对马克思主义理论一分为二，以《资本论》为界限。早期思想和晚期思想之间存在一个"认识论上的断裂"，前期是唯心的人道主义的哲学"意识形态"，后期是历史唯物主义的科学论题。

西方马克思主义部分学者主张用早期马克思著作，特别是《1844 年经济学——哲学手稿》来解释马克思主义，形成人本主义流派，部分学者强调用后期马克思著作概括马克思主义，形成科学主义流派。

**（四）重新探讨关于资本主义制度的重大命题**

战后，面对新科技革命引发的资本主义的一些新变化，法兰克福学派的代表人物弗洛姆在他的《马克思关于人的概念》（1961）中认为，"马克思没有看到资本主义在一定程度上能够使自己得到改进，从而满足工业化国家的经济需要，马克思也没有充分清楚地看到官僚主义化和中央集权化的危险，没有看到独裁制度可能取代社会主义而出现"。[1] 因此，马克思关于资本主义的性质和作用，关于工人阶级的历史地位和作用，剩余价值论以及革命战略策略问题都已出现局限性，需要重新探讨。

马尔库塞在《马克思主义的过时》（1967）一文中，将马克思对资本主义制度的分析归结为五个命题，认为其中四个命题已被历史所证实，但是"最后一个命题涉及到要发生向社会主义过渡的工业国家，然而正是在这些国家里，劳动阶级决不是一种革命的潜在力量，马克思的一个基本概念被证明是错误的"。[2] 因为当代资本主义社会的无产阶级已被资本主义制度同化，不再是革命动力，技术和科学的知识分子、学校中"未被同化的知识青年"成为了革命的"主体"，[3] 因此，需要有新的阶级分析理论来补充发展马克思主义了。

法兰克福学派第二代的代表人物哈贝马斯在《作为意识形态的技术

---

① 《西方学者论手稿》，复旦大学出版社 1983 年版，第 18 页。
② 徐崇温：《西方马克思主义》，天津人民出版社 1982 年版，第 341 页。
③ 江天骥：《法兰克福学派——批判的社会理论》，上海人民出版社 1981 年版，第 79 页。

和科学》等著作中，也借口发达工业社会中科学技术的进步，抨击马克思主义的劳动价值理论"已经失效"。他认为，"马克思原来只知道考察的那一种剩余价值的来源"，即雇佣劳动者之间的关系，与当代资本主义阶级关系已毫不相干。"科学技术的进步业已成了一个独立的剩余价值的来源"，而"直接从事生产的劳动者变得越来越不重要"，因而马克思主义的劳动价值理论"已经失效"，对资本主义新变化需要重新进行理论探讨[1]，修正与发展马克思主义。

## 二　无产阶级革命的基本目标与道路问题

### （一）无产阶级革命的目标问题——总体性的社会主义

1. 深刻批判资本主义社会

（1）科技制造的消费社会与压抑人性的单向社会

马尔库塞曾在其代表作《单向度的人——发达工业社会的意识形态研究》中，对当代资本主义社会进行了深刻批判。当代资本主义社会发达的科学技术在社会生活中占据了"合法的统治地位，成了理解一切问题的关键"。科学技术创造了丰富的物质财富，使资本主义社会成为一个"消费社会"，同时它又通过"对人和自然的统治"，把资本主义社会变成一种"过分压抑"的"单向社会"。

（2）效率原则导致异化劳动使总体性人蜕化为单向性人

人们的物质生活水平虽有显著提高，但人们却受到各种力量的压制，包括不断发展的科技造成国内与国际的竞争，劳动生产率不断发展造成的压力，思想、文化和政治体制日趋同一化的约束，尤其在生产中"效率原则"主宰一切，人们无法把劳动当成自由的和自主的活动，无法摆脱异化劳动。这样，人的积极性与创造性被各种压力所窒息，只能消极接受既存的事物，丧失了否定与批判既存事物的意识与能力。结果，本是具有各种意识、能力与个性"总体性"的人，退化成了一种只有相同意识与能力的"单向性"的人。

（3）资本主义进步的法则加强了社会奴役

马尔库塞不仅认为现实的资本主义社会是压抑性的社会，而且是"总体专政"、"极权社会"。在这个社会中，个人的活动、态度和才能都

---

① 徐崇温：《西方马克思主义》，天津人民出版社 1982 年版，第 346 页。

被纳入了机器生产过程之中。人们的需要完全服从商品生产需要，而非人们的原始需要。工人们的需要一旦得到满足，他就间接地参与了资本主义的剩余价值创造活动，"个人通过满足需要自己压制自己，被剥削者通过满足需要自己剥削自己"。因此他得出结论：资本主义进步的法则寓于这样一个公式"技术进步＝社会进步财富的增长＝社会生产总值的增长＝奴役的加强"。[①]

2. 抨击苏联社会主义模式，坚持人道主义的总体性社会主义目标

西方马克思主义在批判当代资本主义社会的同时，也抨击了苏联模式的社会主义。他们认为"十月革命"仅是一场经济革命，而非一场深刻的社会革命。它进行了所有制的改造，但没有实现人性的真正解放，忽略了人的存在与多样化的需要。它在消灭剥削阶级过程中发展了新的异化形式，加强了个人崇拜与残忍的官僚政治。

西方马克思主义者在无产阶级革命所要实现的目标上，仍坚持社会主义社会的目标。但是，这种社会主义社会既不同于物质财富虽然充裕但人性受到奴役的资本主义社会，也不同于官僚极权的苏联社会主义社会。而是一种全新的，以马克思的总体性原则为基础的，消除了异化的人道主义的社会——"总体性的社会主义"。"总体性社会主义"不仅是高度发达的物质文明的社会，而且是高度发达的精神文明的社会。

西方马克思主义没有对未来的社会主义社会的"理想王国"进行专门论述，他们只是在对当代资本主义社会与苏联社会主义社会批判否定的同时加以阐发总体性社会主义特征。

（1）总体性社会主义的目标

西方马克思主义的"总体性社会主义的蓝图"，是以人为目的，是人性的"第一次真正的出现，真正的实现"，是人们"克服异化实现自己本质的社会"，每个人都能自由和全面地发展，个性得到彻底解放，人与自然及人们之间的关系由对抗转向和谐。[②]

（2）总体性社会主义的物质基础与政权形式

总体性社会主义创造了丰富的物质产品，消灭了贫困，并改变了现存的"需要和满足本身的性质"。

---

① 马尔库塞：《工业社会和新左派》，商务印书馆1982年版，第82页。

② 《西方学者论手稿》，复旦大学出版社1983年版，第71页。

在这种社会中，最高权力机关是由完全自由的个人组织而成，"个人积极参与制订计划与实行计划"，实现政治民主和生产民主。

（3）总体性社会主义的劳动形式

异化的劳动已被消除，人们"以一种合理的非异化的方式来进行生产，而不让生产作为一种盲目的力量来统治自己"。在生产中既排除了官僚主义的操纵，也废弃了自由竞争原则。人们按社会根本需要，而非少数富豪的利益组织生产，"以联合方式而不是一种竞争的方式来进行生产"，[①] 劳动与智力活动相一致，不再是一种痛苦的负担，而成了一种游戏；职业可自由选择与交换。

3. 人的全面解放

人不仅仅在经济上与政治上获得解放，而且在道德上、心理上、智力上与美学上彻底解放，使"道德的、心理的、美学的和智慧的能力，成为物质生产本身的基本要素"。人的本能彻底解放，人最终"复归作为真正的人"。[②]

**（二）实现"总体性社会主义"的总体性革命战略与阵地战策略**

西方马克思主义一般主张采取"总体性革命"和"阵地战"的策略来实现"总体性社会主义"目标。

在"总体性革命"过程中，"意识革命"应成为先导，"日常生活批判"应成为中心任务，"总体性革命"的真正动力不再是产业工人阶级而是"新工人阶级"。

1. "总体性革命"战略

西方马克思主义认为，当代资本主义的发展变化，使马克思关于无产阶级革命"夺取政权，建立无产阶级专政的理论，已被历史发展所超越了"。[③]

因为资本主义对人的压迫是全面的压迫，不仅是经济性的，而且是心理、道德与精神上的全面压迫。资本主义是一种"总体异化"，"异化扩展到全部生活，任何个人都无法摆脱这种异化"。资本主义是一种总体专政，国家垄断资本主义的建立，使资本主义社会演变成全面异化的"新

---

① 《西方学者论手稿》，薛明译，复旦大学出版社 1983 年版，第 70 页。

② 同上书，第 27 页。

③ 《国外社会科学》1986 年第 1 期，第 19 页。

型极权社会",资本的统治涉及政治、经济和文化意识形态等各个方面,因此,要改造这种"总体异化",结束资产阶级的"总体专政",任何一种"只是在经济上或政治上进行改革,从一开始就注定要失败",而必须从政治、经济、意识形态各方面对资本主义进行整体的"结构改革","无条件地通过总体革命来彻底改变现状"。[1]

2. "阵地战"的策略

鉴于俄国"十月革命"的胜利,而欧洲其他国家革命失败的历史教训,西方马克思主义者对欧洲社会主义革命道路或夺取政权的方式等问题进行了分析比较,并提出了与俄国"运动战"不同的"阵地战"的策略思想。

这一理论的首创者是意大利共产党人葛兰西。他认为俄国当时是半封建的军事官僚国家,市民社会基础十分薄弱,一旦发生危机,国家基础极易动摇,俄国"十月革命"采取正面对抗,直接武装夺权的"运动战"容易取得胜利。

欧洲发达资本主义国家的社会结构和俄国不同,因此策略方针也应有所区别。当代西方国家的主要特征是强制加领导权。

所谓强制,指国家机器如军队、法庭、官僚机关对社会的压迫;所谓领导权,指统治阶级对整个市民社会行使的文化、道德和精神上的指导。西方国家一方面诉诸暴力进行统治,另一方面通过行使领导权,取得市民社会认同,形成无形的社会舆论与行为规范,以利其合法统治。因此是一种经济基础与上层建筑结合得十分牢固的"总体专政",俄国"十月革命""运动战"的方法已不适用;发达国家无产阶级只能通过在文化、道德、政治、经济等方面,一个一个地攻占堡垒,以"阵地战"策略夺取领导权,"总体革命"才能成功。

3. "意识形态"为先导

"阵地战"要成功的首要条件是无产阶级创造一种新文化,夺取资产阶级在文化上的领导权并对社会进行文化与意识形态上的指导,同时对农民进行政治指导。因此,"意识革命"是"阵地战"的攻坚战役,无产阶级取得了文化上的领导权,就能得到市民社会的拥护,才有可能取胜。

西方马克思主义者强调意识形态的革命作用,葛兰西倡导"主观革

---

[1] 《国外社会科学》1986年第1期,第21页。

命"、卢卡奇强调"阶级意识"、马尔库塞主张"本能革命"与"意识革命"，总之，强调文化先导的总体性的思想是他们的共同特征。

马尔库塞在 1969 年的《自由和历史使命》一文中指出："马克思相信十八世纪六十年代在发达工业国家里（在征服自然中达到自由，即以最少量的工作和时间获得维持生命的生活必需品）这个时刻已经在望。缺乏的不是物质条件，而是工人阶级及其组织的政治觉悟。"[①] 在发达资本主义社会中，人们受到各种力量的压抑，并被资本主义社会所同化，变成了只能接受现存社会，无力批判现存社会的"单向度的人"。人的内在心理机制已经丧失了反对与抵抗的特性，从而使人们难以把自己从资本奴役与剥削下解放出来，人们往往本能地反对威胁现代资本主义社会的任何变化。因此，即使实现了社会主义革命，建立了公有制经济，人的内在心理机制没有发生改变，压迫原则也依然存在。

而欧洲革命的失败，与苏联社会主义存在严重弊端的一个原因，就是片面注重经济或政治领域的革命，忽视了人的"意识革命"与"本能革命"。现代资本主义社会中各种统治形式的基础，深藏在人的本性之中，只有改变了人的本性，才能消除资本奴役和统治的根子。因此，"本能革命"和"意识革命"，应当先于政治革命与经济革命，这种革命包括人的意识、语言、价值、本能、欲望和需要等各个方面的革命。唤醒人们心理上的压抑感，使人们重新获得进行合理批评的能力，消除人们本能中的资本主义异化因素，它是实现"总体革命"的先决条件。

4."日常生活批判"为中心

"总体革命"应从微观批判入手，最终实现宏观批判。日常生活中的各种现象与琐事包含着两种性质，"一方面是个人的偶然的小事；一方面是无限复杂而且更为丰富的社会事件。社会现象就是这两方面的统一所规定的"。[②] 任何一件日常小事，一方面反映了现实经济、现存的政治上层建筑的作用和政治意识的本质，另一方面又将资本主义社会的本质掩盖和隐蔽起来。

存在主义马克思主义的代表人物之一列斐伏尔认为，日常生活批判，要从生活的原样去研究互相对立的矛盾因素，从政治经济学与社会学角度

---

① 　徐崇温：《西方马克思主义》，天津人民出版社 1982 年版，第 354 页。

② 　同上书，第 401 页。

去研究日常生活的具体情况，克服人性的内在矛盾，批判资本主义的异化，为"意识革命"准备条件。列斐伏尔主张将马克思主义解读为一种以异化理论为基础的具体的批判现实主义。他认为，康德的"纯粹理性批判"完成了一半，马克思主义应补充康德哲学，完成另一半，即成为一种"日常生活的批判的认识。"[①]

5. "新工人阶级"为动力

（1）产业工人阶级被同化而变成保守力量

西方马克思主义者认为战后资本主义经济的繁荣与发展、社会生活水平的普遍提高、民主权利的扩大，出现了某种"民主同化"趋势，无产阶级也被资本主义制度所同化。由于科技发展、产业结构变化，"福利国家"政策的推行，使产业工人的内部成分发生重大变化。收入高的脑力劳动者，即"白领工人"已占据大多数，直接参与管理，更多关心的是改进企业管理，提高工资，而不是推翻现制度；资本主义剥削披上了"人道主义"外衣，工人阶级也丧失了革命的对象与目标。因此，"在大多数工人阶级的身上，我们看到的是不革命的，甚至是反革命的意识占着统治地位"，"工人阶级的绝大部分被资本主义社会所同化"，已成一种保守势力。[②]

（2）"新工人阶级"代表最先进的生产力成为"总体性革命"的动力

1959 年 1—3 月号第 12—13 期的法国《论证》杂志，首先展开"法国新工人阶级是什么？"讨论，一大批马克思主义研究者发表了意见，认为所谓"新工人阶级"，指掌握新科技的工程师、技术人员与科学家。

存在主义马克思主义者马勒的《新工人阶级》认为，新工人阶级包括自动化工厂里受过训练的技术工人和"生产生产条件"的工程师及科学家两大部分人。这些人之所以能成为革命主力军的原因，就是因为他们"处在现代资本主义的最复杂的机械装置的中心，它比任何其他人都更快地认识到这个制度的固有矛盾。……并对工业的等级制本质提出了疑

---

① 徐崇温：《西方马克思主义》，天津人民出版社 1982 年版，第 403 页。
② 马尔库塞：《工业社会和新左派》，商务印书馆 1982 年版，第 84 页。

问"。① 他们对现代技术发展及其后果有直接兴趣，而资本主义却有阻止科学技术与生产力发展的趋势。

马尔库塞认为新工人阶级除了技术和科学的知识分子干部及学校和大学中的那些未被同化的知识青年之外，不发达国家的民族解放运动与欧洲的"新战略"劳工运动也被看作革命的动力，他们富有创造性和改革性。

在后工业化社会中，新工人阶级不可能用传统的阶级斗争形式去夺取政权，摧毁旧国家机器，建立社会主义；只能通过工会活动，使新工人阶级在每个企业中广泛参加生产管理，实现工人自治，废除官僚机构，从而将企业权力和平地转入自己手中，最终把资本主义生产结构改变为社会主义生产结构。

## 第四节　西方马克思主义思潮的全面评价

### 一　西方马克思主义的性质特点分析

西方马克思主义作为一种社会思潮，首先是一种地域概念，即西方发达资本主义社会的马克思主义，内容既包括资本主义国家独立的马克思主义理论，又包括资本主义国家共产党的理论；其次，它也是一种特定的哲学理论体系，是与列宁主义思想政治体系对立，并对其挑战的欧洲哲学政治理论体系；第三，它所关注的议题从马克思、恩格斯所关注的政治经济议题，转向文化与意识形态，突出人道主义马克思主义与科学主义马克思主义的对立；第四，在一定意义上它又是一种科学社会主义意识形态的非地域性思想意识形态，无论是西方的还是东方的，凡是超越第二国际科学社会主义、第三国际列宁主义、第四国际斯大林主义的新马克思主义理论与意识形态都可以称为西方马克思主义。

西方马克思主义是在 20 世纪条件下，欧洲发达国家共产党内外一批知识分子以西方现代哲学思想重新解读马克思主义、批判当代资本主义社会现实的思想产物。它既以马克思主义者自居，又批判马克思主义，主张用各种西方社会思潮解释、补充、重构马克思主义。西方马克思主义是

---

① 徐崇温：《西方马克思主义》，天津人民出版社 1982 年版，第 605 页。

20 世纪具有全球影响的西方主要社会思潮之一。

## 二 西方马克思主义思潮基本内容评析

### （一）发达资本主义国家的革命道路选择

马克思设想的社会主义革命在落后的俄国首先取胜，但在发达的西欧国家却失败了。战后苏联社会主义尽管取得了不少成就，但也暴露了致命的弊端。

新科技革命在西方国家带来了劳动生产力的巨大发展，社会生活水平的普遍提高，阶级矛盾缓和，工人运动趋于低潮。传统意义上的无产阶级的经济状况与阶级意识已发生巨大变化。国家垄断资本主义的普遍建立，也使资本主义的生产方式出现一些新变化。

如何在新的历史条件下重新解释、补充与发展马克思主义，如何正确认识战后发达资本主义社会的本质特征，如何探索发达资本主义国家走社会主义道路的问题，这些都成为西方马克思主义者所有探讨的核心问题，他们的理论成果对于全球共产党人在新的历史条件下继承发展马克思主义，有不少启迪与借鉴之处。

### （二）西方马克思主义开放与多元的研究视角

西方马克思主义采取开放与多元的视角，将战后各种科学研究方法引入马克思主义研究，诸如结构主义、实证主义、存在主义、弗洛伊德主义、生态学马克思主义、分析马克思主义、后现代马克思主义等，这一研究方法与视角有助于拓宽马克思主义研究的视野。

### （三）西方马克思主义的思想内容鱼龙混杂，需要具体分析

西方马克思主义是一个庞杂的思想体系，内含众多思想流派。在思想内容上，存在着良莠不齐、鱼目混珠的现象，其中有些论点近似荒谬，但也不乏警世之语与深刻的观点，因此对于西方马克思主义思潮不宜一概而论，需要具体问题具体分析与客观批判。

1. 对当代资本主义的"批判传统"促进人们的理论自觉，激活批判性思维

资本主义的压迫是一种经济、政治与意识形态的全面压迫与"总体专政"，科学技术在资本的支配下，也成了创造剩余价值的一个独立来源，科技进步在带来经济发展的同时，也加强了对劳动者的奴役，加剧了劳动的异化，压抑了人的创造力与思想自由发展，这些观点都发人深省。

和马克思所论述的共产主义社会目标相比较，发达资本主义社会缺乏的不是物质财富，恰恰是精神财富，是人的精神道德和思想的全面解放与完善。应该承认，这一分析是比较深刻的。

强调主体革命为先导的"总体革命"，建立消灭异化劳动的人道主义的总体性社会主义，将此作为发达资本主义国家的革命道路，也不无道理。

西方马克思主义对当代资本主义社会的批判传统，促进了人们的理论自觉，激活了人们的批判性思维，增强人们的理论反思能力，拓展了中国马克思主义研究的新视野，在新的起点上将马克思主义研究的"理论回归"与"理论发展"统一起来。

2. 未来人的全面解放观点与马克思主义人的全面发展观相吻合

西方马克思主义倡导未来的人在经济、政治、道德、心理、智力与美学上获得全面解放，未来的社会劳动是一种增加智力的愉悦的活动，而非压抑人的精神的痛苦负担，类似的观点显然与马克思的有关共产主义新人的思想相吻合。马克思在《资本论》中，把未来共产主义的社会称之为"自由人的联合体"，把每个人的自由全面发展作为这个社会的基本原则，认为只有生产力的高度发达和物质的极大丰富，才能为以每个人全面而自由的发展为基本原则的社会形式提供现实基础。①

3. 批判当代资本主义与"斯大林模式"有现实意义，宣告关于资本主义一般规律的科学结论过时未免轻率

西方马克思主义者对资本主义现代性的认识真切，力图运用马克思主义理论批判资本主义现代危机。他们一般并没有明确放弃社会主义的目标，但是没有在经济与政治上对未来社会主义理想做过专门描述和预测，更多的只是在哲学层面加以人道主义的论证，以及在批判资本主义和苏联"斯大林模式"社会主义时加以阐发的。

但是他们摒弃苏联"斯大林模式"的社会主义，认为无产阶级革命不能以简单的经济与法律上废弃私有财产而告完成，经济基础的革命并没有完成无产阶级革命的全部任务，还必须进行更深入的思想文化上的革命，彻底杜绝社会压迫与特权现象，消除劳动异化现象。西方马克思主义对苏联"斯大林模式"社会主义的批评，不少切中要害，在一定意义上

---

① 《马克思恩格斯全集》第23卷，人民出版社1982年版，第649页。

丰富了马克思主义。

中国的现代化进程具有自身的独特性，但是与世界现代化潮流必然存在一定的同质性，研究西方马克思主义对资本主义现代性危机的批判，可以增强中国现代化进程中克服现代性弊端的能力，它给我们提供了一面难得的现代化发展道路的可供借鉴的镜子。

马克思、恩格斯的某些革命设想曾因各种原因而未能实现。战后，发达资本主义社会出现的许多新现象与马克思、恩格斯当年所论述的资本主义相差甚大，西方马克思主义者因此断定马克思的许多基本理论已经过时，显然，他们的结论未免过于轻率。

但是他们力图用马克思主义基本原理去说明和回答当代资本主义社会的新现象，客观上推动马克思主义随着实践的发展而与时俱进。

就此而言，西方马克思主义者在破除教条主义束缚方面是有积极贡献的。即使他们的结论片面，往往也能供我们借鉴和参考并推动我们作更深入的思考与研究。

4. 对马克思主义一分为二过于草率

西方马克思主义者一般都主张"重新解释"并补充发展马克思主义。他们认为马克思早期著作与晚期著作的思想学说存在差异，马克思与恩格斯、列宁的思想学说也存在差异。因此对马克思主义应该一分为二，包括对马克思本人思想的一分为二，同时对马克思与恩格斯、列宁的思想也一分为二。

首先，马克思本人思想与马克思主义的关系如何准确解读？马克思本人的思想学说是有一个逐步发展成熟的过程。马克思不可能一出生就是一个马克思主义者。他在青年时期深受黑格尔思想影响，青年马克思实际上就是一个青年黑格尔主义者。马克思是通过长期现实斗争的实践历练，深入研究政治经济学理论、资本主义的发展历史与现实运行，扬弃了空想社会主义理论与各种传统的观念，发现并创立了历史唯物主义，尤其是创立了剩余价值论，才完成了从青年黑格尔主义者蜕变为马克思主义者的思想蜕变过程。因此，马克思本人的思想学说可以分成"青年时期"与"成熟时期"，只有"成熟时期"的马克思的思想学说，才可以指称为"马克思主义"；西方马克思主义者更多地将早期马克思的思想学说看作为马克思主义的代表思想，借以否定晚期马克思更加成熟的思想学说。法兰克福学派就是将马克思主义解释为人本主义的思想学说，不恰当地夸大马克思早期著作中的这一思想特征，并且将人性看作一种抽象的固定不变的东西，人仅是追求生理与自然需要的人。显然，"青年时期"的马克思的思想学说，无疑是马克思早期的思想学说，但是不能代表马克思主义，更不能以此否定代表马克思主义的马克思"成熟时期"的思想学说。其实，马克思对自己早期的思想也有批判。马克思对唯心主义人性论有过深刻的批判，"人的本质并不是单个人所固有的抽象物，在其现实性上，它是一切社会关系的总和"。[①] 西方马克思主义者对马克思思想学说的一分为二，本是无可非议的，但是宣扬马克思早期不成熟的思想学说，并将其指称为马克思主义，贬抑马克思后期成熟的思想学说主义，显然违背了作者的意愿，是一种误读。

其次，西方马克思主义者也将马克思与恩格斯、列宁的思想学说割裂开来。扬马克思，贬恩格斯、列宁。其实，尽管马克思从来没有阐明他与恩格斯之间的思想差异，尽管他们"在政治思想上比较一致，但是他们各自留下的文本及在通信中表达出来的不同理论见解表明，他们之间存在着不同的，甚至是重大的理论差异"。[②] 美国学者汤姆·洛克摩尔认为："虽然马克思和恩格斯的政治观点是吻合的，但他们的哲学观点……很不相同，而且可以证明是明显对立的。不论是就其天性还是就其训练来说，马克思都属于伟大的德国观念论传统，他只能是出于政治考虑而把自己与那个传统区分开来。恩格斯现在被理解为属于实证主义者阵营。"[③] 尽管我们并不完全同意汤姆·洛克摩尔的观点，但是客观上，"在某些基础理论上"，两人的看法"确实存在着重要的差异"。[④] 但是，这并不影响两人共同对马克思主义的理论贡献。西方马克思主义者将马克思与恩格斯的思想学说割裂开来，其用意在于动摇马克思主义的基本理论基础。

5. 批判资本主义的思想武器不少是新包装的陈旧思想武器

尽管西方马克思主义者对现实的批判包含不少合理成分，但是他们一般在重新解释与发展马克思主义的口号下，放弃了马克思主义的思想武器，实际使用的批判武器往往是昔日资产阶级革命者所使用过的陈旧武器。

---

① 《马克思恩格斯全集》第 1 卷，人民出版社 1956 年版，第 18 页。
② 俞吾金：《重思马克思主义与现实的关系》，《探索与争鸣》2011 年第 12 期，第 13 页。
③ 汤姆·洛克摩尔：《在康德的唤醒下》，北京大学出版社 2010 年版，第 67 页。
④ 俞吾金：《重思马克思主义与现实的关系》，《探索与争鸣》2011 年第 12 期，第 13 页。

第一，他们利用"人性解放"、"人性复归"与"异化"等理论去批判资本主义，无论在论证方法，还是理论内容上与18世纪启蒙思想家的理论与方法都有惊人的相似之处，因此他们的批判带有相当大的局限性。往往在人与环境、教育与环境等理论"怪圈"中露出破绽，难以自圆其说，难有更大的说服力。

第二，他们往往并不更多地讨论经济与政治问题，而是在不触及资本主义私有制的前提下，大谈坚持日常生活批判主体，主张"意识革命"、"本能革命"、"文化革命"，以及以"意识革命"为先导的"总体革命"，显然陷入一种小资产阶级的空想社会主义泥淖，由于"革命理论"缺乏实践原则，其实只是一种空想社会主义。

所谓的"日常生活批判"的理论，在本质上都是一种消极的方式，不可能将资本主义社会改造为社会主义，这些理论将人们的注意力从资本主义所有制转移到日常生活琐事的分析认识上来，忘却了主要目标，容易将人们引入歧途。

第三，在资本主义的"围城"中，片面地追求人的精神与个性解放，其结果只能导致"嬉皮士"与"性解放"等新的丑恶现象的泛滥，根本不能改变资产阶级"总体专政"的状况。

第四，在论述资本主义社会的阶级关系时，西方马克思主义将传统产业工人推到了保守势力一边，而将经过培训和教育的知识分子，尤其是"白领工人"推上了先进生产力代表和革命领导阶级的地位。长期以来，人们习惯将知识分子看作小资产阶级，当作无产阶级革命的阻力，西方马克思主义的这种观点振聋发聩，是对国际共产主义运动中这种"左"的陈见的有力冲击。

但是，他们将知识分子与产业工人对立起来，无疑是分裂与削弱了工人阶级的力量，他们将知识分子当作"新工人阶级"与革命领导力量，而排斥广大的"蓝领工人"。在一定意义上，这正是小资产阶级鄙视劳动大众的心态的表露，也是在重弹"先知先觉"和英雄创造历史的唯心史观的老调，在根本上违背了马克思所言的"无产阶级能够而且必须自己解放自己"的唯物史观原理。

6. 在哲学思想上带有浓厚的唯心主义色彩

（1）世界本质上

法兰克福学派自称唯物主义，但将世界本原归于人的快乐而非物质，葛兰西则将它归之于实践。其实，19 世纪英国功利主义的功利原理就是以人的苦乐感觉为基础的，边沁强调人的物质快乐，尚可以归之为物质范畴。但是约·斯图亚特·密尔的二元快乐观，尽管也承认物质的快乐，但是更强调精神的快乐，从而使自己的快乐观陷入唯心主义的泥淖。法兰克福学派更多强调的是精神快乐，显然带有密尔功利观的烙印。

（2）在认识论上

他们否定马克思的辩证唯物主义的反映论，认为它消极被动，抹杀了人的能动性。他们主张精神的创造性，否定精神对物质的依存与反映性。片面强调精神的创造性，其实为盲目的行动主义开辟了道路。

（3）在意识与物质的关系上

他们过分强调意识的作用，把科学技术、物质进步附随的弊病与科学技术、物质进步本身混为一谈，把科学技术、现代性等同于资产阶级意识形态，认为西方社会的一切游戏规则，不论是法律体系还是经营方式，都纯属资产阶级意识形态。显然，西方马克思主义思潮对资本主义的批判，不仅停留在意识形态层面，没能涉及经济基础与生产方式，而且明显带有意识形态泛化的特点。

在改造主观世界与客观世界的问题上，片面强调"意识革命"、"本能革命"的决定性作用，而无视生产关系的变革意义，坠入唯心主义泥坑不能自拔。马克思主义认为，无产阶级在改造客观世界的同时，必须改造主观世界。根据马克思主义这一观点，可以判断，西方马克思主义仅仅停留在意识形态层面批判资本主义的做法是肤浅的，并不能真正揭示资本主义的本质特征。

（4）在历史观上

他们得出经济从属政治的错误结论，而无视垄断资本支配一切的客观事实。在生产力与生产关系相互作用问题上，他们将生产力的决定作用片面夸大，完全割裂了两者之间辩证的相互作用关系。贝尔以工业化程度作为划分社会形态的主要依据，完全推翻马克思主义有关社会形态划分的结论，从根本上否定了资本主义向社会主义过渡的人类社会发展的必然规律。

因此，西方马克思主义者在哲学上带有浓厚的唯心主义色彩，尤其在历史观上，形而上学与唯心主义的特点更加鲜明。国内有些学者，将西方马克思主义思潮归之于发达资本主义社会的小资产阶级左翼激进主义的思想，也不无道理。

西方马克思主义在一定程度上批判当代资本主义制度与苏联"斯大林模式"的弊端和缺陷，探索西方发达国家革命的途径具有一定的积极意义；但是由于脱离马克思列宁主义的科学世界观和方法论，因而无法为当代资本主义社会指出一条摆脱资本主义、走向社会主义的正确道路。

### （四）西方马克思主义的发展趋势分析

20 世纪 90 年代以后，西方马克思主义发展出现新的趋势：研究主题再一次发生转换，从对当代资本主义的批判转向市场社会主义研究；研究重心又从文化问题转向社会政治、生态、全球现实问题；地域分布从拉丁语国家（法国等）向英语国家，进一步向后发资本主义国家扩展。例如，阿根廷裔学者拉克劳 1985 年的著作《霸权与社会主义策略》强调，马克思主义的唯物史观已经过时，必须超越马克思主义，重新制定社会主义方案，社会主义的前途只有一个就是"自由社会主义"。[1]

---

[1] 王凤才：《"规范人道主义"追求什么?》，《学习时报》2004 年 10 月 25 日。

# 第十章　当代科学主义思潮

## 第一节　生态主义

### 一　生态主义的基本概念与一般性质特点

#### （一）基本概念

1. 生态学

"生态学"一词是从希腊 olkos 派生而来的，它是家园的意思，指自然界，自然与人作为一个整体形成一个生态结构，由组成部分的相互作用和相互依存构成的，这个系统的任何部分如果受到损害，生态总体便会发生内部失调。

生态学概念由德国动物学家恩斯特·海克尔（Haeckel）1886 年《普通生物形态学》首创，迄今已有一个多世纪。19 世纪 90 年代达尔文自然选择与进化论发表，使人们开始注意生态问题。20 世纪初生态学成为一门独立学科。20 世纪 60—70 年代生态危机发生，生态学成为一门显学。

2. 生态科学

生态学家丹尼斯·欧文在其《什么是生态学?》一书中界定，所谓生态科学是研究"动植物和他们生活于其中的环境的关系"的科学。①

3. 生态主义

生态主义（Ecologism）是在对生态危机反思的基础上，伴随着现代生态环境保护运动的发展而兴起的一种社会思潮。现代环境运动原本并没

---

① D. 欧文：《什么是生态学?》，牛津大学出版社 1980 年版，第 1 页。

有组织与理论准备，只是发展至一定规模并且力图继续推进时，为了协调运动目标、组织、行动，客观上需要有一种理论支撑，20世纪70年代以后西方社会逐渐形成一种强有力的社会思潮。

生态主义认为只有深刻改变人类与自然世界的关系，改变现存的社会政治生活方式，才可能创建一种可持续的使人满足的新的生活方式。生态主义和环境主义存在根本区别，两者不能混淆。环境主义仅仅是一种解决环境难题的管理方法，而且认为生态环境问题不需要根本改变现存生活方式就可解决。[①] 生态主义更多是一种意识形态与文明形态，是一种全新的生活方式。

**（二）一般性质特点**

1. 是一种哲学思潮与政治意识形态

生态主义是20世纪中叶后首先在西方国家兴起并逐渐在世界范围内扩展开来的哲学政治思潮。它力求阐明，人类生态困境的根本原因在于自近代社会以来的建立在人类中心主义立场上的工业文明的崛起及其世界性扩展，生态主义所追求的并不只是对现代工业社会的反叛，而是力图实现对工业主义的替代，从而根本变革人类现代文明的观念与物质基础。

人类面临经济、社会与文化各方面深刻变革，但是人类的价值与认知层面的更新应该置于优先地位。生态主义首先是一种哲学，其次才是一种政治意识形态。

作为一种政治意识形态，它与其他政治意识形态的区别主要在于"它集中于人类与非人自然世界之间的关系。其他现代政治意识形态没有这种关心"。[②]

2. 是一种非人类中心主义的理念

它要求人类超越狭隘人类学视野，要对非人自然的尊重。

近代工业文明是以自然物质征服和经济增长为核心的物化文明，它在给人们带来了源源不断的物质财富的同时，也激化了人类与非人自然存在之间的内在矛盾，自然以非自然的严重病态的形式呈现出来，并表现为对人类本身的惩罚。

其根本性症结就在于人类仅仅从物质的属性看待有着复杂机制与结构

———————————

① ［英］安德鲁·多布森：《绿色政治思想》，山东大学出版社2005年版，第2页。

② 同上书，第48页。

的自然世界，总是局限于人类自身的功利目的，特别是经济实利。这种基于时代迷思的观念认识和服从于少数人利益的社会制度相结合，共同在将自然生态推向崩溃的同时使人类文明陷于困境。

3. 是一种地球村意识

现代文明或工业文明是建立在承认和保护个体与社会局部，比如民族权益的独立与不可剥夺基础上的。

形形色色政治文化纷争背后是分裂的民族国家的局部经济利益争夺，自由竞争和人类对自然的机械化认知与征服，成为现代社会生态环境危机的主要根源。

人类所真正需要的并不只是自然价值观念、文化价值基础的更新，特别需要确立对人类整体利益，即地球村利益的充分尊重和基于整体需求的认知。

4. 是一种人和自然和谐共处的发展观

地球为人类提供了生存环境，基本的生活资料和各种能源，提供了文明形成及其延续的自然物质基础。人类对地球的人为伤害，最终破坏的都是人类自身生存的基础，也就是对自己的伤害。人类现在与未来都是和地球的命运连在一起，地球的命运就是人类自己的命运。生态主义将地球称作人类的家园，认为爱护地球就是爱护我们自己的家园，它追求对地球的仁爱之心。人类的任何活动都有一个终极的限制，那就是不能破坏自然系统整体性及其延续。

5. 是一种新的文明形态与新的生活方式

人类社会已经经历了几种不同的文明形态：狩猎与采集文明、农业文明、工业文明。现代社会是一种工业文明，生态危机正是工业文明走向衰亡的基本特征。

工业文明主要包含物质文明与精神文明，认为人们最主要的价值利益就是物质利益，以及由此为基础的精神道德诉求。人类的幸福和自由是与物质享受量的增加相一致。

现在人们发现，物质财富增加许多倍，人们幸福感并没有因此增加。说明工业文明与物质财富并不是测量人们幸福水平的唯一尺度和主要尺度，我们在得到物质财富的同时，失去了其他许多重要价值，甚至出现了道德与信仰滑坡、信仰危机等各种反道德行为，以及现代社会带来的种种矛盾，如生态失衡、人口爆炸、环境污染、人们精神和心理上的不安气氛、暴力、不道德、丧失理性的现象等，工业文明是人类正面临着的最大生存危机。

生态文明是一种新的文明形态，它将逐渐取代工业文明，成为未来社会的主要文明形态。生态主义是一种建立新的文明形态与生活方式的思想，目的在于化解和消除人类共同面临的工业化与科学技术带来的生存危机威胁。

## 二 生态主义产生的背景

### （一）自然科学和技术的迅猛发展，导致全球生态危机

20 世纪中叶以来，伴随着自然科学的巨大成就和科学技术的迅猛发展，人类控制自然的能力空前强大，但是全球生态危机对人类中心主义发出警告。

1972 年《罗马俱乐部》报告，首提全球问题；1998 年 10 月 1 日世界自然保护基金会提出《超越极限》报告，"很多基础性资源的人类使用和大量污染物的产生已经超越了物理上可持续的限度。如果没有在物质与能源流动方面的大幅度减少，未来几年中将会出现在人均粮食产出、能源使用和工业生产方面的难以逆转的下降"。[①] 客观事实是从 1970 年到 1995 年，世界已失去近 1/3 的自然财富。人类面临人口激增，能源短缺，全球性气候变暖，臭氧层破坏，土地沙化，碱化和退化，水土大量流失，森林减少，空气、水等严重污染，物种灭绝等一系列严重生存危机。现代科学技术的发展成为生态危机发生的基本条件。

### （二）人类中心主义的局限，加剧全球生态危机

20 世纪 60 年代，西方生态主义从自然生态视角，思考人与自然环境的关系，反思人类中心主义的局限性，认识到非人类中心主义价值观——生态主义的合理性。

伊恩·麦克哈格认为："我们必须认识到，自然包含了一个内在价值体系。"罗尔斯顿指出："人类傲慢地认为'人是一切事物的尺度'，可这些自然事物在人类之前就已存在了。这个可贵的世界，这个人类能够评价的世界，不是没有价值的，正相反，是它产生了价值——在我们所能想象到的事物中，没有什么比它更要求限制工具理性的膨胀，控制社会生产力

---

① ［英］安德鲁·多布森：《绿色政治思想》，山东大学出版社 2005 年版，第 26 页。

的发展，重新审视人与自然、科技与生态环境的关系，建立一种非人类中心主义的生态价值观。正相反，是它产生了价值——在我们所能想象到的事物中，没有什么比它更接近终极存在"。① 显然，只有转变人类中心主义的理念，才可能遏制全球生态危机的蔓延。

### （三）生态主义运动

20 世纪 70 年代，生态主义运动的思想主题更是经历了一种深刻的转换，生态主义直接介入西方社会政治生活，并突发成为一种激进的社会改革要求，形成所谓的绿色革命理论流派，甚至出现绿党国际组织。西方马克思主义介入，把生态问题与对资本主义社会批判联系起来，创立了"生态学马克思主义"，并在西方发达国家形成了保护生态环境，抵制生态污染，形成以生态文明为指导的生活方式的群众性运动。

### 三　生态主义的思想渊源

#### （一）近代人文主义思潮影响

生态主义是对传统西方社会的人文主义思潮反思和批评的产物。西方近代人文主义思潮的伦理基础就是康德的"人是目的"的伦理思想。近代人文主义的核心就是理性基础上的自然法学说，人生而享有平等的自然权利，提倡在人类内部奉行一种自由、平等、博爱的思想原则。西方近代人文主义的本质是人类中心主义，在人类的眼中，外部的自然界都只是一种供人类生存需要的物质对象，自然界只是一种工具性存在。资产阶级革命胜利以后，人类内部的主奴等级关系在法律与道德理念上已被解构，但是人类却将人类社会内部的主奴关系移植到了外部人与自然的关系中去。

近代西方社会的人文主义思潮原来主要提倡以人为本对抗以神为本的神本主义，但是客观上却建构起了人类中心主义，将人类与自然界分开，使两者关系对立。为了克服西方近代人文主义思想的先天性局限，还原人和自然的整体性，生态主义者提出人与动物、植物平等观，继而提出了生命伦理观与大地伦理观等天人合一的生态伦理思想。

#### （二）马克思主义生态思想的影响

生态主义的思想渊源可以追溯到 18—19 世纪的浪漫主义运动甚至更早的时期。早在空想社会主义的思想中就已提出要求对生态环境进行保

---

① 霍尔姆斯·罗尔斯顿：《哲学走向荒野》，吉林人民出版社 2001 年版，第6—9 页。

护。马克思批判性地继承了空想社会主义，完成了从空想到科学的飞跃，提出了人与社会、人与自然全面发展的科学理论，其中关于人与自然关系的理论，成为当代生态主义重要的思想来源。

马克思主义的生态思想是当代生态主义社会思潮的重要组成部分。但是人们对其认识经历了一个由怀疑到基本认同，最后在此思想基础上发展成为生态学马克思主义。

马克思主义诞生于资本主义工业化初期，资本主义工业化所带来的生态危机远不如今天这样严重，也远不如资本主义的制度性危机那样更能吸引当时的社会批评家的注意。马克思认为，资本主义生产方式导致工人阶级极端贫困，从而为资本主义制度准备了"掘墓人"；技术的发明和运用为人类"财富的极大丰富"提供了条件，从而为人类进入"自由王国"实现全面解放准备了物质基础。但是，技术进步一定程度改善人类生存条件的同时，无论是西方的资本主义国家还是前苏联等社会主义国家，都出现了空前的生态灾难。全球生态灾难的现实，推动人们对马克思主义关于资本主义发展理论的反思。

美国社会生态学家詹姆斯·奥康纳是当代生态学马克思主义的领军人物，他近年发表的力作《自然的理由——生态学马克思主义研究》指出，马克思主义理论中虽然存在生态学方面的"理论空场"，但的确存在生态学视角的理论基因。马克思在关于社会的观点中"包含有人类不再异化于自然界的思想"，人类对自然界的利用不再建立在资本积累逻辑的基础上，而是"一方面以个人和社会的需要，另一方面以我们今天所谓的生态学的理性生产为直接基础"。但是，"马克思的观点中的确不包含把自然界不仅指认为生产力，而且指认为终极目的的所谓生态社会的思想"，[①]因此，马克思主义生态思想需要充分发掘，并且在当代背景下加以修正和补充。

**四　20 世纪生态主义基本思想内容与主要流派**

20 世纪后半期，生态主义开始盛行，出现各种思想流派，其中较有代表性的有三种思想流派：深生态学、社会生态学、生态学马克思主义。

---

① 詹姆斯·奥康纳：《自然的理由——生态学马克思主义研究》，南京大学出版社 2003 年版，第 2—4 页。

它们的基本思想观点有以下几个方面。

## （一）深生态学

对"深生态学"的确切内涵首次有影响的解读是挪威学者阿恩·纳什，他在 1972 年 9 月应邀在罗马尼亚首都布加勒斯特作一次演讲时，第一次将生态运动分成"浅生态运动"和"深生态运动"。[①]

所谓"浅生态学"主要关注环境污染、资源枯竭，以及可能对人类生活造成的影响；主要关注生态危机的现象及其危害。

所谓"深生态学"（Deep Ecology）主要关注自然界内部自身利益的基本生态原则，包括生物的多样性原则、共生性原则等。

如果说浅生态学关注的内容和环境主义的关注内容相类似的话，那么深生态学显然与环境主义关注的对象存在深刻区别。

深生态学坚持生物共生性原则，必然主张动物权利平等说。于是一种非感觉的自然伦理价值判断应运而生；劳伦斯·约翰逊提出了有机体的权利说，他认为任何有机体（动物、植物、人类）都有着健康生存的需要，因而有着使他们得到满足的利益，为此应该授予他们"道德重要性的尺度"。[②] 动物也有苦乐感觉，能以行动表达自己的生命意向，应该拥有伦理学上的某些权利，因此也应成为人类伦理关怀的对象。边沁和米勒早在 19 世纪就把伦理关怀的范围扩大到动物界：痛苦是恶，快乐是善，动物有苦乐感觉。[③] 萨尔特 1892 年出版的《动物权利和社会进步》一书，把动物解放和人类解放相提并论，认为动物和人类都享有天赋的权利。[④] 这种吁求从 20 世纪中期起获得广泛认同。

现代动物解放运动的代表人物皮特·辛格就认为，人将动物从道德考虑中排除出去的做法，与他们早期将黑人和妇女排除出去的做法如出一辙，因此，恰如应该消除种族主义（racism）和性别主义（sexism），我们也必须反对物种主义（speciesism）；既然人不能以种族和性别为借口否定黑人和妇女的权利，那么，我们就同样不能将其他物种成员排除在道德

---

① ［英］安德鲁·多布森：《绿色政治思想》，山东大学出版社 2005 年版，第 53 页。

② 同上书，第 55 页。

③ Josephr Desjardins, Environmental Ethics, Wadsworth Publishing Company, 1993, p. 30.

④ 余谋昌：《生态伦理学》，首都师范大学出版社 1999 年出版，第 25—26 页。

考虑之外，也要承认它们享有某些与人类平等的伦理权利。① 提倡动物福利，就是把更多的生命当作目的性存在。随着动物解放运动的进展，对更多生命……如植物的敬畏也提上议事日程。

现代植物解放运动代表人物泰勒指出，树尽管没有知识、欲望、情感，但可能因我们的行为而受益或受害，也应该被纳入伦理关怀的范围。进而言之，伦理学必须突破其人类学边界，以"每个机体，物种群和生命共同体"的福祉为衡量人类行动的尺度，以便让"非人类的个体机体彻底实现其发展的生物学权利"。②

奥尔多·利奥波尔德进一步提出了大地伦理说。任何伦理都有一个相同的前提：个体在共同体内部的相互关系，既有竞争关系，也有合作关系。在地球共同体中的个体（人类、动物、植物、土壤、水流均是自然界的各个组成部分）也须遵循这一伦理原则，既竞争，又合作。"大地伦理只是将共同体的边界扩大到包括土壤、水、植物和动物，或者概括地说，大地。"③

利奥波尔德认为，人在伦理学中由征服者复原为大地共同体的普通成员，人应该尊重大地共同体中的所有生命与非生命。④

深生态学认为，植物、动物，甚至其他非人类生命的存在，都是如人般具有自我定向和自我管理的能力，应该享有与人类同等权利和同等的道德价值，它把人类社会内部的自由、平等、博爱等政治思想伦理原则扩展到有生命的有机体，甚至自然界的生命场域。这一学派还认为核战争的威胁、自然环境的毁灭、持续的贫困问题，本质上是人的道德价值问题，是人类对待生命的态度所造成的，这种漠视生命的态度不但导致人类内部阶级对立和人与人的不平等，而且发展为人类中心主义，漠视其他有机体和自然界的平等权利，将人类处在优越地位，导致人与自然的不平等，因此导致生态环境危机发生。人类只有克服了传统人文主义的人类中心主义，对非人类生命给予平等之爱，把人文主义的自由、平等、博爱原则应用到

① Josephr Desjardins, Environmental Ethics, Wadsworth Publishing Company, 1993, pp. 123 - 124.

② Paul W. Taylor, The Environmental Ethics & Policy Book, Wadsworth Publishing Company, 1998, p. 161.

③ ［英］安德鲁·多布森：《绿色政治思想》，山东大学出版社 2005 年版，第 55 页。

④ Paul W. Taylor, The Environmental Ethics & Policy Book, Wadsworth Publishing Company, 1998, p. 161.

所有生命场域，才可克服社会危机和生态危机。

深生态学将一般伦理学的适用场域由人文世界扩展到生态世界，将自由、平等、博爱的人文主义信念，升华为敬畏所有生命与自然秩序的生态主义道德律。善就是使存在的生命实现其最高价值，就是尊重自然、保护自然秩序。恶则是毁灭、伤害生命，压制生命的发展，破坏自然秩序。这是普遍的、绝对的伦理原则。[①]

其结果是康德的"人是目的"的人类中心的人文主义思想发展为"所有生命与自然秩序都是目的"的万物平等的生态主义，从而使近代以来西方人文主义思想获得了一次新的升华。

21 世纪初，面对日益严峻的环境问题，一些学者已经提出西方传统人文主义已经落伍，应该更多吸收世界其他民族文化中的优秀内容，尤其融合中华传统文化中"天人合一"、"和合大同"等符合现代生态主义要求的思想理论，改造传统人文主义，创造出 21 世纪"新人文主义"思想体系来。

**（二）社会生态学**

1. 界定

社会生态学（Social Ecology）是人类社会的生态科学，即研究人类社会与其环境（包括自然环境和社会环境）相互关系和相互作用的科学，是从社会角度对生态问题进行考察的生态学理论。

2. 基本内容

社会生态学研究是为了减少人类已经或可能发生的影响人类社会生态系统可持续发展的种种不当行为，使人类逐步自觉维护人类赖以生存与发展的生态平衡系统。

社会生态学包含两个维度：生态学维度和社会学维度。

所谓生态学维度，指运用生态学的观点、思维方式和价值观指导人与自然和谐相处关系的重建。所谓社会维度，指运用社会学视角分析生态问题和寻求可持续生态社会的建构路径，在实现现代科学生态化的目标下，提供相关原则、方法和价值观。它认为，人类社会既有毁灭自然生态系统的能量，也有调整、重建人与自然和谐关系的潜能。生态问题产生的根源在于人类社会，但是不同的个人、阶层、民族和国家对生态环境影响存在

———————————
① ［法］阿尔贝特·史怀泽：《敬畏生命》，上海社会科学院出版社 1996 年版，第 9 页。

差别。主张自然科学、人文社会科学和各个学科间融合互补，共同努力建构生态社会。

3. 社会生态学发展历程

（1）形成

20 世纪 20 年代美国社会学家 R. 帕克和 E. 伯登斯提出的"人类生态学"概念，是社会生态学的雏形。但是这一概念当时还只是把人类当作一个物种研究，没有进一步深化到社会—经济层面思考。到了 20 世纪 60—70 年代，美国生态学家默里·布克钦在此基础上开始考虑生态研究的社会因素，社会生态学才初步形成。

（2）发展的两个阶段

第一阶段，70 年代美国社会生态学发展。

在美国，社会生态学概念是由默雷·布克钦于 1970 年在《生态学与革命思想》一书中首次提出来的。布克钦认为，人与人之间的不平等及社会制度才是生态危机的真正元凶，人对自然的支配本质上源于人对人的支配。生态问题之所以是"社会的"，是因为"社会与自然之间的区分深植于社会领域，也就是深植于人类与人类之间的根深蒂固的冲突"。如果人类不能处理人类社会内部的问题，也就无法认识和解决当前的生态问题，要使人类真正走出当下的社会生态困境，就必须批判和消解社会等级制，寻求走向生态社会的道路。①

第二阶段，80 年代苏联和中国社会生态学发展。

20 世纪 80 年代社会生态学研究蓬勃发展，达到高峰。这一阶段苏联、中国的社会生态学研究取得新的进展。

马尔科夫是这一阶段的主要代表，他在 1986 年出版的《社会生态学》一书中指出，决定自然与人类社会之间相互关系的发展的根本因素，是人类制定的自然资源利用战略，而决定这一战略的因素，不是自然的因素而是人类社会的因素。在马尔科夫看来，社会生态学的目标是从对自然过程的简单描述过渡到对这一过程的控制，即通过对环境的管理促进生物圈转化为智慧圈。建立智慧圈的路径有两条：一是通过构造生态地理学和自然保护生物学等工程技术科学规划和改造自然环境；二是研究和运用人

———————————
① Murray Bookchin. The modern crisis［M］. Philadelphia：New Society Publisher，1987，p. 71.

类生态学和经济生态学等社会科学改变和完善社会自身的社会经济和行政组织结构。

生态危机呈现出复杂性，人类需要充分利用各种科学知识，协调多学科资料与方法，构建一门新的科学——社会生态学，专门研究人类与自然和谐关系建构的基本原则和出路，由知识领域专业化到研究和解决问题专门化，通过对生态环境的科学管理，使生物圈转化为智力圈。[①]

80 年代中国的社会生态学研究既是对美国学者的理论的发展，也是对苏联社会生态学的扬弃。中国社会生态学研究注重方法论，尝试运用系统论的观点探讨社会生态问题，并对社会生态系统概念及其演化机制作出阐述。较有代表性的著作是 1987 年浙江教育出版社出版的《社会生态学》。[②] 中国的社会生态学者们认为，生物之间互为环境，对于人类来说，地球上的生物圈，是人类的生物环境。人类本身是生物圈中的一个组成部分，现代科学研究必须注重人和生态环境的最优化关系的建构，为此必须保持生物圈动态平衡的机制。因而研究人类社会与自然环境的优化机制的途径和方法，是现代科学的重要任务。

4. 社会生态学的基本思想观点

（1）人类社会是自然世界进化进程中的一个有机构成部分

美国社会生态学者布克钦将自然世界分成"第一自然"和"第二自然"两部分。他认为生物进化环境是第一自然，它本身是完整的，并处于某种确定趋势的进化过程中。自然进化过程不仅仅是生命个体或物种的适应性过程，而且还是各种物种相互作用的复杂的生态系统的发展过程。因此自然世界本质上是一个永远处于变化之中的进化着的总体，包括从无机物发展到有机物，从较为单一、相对有限的单细胞生物世界发展到多细胞生物的世界；多细胞生物的神经系统也由简单到复杂，最后发展到高智能的人类社会，人类才具有了自由的选择能力。但是，"人类永远深深扎根于生物进化发展中，我们可以将这种进化发展的环境称之为'第一自然'。但是，他们也创造出了他们特有的社会环境，我们可以将其称之为'第二自然'。人类的第二自然非但不是'不自然的'，而且还明显是有机

---

① 马尔科夫：《社会生态学》，中国环境科学出版社 1989 年版，第 61—64 页。

② 参阅丁鸿富等《社会生态学》，浙江教育出版社 1987 年版。

界即第一自然进化的创造物。"①

（2）生态问题的本质是政治社会问题

布克钦认为产生生态危机的原因从本质上讲是社会性的。等级制、阶级、国家和市场经济以及资本主义本身的历史出现，都是从意识形态和物质方面产生了现在生物圈破坏的社会力量。② 因为生态危机的根源在于人类的生活方式与政治制度，因此，生态问题的本质就不是一般的科学技术和伦理学的失误，而是社会生活方式，以及产生这一方式的社会政治制度的缺陷。其实，人类统治自然界的观念，直接源于人类社会内部的统治与压迫。统治压迫型的政治社会理念与社会结构，派生和强化了人类对一切事物的统治欲望。人类欲统治一切，包括人对自然界统治的思考方式和生活方式。因此，不先破除社会的压迫理念和阶级压迫制度，就不能从根本上消除生态危机产生的思想基础与政治社会根源。

（3）改变资本主义社会生活方式才能根本消除生态危机

在应对日益严峻的生态危机时，人们提出了不少有效的方法，包括计划生育、绿化科技、有限生产、合理消费等，但是这一切仅仅局限于一般的技术手段；人们还未能从现代社会的生活目标和生活方式高度加以反思。人类破坏生态环境的所有行为都是受现存的社会观念影响，受现存的生活方式制约的。

现代社会把追求物质丰饶和挥霍无度视为人类自身存在的终极目的，生产、消费、科技、文化等因素成为人类征服和掠夺自然界的"权力意志要素"，它们构成现代社会生活方式，而这种生活方式本身蕴含着人类与自然世界的对立，体现出现代人类社会的反自然本质。在这种生活目标与生活方式的支配下，不可避免爆发生态危机。生态危机不仅仅是自然世界本身之痛，其实也是生活其中的人类自己之殇。人类只有从社会生态学的角度，深刻认识人类社会本身的缺陷，才能从根本上消除生态危机。

（4）倡导公有、互助、平等的理想社会，取代现代等级制度

社会生态学呼吁现代社会道德再生，更重要的是呼吁消除现代社会的等级制度，以及将社会等级理念强加于自然世界，以至于建构起人类统治

---

① Michael E Zimmerman. Environmental Philosophy New Jersey: Prentic-Hall, Inc. 1993. p. 65.

② Murray Bookchin. Remaking society [M]. Qubec: Black Rose Books, 1989, pp. 57 - 69.

非人类的生态等级制度。

现代生态社会的具体方案是怎样的？布克钦提供了一个可供参考的方案。他认为原本自然世界和人类社会是有差异性的，但是他们长期相处，只是当人类社会出现了等级制之后，自然与社会才被视为分裂的、支配与被支配的二元存在。

要创造一个生态和理性的社会，就可能而且有必要提供一种行动纲领性的计划方案——自由市镇主义。生态理性社会主张对物质生活方式，如土地、交通等的大众控制；生态理性社会也主张通过公民控制的面对面的市民大会治理公众事务，生态理性社会既是市镇主义的，也是邦联主义的，主张促进以区域为基础的市镇及其经济的相互依存。在布克钦看来，生态理性社会只能出现在一个彻底摆脱了特权与支配的、完全参与性的社会当中。因此，这种生态方案，才是解决现时代生态危机难题，建构一个生态社会的理性选择。①

显然在理想的生态社会中，实现现代生活目标与生活方式的转变需要通过完全的集体行为与人类社会共同合作的生态运动来实现。代替等级制度的是一种相互帮助、相互关怀和在公有制社会价值基础上的平等的社会制度。

在理想生态社会中，人类是大自然的一部分，尽管是唯一具有独特的社会意识的部分。人和自然和谐平等关系的建构，将消除生态环境危机。生态社会的建构，最终实现人类社会与自然世界的本质统一，人与人、人与自然关系的辩证统一。自然世界不再外在于社会，人类社会的存在与发展不再是单纯地追求人自身利益的实现，还需要维护人与自然关系的和谐以及人与自然的关系进化。

### （三）生态学马克思主义

生态学马克思主义（Ecological Marxism）一般而言是在 20 世纪 60—70 年代萌芽，经过 80 年代的发展，在 90 年代开始形成较大影响的生态主义思想流派。它是生态主义与社会主义思想结合的产物，也是当代资本主义国家绿色运动和民主社会主义运动相互影响而交互发展的产物。

---

① 默里·布克钦：《自由生态学：等级制的出现与消解》，山东大学出版社 2007 年版，第50 页。

1. 产生背景

西方国家大规模的绿色运动始于 1962 年，美国生物学家雷切尔·卡森在《寂静的春天》中，揭露了人类滥用化学药剂和农药给全人类自身带来的全球性生态灾难，强烈呼吁人类走出征服自然的恶性循环。1968年"罗马俱乐部"在意大利经济学家奥莱里欧·佩切伊博士倡导下成立，以探讨人类社会摆脱现在和未来的困境的思路。

1970 年 4 月 5 日，美国爆发了以保护环境为主题的 30 万人大规模示威游行，"世界地球日"由此而立。1972 年，"罗马俱乐部"发表了《增长的极限》，文中指出，如果不改变现行工业国家的生产方式，世界人口和经济将会发生非常突然和无法控制的崩溃；揭露了"无限的经济增长"是当今全球环境恶化的根源，激起了全球性的环境研究和绿色生态运动热潮。

1972 年，第一个绿色政党（新西兰价值党）诞生于新西兰，之后欧洲国家相继建立了各自的绿色政党。70 年末 80 年代初的环境运动，又与民主运动、和平运动、女权运动的发展相结合，从而成为全球性的绿色社会运动。1980 年 1 月，民主德国成立了世界上第一个有着明确的政治纲领和政治组织的"绿党"，并公开提出了"生态社会主义"口号，它标志着生态社会主义诞生。

波兰学者与统一工人党人沙夫作为"罗马俱乐部"最早成员与 1980年的执行委员会主席，是生态学马克思主义的最早的代表人物。民主德国共产党人鲁道夫·巴赫罗是最早谋求将生态运动和共产主义运动结合的人。他们都是从共产党转入"绿党"，成为生态学马克思主义的重要代表人物。

20 世纪 80 年代，绿党在英国、德国、法国的议会和欧洲议会都占有一定席位，北美、亚洲、大洋洲的许多国家也相继成立绿党组织。1987年 8 月瑞典绿党倡议召开国际绿党大会，标志着生态主义政党已经成为国际政治舞台上的一支重要力量。

2. 理论发展阶段与代表人物

在绿色社会运动不断发展壮大的同时，生态学马克思主义基本完成了从哲学批判到社会学批判和政治学批判的理论转向，为西方资本主义国家中的绿色运动和社会主义运动提供了相互结合的理论依据。

（1）法兰克福学派与"绿色生态运动"

法兰克福学派总体上不愿意接受马克思主义的人类解放学说，由此也对马克思主义是否包含生态观念表示怀疑。但是，他们把马克思主义对资本主义社会的"社会批判理论"转移到生态批判的维度，提出了自己的生态批判立场和分析。因此，从生态批评的角度看，法兰克福学派是生态学马克思主义的最初形态。

马尔库塞是法兰克福学派中从资本主义制度的角度对科学技术与生态环境危机之间的关系论述得最多和最充分的人物之一，他在《单向度的人》（1964）中提出"技术的资本主义滥用"这一概念，分析了资本主义对科学技术的滥用是造成资本主义社会"单向度"的主要原因。

如果说该著作还主要停留在社会批判的层面，那么，他的《反革命与造反》则包含了更多的生态批判的内涵。他指出："大气污染和水污染、噪音、工业和商业抢占了迄今公众还能涉足的自然区，这一切较之于奴役和监禁好不了多少。这方面的斗争是一种政治斗争；对自然的损害在多大程度上直接与资本主义经济有关，这是十分明显的。……今天我们必须反对制度造成的自然污染，如同我们反对精神贫困化一样。"[1] 总体看来，以马尔库塞为代表的法兰克福学派乃至西方马克思主义对经典马克思主义的生态学解读，虽然带有不自觉性和"技术色彩"，但已为生态学马克思主义的形成奠定了基础。

20 世纪 70 年代，民主德国绿党理论家鲁道夫·巴赫罗倡导"社会生态运动"并不断研究"生态学马克思主义"，致力于共产主义运动和绿色生态运动的结合，被誉为"西方社会主义生态运动的代言人"。1980 年 1 月，联邦德国"绿党"成立，公开提出了"生态社会主义"的口号，它标志着生态社会主义的诞生。

1987 年，国际绿党大会的召开，标志着在生态社会运动基础上形成的绿党已经成为 80 年代国际政治舞台上一支重要力量。

（2）本·阿格尔与"生态学马克思主义"

本·阿格尔是美国得克萨斯大学教授，1979 年出版《西方马克思主义概论》一书，首次明确提出了"生态学马克思主义"，并对生态学马克

---

[1] 马尔库塞：《反革命和造反》，见《工业社会和新左派》，商务印书馆 1982 年版，第129 页。

思主义的内涵做了开创性的论述。这本著作被视为生态学马克思主义学派形成的一个标志①。

在阿格尔看来，生态学马克思主义对当代资本主义的认识是基于"把矛盾置于资本主义生产与整个生态系统之间的基本矛盾这一高度加以认识"②。阿格尔根据马克思关于经济危机和异化劳动的论述，发现消费异化导致了生态危机，因此他试图以生态危机来取代资本主义经济危机。

阿格尔的生态学马克思主义理论对当代资本主义社会的分析，开拓了一个全新的视角。

（3）詹姆斯·奥康纳与资本主义"双重危机"

美国学者詹姆斯·奥康纳在 1997 年发表《自然的理由》一书，他在运用马克思主义基本原理的同时，提出了资本主义经济危机和生态危机并存的"双重危机"理论，从而进一步发展了生态学马克思主义。

奥康纳并不赞同马克思主义具有生态思想，他说："虽然马克思和恩格斯在研究资本主义发展对社会造成的破坏方面属于一流的理论家，但他们两人确实没有把生态破坏置于资本积累和社会经济转型理论的中心位置"，"马克思所处的时代有关自然或者外部条件的理论阐述不是建立在自然稀缺性或有限性的思想基础之上"。③ 他指出，马克思揭示的资本主义的经济危机属于"第一重危机"，他本人要对"第二重危机"即生态危机进行补充论述。他还认为，资本积累必然带来资源和能源的消耗和衰竭，而全球性资本主义不平衡发展更加导致了生态的不平衡，"不平衡发展的资本主义对成千上万的人来说已经成为一种灾难"。④ 奥康纳的"双重危机"理论是对生态学马克思主义的重大发展。

（4）约翰·贝拉米·福斯特的解放自然生态说

约翰·贝拉米·福斯特，美国著名生态学马克思主义理论家，2000年出版《马克思的生态学：唯物主义与自然》（Marx's Ecology：Materialism and Nature）一书，是较早的一部专门研究马克思主义的生态思想的著作。

----

① 本·阿格尔：《西方马克思主义概论》，纽约，1979 年版，第 470 页。

② 同上书，第 475 页。

③ 詹姆斯·奥康纳：《自然的理由——生态学马克思主义研究》，纽约，1997 年版，第124 页。

④ 同上书，第 195 页。

福斯特在此将马克思、恩格斯置于与自古以来众多具有生态意识的思想家和科学家相联系的脉络之中，以思想史的事实雄辩地证明了马克思主义的生态内涵和关怀。

2002 年，福斯特又出版《反对资本主义的生态学》，提出马克思的人类解放学说不仅是关于人类自身解放的社会学说，而且是关于解放自然的生态学说。可以说，福斯特是真正走进马克思主义文本之中的思想家，他的研究最终确立了马克思主义对于解决生态问题的发言权。事实上，今天多数学者对马克思主义的生态思想的理解，在很大程度上都是沿着福斯特的思路进行的。

20 世纪 80 年代法国左翼理论家安德烈·高兹发表了《作为政治的生态学》，英国牛津大学布鲁克斯学院教授大卫·佩伯也发表了《现代环境运动的根源》，对生态运动进行了反思。在这一阶段，生态学马克思主义理论推动了绿色生态运动，初步实现了绿色生态运动向社会主义的转向。20 世纪 90 年代以来，生态学马克思主义学者在吸收世界绿党和绿色运动的生态学、社会责任、基层民主和非暴力等基本原则上，以马克思的人与自然辩证关系的理论为指导，抛弃了资本主义的人类中心主义和技术中心主义，将生态危机的根源归结于资本主义制度造成的社会不公和资本主义积累本身的逻辑，更加深刻地批判了资本主义的经济制度和生产方式，形成了生态学马克思主义思想体系。

目前国内外学界对马克思主义创始人的生态思想给与了充分的肯定，对生态学马克思主义的思想与相关论点，也给与了积极的评价。要对生态学马克思主义的思想进行全面客观评价，还是需要更深入地解读马克思、恩格斯经典作家的生态学理论。

3. 生态学马克思主义的基本观点

（1）人类与自然之间关系的观点

生态学马克思主义既反对人类中心主义，也反对生态中心主义。它吸收了马克思关于人类与自然辩证关系的论述，既批评现代社会的人类中心主义，也反对资本主义社会的绿党组织的生态中心主义，大卫·佩伯在《生态社会主义：从深生态学到社会主义》中强调的人类与自然的关系，是一种人类中心主义和人道主义的结合体。

（2）经济原则

生态学马克思主义在经济领域的立场是既反对完全自由放任的市场经

济，也反对垄断资本主义，以及苏联社会主义高度集权化的计划经济，而是提倡一种计划与市场相结合、集中与分散相结合、中央政府与地方当局相互补充的"混合型"经济，主张在公有制和民主管理的基础上适当的经济增长。

（3）政治原则

生态学马克思主义在政治领域的基本立场是民主自治、意识形态多元化和国际关系平等化。它强调基层民主或者民主自治，主张政权机构应由基层民主选举产生和政治权力应始终放在基层；主张意识形态多元化和权力资源的分散化。在建构生态社会主义的路径选择上，主张采取非暴力道路。

生态学马克思主义在国际关系问题上，主张反对超级大国争夺，反对核试验，鼓励各国裁军；强调发达国家与第三世界国家发展平等伙伴关系，反对发达国家对不发达国家的国际剥削与生态殖民主义政策。生态学马克思主义反对强调现代民族国家的主权，主张建立符合生态保护要求的跨国生态社区。

### 五　生态主义评析

生态主义是人类面临经济发展与生态保护矛盾，尤其是世界生态环境出现危机的背景下产生的一种社会思潮，反映了人们对现存经济发展方式的不满，以及对人类生存环境恶化的忧虑，对于生态主义的评价，需要坚持马克思主义基本立场，一分为二地加以客观评析。

#### （一）生态主义不可能完全摆脱人类利益的立场

任何生态主义都出于人的建构，它可能超越人类中心主义，却不可能在人的立场之外存在。即使在将自己复原为生态共同体的普通成员后，人也只能从自己的立场出发，由己及物，善待所有生命个体。这种人类自体中心处境是无法也无须消除的。人不能从纯自然的角度看问题，生态主义注定不会是完全自然主义，而只能是人文主义与自然主义的复合。

#### （二）生态主义可能异化为生态专制主义

强调以生命共同体的完整性判断行动的是非似乎合情合理，但问题的关键是：其一，以自然生态的名义建立强制性的整体主义伦理学并无根据；其二，以整体的名义要求个体做出牺牲，可能异化为生态专制主义。离开了对生命个体的思虑和关怀，如何判断行动的对与错呢？谁有权以人类或动植物整体的名义说话？这会不会导向新的整体主义暴政？为了共同体的利益而牺牲个体成员——如人类个体——就是可能的。例如，捕杀某些繁殖过度的动物个体，以便保护生物共同体的完整和稳定。既然将人类描绘为生物共同体的平等"成员"，不排除为了保持这个共同体的完整而猎杀人类的可能性。

### （三）对个体生命的普遍关怀成为生态主义的目标

人文主义和生态主义分别克服了其人类中心主义和自然主义倾向后，二者的共同性则随之显现出来，这就是对个体生命的普遍关怀。

现代人文主义首先是一种积极的个体主义，文艺复兴时期对人的发现实质上是对个体的发现，自由、平等、博爱从文艺复兴时期开始就以个体为基本单位。积极的个体主义从此成为人文主义的核心，这是文艺复兴的最高成就。[1]

生态主义将生态圈视为"自由物的联合体"，追求"每个存在的自我实现"，是一种地球生态圈内的积极个体主义，也可称之为个体共生主义。

### （四）生态主义倡导一种新的文明形态

英国开放大学教授安德鲁·多布森认为，"至少在西方，我们所熟悉的意识形态是自由主义、社会主义、马克思主义、无政府主义，等等。所有这些意识形态都有一种对环境的看法，但它们都没有将环境作为其意识形态的核心。而生态主义做到了"。它提供了环境危机产生的原因，以及可持续发展的生态环境与生活方式的理论分析，成为一种变革现存政治社会制度与生活方式的"激进的意识形态"。[2]

生态主义在倡导变革现存政治社会制度与现存生活方式时，其实也在倡导一种新的文明形态。人类文明已经经历了原始渔猎采集文明、农业文明和工业文明。

在工业文明时代，人类取得了前所未有的辉煌成就，但也遇到了前所未有的危机，人类无法有效消除这些危机和困境，必须寻找一条新的发展道路，这就是生态文明。生态文明就是以生态产业或产业生态化为主要特征，人类和自然世界和谐相处，是人类具有一种可持续的生活方式的文明

---

[1] 布克哈特：《意大利文艺复兴时期的文化》，商务印书馆2002年出版，第125页。

[2] 安德鲁·多布森：《绿色政治思想》，山东大学出版社2005年版，中译本前言，第2页。

形态。生态文明是人与社会进步的重要标志，是一种新的文明形态。中共十六大报告把建设生态良好的文明社会列为全面建设小康社会的四大目标之一；中共十七大报告提出建设生态文明的任务，要使生态文明观念在全社会牢固树立。因此，生态文明成为现时人类共同追求的目标。

**（五）科学发展观成为建构生态文明的指导原则**

以人为本，全面、协调、可持续发展，包括经济、社会、文化、政治、自然的协调发展，是建构生态文明的基本思路。人类与自然的和谐共处是维护人类生存与发展的根本利益的唯一选择。

# 第二节　行为主义

## 一　行为主义政治理论产生的背景

美国与西欧国家的社会科学研究，在战后受新科技革命的深刻影响，曾出现过一场方法论上的革命——行为科学革命，它在相当程度上改变了社会科学各领域的研究状况。

自近代科学研究产生以来，西方社会科学的研究，一般都从制度的、法律的、伦理的与历史的角度，对各种社会现象进行简单的事实描绘、宏观的性质评析，然后加以抽象的哲学概括。西方社会科学研究所采用的方法以传统的史学研究方法和法学研究方法为主。这两种研究方法缺乏具体的量化研究，忽视现实的具体问题的新变化，往往滞后于现时社会发展的需要。

二战后当代资本主义面临许多现实新问题，大量现实政治问题涌现，例如，政党竞选中候选人的言论与行为的作用影响；政治决策与决策者的心理特征与心理行为关系问题、社会利益集团的群体行为与政党关系问题，传统的社会科学理论与方法突出的特点就是抽象定性的研究，缺乏实证、量化的研究，在现实政治问题研究中已经难以发挥指导作用，因此需要引入现代定量、实证的科学方法。于是人们在政治与其他社会科学研究中将眼光转向自然科学的实证研究方法，尤其是开始大量借用自然科学的信息论、系统论、博弈论、数量统计等新方法，为研究人的政治行为提供新的理论原则与新方法。

在政治学领域，一些研究者借用心理学、管理学等学科的行为科学方法，从人的行为入手，具体研究人的心理行为、经济行为、社会行为与政治行为；研究群体的政治行为，包括政党行为、阶级行为、社会阶层行为等；这些研究在政治学领域相继取得了可观成绩，使政治学研究逐渐从宏观定性转向微观定量，研究的结论较过去具有更多的实证性与科学性，行为主义政治学也应运而生。

## 二　行为主义政治理论发展的阶段及其主要代表人物

战后，西方政治科学的最大变化之一，就是行为主义政治理论的勃兴，它使政治科学从研究对象到方法都焕然一新。行为主义政治理论的发展大致经历了三个阶段，各个阶段都有不同的理论特点和思想代表。

### （一）初步形成时期（20世纪20年代至第二次世界大战）

1. 20世纪初，行为主义政治理论形成时期

以英国的华莱士和美国的本特立为代表。他们首先对传统政治学的研究方法提出挑战，认为政治学仅宏观研究政治制度，研究国家，但是不研究微观的人，尤其是决策者的个人政治行为，这种政治学理论"很难令人满意"。因此，主张借用心理学的方法来研究个人行为，包括决策者的个人心理行为、政治行为、社会行为等，并且力图用数学方法来精确表述个人的政治行为过程。

2. 20世纪20—30年代，行为主义政治学在美国初具规模

以梅里安为代表，主张用地理学、人种学、生物学及统计学的方法研究政治学，创立了芝加哥学派，并成为这时期美国政治行为研究的中心。

以P. F. 拉扎斯弗尔德为代表，主张用社会学方法，尤其是社会调查方法研究人的行为过程，在美国创立了政治社会学。第二次世界大战前夕，行为主义政治学在美国已初具规模，在欧洲也开始流行。

### （二）全面发展时期（战后到70年代）

这一阶段以综合利用多种学科的方法来研究个人的政治行为，一大批行为主义政治学派的著作出现，该学派的代表先后当选为美国政治协会主席或进入该协会的重要委员会。

在美国许多著名大学里，行为主义政治学研究获福特基金会资助，在美国政治学界已经上升为主流，并对美国政治领域产生了广泛影响。

主要代表有：G. 阿尔蒙德（"结构功能分析"学派）、D. 伊斯顿和M. 卡普兰（"体系理论"学派）、K. W. 多伊奇（"信息理论"学派）等人。

### （三）修正完善阶段（70 年代开始）

由于行为主义政治学在全面发展过程中暴露了一系列缺点，并且遭到了学派自身和传统学派的尖锐批评，尽管它的主导地位没有根本动摇，但在修正其缺点，完善其理论与方法体系过程中，它逐渐向后行为主义过渡。

行为主义政治学与其他学科结合，形成一系列边缘政治学科。例如，政治人类学、政治生物学等。主要代表有格雷厄姆、凯里、卡瑞尔和 D. 伊斯顿等。他们主张"政治学要变得更有创造性和更富有想象力"，不应仅局限于个人行为的狭窄范围内，而应研究一切现存的政治事物，并且参与政治改革与政策的制定。

### 三　政治行为跨学科研究产生交叉新学科

政治行为研究极大拓展了政治研究的领域，为一些相同门类的学科之间相互渗透与交叉研究提供了广阔的基础，产生一大批边缘学科和交叉新学科。主要有：

1. 政治（政府）经济学

是关于政府行为与经济行为关系的研究。运用经济学方法解释政府的政治行为，重点研究政府与市场的关系、政府的经济管理职能、公共财政问题等。

2. 政治社会学

政治学与社会学的交叉学科，着重研究政治与社会环境的相互关系，包括在社会结构中的政治体系与政治发展的条件、表现形态，以及政治与社会的互动关系。

3. 政治心理学

政治学与心理学的交叉学科，着重研究政治活动中个体心理、群体心理因素的作用与影响。

4. 政治人类学

政治学与人类学的交叉学科，着重研究人的政治行为，政治行为的文化根源，政治组织的起源、发展，以及政治组织行为的形式与一般规律。

5. 政治人口学

政治学与人口学的交叉学科，着重研究人口的政治含义，人口规模、人口构成、人口素质和人口分布状况与政府、政治的相互关系，以及政府的人口政策及其影响。

6. 政治地理学

政治学与地理学的交叉学科，着重研究国际政治关系中的地理背景与地理因素，以及地理因素对综合国力和政治决策的影响，地缘政治的形成与地理环境的关系。

7. 政治传播学

政治学与传播学的交叉学科，着重研究政治与传播的互动过程与互动模式，包括政治传播对社会舆论的影响，政治传播与大众传播相互作用的关系及其相互影响。

8. 民族政治学

政治学与民族学的交叉学科，着重研究民族国家及其内部的民族关系、跨国民族联系、政府的民族政策，以及政治生活中的民族因素等。

9. 生物政治学

政治学与生物学的交叉学科，运用生物学的概念、理论和方法，着重研究人类的政治行为的基本特点及其规律。

10. 政治生态学

政治学与生态学的交叉学科，着重研究政治、社会与生态危机之间的关系问题。包括现代社会的政治制度、生活方式对生态环境的影响，以及建构在生态文明基础上的政治发展道路。

### 四　行为主义政治理论研究的主要范畴

#### （一）政治行为的界定

所谓政治行为，一般指人们在一定政治制度下，所表现出的各种有目的的行为与反应。它既可包括政治思想、政治信仰等政治反应，也可表现为选举、抗议等政治活动。就性质而言，可分为立法行为、行政行为、司法行为、政党行为、选择行为等。

行为主义政治理论则是采用多种方法对政治行为进行综合研究，以解释、预测与控制政治行为及其后果。

#### （二）政治研究对象的转换

1. 传统政治学理论的主要研究对象

传统政治学理论将政治制度、政治结构和政治思想等宏观抽象的东西，当作主要研究对象。行为主义政治学理论认为，这种只注重政治体系，而忽视个人及其作用的理论，违背了资产阶级的民主传统，因为根据资产阶级民主传统，个别的公民，个人才是政治家应该关注的中心，人的个性与个人的政治选择，选民的选票才是左右政局的关键因素。

2. 行为政治学研究的主要对象

50 年代著名的美国政治学协会主席、行为主义学派代表之一 D. B. 杜鲁门在其《行为科学革命对政治学的影响》一书中明确指出：一切政治行为的主体是人，任何政治现象的基础是人的政治行为，个人行为制约政治制度与政策制定，对个人政治行为及其过程的研究应成为政治学研究的主要对象。

行为主义政治学研究的个人是"政治人"，既包括社会精英与领导者，也包括一般民众与被领导者。

社会精英或领导者，如政治思想家、政治理论家、政治活动家、政党领袖、司法人员或军人。一般民众与被领导者，如一般公务员、普通选民或一般党员。作为政治行为的主体，他们又可被称作"政治人"。

**（三）"政治人"研究的主要内容**

政治人的行为是多样化的，政治人本身既可以是个体，也可以是团体。

1. "政治人"的政治行为规范

它是规定个人与团体政治行为的准绳，以便达到步调一致，内部团结。主要类型有：法令规章、政治惯例、政治道德与政治信仰。

2. 政治精英的行为

政治行为学认为，由于人类的知识才能和品质不一致，只有少数德才兼备的精英分子才具备足够的领导才能和意志力。社会权力分配永远不可能合理与平衡，在任何社会中，只有少数有突出能力的人，形成一个社会杰出人物的阶层，他们往往掌握最高社会权力，这些人便构成主导社会的社会精英阶层。

在许多情况下，最高权力并非由政治精英们所掌握，而是被经济、军事、宗教等专业领域的精英们所占有。社会精英研究涉及各领域的精英人物的政治行为。

由于不同社会文化产生不同的社会价值标准，不同类型精英所处的地位也会不同。例如，在宗教文化氛围中，教徒与神职人员往往统治国家；

在商品经济发达的文化氛围中，工商业界精英控制一切；在独裁专制的文化氛围中，独裁者与军界精英掌控社会一切事务。政治行为主义的精英理论注重对与政治相关的各界精英人物的研究，涉及他们的政治素养、政治观点、个性构成、政治风格甚至身体状况。例如，《病夫治国》就是其中的代表作之一。

3. "政治人"的阶层、阶级行为

家庭背景对个人政治行为的形成与发展影响极大。它包括父母与子女、夫妻之间、家庭主要成员之间的关系等；同时，一个人的收入、职业、教育程度及政治地位等构成的社会地位与阶级归属对政治行为的影响也很深刻。因此，政治人的研究必然会扩展到社会阶层、阶级的研究。

4. 政治团体——"利益集团"行为

"利益集团"理论也是政治行为主义的重要研究范畴，行为主义政治理论不但批评传统政治理论忽视对政治人的行为研究，而且也指责它忽视了对政治团体行为，尤其是政党政治行为的研究。行为主义者一般都承认，政治行为主要包括个人、政府，以及政党之外的利益集团的行为。因此，他们强调从研究政治团体——个人行为的扩大和延续出发，来研究政治。因为西方社会的政治体系就是由各种不同利益的许多集团组成，政治本质上就是利益集团活动和相互影响作用的不断变化的表现形式。现实政治权力被多元行为体合法地分享着，政党、利益集团、各类正式或非正式的团体和个人，在政治权力行使过程中都分享自己的权力份额，在现代政治研究中，不研究各种政治集团和政治个人，就难以了解现实的政治。因此，"利益集团"理论成为行为主义政治学的代表性理论。著名的行为主义政治学者 D. 杜鲁门在《政治过程》（1951）一书中，成功地应用团体分析方法对美国社会的政治行为及其过程进行研究，提出"利益集团"理论。他认为，离开每时每刻都在活动的、有组织、有影响的社会团体去谈政治，就无法理解任何政治行为，个人的政治行为也只有在团体中才能发挥重要作用。因此，在事实上，团体是政治的基本要素。社会的利益团体就是利益与态度基本相同的个人的集合。在各种社会利益团体中，往往有少数若干个力量最强大的社会利益集团，政府的决策机构、执行机构与监督机构就属于这一类团体。当某种利益集团向政府机构或其他团体提出一定要求时，它就转变为政治利益集团，包括政党集团。政府在一定意义上只是一架反应并协调各种社会团体要求和压力的机器。

5. 制度行为

政治人的行为一般是制度化的，主要包括立法行为、行政行为、司法行为、政党行为、选举行为、监察行为、革命行为与战争行为等。

政治制度既是政治行为的产物，又是对政治行为的规定与限制。政治制度中对政治行为限制的因素有：宪法、选举法规、政府及政党。宪法是个人与团体一切行为的最高准绳；选举法规是对选举权力的产生与行使的法律规定；政府除了其组织机构设置之外，还有对政治行为的规定，例如，命令、磋商与协调等。政党集团又包含政党制度、政党组织及政党动员三个内容。

尽管行为主义政治理论反对传统理论对政治制度的绝对化研究，但不否认其研究的必要性。

6. 政治区位

政治区位研究与社会政治、经济关系密切。政治区位与社会区位有区别，社会区位涉及人口空间分布、生活资料与社会文化模式的个性分类。政治区位主要关于与政治制度、政治行为相关联的人口、资源、社会、文化等因素的空间分布及相互影响。政治区位主要包括行政区划、城乡区划、民族区划、选举区划等。显然，选举区划与政党和议会选举关系密切。

7. 政治控制行为

政治控制属于社会控制的一种基本形式，政治控制行为主要包括对政治行为有重要影响的黜免、处死、判刑、监察、剥夺、命令与奖励等多种政治控制的行为方式，这些控制行为直接影响到社会公正与秩序稳定，关系重大。在某些非常政治情势下，个人或团体往往会产生与平常不同的情绪、观念、评判与行为，包括特殊政治情势下的战争、政变、军变、暴乱、独裁统治等政治控制行为。

8. 社会舆论与民意

社会大多数人的意愿在民主政治中，能产生巨大影响作用，代表民意的社会舆论对个人或团体的政治行为有相当大的制约作用。政党候选人必须客观了解真实民意，只有那些真实了解民意，客观反映民意的政党候选人才可能争取最大多数选票。

现代社会中的政治行为是否具有合法性，很重要的一点是立法议案能否顺应民意，立法程序和内容能否符合民意，否则就可能引发社会不满与抗争；此外，行政官员的产生、政府决策的执行也都受民意左右；政党的纲领及政策也须以民意为依归，因此社会舆情与民意的研究成为行为主义政治学的又一个重要研究范畴。

### 五　行为主义政治理论研究的主要方法

传统政治学研究着重政治思想和政治制度的历史的和法学的研究，其结果往往颇多争议，离科学的要求相去甚远，对现实政治现象的处理也并无多大意义。战后，行为主义政治学者希望能运用自然科学的方法研究政治，使政治行为的研究成为一种有肯定结论的能够实证的科学，以解决实际政治问题。其主要方法就是科学实证主义方法，也就是使能观察的政治行为，能验证的政治事实，能测定的政治事物，即一切政治行为都能实现"计量化、统计化"，从统计的数据中推导出确凿无疑的有现实意义的命题。

行为主义政治学的实证主义方法一般不对政治现象作宏观的整体的概括研究，只从某种特定的侧面加以研究；一般不测量某种单一的原因（例如，经济）而采取多元主义研究；一般不包括任何价值观念，只注重政治现象或行为的客观情况，以"是怎样"为出发点，而不作"应该怎样"的判断；一般以未来的可能性预测为重点，而不拘泥于过去的回顾。行为主义政治学的实证主义方法引进综合诸多学科的新方法和新概念，形成自己的综合学科研究方法。

随着跨学科研究的发展，行为主义政治学研究从自然科学（例如，数学、统计学、物理学、生物学）与社会科学（例如，心理学、社会学、人类学等）中引进了许多新方法和新概念，使行为主义政治学成了一门典型的综合学科。例如，社会学的"资料收集"、"调查研究"方法，及"行为"概念；生物学的生态分析方法与"系统"概念；人类学的功能分析方法与"功能"概念；经济学的"博弈"概念；心理学的心理分析方法与社会心理学的"决定"概念等。

### 六　行为主义政治学思想流派评析

行为主义政治学思想流派的形成与发展，显示出它的一定的合理性与现实意义，但是也存在某些局限性。

### （一）现实意义

行为主义政治理论在研究的方法论上进行了大胆的改革和尝试，它吸收了战后新科技革命影响下的自然科学和社会科学多种方法与新概念，对传统政治理论从对象、范畴到方法进行了全面改造。政治研究从抽象模糊的思辨飞跃为实证可靠，贴近现实的多学科综合研究，这一变革有其积极的意义。

首先，它开拓了政治学研究的领域。传统研究仅在政治制度与政治思想上下工夫，囿于政治哲学的狭窄天地，而行为主义政治理论，集多种学科的概念与方法之大成，天地十分广阔，使人们增加了对现实政治更深层次、更广泛内容的认识，深化了人们的思想认识。

其次，它在研究工具与方法上花样翻新，引入了现代科学手段，尤其是自然科学的计量与统计分析方法，社会科学中的社会调查信息与数据，因此它的结论具有更多的事实依据与精确可靠性质，相当程度上避免了传统研究方法缺乏客观资料，以个人主观判断为主的弊病，提高了政治研究的实用价值与现实意义。由于信息的广泛准确性，并注重对政治现象与政治行为进行动态预测，为领导阶层的决策科学化创造了条件。其中关于政治研究的技术手段与程序等理论，具有普遍意义。

第三，它注重个人与团体的政治行为与过程的研究，从千变万化的个人政治行为中发现某些规律性东西，对未来政治动态进行预测，这种研究具有一定的合理性。恩格斯曾对人类社会发展的方向问题，提出过"合力作用"的理论。他认为，客观存在的无数个个别意志的交互作用，形成无数个平行四边形，最后出现一种合力，它的作用方向便显示了社会发展方向。[①] 显然，行为主义以个人行为为研究出发点，把政治学研究推向了纵深发展。

### （二）局限性

应该指出，行为主义政治理论具有明显的阶级局限性与认识局限性。

1. 局限于方法论上创新，在伦理道德与价值原则方面空缺

它对传统政治学的批判，充其量只局限于方法论上，它排斥任何主观意志、伦理道德与价值原则，仅用观察实证的方法研究政治现象与个人行为，以求得科学结论与科学预测。然而，任何个人的政治行为，都是在一

---

① 《马克思恩格斯选集》第 4 卷，人民出版社 1965 年版，第 478 页。

定社会环境作用下，一定动机或一定的内在意志作用的结果。而且个人的行为千变万化，受各种随机因素制约，并无自然现象所常有的相对确定的规律性特点。

因此，照搬自然科学中对无意识的自然现象及其规律研究的方法，只会将政治研究引入"纯科学主义"的歧途，这种思维定式恰恰具有形而上学的机械唯物主义的认识特征。

事实上，要像解释自然现象一样精确地解释与预测受意志支配的个人的政治行为，在实践上是无法完全做到的。

在思想渊源上，西方近代不少思想家都曾有过同样的愿望。例如，英国 19 世纪的功利主义创始人边沁曾想建立一门与牛顿力学一样实证可信的"科学的伦理学"，[1] 而英国实证主义思想代表之一约翰·密尔则在 1884 年《逻辑体系》一书中提出用演绎推理的逻辑方法研究人性，并像潮汐学一样，比较准确地预测个人行为的一般倾向。[2]

尽管在社会科学研究中借用自然科学的某些研究方法与手段是必要的，也是可行的，但是，无视两种科学研究的本质区别，完全搬用自然科学方法，力求使社会科学研究的结论与自然科学一样实证可信，就陷入了绝对经验主义的泥淖，必然会重蹈 19 世纪英国经验主义思想家们的覆辙。

事实证明，行为主义政治理论最终仍无法彻底抛弃价值观念。一些研究者往往不得不重新借用传统政治理论的某些价值观念，结果便导致其理论本身的矛盾现象。后行为主义尽力想克服这种矛盾现象，重新研究价值观念，但如不重新审度并改造现存的方法论，克服认识论上的局限性，也同样无法杜绝矛盾现象出现。

2. "价值中立"的"纯科学主义"与"超阶级性"

行为主义强调方法论革命，在研究对象、目的及方法上标榜"价值中立"、"客观实证"、"纯科学主义"与"超阶级性"。它不研究政治制度中的道德问题与价值原则，只注重个人政治行为的客观观察与分析；不判断政治制度的合理性与不合理性，不考虑现存的政治制度的变革，只强调观察与科学实证现实政治行为。

---

① Elie Halevy The Growth of Philosophic Radicalism , New York 1928, p. 19.

② John Stuart Mill, A System of Logic , New York 1884, p. 558.

尽管客观原则是一切科学研究所要共同遵循的原则，但是政治本身在阶级社会中是无法不具有鲜明的阶级性质的，任何以"纯科学"标榜自己的政治研究为超阶级的说法，都是虚伪而且荒谬的。

不研究政治制度与不图变革现实，其本身就具有维护资产阶级现存统治的阶级性质。而且任何研究者本人在进行政治现象研究时，都无法避免自己的价值观念的渗入。尽管工具与方法可以是中性的，但操作它们的人员在选用资料，分析判断时必然给客观中性的资料与研究对象打上了自己价值原则的烙印。既然生活在现实阶级社会中的人无法摆脱阶级意识的束缚，那么阶级社会中政治现象研究也同样不可能超阶级而没有价值判断。

3. 政治上的保守主义特征

行为主义政治理论除了显示其维护和改善资本主义制度的阶级特征之外，还表现了政治上的保守主义特征。后行为主义主张放弃"纯科学主义的狂热"，强调研究现实迫切的社会政治问题，重建政治行为的道德规范与价值判断，政治研究人员本身首先应该"政治化"，并积极参政议政。这些重大修正，相当程度上恢复了传统政治理论的思想原则，还原了行为主义政治理论阶级性质的本来面目，同时主张更主动积极地改良资本主义，而不是消极保守地"修补"资本主义。行为主义政治学理论的这些变化已充分证明了行为主义的阶级局限性。

# 第三节　后现代主义思潮

## 一　现代主义

### （一）现代主义的界定

现代主义是资本主义工业化的产物，与资产阶级在经济、政治领域的变革相适应，经过资产阶级宗教改革、文艺复兴和启蒙运动，逐步形成了现代主义。现代主义的生存土壤是以市场经济与商品生产为目的的工业社会。

现代主义是一种世俗文化，核心是人道主义和理性主义，它提倡人道，反对神道；提倡理性，主张用理性战胜一切、衡量一切。现代主义提出"知识就是力量"的口号，认为人类认识自然的目的就是为了战胜自然、控制自然；相信历史的进步和发展，相信人性和道德的不断改良和完善，相信人类将从压迫走向解放。而理性是人类谋求幸福的工具。人类的使命就是依靠自己的理性揭示各种各样的结构和规律，从而促使人类社会不断进步，人类在这样的过程中实现生命的价值和意义，获得真理。所以，结构、规律、意义、价值、真理、稳定性等都是现代主义的基本观念。

### （二）现代主义的思想基础与基本态度

1. 现代主义的思想基础——现代性

现代主义的核心是现代性，它一般是指建构现代社会与工业文明中显示出的基本特性，是对传统社会与农业文明的历史性超越。现代主义是人类思想的第一次启蒙，启蒙的思想基础主要是理性主义、人道主义、科学主义。

现代化的道路五花八门，但是现代性具有基本类同的内涵，主要包括：经济领域的市场经济制度特性；政治领域现代民主政治制度特性；文化领域的大众文化与大众教育特性；思想领域的理性与科学主义特性。现代性所体现的社会发展的基本原则是：中心化、组织化、专业化、制度化。

2. 现代主义的基本态度

现代主义的思想基础主要是理性主义、人道主义、科学主义。它对各种事物的基本态度也有一些基本特征，主要包括：对自然界的基本态度，坚持人类中心主义的"帝国主义"立场，自然界的一切是为人类所用的，人类可以所以索取，而不必有所顾忌；对历史传统的态度，基本上持虚无主义态度，现代社会之前的人类历史一片黑暗，毫无保存与肯定的价值，唯有近代理性与科学基础上的社会发展历程，才是值得肯定与研究的；对传统宗教的态度，采取绝对排斥立场，将宗教信仰与现代科学对立，绝对崇拜现代科学，否定现代科学自身的局限性；对近代理性采取过分迷信的态度，坚持理性主义立场；对现代化的态度，秉持一种理想主义的立场；认为现代化是人类文明发展的必经之途，后发国家实现现代化是历史发展的趋势，因此对现代化的态度具有一种道德理想主义特征。

## 二 后现代主义 （Postmodernism）

### （一）后现代主义的界定

后现代主义是一个从理论上难以精准下定论的概念，因为它反对以各种约定俗成的形式来界定或者规范其思想内容与范围。从形式上讲，后现代主义是一股源自现代主义但又反叛现代主义的思潮，它与现代主义之间是一种既继承又反叛的关系；从内容上看，后现代主义是一种源于工业文明，又是对工业文明的负面效应深入思考后的反应。是对现代化过程中出现的剥夺人的主体性和感觉丰富性的反叛，是对死板僵化、机械划一的整体性，以及中心与同一性等核心价值观的批判与解构，也是对西方传统哲学的本质主义、基础主义、理性主义的批判与解构；从实质上说，后现代主义是对现代文化哲学和精神价值取向进行批判、解构与全方位的反思，是在批判与反叛中矫枉过正，趋向另一极端——怀疑主义和虚无主义。

### （二）后现代主义思潮产生的背景与发展阶段

后现代主义主要是 20 世纪 70—80 年代以来盛行于西方发达国家的一种社会文化思潮，它涉及各种人文与社会科学艺术领域，包括哲学、科学哲学、心理学、宗教、法学、教育学等许多领域，以及众多的流派与学者。

1. 后现代主义思潮产生的背景

（1）科技和理性的极端发展，人成为科技与理性的奴隶

资本主义借助理性主义与自然科学技术，得到了长足的发展，科技也随着资本主义的发展而被推向了极端。资产阶级一方面依靠科技建立了庞大的工业生产体系，推动着社会的快速发展；另一方面，把科技和理性变成了获得私利和殖民掠夺的工具，从而使各国资本主义的国内危机和矛盾不断激化，也加剧了各资本主义国家在瓜分世界市场中的不平衡状况，最终导致世界大战的爆发。在两次世界大战中，7000 多万人在战争中丧失生命，他们的生命其实是被现代科技所发明的武器消灭的。不仅如此，科技和战争还陷入了一种恶性发展状态，科技和理性在西方社会陷入片面化、极端化和畸形化的发展困境。

在现代社会中，人沦落为理性和科技的奴隶。科技本是为人造福的，理性本是人高于动物的本质特征之一，然而，社会历史和现实却使科技和理性走向了人的对立面：理性变成了纯粹的工具理性或科技理性，变成了

部分人掠夺其他人的御用工具；人道和人权也服从于工具理性，人从理性的主体和人道主义服务的中心对象的位置沦落为工具理性和机器的奴隶。这使得人们不得不用怀疑的眼光重新审视科技理性。

20世纪70—80年代，第三次科技革命取得巨大成就，尤其是信息技术革命造就了全新的人际交流的方式；新科技本质上是理性主义发展的产物。科学主义与理性主义的正面效应得到充分显现的同时，科技和理性的负面效应也开始展现，战后科技与理性的发展，引发地区冲突不断，尤其是全球生态危机与文化霸权主义，科技与理性的极端发展引起人们的深思。

（2）当代资本主义社会利用理性与科学将人变成机器奴隶

当代资本主义社会的政治经济矛盾加剧，人们的生存状态更加恶化：随着新科技的发展，当代资本主义社会的管理和生产的机械化与科学化程度越来越先进，社会生产和管理变成了更为庞大、严密和无情的机器体系，人成了这个庞大机器体系中的一个部件，人们的生活、消费、思想观念完全商业化了，并且为商业广告、大众传媒所左右。马尔库塞认为，现实的人失去了主体性、选择性，成为"单面人"。工人和学生不断抗议社会对其选择性与主体性的压抑，不断举行游行示威，资本主义的社会矛盾和政治矛盾不断激化。于是，当代资本主义社会的成员在尼采喊出"上帝死了"之后，又不得不发出"人也死了"的感叹！

（3）资本主义工业化使自然环境恶化引起人类不满

当代资本主义的科学技术发展在带来更多的财富的同时，对自然的破坏也越演越烈，全球生态危机已经威胁到全球人类生存的地球家园。随着工业的发展，一方面，人们受利益驱动大量开采自然资源，使很多非再生资源几近枯竭；另一方面，大工业又产生大量有害物质和气体，排放到自然界，进一步恶化了自然环境和人们的生活环境。马克思曾言，自然界是人类的家园，是人的"无机身体"，现在先进科技使用引发的环境恶化直接威胁着人们的生存本身，这不能不引起人们的强烈不满和反思。

科技与理性本是为人造福的，然而，社会历史和现实却使科技和理性走向了人的反面。

2. 后现代主义发展阶段

后现代主义主要经历四个发展阶段：（1）20世纪30—50年代，后现代主义的术语开始应用和歧义迭出的阶段；（2）20世纪60年代，后现代主义与现代主义精英意识彻底决裂，并呈现一种反文化和反智性的阶段；（3）20世纪70年代，存在主义的后现代主义思潮阶段；（4）20世纪80年代以后，后现代主义概念日趋综合和更具有包容性阶段。

**（三）后现代主义理论渊源**

后现代主义产生的理论来源比较复杂，主要包含：

1. 现代西方哲学中的反形而上学倾向

现代西方哲学要么认为形而上学命题是假命题或没有意义的命题，要么认为形而上学问题是无法解开的问题。抛弃形而上学的逻辑和理性思维，空谈其他问题是后现代主义哲学的特点之一，后现代主义的哲学基础就是现代西方哲学。

2. 尼采的非理性主义

尼采要打倒一切偶像，摧毁西方几千年的哲学传统——在二元对立中思维的传统，进行价值重估。他抬高意志，贬低理性，宣扬非理性主义，把是否有利于"提高权力感"作为衡量真理和区分善恶的唯一标准。尼采的理论是后现代主义理论的主要思想来源之一。

3. 海德格尔关于"存在"、"语言"的学说

海德格尔要否定包括马克思在内的一切持有二元对立的思辨哲学。他认为对"存在"应该"理解"，这种理解的实质是人的自我理解，于是，海德格尔就瓦解了传统哲学的观念与实在、主体与客体对立的二元论，他的这一思想观点成为后现代主义者的理论建构的又一基础。

4. 现代西方解释学

解释学反对传统哲学对本体、本质的追问，否认中心、整体性、认识性、客观性。解释学强调主体对事物、对象的解释、理解，注重从主体出发而发生的主体与对象的意义关系。主张多元、主观和不确定，否认传统哲学强调辩证统一，事物客观性、意义的确定性。解释学的发展又为后现代主义思潮提供了新的理论武器。

5. 西方马克思主义的影响

法兰克福学派对现代科学、启蒙遗产及现代西方工业文明的批判；存在主义对人的生存的孤独性、虚无性及不确定性的强调；以及文本主义关于"一切事物都是文本"的观点等，也都从不同的方面为后现代主义的产生提供了理论来源。

### （四）后现代主义的思想特征

1. 后现代性

后现代性是对现代性进行全面质疑与批判，作为现代性的对立面而发展起来的。现代化进程中，人们过于迷信理性与科学，沉湎于人类中心主义而不可自拔。工业化与经济全球化的发展，致使人类社会各种危机的爆发，经济全球化导致全球贫富差距扩大，科学技术带来的生态危机、民主政治伴随官僚化与权力腐败、理性主义产生精神空虚与社会道德信仰危机等。理性主义、人道主义、科学主义遭遇全面质疑与批判。

尤其是生态环境的恶化，使人们对现代科学的作用产生疑虑，科学的消极作用突现，人类生活远离科学技术，重返自然生态成为一种时尚。现代性的合理性遭遇历史性危机。

2. 后现代性的理论特征

（1）否认本体论与事物本质存在

传统哲学对事物的认识就是去追寻事物、客观世界的终极本质。事物内部的根本性的东西，包含本原、本质、基础等理性判断的规律性是客观存在。

后现代主义否认本体论，否认事物的本质存在，否认"基础"、"原则"等问题。事物的本质不是客观的只是人解释的结果，事物不存在一个先天的本质、基础，等待人们去客观地、如实地反映和把握。事物的本质、意义只存在于人们对事物的阅读和解释行为中，只是一种"在场"假设。本质、基础等"元叙述"是一种"宏大的叙事方式"，是一种假设，必须打破的。

（2）反对理性，消解现代性

后现代主义认为现代性、科学、理性铲除了奴役、压抑人类的愚昧、迷信的根源，但是，现代主义崇尚"权威"，强调"本质"与"中心"，理性与科学又为人类设置了一种新的奴役和压抑。后现代主义认为应该拒斥一切现代性的理论，摧毁理性为代表的现代性的理论。

（3）否定主客二元论与中心论

现代主义肯定中心与权威的存在，肯定主从、内外、主客的二元存在。认为本质决定现象，内因决定外因。

后现代主义认为，不存在所谓的中心，也没有主从、本末、内外之分，本质决定现象、内因决定外因、中心决定非中心的现代主义观点实际上是一种形而上学，应当解构。后现代主义将矛头指向传统哲学中的教条主义、形式主义、经验主义，是彻底反传统、反权威的。

现代主义确立了人的主体地位和主体性；后现代主义哲学继尼采的"上帝死了"的口号之后，提出"主体死了"、"人已死了"的口号，世界上的主客二分式的主体和人的概念不现实，主体只是现代性的一个杜撰，根本不存在。世界没有人和物的关系，只有有和无的关系。

现代主义的"人类中心主义"已经在工业化危机与经济全球化面前破产。工业文明的发展，使人类主体在各种危机与挑战面前越来越失去了自主性，同时，人类还要忍受着内外的压力，普遍存在一种焦虑、苦闷、彷徨、忧郁、孤独、无助的感觉，主体的人类在危机面前陷入了随波逐流、无所适从的困境。因此，后现代的人类必须超越"人类中心主义"，放弃主客二元论，确立超越人类中心主义的思想。

（4）强调差异的绝对性与多元文明并存

现代主义对人类世界的理解是整体性的，普遍性（universality）、同一性（identity）为人的最高本质，例如，世界万物统一于物质性与运动性；世界万物存在都有某种意义。各类事物相互之间存在某种联系，例如，动植物与人类的食物链；同类事物之间存在同一性，例如，所有的人，无论其国籍、社会贫富状况、家庭背景如何不同，都具有基本的人性，都具有理性，"人为财死，鸟为食亡"，则证明了同类事物存在某种共同性。

后现代主义否认世界是一个相互联系的整体，否认同类事物之间具有某种同一性，认为事物的意义与存在之间的联系是偶然、相对的，事物的存在是碎片状的。不同人对同一事物的认识都不尽相同。世界万物没有普遍性、同一性和整体性。普遍性、同一性只能使人成为丧失个性、无血无肉无情感的抽象的人。世界上存在差异是绝对的，差异无所不在，即使在重复中也有差异出现，无差异的世界是苍白枯燥的世界。

后现代主义欣赏多元、差异观念，推崇文化互补意识，超越西方中心主义，反对文化霸权主义。

后现代主义的文明观承认文明多样性，认为文明并非只有有序、形式划一的工业化文明，任何一种文明都应该是开放的；人类文明应该是混沌不确定的、多元形式的文明。

（5）世界由语言建构

后现代主义哲学认为，没有独立自在的世界，世界是由语言构成的。也就是说，世界本身有语言的结构，语言不是人表达意义的工具，它有其自身的体系。每一件已知的事物都是由语言来中介着的，所谓事实、真理只是语言上的。在他们看来，"不是我说语言，而是语言说我"。这样，人就从西方传统哲学所讲的以人为中心的地位而退居到被语言所支配的地位。但语言又总是不确定的，并且随表达者的不稳定的情绪而动摇不定。因此，一切都是不确定的、模糊的、多元的和解构的。

### 三 后现代主义的主要人物及其基本主张

### （一）德里达的解构主义

雅克·德里达，20 世纪下半期最重要的法国思想家之一，结构主义的代表，解构主义思潮创始人。他的思想在 60 年代以后掀起了巨大波澜，成为欧美知识界最有争议的人物。德里达的理论动摇了整个传统人文科学的基础，也是后现代思潮最重要的理论源泉之一。

主要代表作有《文字语言学》（1967）、《声音与现象》（1967）、《写作与差异》（1967）、《论散播》（1972）、《哲学的边缘》、《人文科学话语中的结构、符号和游戏》、《有限的内涵：ABC》、《署名活动的语境》、《类型的法则》、《立场》（1972）、《人的目的》（1980）、《马克思的幽灵》等。

解构主义是针对结构主义而言的。结构主义，顾名思义，就是对世界采取结构式的、系统式的研究，由来已久。但是，严格意义上的结构主义指的是索绪尔结构语言学兴起之后的思维方式，它所强调的是一个系统的意义，并不取决于外部，而是依赖于系统内部之间的关系。系统内的个别单位有意义并不是他们本身具有什么实体性的意义，它们的意义仅仅是由于它们之间相互关系的作用。

德里达的解构主义思想学说是从超越和"解构"海德格尔主义和胡塞尔现象学出发的。他通过批判胡塞尔的现象学和海德格尔的存在主义，寻找彻底解构西方传统哲学思想、重建现代文化的出路。在德里达看来，海德格尔对于传统形而上学的批判之所以不彻底，就在于他仍未摆脱语言中心主义的基本原则。德里达严厉地批评海德格尔，认为海德格尔仍然是逻各斯中心主义者和语言中心主义者。海德格尔对于存在与存在者的区分以及他对"否定的形而上学"基础的论证，充分表明海德格尔在"颠覆"了传统形而上学之后，仍然寻求一种新的形而上学，寻求一种新的"中心"。海德格尔没有彻底摆脱传统形而上学关于"中心/边缘"的二元对立统一论，甚至把这种二元对立当成任何区分和对立之间同一性的真正基础。德里达为了彻底解构语言中心主义和逻各斯中心主义，不仅对传统和现有的一切话语论述和文本加以解构，而且试图找到克服语言中心主义和逻各斯中心主义的出路。

德里达解构的对象主要是传统哲学。他从语言入手，拆解"逻各斯中心主义"与"在场"。他否认本体、本质的存在，认为一切都是不确定的，事物不存在一个固定的、先验存在的根本性特征或本质，一切都是变动的、不确定的；事物的存在意义只存在于解释者的解释行为中。事物本体、客观在场是不存在的。因此必须解构"逻各斯中心主义"和"形而上学的在场"。

德里达从反"逻各斯中心主义"出发，消解精神和物质、中心与非中心的二元结构和等级结构，使事物之间、等级结构的两极之间变得"自由嬉戏"。他认为，如果坚持以"逻各斯中心主义"或"在场的形而上学"的观点观察事物、认识事物，则必然会导致形而上学的"二元论"，即认为世界存在精神和物质、中心与非中心的二元结构。因此，精神和物质、中心与非中心都需要放在同一平面上，自由交换地位，消解它们之间的等级差异与根源。

德里达受到尼采思想的强烈影响，是不折不扣的新尼采主义者。他对近现代人文主义和西方整个传统文化的彻底批判，矛头指向传统西方文化中的核心价值观念和基本原则。德里达在批判海德格尔主义和胡塞尔现象学的同时，力图发扬和重建海德格尔和胡塞尔关于生活世界中语言论述和差异化的理论，借以作为自己批判传统人文主义的思想基础。

传统形而上学和传统文化追求同一性及其中心论，归根结底都是通过逻各斯中心主义的手段和形式，以同一性为基础的"概念化"过程完成的。因此，传统理论和形而上学，都是以逻辑归纳和论证所建构的概念及其体系为基础实现的。在概念化过程中又离不开"语言符号/意义"的二元对立统一结构的语言中心主义。德里达反对语言中心主义，由此解构形而上学大厦本身。语言中心主义认为语言和写作是对立的，"语言的本质是说话而不是写作，写作不过是说话的派生物（记录）"，语言更能直接地表达说话人的意思，写作则使说话人的意义不能完全自我呈现，说话优于写作。

德里达认为说话和文字是一种平等和互补的关系，文字与书写记录，都是说话的记录形式，说话是文字、书写的补充形式，二者不可偏废。为了解构形而上学的语言中心主义，彻底克服海德格尔学说的不彻底性，德里达提出了颠覆"语言至上"、"同一性"及"概念化"的后现代主义的观念——"非概念"（non-concepts），主要包括"书写文字"（écriture）、"延异"（différance）及"痕迹"（trace）。德里达不再采用概念，而用"非概念"取代之。他试图用一种祛中心（decentre）的非逻辑概念的手段和形式，以非传统语言的符号和意义的解构过程，重建一种新的人类文化，以便实现在不受"中心"管制的边缘无限的自由创作。

德里达的解构主义矛头所指很明显就是形而上学的独断性和压抑性。德里达要解构的不仅仅局限于书面文本，更重要的是解构被传统社会当做"合理"的现存社会秩序和制度，解构现存的所有关系，结果使他的解构主义走向了另一极端，即虚无主义和怀疑主义。

## （二）罗蒂的"后哲学文化"

理查德·罗蒂毕业于芝加哥大学和耶鲁大学，曾任美国斯坦福大学比较文学和哲学教授，是当今英语哲学界中最具影响力的哲学家之一。罗蒂的后现代主义学说，积极倡导反本质主义和反基础主义的本体论、相对主义的真理观、自由主义政治观、女权主义，他因此成为西方学界一位有影响的人物。他的重要著作包括：《哲学与自然之境》（1979）、《实用主义的后果》（1982）、《偶然、反讽与团结》（1989）、《客观性、相对主义与真理：哲学论文第一集》（1991）、《论海德格尔及其他哲学家：哲学论文第二集》（1991）、《真理与进步：哲学论文第三集》（1998）、《立国论》（1998）和《哲学与社会希望》（2001）等。

理查德·罗蒂不同于其他的后现代主义者，即不仅仅对现代哲学进行解构、对现代社会进行批判，而是在批判与解构中进行重建。主要表现在他的"后哲学文化"思想中，他用后现代主义的批判立场重构哲学与文化的关系。他在《后哲学文化》中阐述了"后哲学文化观"：启蒙运动的先知们以哲学文化观代替中世纪的神学文化观，但随着人们对本质主义和基础主义日益增长的怀疑，哲学最终无法成为文化的核心。不论是哲学、科学还是政治，都是地位平等的一种文化形式，哲学不应该继续保持"文化之王"和"文化的最后法官"的至尊地位，科学家和学者不会认为哲学著作还具有"普遍的人类意义"和"哲学意义"，而民主应先于哲学。

罗蒂的真理观也具有特色，他认为真理是人们相信为真的东西，只是指所有真的陈述共有的一种性质，没有本质，只是用来表示人们对事物的态度，不能表示对事物的说明，真理是可以相信的东西。

理查德·罗蒂对传统哲学的批判的基本特点是，在本体论上反对实在论，在认识论上反对基础论，在心理学上反对自我论。

**（三）利奥塔的后现代理论**

让·弗郎索瓦·利奥塔，当代法国著名哲学家，后现代主义思潮的代表，解构主义哲学的杰出代表。

利奥塔少年时代经历过二战和德国纳粹对法国的占领。纳粹的暴行，令他对黑格尔思辩叙事的前提"凡是存在的都是合理的"产生怀疑，这成为后现代主义的来源。

利奥塔的主要理论著作有：《现象学》（1954）、《话语，形象》（1971）、《从马克思和弗洛伊德开始漂流》（1973）、《利比多经济学》（1974）、《论正义》（1979）、《后现代状况》（1979）、《纷争》（1983）、《多元共生的词语》（1986）等，《后现代状况》一书不仅使"后现代"概念在哲学界广泛流行，而且也使利奥塔成为闻名遐迩的后现代主义哲学大师。

利奥塔不同于其他后现代主义者之处是，他并没有过多地讨论后现代社会的经济政治状况和文化转变，而是侧重对后现代的科学知识状况的考察，试图建立起一种与现代认识论有根本区别的后现代主义认识论或知识理论体系。

利奥塔是以"后现代主义理论家"著称，他对后现代主义的解读为，"后现代一词定义为对元叙事的怀疑"，"元叙事或大叙事，确切地是指具有合法化功能的叙事"。他认为"后现代"不能视为"现代"之后的一个时代，后现代乃是"现代的一部分"，只是对"现代"的预先规定及假设提出疑问，"后现代总是隐含在现代里，因为现代性，现代的暂时性，自身包含着一种超越自身，进入一种不同于自身的状态的冲动"。① 利奥塔强调"后现代"的最主要特征就是"对宏大叙事的怀疑"与批判。在普遍适用的宏大叙事失去效用后，具有有限性的"小叙事"将会繁荣，赋予人类新的价值。

在《后现代状况》中，利奥塔将信息时代到来，看成"后现代社会"的主要标志。他认为后现代社会知识的趋利化，正在瓦解工业社会的元叙事构成的大一统统治体系。随着社会进入到所谓后工业时代，文化进入到后现代时代，知识的状况也发生了改变。知识已经"不是根据自身的'构成'价值或政治（行政、外交、军事）重要性得到传播，而是被投入与货币相同的流通网络。"② 在过去的50年中，科学知识成为了一种言谈或话语（discourse），领头的科学技术和语言有着越来越密不可分的关系。具体表现在与发生语言学理论、联络与控制论、现代几何学和信息学理论、计算机与计算机语言、翻译和在计算机语言中寻找兼容性问题、信息储存与数据库问题、远程信息处理技术与智能终端的完善问题，以及悖论学等许多相关问题的联系。因而，按利奥塔的理解，后现代社会也就是计算机社会、信息社会、科学技术高度发达的社会或社会的计算机化。

利奥塔不像德里达直接以本体论为批判对象，也不像罗蒂以哲学和文化的关系为基本点，来建构一个后现代理论，而是把对本体论的批判转化为对知识的合法性和知识分子的地位的考察，以此来实现他消解同一性和整体性，取消元话语主导地位的目的。他宣告元话语已经过时，元叙述的社会语境如英雄圣贤、拯救解放、伟大胜利等已散入后现代知识的杂乱的星空中，人们不再相信伟大"推动者"、伟大"主题"，人们只运用"小型叙事"，只相信后现代世界是一个"凡人"的世界。

利奥塔从对现代社会知识状况的考察中提出了知识的"合法性"问题。在阐述知识合法性的问题时，他借用了维特根斯坦的"语言游戏"概念，分析现代性和后现代性之间的分歧，展示了现代认识论和后现代认识论的不同特点。他将19世纪德国唯心主义、实证主义、马克思主义、哈贝马斯的批判理论以及行为性原则即效率原则，作为现代认识论的知识体系的主要构成。他指出现代认识论的基本特点就是一种宏大叙事的合法

---

① 利奥塔：《后现代状况》，三联书店1997年版，第55页。
② 同上书，第4页。

化模式。他提出的后现代主义认识论，强调不可预见性、不确实性、灾变性、混沌、差异，并且提出后现代主义的"悖谬推论的合法化"模式。

**（四）福柯后现代主义的权力系谱理论**

米歇尔·福柯是一位法国哲学家和"思想系统的历史学家"。他对文学评论、哲学、历史学、科学史、教育学和知识社会学有很大的影响。他被认为是一个后现代主义者和后结构主义者，他认为后现代主义这个词本身就非常的含糊，自己并非后现代主义者。

米歇尔·福柯早期学习成绩中上，进入中学后成绩十分优秀，但是他的中学阶段正值德国占领法国的维希政府时期。战后福柯进入了有名的法国巴黎高等师范学校，福柯的教授之一让·依波利特，是一位非常有名的翻译家和德国哲学的专家。莫里斯·梅罗—庞第当时也在巴黎高等师范学校教学，巴黎高等师范学校的学习对福柯一生影响深刻。后期他患有严重的忧郁症，他对心理学也非常感兴趣，在接受哲学教育的同时还得到了心理学的教育，最后还受到了马克思主义的影响。他在1950年至1953年期间曾是法国共产党员，入党介绍人就是他的教师路易·阿尔都塞，后来福柯因为对"斯大林模式"下的苏联不满而退出共产党。

1950年大学毕业后不久离开法国，直到1970年重返法国。他先后在瑞典乌普萨拉大学、波兰华沙大学、德国汉堡大学充当法国文化代表。此后他到法国克莱蒙费朗第一大学教哲学，在那里他遇到了丹尼尔·德菲，以后跟着德菲来到突尼斯大学，在那里，他曾参与了1968年的巴黎学潮。不久福柯成为巴黎近郊的一座试验性的大学哲学系主任。1970年他被任命为法国科学院思想系统史的教授。福柯后来在美国巴法罗大学、加州大学伯克利分校任过教。福柯在旧金山同性恋社群的活动中染上了艾滋病，因为当时人们还不知道这种病。1984年福柯死于艾滋病。

福柯的主要著作有：《疯狂与文明》、《临床医学的诞生》、《词与物》、《知识考古学》、《规训与惩罚》、《性史》（三卷）。

福柯是法国哲学家和"思想系统的历史学家"。他从解构主义思想中汲取重要养料，通过解读尼采和胡塞尔的思想方法，提出自己后现代主义的知识考古学和政治权力系谱学理论，借以批判西方社会思想文化体系。

福柯的知识考古学的研究方法主要综合政治和历史的交叉研究方法，他认为，西方社会知识体系的建构、扩散过程，本质上就是西方社会政治制度的实际运作过程，因为建构的知识体系是以传统观念、道德习俗、行为规范为主要内容，它们构成了现存政权体系的社会基础，而未被留存下来的知识则成为现存秩序的牺牲品。

福柯的权力系谱学以否定传统权力理论为前提，着重探讨各种权力构成的关系网络、实际运作方式、策略机制以及在各个领域中的权力表现。他不信任被保留的西方社会知识体系，因此主要研究被现代社会遮蔽未被留存的知识，比如精神病史、疯癫史、性史等知识，作为权力系谱学研究的理论基础。他认为正是这些处在权力社会最末端的，最不为人所道的知识与命题，才可能真实揭示出现代社会权力系谱的无所不在的霸权与对人性的压制本质。他认为，现时政治就是"在一定社会内的一系列势力之间的关系构成了政治。政治是一种普遍的战略，用来调节和指引这些关系"。"势力的每一种关系在某一阶段都隐含了一种权力关系（在这种意义上是它暂时的表现），而每一种权力关系都有一定的所指，作为它的效应，也作为它可能性的条件，指向它所参与构成的政治领域。""一切都是政治的"。① 在他看来，人与人之间只要存在各种各样的社会关系，就一定会有力量关系，权力关系，就一定会有政治存在。现代性政治无孔不入，权力系谱犹如人体身上的毛细血管，遍布全身。在福柯看来，现代社会的政治权力已经被发展得异常完美，权力不但被赋予各种各样的合法性外衣，而且占有各种正当性资源。例如，现代西方社会的选举制度、监督制度、权力制衡机制与法律制度等。但是这些主要是宏观政治权力系谱，这一权力系谱具有系统性、中心性、一元性的特点。宏观层面的政治权力，以国家、政党、议会、阶级、民族以及与此密切相关的正义、平等、自由、民主、法治、权威、权利、义务等基本政治概念为对象。

福柯将政治权力界定为策略、技术的使用，而不是政治合法化的探讨。他认为现代社会的理性、知识、真理、历史都已经沦落为政治权力压迫的帮凶，在所有的社会领域、日常生活、人际关系，甚至人的思想领域，无不存在政治权力机器对人的思想与身体的奴役和控制。

福柯主张从一切领域反抗现代性政治权力的暴行。福柯建构后现代主义的权力系谱，更多关注未受社会更多涉足的"微观权力"。福柯为此深

---

① ［法］福柯：《权力的眼睛：福柯访谈录》，上海人民出版社 1997 年版，第 181 页。

入探讨了微观权力的知识基础。所谓微观政治权力主要指在社会微观层面，包括日常生活实践、家庭、学校、医药领域等。他主张更多关注日常生活实践中权力关系的建构，主张在生活习俗、话语、躯体、性、日常交往等方面进行政治权力的革命，推翻特殊机构中的权力与等级，将个人从社会压迫和统治下解放出来。

## 四　后现代主义评析

### （一）后现代主义的合理性

1. 关注现实，坚持了哲学的批判性

哲学不是现成的结论，而是对现成的反思。批判性是哲学的基本性格。而后现主义恰恰是高举了哲学的批判精神这面大旗，对以往的一切以及不同于自己的一切都进行了无情而残酷的批判、解构。如本体论、二元论、现代化、科技、理性等。

哲学是时代精神的精华，因此必须面对现实，紧跟时代，唯此才能从现实中汲取养分；哲学的批判精神也要求哲学直面现实、直面生活。而后现代主义正是对资本主义现代化的现实和流行的现代主义的观念进行关注和反思的产物。

2. 反思现代性，批判了形而上学的思维方式

形而上学一方面坚持僵死的"二分"或"二元"，另一方面又因双方的不相容而走向极端——要么全盘肯定，要么全盘否定。而正是这一思维方式才使西方社会对现代化、现代性和科学的作用等问题的理解出现偏差。

后现代主义重视被现代性所忽视的一切，看重现代性之后和之外的一切，例如不确定性、异质性、无序、平面化等，而对于被现代性所看重的一切如原则、整体性、确定性、权威、统一性、规律等都加以拒绝。

正是对现代主义的理论深刻反省，抓住了现代主义的核心问题，击中了现代主义哲学的要害，拓展了西方思想文化的发展方向。

3. 深刻批判当代资本主义的现代性和工业文明，对后发国家有警示意义

后现代主义对资本主义工业化的批判，有利于人们看清资本主义的真面目，正视资本主义社会制度的弊端。对于正在从前现代化走向现代化的

国家具有启示和警示作用，避免重犯错误。

**（二）后现代主义的局限性**

1. 否定整体性，使差异绝对化，陷入新的形而上学

后现代主义认为，现代主义是一种形而上学，强调同一性、整体性，抹杀差异性，其错误不在于它承认同一性、整体性、事物的本质、基础及"二分"，而在于把这一切绝对化、僵死化、封闭化了。后现代主义完全否定统一性与整体性，以差异和多样性代替了形而上学的本质、基础和"二分"，借以解构一切。这样，后现代主义在使整体世界被震碎后，又使之虚无化了。人们在面对这个虚无的世界时，变得无所适从，因此它自身也成为一种虚无。

后现代主义一方面解构了真理、价值、本原、在场等传统哲学的主要概念，另一方面却又保留、借用了传统哲学的另一些概念；一方面消解或解构传统哲学的"基础"、"整体性"、"本质"以及"二元论"，颠覆了等级、结构、权威，赋予意义以不确定性，另一方面却又崇拜非本质、碎片化、反理性，使"意义的不确定性"、非中心等思想成为"后现代主义"的基础。后现代主义只是以新的形而上学代替了传统哲学中的形而上学，用绝对否定的态度对待形而上学的绝对的肯定，其实是犯了同样的形而上学的错误。

2. 反对理性，消解主体性

科技理性的发展进步，为人们带来了充分的物质财富，同时也带来了环境的破坏和人的自主性的完全丧失。所以，后现代主义要求反对理性，消解主体。但这显然不是科学、理性的错误，而是运用科学、理性的社会运作方式的错误。犹如原子能本身没有错误，错误的是运用原子能制造了原子弹一样。

事实上，理性也不可能被消解。其道理在于：第一，理性是人所特有的；第二，人们仍然只能依赖主体，用理性去纠正非理性的偏差，恢复人的主体性。人们应该做的事情是，恢复人的本性，使理性健康地发挥作用。就此而言，后现代主义对当代西方社会的把脉是准确的，只是开错了药方。

后现代主义要摧毁一切标准，奉行"怎么都行"的主张。这必然会走向无政府主义。

3. 局限于知识范围内的批判与解构

后现代主义把现代性引发的一系列社会问题归罪于现代性观念或西方几千年以来的形而上学思维方式。于是，后现代主义就针对传统哲学和形而上学思维方式进行近乎"疯狂"的批判和解构，在尼采打倒上帝、福柯推倒"作者"和"人"之后，后现代主义推倒了一切。以知识生活涵盖整个社会生活，或者说仅仅从知识状况出发思考当代资本主义社会，所以，后现代主义只是表征着对当代资本主义社会的一种知识态度而已，不能从根本上为当代资本主义社会医治创伤。

4. 错误的历史观

后现代主义攻击现存社会的系统性和秩序，批判所谓的历史、社会和文化的"元叙事"，一些人把它们等同于第二次启蒙运动，使得它仿佛成为19世纪反启蒙运动的浪漫主义的再生。后现代主义为了反对启蒙主义的真理和理性标准，"将世界看成是随机、没有根基、多样、不稳定和不确定的，看成是一整套不统一的文化，而这些文化则孕育了某种程度的怀疑主义，怀疑真理、历史和范式、自然的既定性和身份的内聚性具有的客观性"。[①]

（三）后现代主义评价

首先，工业化基础上的西方社会的现代化以理性与科学为基础，在战后已经暴露出深刻的局限性，后现代主义思潮对西方现代性的解构与批判具有现实价值。当代资本主义社会的不少弊病与西方传统科学主义与理性主义相关联，但是这些弊病也不全是理性主义造成的，不能从根本上否定理性主义。后现代性对现代性的超越尚未完成，能否完成也存在挑战；后现代主义的某些价值观念有些矫枉过正，解构一切现存知识体系，容易导致虚无主义。现代性的问题只能在现代化过程中加以解决，他们是传统现代化发展模式的历史局限性。后现代主义如果彻底否定现代性，就等于彻底否定了人类文明的发展，势必造成思想混乱。

其次，科学主义与人文主义是两种文化现象，它们之间的关系是辩证统一关系，彻底否定科学主义，是一种极端主义。尽管西方现代性造成个性发展的异化与某种压抑，但是后现代性设想个性与多元的绝对化，宣扬

———————

① 马歇尔·萨林斯 2008 年 10 月在复旦大学的演讲《后现代主义评论》，《文汇报》2008 年 10 月 19 日。

无中心，"要生活在完全由自己建构的世界里"，又走向一种乌托邦的极端。

后现代主义主张差异与多元，强调个人的自由与反对秩序与权威，其实是回复传统自由主义的个人中心，"后现代主义对个体主义的强调以及对任何集体秩序的敌意，使得它与倡导放任自由的新自由主义意识形态处在同一理论位置。后现代主义和资本主义的个体主义之间有着同样的合谋"，[①] 这一评判一针见血。

———————————

① 马歇尔·萨林斯 2008 年 10 月在复旦大学的演讲《后现代主义评论》，《文汇报》2008 年 10 月 19 日。

# 结语　当代资本主义主要社会思潮综论

当代资本主义社会存在着各种形式的社会思潮与理论流派，限于篇幅，本著作难以全面论述，仅选一些典型的社会思潮进行评析与比较研究，力图从中发现其基本特征与普遍的规律。当代资本主义社会思潮是战后资本主义进入国家垄断资本主义阶段，西方现代化进入更高阶段以后，经济、政治等客观条件发生新变化的产物，也是各种社会政治力量博弈，各种社会文化现象相互激荡，一大批知识精英深入思考的产物。

首先，二战以后，世界局势发生了巨大变化。民族解放运动蓬勃发展，广大殖民地和半殖民地国家先后取得政治独立，帝国主义殖民统治势力遭到沉重打击。全世界范围内建立了一个社会主义国家阵营。与此同时，日本、西欧一些发达资本主义国家经济恢复，实力增长，与美国结盟，建立了以美国为首的资本主义阵营。冷战时期两大阵营的对峙改变了世界政治与经济力量对比的格局。

20 世纪 60—70 年代，冷战进入末期，经济全球化进入新高潮，社会主义阵营的成员开始改革"斯大林模式"的社会主义体制，其中 70 年代末中国的改革开放，80 年代后期东欧剧变，90 年代初苏联解体，成为 20 世纪后半期的几个重大历史事件被载入人类史册。世界社会主义运动进入低潮，欧洲发达国家共产党也纷纷改弦更辙，发达国家批判西方现代性的势头也越来越高。

与此同时，当代资本主义发生新变化，国家垄断资本主义的作用越来越大，国家垄断资本主义干预经济的手段有新的发展，除了凯恩斯主义的消费刺激生产之外，50 年代采取生产资料国有化，70 年代采取新自由主义基础上的私有化。当代资本主义调节经济的能力大大提高。

二战后，自然科学与技术发生了第三次革命，这场新科技革命对人类生活产生了空前巨大的影响。在新科技革命推动下，战后当代资本主义经济发展曾经比较迅速，统治阶级为了缓和危机，普遍推行"福利国家"政策，一定程度上改善了无产阶级的经济状况，并使西方社会政治制度相对稳定。新科技革命不但引起人类生产领域与生活领域的一系列重大变化，也对西方社会政治思想的发展产生深刻影响。正是在战后纷繁复杂的社会环境中，发达资本主义社会反映各种不同阶级利益和要求的思潮应运而生，并随着当代资本主义社会的发展与新的危机的产生而不断发生新变化。

恩格斯曾经指出："每一时代的理论思维，从而我们时代的理论思维，都是一种历史的产物，在不同的时代具有非常不同的形式，并因而具有非常不同的内容。"[①] 与传统资本主义时期的主要社会思潮相比较，当代西方社会的主要社会思潮具有一些新的特征。

首先，马克思主义在世界范围内的伟大胜利，推动了马克思主义在资本主义国家的传播，使西方许多学者改变了对它的态度，逐渐放弃一概排斥与敌视的态度，转而重视并重新研究这一理论。在研究过程中，一些学者结合西欧及发达资本主义国家的现实，提出了一些新问题与新思想，推动了马克思主义在资本主义主导的世界范围内的传播。科学社会主义的实践在一些落后国家获得成功，其中苏联和中国的社会主义制度的建立具有世界历史意义。尽管"斯大林模式"的社会主义实践以东欧剧变、苏联解体而告终，但是中国特色的社会主义旗帜依然飘扬，尤其是在中国特色社会主义理论体系的指引下，中国在社会主义道路上取得举世瞩目的成就，"中国道路"已经显示出勃勃生机。此外，科学社会主义实践以多种形式在世界其他一些国家继续推进着。

其次，欧洲发达国家的社会主义者在寻求发达国家的革命道路时，提出了民主社会主义的思想路线；当代资本主义社会的马克思主义研究者，面对当代资本主义社会的新变化，对马克思主义进行再思考，力图重新解读与推进马克思主义理论的发展，以便更清晰地解读当代资本主义社会的一系列新变化，西方马克思主义应运而生，而且流派纷呈。其中一些研究

---

① 《马克思恩格斯选集》第 3 卷，人民出版社 1966 年版，第 465 页。

者在"新发现马克思"的口号下,对马克思主义的基本原理任意加以歪曲与割裂。尽管这一现象并非战后发达资本主义社会所特有,但是,在重新研究马克思主义的同时,将马克思主义的完整的思想体系割裂开来,用其中一部分去否认另一部分,或者只承认马克思主义某一历史阶段的思想原理,而否认其基本的科学性质,这种现象在战后发达资本主义社会尤为突出。无论是西方马克思主义思潮,还是新自由主义、新保守主义,甚至行为主义,几乎都表现了这一特点。它们不但否认马克思主义的阶级斗争理论与暴力革命原则,甚至认为生产力与生产关系的辩证统一原理、经济与政治的辩证统一原理等基本的历史唯物主义原理也已经过时。显然,对马克思主义持这类态度的西方学者,面对战后资本主义社会出现的各种新变化,除了显出一种茫然失措的表现之外,尽管有时也借用马克思主义的有些观点或原理批判现实社会的不公,但是因为对马克思主义的基本立场难以全面掌握,对当代资本主义新变化也难以说清其所以然,于是在理论上陷入极端或混乱就不可避免。当代社会思潮中的思想武器,不少是人们向18—19世纪的资产阶级革命时期的思想武库乞讨而来,然后再改头换面,重新加以使用。例如,将18世纪法国启蒙思想、费尔巴哈人本主义思想改造成为当代的存在主义与后现代主义的个人自由理论。由于新瓶装旧酒,思想武器依然缺乏较强的说服力,从思想史发展的角度来审视,当代西方社会思潮的批判往往可以揭示当代资本主义社会的某些表象,但是往往无力触及本质。

第三,自由资本主义向垄断过渡以后,尤其是一般垄断资本主义向二战以后的国家垄断资本主义过渡后,当代资本主义社会的国家机器占有了国家资本,资本主义国家机器的私有性质发生一定程度的变化。面对各种社会集团利益发生冲突时,国家调节冲突的作用增强,于是肯定、美化当代资本主义国家机器自我调节功能的理论层出不穷,这些理论与传统资本主义时期极力维护个人权利,排斥国家作用的思想学说大相径庭。一些新保守主义者们用生产力与工业化程度为标准来划分社会形态,将当代资本主义社会形态标榜为各国工业化过程中最能适应生产力发展的社会形态,有些学者将当代资本主义称为后工业社会,新托马斯主义者马里旦从宗教的视角来评判当代资本主义国家形态,认为它是与"维护法律、促进公共福利和公共秩序以及管理公共事务有关",

"专从事于整体利益"的一种政治体。① 新自由主义者与新黑格尔主义者，则将发达资本主义国家的国家调节作用与地位绝对化，将国家看作个人得以实现道德之善的必要条件。尽管西方社会有些理论流派对当代资本主义国家也进行过不同程度的批判，但大都局限于文化观、意识形态的批评上。例如，西方马克思主义思想流派中的存在主义的"意识革命"、"本能革命"理论，由于毫不触及当代资本主义国家的阶级本质，因此其结论大都带有很大的局限性。

传统资本主义社会中两大主要社会思潮——自由主义和保守主义，在战后都向自己相对的方向演进，并且出现错位与互补，这是当代西方社会思潮中的一种值得研究的现象。尽管战后它们都冠以"新"学，但在思想内容上已难以划清两者之间的绝对界线。这种现象值得人们深思。

第四，现代科学技术的发展，经济全球化的浪潮深刻影响了当代西方社会的生产与生活，同时也拓宽了人们的视野，人们纷纷利用自然科学技术的新发明与新发现来充作社会科学研究的理论依据，使战后资本主义社会的社会科学研究从内容到方法都与传统资本主义社会有了很大的不同。其中尤以注重用自然科学的新方法与手段来重新解释传统思想学说的科学主义思潮盛极一时，令人注目。例如，分析主义、行为主义、功能主义、生态主义、后现代主义等。这些理论流派往往打着纯科学、唯方法、生态中心、批判现代性等新的招牌，竭力标榜自己超阶级性、科学客观性、绿色环保、超越理性主义和科学主义，其实还是在运用新的招牌兜售资产阶级的思想观点，尽管各种理论流派在研究范畴、思想概念和研究方法等方面给人耳目一新之感。但是科学主义思想流派唯科学客观的立场，往往消极地或盲目地吸取自然科学的新成果的做法，混淆了社会现象与自然现象的本质区别，也抹杀了社会科学与自然科学在研究对象与研究手段上的重大区别。一定意义上，科学技术也成了西方学者推行某种意识形态的工具，结果使社会科学研究难以避免误入迷津。在实践中，一些"纯科学主义"的理论流派，不断遭到人们的批评，最终不得不重新思考价值问题与社会道德规范，行为主义向后行为主义的演进最能说明这一点。

综观现当代西方社会各种思潮此消彼长的历史演进过程，我们可以发

---

① 复旦大学哲学系编：《资产阶级哲学资料选辑》第一辑，上海人民出版社 1965 年版，第 15 页。

现，思想流派的消长变化，只是当代资本主义社会内部矛盾发展，社会生活与文化生活激荡多变的折映。尽管战后西方社会各种思潮花样翻新、惹人注目，但是没有任何一种非马克思主义的西方社会思潮能够真正揭示当代资本主义社会的本质特征与发展规律，也没有任何一种非马克思主义的西方社会思潮能够成为左右人类历史进程的思潮。自从马克思主义作为一种科学学说与政治运动出现以来，虽然历经沧桑，走过曲折的发展道路，但始终在实践中向前发展。历史已经雄辩地证明，马克思主义是唯一具有强大活力和深远影响的科学的思想学说，唯一具有自我批判精神的科学思想。现当代资本主义社会任何一种社会思潮或思想学说，都无法与之抗衡，或动摇其历史地位，它们可以对当代资本主义社会进行各种批判、解构，可以加以辩护与粉饰，也可以提出各种改良与完善的建言，但是它们都无力帮助当代资本主义摆脱马克思主义早已给它指明的必然灭亡的历史命运。

# 参考书目

## 一　中文

### （一）经典著作

1. 《马克思恩格斯全集》，人民出版社 1965 年版。

2. 《马克思恩格斯选集》，人民出版社 1972 年版。

3. 《列宁全集》第 16 卷，人民出版社 1984 年版。

4. 《邓小平文选》，人民出版社 1993 年版。

5. 中共十七大报告：《高举中国特色社会主义伟大旗帜，为夺取全面建设小康社会新胜利而奋斗》，《人民日报》2007 年 10 月 16 日。

### （二）专著

1. 雅各布·布克哈特：《意大利文艺复兴时期的文化》，商务印书馆 1979 年版。

2. 马基雅弗利：《君主论》，商务印书馆 1985 年版。

3. 霍布斯：《利维坦》，商务印书馆 1985 年版。

4. 洛克：《政府论》，商务印书馆 1964 年版。

5. 伏尔泰：《哲学通讯》，上海人民出版社 1961 年版。

6. 孟德斯鸠：《论法的精神》，商务印书馆 1982 年版。

7. 卢梭：《论社会不平等的起源和基础》，商务印书馆 1962 年版。

8. 卢梭：《社会契约论》，商务印书馆 1982 年版。

9. 霍尔巴赫：《自然的体系》（上），商务印书馆 1999 年版。

10. 边沁：《道德与立法原理导论》，伦敦 1907 年版。

11. 边沁：《惩罚与奖赏的理论》，巴黎 1826 年版。

12. 边沁:《政府散论》,伦敦 1891 年版。

13. 边沁:《立法理论》,第 1 卷,伦敦 1914 年版。

14. F. 罗森:《边沁与代议民主制》,牛津 1983 年版。

15. H. L. A. 哈特:《边沁论集》,牛津 1982 年版。

16. 约翰·密尔:《密尔自传》,纽约 1887 年版。

17. 约翰·密尔:《功用主义》,商务印书馆 1957 年版。

18. 约翰·密尔:《论自由》,商务印书馆 1982 年版。

19. 约翰·密尔:《论自由》,商务印书馆 1959 年版。

20. 约翰·密尔:《代议制政府》,商务印书馆 1982 年版。

21. 埃德蒙·伯克:《自由与传统》,商务印书馆 2001 年版。

22.《圣西门选集》下卷,商务印书馆 1979 年版。

23.《傅立叶选集》第 1 卷,商务印书馆 1979 年版。

24.《欧文选集》上卷,商务印书馆 1979 年版。

25. 奥古斯特·孔德:《论实证精神》,黄建华译,商务印书馆 1996 年版。

26. 霍布豪斯:《自由主义》,朱曾汶译,商务印书馆 2005 年版。

27. 霍布豪斯:《社会正义要素》,孔兆政译,吉林人民出版社 2006 年版。

28. 霍布豪斯:《形而上学的国家论》,汪淑均译,商务印书馆 2002 年版。

29. 霍布豪斯:《社会进化与政治学说》,廖凯声译,商务印书馆 1935 年版。

30. 阿巴拉斯特:《西方自由主义的兴衰》,曹海军译,吉林人民出版社 2004 年版。

31. 德·拉吉罗:《欧洲自由主义史》,杨军等译,吉林人民出版社 2001 年版。

32. 哈耶克:《通往奴役之路》,王明毅、冯兴元译,中国社会科学出版社 1997 年版。

33. 哈耶克:《致命的自负》,冯克利等译,中国社会科学出版社 2000 年版。

34. 哈耶克:《自由秩序原理》,邓正来译,三联书店 1997 年版。

35. 哈耶克:《自由宪章》,中国社会科学出版社 1998 年版。

36. 哈耶克：《货币的非国家化》，伦敦 1945 年版。

37. 以赛亚·伯林：《浪漫主义革命：现代思想史的一场危机》，译林出版社 2004 年版。

38. 以赛亚·伯林：《反潮流：观念史论文集》，译林出版社 2002 年版。

39. 以赛亚·伯林：《自由论》，译林出版社 2003 年版。

40. 以赛亚·伯林：《现代政治思想：关于领域价值取向的问题》，商务印书馆 1985 年版。

41. 以赛亚·伯林：《俄国思想家》，译林出版社 2003 年版。

42. 伊格纳季耶夫：《伯林传》，译林出版社 2001 年版。

43. 约翰·罗尔斯：《正义论》，中国社会科学出版社 1988 年版。

44. 约翰·罗尔斯：《政治自由主义》，译林出版社 2000 年版。

45. 约翰·罗尔斯：《正义论》，谢廷光译，上海译文出版社 1991 年版。

46. 约翰·罗尔斯：《政治自由主义》，万俊人译，译林出版社 2000 年版。

47. 佩迪特、库卡塔斯：《罗尔斯》，姚建宗等译，黑龙江人民出版社 1999 年版。

48. 哈贝马斯：《包容他者》，曹卫东译，上海人民出版社 2002 年版。

49. 丹尼尔·贝尔：《后工业社会的来临》，新华出版社 1997 年版。

50. 丹尼尔·贝尔：《资本主义文化矛盾》，三联书店 1989 年版。

51. 安东尼·阿巴拉斯特：《西方自由主义的兴衰》，吉林人民出版社 2004 年版。

52. 江宜桦：《自由民主的理路》，新星出版社 2006 年版。

53. 伊曼努尔·华勒斯坦：《自由主义的终结》，社会科学文献出版社 2002 年版。

54. 麦克尔·桑德尔：《自由主义与正义的局限》，译林出版社 2006 年版。

55. 何秉孟：《新自由主义评析》，社会科学文献出版社 2004 年版。

56. 张才国：《新自由主义意识形态》，中央编译出版社 2007 年版。

57. 姚开建：《经济学说史》，中国人民大学出版社 2003 年版。

58. 蓝·埃布斯泰因：《米尔顿·弗里德曼传》，刘云鹏译，中信出版社 2009 年版。

59. 王振中等编：《诺贝尔奖经济学家学术传略》，广东经济出版社 2002 年版。

60. 车卉淳、周学勤：《芝加哥学派与新自由主义》，经济日报出版社 2007 年版。

61. 刘维奇编著：《米尔顿·弗里德曼——现代货币主义理论创始人》，人民邮电出版社 2009 年版。

62. 《罗斯福选集》，商务印书馆 1982 年版。

63. J. M. 伯恩斯：《罗斯福：狮子与狐狸》，孙天义等译，商务印书馆 1987 年版。

64. 米尔顿·弗里德曼：《资本主义与自由》，张瑞玉译，商务印书馆 1986 年版。

65. 李强：《自由主义》，中国社会科学出版社 1998 年版。

66. 吴易风：《马克思主义经济学与新自由主义经济学》，中国经济出版社 2006 年版。

67. 刘军宁：《保守主义》，中国社会科学出版社 1998 年版。

68. 吕磊：《美国的新保守主义》，南京：江苏人民出版社 2004 年版。

69. 任晓：《保守主义理念与美国外交政策》，上海：三联书店 2003 年版。

70. 威廉·曼彻斯特：《1932—1972 年美国实录（光荣与梦想）》，商务印书馆 1978 年版。

71. 格拉尔德·根特森（Gerald Gundersun）：《美国经济史新编》，商务印书馆 1994 年版。

72. 赫伯特·斯坦因（Herbert Stein）：《美国总统经济史——从罗斯福到克林顿》，吉林人民出版社 1997 年版。

73. 罗杰基·斯科拉登：《保守主义的含义》，中央编译出版社 2005 年版。

74. 休·塞西尔：《保守主义》，商务印书馆 1986 年版。

75. 亨廷顿：《民主制的危机》，纽约大学出版社 1975 年版。

76. 布莱尔：《新英国——我对一个年轻国家的展望》，世界知识出版社 1998 年版。

77. 刘成、马约生：《欧洲社会民主主义的缘起与演进》，重庆人民出版社 2006 年版。

78. 尼基京：《民主社会主义思想体系批判》，人民大学出版社 1985 年版。

79. 托马斯·迈尔：《社会民主主义的转型》，北京大学出版社 2001 年版。

80. 托马斯·迈尔：《社会主义还剩下什么》，莱茵贝克出版社 1991 年版。

81. 岳麟章：《当代西方政治思潮》，陕西人民出版社 1988 年版。

82. 徐大同：《当代西方政治思潮》，天津人民出版社 2006 年版。

83. 王霁：《马克思主义与当代社会思潮》，人民大学出版社 1994 年版。

84. 托马斯·迈尔：《社会民主主义导论》，北京大学出版社 2001 年版。

85. 约瑟夫·E. 斯蒂格利兹：《社会主义向何处去》，吉林人民出版社 1998 年版。

86. 伯特尔·奥尔曼：《市场社会主义》，段忠桥译，新华出版社 2000 年版。

87. 吉登斯：《第三条道路——社会民主主义的复兴》，北大出版社 2000 年版。

88. 路·冯·米塞斯：《社会主义》，王建民译，中国社会科学出版社 2008 年版。

89. 黄忠良、孔寒冰：《世界社会主义史论》，北京大学出版社 2004 年版。

90. 聂云林：《当代国外社会主义》，河南大学出版社 1988 年版。

91. 于洪君：《探索与创新：冷战后的世界社会主义》，当代世界出版社 2006 年版。

92. 高放：《当代世界社会主义新论》，云南人民出版社 2002 年版。

93. 高放：《科学社会主义理论与实践》，中国人民大学出版社 2008 年版。

94. 徐崇温：《中国特色社会主义理论体系研究》，重庆出版社 2011 年版。

95. 程伟礼：《中国特色社会主义思想史》，学林出版社 2009 年版。

96. 黄宗良：《冷战后的世界社会主义运动》，北京大学出版社 2004 年版。

97. 李慎明：《世界社会主义跟踪研究报告》，社会科学文献出版社 2011 年版。

98. 上海科学社会主义学会、上海社会科学院情报所：《当代亚非拉社会主义思潮资料选译》，上海社会科学院出版社 1982 年版。

99. 靳辉明：《社会主义历史、理论与现实》，安徽人民出版社 2000 年版。

100. 高放、黄达强：《社会主义思想史》，中国人民大学出版社 1987 年版。

101. 徐崇温：《西方马克思主义》，天津人民出版社 1982 年版。

102. 张世鹏：《德国社会民主党纲领汇编》，北京大学出版社 2005 年版。

103. 《社会党国际文件集》，黑龙江人民出版社 1989 年版。

104. 衣俊卿：《西方马克思主义概论》，北京大学出版社 2008 年版。

105. 冯秀珍：《社会主义发展史纲》，中国法制出版社 2002 年版。

106. 赵明义：《当代社会主义》，山东大学出版社 2001 年版。

107. 施特劳斯 L.：《自然权利与历史》，北京三联书店 2003 年版。

108. 柯尔什：《马克思主义哲学》，王南湜译，重庆出版社 1989 年版。

109. 佩里·安德森：《西方马克思主义探讨》，人民出版社 1981 年版。

110. 阿尔都塞：《保卫马克思》，复旦大学出版社 1983 年版。

111. 本·阿格尔：《西方马克思主义概论》，中国人民大学出版社 1991 年版。

112. 陈振明：《西方马克思主义的社会政治理论》，中国人民大学出版社 1997 年版。

113. 王凤才：《追寻马克思：走进西方马克思主义》，山东大学出版社 2003 年版。

114. 佩里·安德森：《西方马克思主义探讨》，人民出版社 1981 年版。

115. 陈学明：《西方马克思主义前沿问题二十讲》，复旦大学出版社

2008 年版。

116. 袁久红主编：《西方马克思主义的政治哲学》，东南大学出版社 2004 年版。

117. 王维、庞君景：《20 世纪西方的马克思主义思潮》，首都师范大学出版社 1999 年版。

118. 布赖恩·巴克斯特：《生态主义导论》，曾建平译，重庆出版社 2007 年版。

119. 安德鲁·文森特：《现代政治意识形态》，江苏人民出版社 2005 年版。

120. 罗尔夫·魏格豪斯：《法兰克福学派：历史、理论及政治影响》，上海人民出版社 2010 年版。

121. 宋士昌主编：《科学社会主义通论》，人民出版社 2004 年版。

122. 马尔库塞：《工业社会和新左派》，商务印书馆 1982 年版。

123. 江天骥：《法兰克福学派——批判的社会理论》，上海人民出版社 1981 年版。

124. 霍尔姆斯·罗尔斯顿：《哲学走向荒野》，吉林人民出版社 2001 年版。

125. 余谋昌：《生态伦理学》，首都师范大学出版社 1999 年版。

126. 贝特·史怀泽：《敬畏生命》，上海社会科学院出版社 1996 年版。

127. 马尔科夫：《社会生态学》，中国环境科学出版社 1989 年版。

128. 丁鸿富：《社会生态学》，浙江教育出版社 1987 年版。

129. 默里·布克金：《自由生态学》，山东大学出版社 2007 年版。

130. D. 欧文：《什么是生态学?》，牛津大学出版社 1980 年版。

131. 安德鲁·多布森：《绿色政治思想》，山东大学出版社 2005 年版。

132. 詹姆斯·奥康纳：《自然的理由——生态学马克思主义研究》，南京大学出版社 2003 年版。

133. 冯俊：《后现代主义哲学演讲录》，商务印书馆 2003 年版。

134. 冯俊：《当代法国伦理思想概论》，台湾远流出版有限公司 1994 年版。

135. 高宣扬：《后现代论》，中国人民大学出版社 2005 年版。

136. 大卫·莱昂:《后现代性》,郭为桂译,吉林人民出版社 2004 年版。

137. 刘仁胜:《生态马克思主义概论》,中央编译出版社 2007 年版。

138. 欧内斯特·巴克:《英国政治思想》,商务印书馆 1987 年版。

139. 阿·库·穆霍帕德希亚:《西方政治思想概述》,求实出版社 1984 年版。

140. 罗素:《西方哲学史》,商务印书馆 1982 年版。

141. 萨拜因:《政治学说史》,商务印书馆 1986 年版。

142. 梯利:《西方哲学史》,商务印书馆 2003 年版。

143. 埃利·哈列维:《哲学激进主义的兴起》,吉林人民出版社 2006 年版。

144. 周辅成编:《西方伦理学名著选辑》,商务印书馆 1964 年版。

145. 周辅成编:《从文艺复兴到十九世纪资产阶级哲学家政治思想家有关人道主义人性论言论选辑》,商务印书馆 1966 年版。

146. 北京大学哲学系编译:《十八世纪法国哲学》,商务印书馆 1979 年版。

147. 复旦大学哲学系编:《资产阶级哲学资料选辑》,上海人民出版社 1965 年版。

148. 中国社科院哲学研究所编:《当代美国资产阶级哲学资料》,商务印书馆 1980 年版。


## 二 外文

1. Robert Nozick, *Anarchy, State, and Utopia*, New York: Basic Books, 1974.

2. Brian Barry, *Political Argument: A Reissue*, Hemel Hemstead: Wheatsheaf, 1990.

3. Steinfels P, *The Neoconservatives: The Men Who Are Changing America's Politics*, New York: Simon and Schuster, 1979.

4. Kristol I, *What is a Neoconservative?* Newsweek 1976 (January 19): 87.

5. Podhoretz N, *The Present Danger*, Commentary, 1980 (March).

6. Josephr Desjardins, *Environmental Ethics*, Wadsworth Publishing Com-

pany, 1993.

7. Paul W. Taylor, *The Environmental Ethics & Policy Book*, Wadsworth Publishing Company, 1998.

8. Murray Bookchin, *Environmental Discourse and Practice*, Blackwell Publishers, 2002.

9. Murray Bookchin, *The modern crisis*, Philadelphia: New Society Publisher, 1987.

10. Murray Bookchin. *Remaking society*, Qubec: Black Rose Books, 1989.

11. Michael E Zimmerman . *Environmental Philosophy* New Jersey: Prentic-Hall, Inc. 1993.

12. Elie Halevy, *The Growth of Philosophic Radicalism*, New York 1928.

13. John Stuart Mill, *A System of Logic*, New York 1884.

14. *The Works of Thomas Hill Green*, ed. London, 1888. Vol. 3.

15. Isaiah Berlin, *The Crooked Timber of Humanity*, New York: Alfred. A. Knopf, 1991.

16. Isaiah Berlin, *Fours Essays on Liberty*, London, Oxford University Press, 1969.

17. Isaiah Berlin, *The Divorce Between Science on Humanities*, New York: Alfred. A. Knopf, 1991.

18. Isaiah Berlin, *Historical Inevitability*, FEL, Alfred. A. Knopf, 1991.

19. Isaiah Berlin, *The Pursuit of the ideals*, Oxford University Press, 1969.

20. Foucalt, M, T*he order of Things*: *An Archaeology of the Human Science*, New York: Pantheon, 1971.

21. Harold J. Laski, *The Rise of European Liberalism*, Allen & nwin, 1936, 1962edn.

22. Conor Cruise O'Brrien, *Writers and Politics*, Chatto Windus, 1965.

23. Hume, *An Enquiry Concerning Human Understanding* , L. Beauchamp, Oxford University Press 1999.

24. Brian Barry, *Political Argument*: *A Reissue*, Hemel Hemstead: Wheatsheaf, 1990.

25. Lyotard, Jean-Francois, *The Postmodern Condition*: *A Report on*

*Knowledge.* Minnesota University Press, 1984.

26. F. A. Hayek, *The Sensory Order: An Inquiry into the Foundations of Theoretical Psychology*, Chicago: University of Chicago Press, 1952.

27. F. A. Hayek, *The Use of Knowledge in Society. American Economic Review*, XXXV, No. 4; September, 1945.

28. Alonzol Hamby: *The New Deal Analysis & Interpret at ion*, Longman Inc. 1979.

29. Harvaor Sitkoff: *Fifty Years Later The New Deal Evaluated*, Temple University Press, Philadelphia 1985.

30. Colin Gordon: *New Deals Business, Labor, and Politics in America, 1920 – 1935*, Cambridge University Press 1994.